Truth In History 30

朝鮮王朝史

小和田泰経 著

新紀元社

自序

　朝鮮は、1392年から1910年まで、500年以上も続いた朝鮮半島最後の王朝である。国姓、すなわち王家の姓が李氏であることから、李氏朝鮮、あるいは李朝ともいう。ただ、正式な国号は朝鮮であるので、ここは朝鮮で統一することにしたい。

　本書は、そうした朝鮮王朝500年の歴史を、時系列に沿って解説したものである。類書の数も多いが、本書は、信憑性の高い史料だけを用いて叙述することを心がけた。朝鮮王朝の記録としては、『朝鮮王朝実録』が正史として位置づけられている。この『朝鮮王朝実録』は、王の死後、次の王によって前王の事績を記録する形で編纂された。編纂にあたっては、同時代の史官の記録に基づいているため、信憑性は高い。国王がやりとりした書簡はもちろん、国王の言動までも、事細かに記録されている。本書に引用している文書や議事録は、すべて『朝鮮王朝実録』などの史料を意訳したものである。

　もちろん、王統の正統性を主張することに編纂の目的があったから、王権を失墜させることは書かれていない。また、次の王が王位を簒奪した場合、潤色や脚色が加えられることもある。この点は、史料批判をしながら用いることにした。それに、国王自身、発言が記録されることを知っているため、歴史的な評価を下げるような言行をあえて避けていた可能性も高い。なかなか、史料を読んだだけでは、国王の本心に迫ることは難しい部分があるのも確かである。

　それでも、『朝鮮王朝実録』を丹念に読めば、暴君として知られる第10代国王燕山君や第15代国王光海君も、本当に暴君であったのかは疑わしいと思えてくる。悪女として名高い第19代国王粛宗の後宮であった禧嬪張氏もまた、悪女であったのかどうかわからなくなる。本書のなかには、類書に書かれている話と異なる場合が少なからずあると思う。しかし、それは筆者が創作したからではない。すべて『朝鮮王朝実録』に記されていることである。

　歴史が科学である以上、叙述の内容については、客観的に考証できなければならない。そこで、本書で取り上げている事項のすべてについて、巻末に年表を付した。年表の典拠は、朝鮮王朝時代に関するものはすべて『朝鮮王朝実録』である。

朝鮮王朝史 ■ 目次

第一章　朝鮮王朝の創始
- 初代　太祖 10
- 第2代　定宗 24
- 第3代　太宗 26
- 第4代　世宗 32
- 第5代　文宗 36
- 第6代　端宗 38

第二章　勲旧派と士林派の対立
- 第7代　世祖 48
- 第8代　睿宗 54
- 第9代　成宗 58
- 第10代　燕山君 68
- 第11代　中宗 74
- 第12代　仁宗 84
- 第13代　明宗 86

第三章　内憂外患
- 第14代　宣祖 94
- 第15代　光海君 116

第四章　党派の対立
- 第16代　仁祖 134
- 第17代　孝宗 150
- 第18代　顕宗 156
- 第19代　粛宗 160
- 第20代　景宗 176

第五章　国王による改革
- 第21代　英祖 190
- 第22代　正祖 206

第六章　外戚の専横
　第23代　純祖 …………………………………………… 230
　第24代　憲宗 …………………………………………… 238
　第25代　哲宗 …………………………………………… 244

第七章　王朝の崩壊
　第26代　高宗 …………………………………………… 254
　第27代　純宗 …………………………………………… 296

豆知識
　朝鮮の主要な中央官制 …………………………………… 44
　国王の家族 ………………………………………………… 130
　党派の変遷 ………………………………………………… 186
　国王の衣装（袞龍袍） …………………………………… 226
　国王の軍装 ………………………………………………… 250
　朝鮮王朝系図 ……………………………………………… 298

付録
朝鮮王朝史 列伝
　太祖 ………………………………………………………… 300
　神徳王后 …………………………………………………… 301
　定宗 ………………………………………………………… 301
　太宗 ………………………………………………………… 302
　世宗 ………………………………………………………… 303
　文宗 ………………………………………………………… 304
　端宗 ………………………………………………………… 304
　世祖 ………………………………………………………… 305
　睿宗 ………………………………………………………… 305
　成宗 ………………………………………………………… 306
　斉献王后 …………………………………………………… 306
　燕山君 ……………………………………………………… 307
　中宗 ………………………………………………………… 307
　仁宗 ………………………………………………………… 308
　明宗 ………………………………………………………… 308
　宣祖 ………………………………………………………… 309

5

光海君……309
仁祖……310
昭顕世子……310
孝宗……311
顕宗……311
粛宗……312
景宗……312
英祖……313
荘献世子……313
正祖……314
純祖……314
憲宗……315
哲宗……315
高宗……316
興宣大院君……316
明成王后……317
純宗……317

朝鮮王朝史 年表……318

索引……330
主要参考文献……343

●凡例
・朝鮮・中国の人名の読み方は、原則として漢音を採用した。
・朝鮮・中国の地名の読み方は、その国の読み方を採用した。
・八道の名称は、ひとつに統一した。たとえば咸鏡道の場合、古くは咸吉道といったが、咸鏡道に統一している。
・王や王后の廟号・諡号は、後世に追号されている場合には採用していない。
・会話や文書の出典は、とくに断っていない限り、すべて『朝鮮王朝実録』である。

第一章

朝鮮王朝の創始

○初代太祖の即位

　朝鮮を建国したのは、高麗（918年～1392年）の将軍であった李成桂である。李成桂の本拠地は北部の咸鏡道で、李成桂自身、女真族の出身であるとも考えられている。中国で元明交替の混乱期に、李成桂が擁する軍事力は、高麗にとっても欠かせないものとなっていた。

　そうしたなか、高麗は、元に奪われていた高麗の領土を取り戻すが、明からその領土の返還を求められる。もともとそこは、中国の領土であるという論理であった。そのため、高麗は1388年、李成桂らに明への攻撃を命じた。しかし、明との国境まで出陣した李成桂は、明と戦うことの不利を理由に都の開京に引き返すと、逆に高麗国王を追放し、自ら朝鮮を建国して太祖となった。

○実力で即位した第3代太宗

　即位した太祖はすでに58歳ということもあり、後継者の決定を急ぐ。太祖には8人の王子がおり、上の6人は咸鏡道にいたときに結婚した神懿王后との子で、下の2人は開京に上ってきてから第2夫人として迎えた神徳王后との子であった。太祖自身は、末子の宜安君を世子、すなわち後継者に指名している。

　しかし、おもしろくないのが五男の靖安君を中心とする神懿王后の王子たちである。神懿王后の王子らはすでに成人して、朝鮮の建国にも寄与していた。そのため、不満に思う靖安君は、自力で異母弟の宜安君を殺害してしまったのである。1398年、靖安君は、太祖に強要して兄の永安君を第2代国王定宗として即位させると、1400年には、定宗から王位を譲られるという形で第3代太宗となる。太宗がわざわざ兄の定宗に王位を継がせたのは、非難をかわすことが目的であったことはいうまでもない。

○内政を安定させた第4代世宗

　自ら異母弟を殺して即位した太宗は、自分の子らが争うことを恐れていた。1418年、まだ政務を執ることができたにもかかわらず、太宗は子の世宗に王位を譲り、第4代国王としたのである。

　この世宗のもとで、朝鮮王朝の様々な制度が確立され、内政も安定した。しかし、この世宗の跡を継いだ第5代国王文宗が早世したことで、王権をめぐる争いが再燃するようになってしまった。

第一章 朝鮮王朝の創始

太祖	1388年	5月22日	李成桂、威化島から撤退して禑王を追放し、昌王を王位につける
	1389年	12月	李成桂、昌王を廃位させ、恭譲王を即位させる
	1392年	7月12日	李成桂、高麗の恭譲王を廃位する
		7月17日	李成桂、国王として即位し、太祖となる
	1393年	2月15日	明から使節が帰国し、国号が朝鮮に決まったことを太祖に報告する
	1395年	6月 6日	太祖、漢陽を漢城に改めて王都とし、開京から遷都する
	1398年	8月26日	太祖の五男靖安君、鄭道伝・南誾ら太祖の側近の排除を求めて兵を挙げ、異母弟の撫安君・宜安君を殺害する（第一次王子の乱）。このあと、靖安君の次兄永安君が世子となる
定宗		9月 5日	太祖の次男永安君、景福宮の勤政殿で第2代国王として即位し、定宗となる
	1400年	1月28日	太祖の四男懐安君、弟靖安君を排除するために挙兵するが、敗れて流罪に処せられる（第二次王子の乱）
太宗		11月13日	定宗の弟靖安君、寿昌宮で第3代国王として即位し、太宗となる
	1401年	6月12日	太宗、明の恵宗建文帝から朝鮮国王に冊封される
	1402年	11月 5日	安辺府使の趙思義らが反乱を起こす
		11月27日	太宗自らが出陣し、趙思義らによる反乱を平定する
	1406年	8月18日	太宗、長男の譲寧大君に王位を譲ると公言する
	1408年	5月24日	上王の太祖が薨去する。74歳
	1418年	6月 3日	太宗の三男忠寧大君、世子に冊封される
		8月 8日	太宗、世子忠寧大君への譲位を公言する
世宗		8月10日	忠寧大君、景福宮の勤政殿で第4代国王として即位し、世宗となる
	1419年	6月19日	上王の太宗、倭寇の根拠地とみなす日本の対馬を襲撃するため、李従茂に命じ、巨済島から出陣させる（応永の外寇）
		7月 3日	朝鮮軍、対馬から撤退する
		7月17日	世宗、対馬の宗貞盛に対し、降伏を勧める書を送る
	1422年	5月10日	上王の太宗が薨去する。56歳
	1432年	12月21日	女真族の首長李満住が平安道に侵入する
	1435年	3月27日	世宗、金宗瑞に命じて咸鏡道の女真族を平定させ、6鎮を設置する
	1436年	6月24日	世宗、李蔵に命じて平安道の女真族を平定させ、4郡を設置する
	1450年	2月17日	世宗、八男永膺大君の邸宅で薨去する。54歳
文宗		2月22日	世宗の世子が永膺大君の邸宅で第5代国王として即位し、文宗となる
	1452年	5月14日	文宗、景福宮の勤政殿で薨去する。39歳
端宗		5月18日	文宗の世子が景福宮の勤政殿で第6代国王として即位し、端宗となる
	1453年	10月10日	文宗の弟首陽大君、朝廷の大臣を暗殺して政権を掌握する（癸酉靖難）
		10月13日	端宗、李澄玉が謀反を起こしたとの報告をうける
		10月18日	端宗、首陽大君の圧力により、首陽大君の弟安平大君を賜死する
		10月20日	李澄玉、配下の裏切りにあって殺される
	1455年	閏6月11日	端宗の叔父首陽大君、端宗に譲位を強要。自ら景福宮の勤政殿で第7代国王として即位し、世祖となる

初代 太祖

在位1392年～1398年

朝鮮の建国

元から離反する高麗

　朝鮮という国は、高麗（918年～1392年）の武臣である李成桂が高麗を滅ぼすことによって建国された。そのため、朝鮮の歴史を述べるためには、まず、高麗の歴史を簡単にみておかなければならない。
　高麗は935年、新羅（356年ころ～935年）を滅ぼして統一国家となっていた。高麗による統治は、文臣（東班）と武臣（西班）のいわゆる両班（官僚を出すことができた支配階級）によって行われたが、国家の安定とともに文臣が中心となっていく。このため、政権から疎外された武臣の不満が高まり、ついには1173年、武臣の反乱により武臣政権が樹立されることになった。このあと、高麗では、およそ100年間にわたり、国王や文臣ではなく武臣が実権を握るようになる。しかし、1222年からモンゴル族が高麗に侵入し始めると、1270年にはモンゴル族と結ぶ国王や文臣によって武臣政権が倒された。

●高麗末期の東アジア

　モンゴル族は、女真族の金（1115年～1234年）を滅ぼしたあと、ついには中国の宋（960年～1279年）を征服して、元（1271年～1368年）を建国した。こうして、高麗は、中国王朝となった元の支配下に入ることになったのである。元の世祖クビライ（在位1271年～1294年）は、安南（ヴェトナム）・ビルマ・ジャワをも従属させ、日本に対しても文永の役（1274年）と弘安の役（1281年）の2度にわたって遠征するなど、対外的にも勢力を拡大していく。しかしクビライの死後、元は相続争いによる政治の混迷などによって徐々に衰退していった。
　やがて、中国では元に対する反乱が相次ぎ、1368年、ついに反乱を主導し

た朱元璋が明（1368年～1644年）を建国する。朱元璋は、自ら即位して太祖洪武帝（在位1368年～1398年）となった。高麗の第31代恭愍王（在位1351年～1374年）が元に反旗を翻したのは、このときである。恭

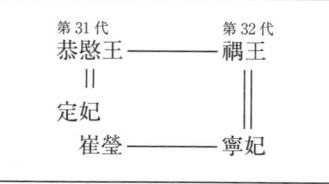

愍王は、元に奪われていた国土を回復するとともに、元の権力を後ろ盾としていた国内の敵対勢力を排除し、改革を進めていく。しかし、僧の辛旽を重用した改革は、国内の敵対勢力の反発をよび、1374年、恭愍王は暗殺されてしまった。恭愍王が暗殺されたあと、重臣の李仁任により恭愍王の庶子の禑王（在位1374年～1388年）が第32代高麗王として即位すると、国王と敵対勢力との対立はさらに激化することになる。

明の遼東郡に出兵した高麗軍

中国を制覇した明は、元の領域をそのまま継承しようとした。そして1388年2月、恭愍王が元から取り戻した領土を差し出すよう、高麗に圧力をかけてきた。明の洪武帝からの国書には、以下のように記されていた。

　鉄嶺以北はもともとは元の領土だったところである。今、明が元の支配を受け継いだのだから、元の領土であったところはすべて明の領土になるのが筋であろう。高麗は、ただちに元の領土であったところを明に引き渡すべきである。当然、そこに住んでいる漢人・女真人・高麗人らは、みな明の遼東郡に帰属することになる

元から取り戻した領土を明に引き渡すのは、高麗が明に服属することを意味する。かといって、領土を引き渡さなければ、明との一戦を覚悟しなければならない。こうして、高麗の朝廷は、明との戦争を覚悟のうえで要求を拒もうとする主戦論と、強大な明と戦っても勝算がないのだから降伏するべきという講和論に二分されることになった。

そうしたなかで、禑王は主戦論の見解に従い、明の遼東郡に兵を送ることを決めた。ただ、禑王も、強大な明と戦って勝利を収めようなどとは考えていなかったろう。恭愍王が暗殺されたあとに即位した禑王に、国王としての

権威はほとんどなかった。そのため、明との戦争に禑王への反対勢力を動員してその勢威を削減するとともに、有利な形で講和交渉を進めることで国王としての権威も高めようとしたらしい。明との開戦には、禑王の義父にあたる宰相の崔瑩も賛同する。

こうして、高麗は明の遼東郡に出兵することになり、総指揮は、八道都統使となった宰相の崔瑩がとることになった。崔瑩は武臣としても名をはせていたが、禑王としては勝利の見込みのない戦争の責任をとらせることはできないと考えたのだろう。総指揮官の崔瑩を前線に向かわせず、平壌にとどまることを命じていた。結局、左軍都統使に任ぜられた曹敏修が率いる左軍と、右軍都統使に任ぜられた李成桂が率いる右軍の2軍だけが、およそ5万人の軍勢で遼東郡に向かうことになる。

遼東の戦線を離脱する李成桂

曹敏修・李成桂率いる高麗軍は、1388年4月18日に平壌を出陣し、5月7日、明との国境となっていた鴨緑江に着陣する。この時期はちょうど梅雨にあたり、鴨緑江は増水していた。そこで高麗軍は、鴨緑江下流で中州の島になっていた威化島に陣を構えることにする。

鴨緑江を渡河するのも難しかったが、仮に渡河できたとしても、明軍に勝つことはもっと難しい。かといって、王命に反して帰還すれば、死罪は免れなかった。そうした緊迫した状況のなか、逃亡兵も続出するようになってしまう。

遠征の持続が難しいと判断した右軍都統使の李成桂は、禑王に対し4つの理由をもって撤退を要請した。

・小国の高麗が大国の明を攻撃しても勝算はない
・農繁期の夏に戦争しても勝算はない
・明と開戦すれば南の防衛は手薄になり、倭寇に侵掠されてしまう
・梅雨で兵士が病気になりやすく、暑さで弓の膠がほぐれてしまう

しかし、禑王が撤退を認めることはなかった。結局、李成桂は王命を無視して撤退することを決意する。とはいえ、左軍都統使の曹敏修があくまでも王命に従おうとすれば、逆臣として追討されかねない。このため、李成桂は、「李成桂将軍が本拠地の咸鏡道に帰ろうとしているらしい」という噂を陣中に流させた。

これを耳にした曹敏修は、李成桂に対し、

「そなたが撤退したら、残された我々はどうすればよいのか」

と訴えたのである。これは、曺敏修が李成桂とともに撤退したいという意思を示したものだった。曺敏修に追討される恐れのなくなった李成桂は、将軍らを集めて撤退の意向を告げた。

「我々が明の遼東郡を攻めたところで、すぐに反撃されるだけである。小国の高麗が大国の明と戦って、まともに勝てるとは考えられない。逆に、明が高麗に攻めてくるようなことになれば、高麗の臣民は今よりも苦しむことになろう。殿下には撤退のお許しを求めたが、聞き入れてはくださらなかった。宰相の崔瑩が殿下を唆しているのであろう。もはや、このまま引き返して殿下に直接お話しするしか臣民を守る方法はあるまい」

なかには主戦派の将軍もいたであろうが、曺敏修も撤退に賛同している以上、大勢に逆らうことはできなかった。こうして、遼東郡に向かって出陣した高麗軍は5月22日、王命に背く形で王都の開京に向けて撤退することになったのである。

殺害された禑王

禑王が、遠征軍の撤退を知らされたのは、1388年5月24日のことだった。撤退は王命に反するものであったから、当然、撤退してくる軍勢は、禑王にしてみれば反乱軍にほかならない。

驚いた禑王は、崔瑩とともに平壌から開京に移った。王都の開京で、反乱軍を迎え撃とうとしたのである。しかし、高麗軍の主力は遼東郡への遠征に動員され、今ではそれが反乱軍と化していた。そうした状況のなかで、あえて禑王に従う兵士はほとんどいない。開京の王宮まで禑王に従ってきた兵士は、わずか50名にすぎなかったという。

6月1日に開京に戻った李成桂と曺敏修は、6月3日、二手に分かれて王宮を攻撃し、禑王と崔瑩を捕らえる。禑王は廃位されて、子の昌王（在位1388年～1389年）が第33代高麗王として即位した。このとき、昌王はわずか9歳にすぎない。このため、実権は李成桂と曺敏修に掌握されることになる。

翌1389年になると、李成桂は、禑王が恭愍王の子ではな

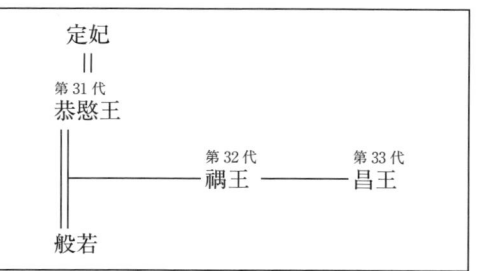

く、恭愍王に重用されていた僧辛旽の子だとして、廃位を主張するようになる。恭愍王は、辛旽の侍女であった般若を見初めて側室に迎えていた。このことから、禑王の実父を辛旽だとみなした李成桂は、禑王が正統な王位継承者ではないと主張し、禑王と昌王を「偽王」として殺害してしまったのである。このため、後世の歴史書において、禑王と昌王は、辛旽の姓を冠して「辛禑」・「辛昌」と記されている。だが、実父が辛旽であるという明確な証拠はない。

暗殺された鄭夢周

　禑王と昌王を「偽王」として殺害した李成桂は、1389年12月、王族の定昌府院君王瑶を第34代高麗国王として擁立し、恭譲王（在位1389年〜1392年）とした。李成桂は、恭譲王を傀儡としながら、やがて王位を簒奪する動きをみせるようになる。こうした李成桂の動きを警戒し始めたのが、鄭夢周である。鄭夢周は、李成桂の参謀として活躍していたが、ついには李成桂と袂を分かつ。

　1392年、明から帰国した恭譲王の世子（跡継ぎ）王奭を迎えに行った李成桂が、落馬して床に臥したのを機に、鄭夢周は李成桂一派の追い落としにかかる。鄭夢周は恭譲王に訴えて、李成桂に近い趙浚・鄭道伝・南誾らを流刑に処させることに成功した。

　しかし、こうした鄭夢周の動きに危機感を抱いた李成桂は、見舞いにきた鄭夢周と会談した直後、刺客を放って暗殺してしまったのである。こうして、李成桂に敵対する勢力はなくなった。

追放された恭譲王

　鄭夢周が暗殺され、いよいよ身の危険を感じるようになった恭譲王は、国王であるにもかかわらず、臣下の李成桂と同盟を結ぼうとする。同盟すれば、殺されるようなことにはならないと考えたからであった。

　しかし、李成桂はその機先を制して恭譲王を廃位させようとする。このとき李成桂は、配下の裴克廉に命じ、先々王の恭愍王の王妃であった定妃にこう伝えさせた。

> 今、殿下は王の道理を失い、すでに人心も失っておられます。これではとても、国家と臣民を支えていくことはできません。伏して願わくは、殿下の廃位をお取りはからいください

高麗において、後継者の決定は、国王の王妃や先王の王妃である王大妃の意向が反映されることになっていた。そこで、李成桂は恭愍王の王妃であった定妃に、恭譲王の廃位を求めたのである。形式的には定妃の裁可をあおいでいるが、ほとんど脅迫であったことはいうまでもない。定妃は、李成桂の奏請を断ることもできず、恭譲王の廃位を決定した。これを聞いた恭譲王は、

「予は国王なんかにはなりたくなかったのに、臣下が強制的に即位させたのではないか。今さら予の政治的な能力が劣ると臣下にいわれるほど悔しいことはない」

と涙を流したという。こうして、1392年7月12日、恭譲王は廃位されてしまったのである。

　翌7月13日に、李成桂は定妃によって、監録国事に任ぜられた。これは、李成桂が軍事・外交など高麗の最高指導権を実質的に掌握したことを意味していた。

国王に擁立される李成桂

　恭譲王が廃位となる一方、李成桂が監録国事に任ぜられたことで、李成桂が新たな国王として即位する準備が整った。1392年7月16日、百官を率いた鄭道伝・裴克廉・趙浚ら李成桂一派は、玉璽を戴き、李成桂の邸宅に向かった。そして、裴克廉が李成桂に国王として即位することを要請した。

「国に王があるのは、国家と朝廷を守り、臣民の生活を安らかにするためです。高麗では、恭愍王が嗣子なく薨去されたあと、不埒な権臣どもが辛旽の息子に王位を簒奪させたため、政治は乱れてしまいました。新たに王位につかれた恭譲王でも、国を治められず、王位を退かれたばかりです。ですが、国王の座を空位にしておくわけにはいきません。ぜひとも王位について、臣民の期待にお応えください」

　こうした要請に対し、李成桂は、

「昔から王朝の交代には天命がなければならないというではないか。それがしは徳もないのに、王位につくわけにはいかない」

と拒絶した。しかし、百官も譲らなかったため、ついには李成桂も王位につくことを了承する。

　もちろん、裴克廉が李成桂に即位を要請したのも、李成桂がいったん拒絶したのも、みな形式上の社交辞令である。李成桂の一派の間では、李成桂の

即位はすでに決まっていたことであった。しかし、李成桂(りせいけい)が即位を強行したとなれば、王位を簒奪したとの誹(そし)りをうけかねない。そのため、百官の要請を拒絶しきれずに即位するという形式を踏んだのである。

李成桂(りせいけい)の即位

1392年7月17日、ついに李成桂(りせいけい)が寿昌宮(じゅしょうきゅう)において初代国王として即位し、太祖(たいそ)となった。このとき、太祖(たいそ)は58歳になっていた。老練な太祖(たいそ)は、王位を簒奪したと非難されることを何よりも恐れていたのだろう。即位式でも、玉座には上がらず、文武百官を前にこう語っている。

「それがしが高麗(こうらい)の政治を代行することなど、これまで考えたこともなかった。いや、今でもその職責を全(まっと)うできないのではないかと恐れている。それがしが健康ならば、馬のように働くこともできよう。しかし、ちょうど病気を患って手や足をまともに使うこともできない。そのようなときに大命をうけたので、そなたたちは力を合わせて補佐してほしい」

こうして、建国から480年近く続いた高麗(こうらい)王朝は滅亡し、朝鮮が建国されることになった。

明への報告

　即位した太祖は、翌日の1392年7月18日、趙琳らを使節として明に送り、王朝が交替したことを知らせた。ただ、太祖は国内的には「国王」としてふるまうことはできたが、明からの正式な冊封をうけていたわけではない。そのため、明に送る国書に、太祖は自らの称号を「国王」ではなく、「高麗権知国事」としている。「権」は仮という意味であり、高麗の国政を代行している地位にあることを示していたのだった。

　高麗の恭愍王が嗣子なく薨去されると、逆臣辛旽の子である禑王が権臣李仁任らによって王に立てられましたが、禑王は罪のない臣下をたくさん殺すなどした暴君で、あげくには貴国の遼東郡にまで出兵を命じました。このとき、右軍都統使李成桂が、貴国の国境を侵犯することができないという大義に基づいて遠征軍を撤退させると、禑王は王位を子の昌王に譲りました。その後、高麗の臣民は恭愍王の妃であった定妃の命をうけて、王族のなかから、恭譲王を擁立いたしました。ところが、恭譲王は賢臣を遠ざける一方で佞臣を近づけたため、悪政により臣民の苦労が絶えることはありませんでした。おまけに、恭譲王の世子王奭は知性に欠け、その配下の鄭夢周が反乱を起こそうとしたため、李成桂が中心となって鄭夢周を討った次第です。そうしたなか、1392年7月12日、定妃は恭譲王に退位を命ぜられました。王の座を空位にしておくわけにはまいりませんので、国王にふさわしい人物を探してみたのですが、王族にはおりませんでした。ただ、李成桂は功労も人望もありましたから、百官によって推戴された次第です

　禑王が遼東郡への出兵を命じたのは確かであるが、暴君であったというのは事実ではない。それでも、太祖が出兵に反対していたことは、明の洪武帝に良い印象を与えたのは確かだろう。王朝交替の報告をうけた明の洪武帝は、太祖に対して「高麗権知国事」の地位を承認した。

世子を冊封する

　太祖は、即位したときにはすでに58歳であった。1日も早く、後継者を決めておかなくては、自らの死後に混乱が起きると予測していたのであろう。即位後、早くも世子の冊封を考え始めた。世子というのは、国王の跡継ぎのことである。国王が薨じたときには、冊封されていた世子が即位することに

第一章　朝鮮王朝の創始

なっていた。
　太祖には、2人の夫人の間に8人の男子がいた。長男の鎮安君李芳雨、次男の永安君李芳果、三男の益安君李芳毅、四男の懐安君李芳幹、五男の靖安君李芳遠、六男の徳安君李芳衍、七男撫安君李芳蕃、八男の宜安君李芳碩である。このため、太祖は8人のなかから、後継者を1人、選ばなくてはならなかった。

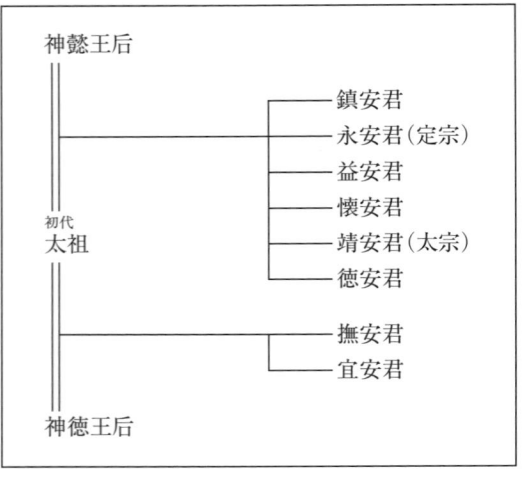

　しかも、この8人の実母はすべて同じではない。上の6人は、太祖がまだ咸鏡道にいたころ、最初に迎えていた神懿王后との間に生まれた子である。神懿王后はすでに亡くなっていたが、その子らはいずれも成人しており、太祖の即位にも大きな役割を果たしていた。下の2人は、高麗王朝の実力者として都の開京に上った際、新たに迎えた神徳王后との間に生まれたもので、まだ若年であった。
　長幼の順からすると長男の鎮安君がふさわしいということになる。しかし、鎮安君は太祖の即位には批判的であったため、鎮安君を推す声はなかった。純粋に国王としての資質からするならば、五男の靖安君が優れていたといえる。靖安君は、高麗王朝が実施した官僚の試験である科挙に合格したばかりか、軍略にも長けており、文武を兼ね備えた逸材であった。
　だが、神徳王后を寵愛していた太祖は、神徳王后との間に生まれた七男の撫安君か八男宜安君を世子にしたいと考えていたらしい。ただ、撫安君は素行があまりよいとはいえなかった。そのため、裴克廉・趙浚・鄭道伝らの重臣は、太祖に対し、
　「もし、神徳王后がお産みになられたお子を世子に封じられるというのであれば、末っ子の宜安君がよろしいでしょう」
　と提言した。裴克廉・趙浚・鄭道伝らにとって、靖安君はあまりに資質が優れており、臣下の権限が縮小されるのではないかと恐れていたのである。そのため、太祖が神徳王后の子をかわいがっているのにかこつけて、八男宜

安君を推したのだった。

重臣らの了承を得られたことで、1392年8月20日、太祖は宜安君を世子として冊封した。

国号を朝鮮とする

即位後に太祖が明に派遣した使節に対し、明の洪武帝は国号の改定を求めてきた。

> 高麗国内の政治については、高麗が自由に行うがよい。ただ、すでに王朝が交替している以上、高麗の国号をいつまでも使うわけにはいかない。高麗の国号を何に改めるのか、速やかに報告するようにせよ

これをうけて、太祖はただちに文武百官を招集し、新たな国号の候補を選出させた。そのなかで、最終的に絞り込まれたのが、「朝鮮」と「和寧」である。「朝鮮」は、古代に存在していたとされる国の名であり、「和寧」は李成桂の出身地にちなむものであった。どちらにするか選びかねた太祖は、11月29日、韓尚質ら使節に託して国書を送った。

> 先日は、皇帝陛下から速やかに国号を選定するようにとの仰せを承りました。それがしは、高麗の恭譲王が退位されたあと、「高麗権知国事」として国政を代行しているにすぎません。にもかかわらず、皇帝陛下が「高麗権知国事」の称号を認めてくださったばかりか、新たな国号の選定をも命じてくださったのは、臣民ともども喜びにたえません。ただ、国号の選定は、それがしの一存では決められないものです。弊国において、新たな国号の候補を「朝鮮」と「和寧」の2つに絞りましたので、皇帝陛下が裁許くだされば幸甚です

太祖の国書を洪武帝に奉呈した韓尚質らは、翌1393年2月15日に帰国した。韓尚質が託された明からの書には、

> 東夷の国号としてみれば、言葉として美しく、また古くから伝えられていることから「朝鮮」がふさわしい。権知国事李成桂は、その国号を模範としながら、天に従って民を治め、子孫を永遠に栄えさせよ

とあり、洪武帝が新王朝の国号を「朝鮮」に決定した旨が記されていた。この書をみた太祖は、その当日、次のように布告した。

> 予は徳が少ないながらも、天命をうけて国政を担うことになった。そして、本日、明の皇帝陛下から、新たな国号を「朝鮮」にするようにとの詔勅を賜った次第である。これは、予だけではなく、国家と臣民の限り

ない幸せであるから、広く国中に布告する。これからは、高麗という国号を廃し、朝鮮の国号を使うようにせよ。国号が定まったことの恩赦として、本日2月15日の明け方以前に行われた重罪を除く犯罪については、全部これを赦すことにする

　こうして、太祖は新王朝の国号を朝鮮と定めると同時に大赦を行った。このときから、高麗を継いだ新王朝の国号は朝鮮となる。

功臣の冊封

　太祖は、即位の1か月後に功臣冊封のために功臣都監を設置し、その年の11月までに52名の臣下を功臣として確定した。これを「開国功臣」とよぶ。「開国功臣」には、広大な土地と奴隷が与えられた。もちろん、それだけでなく、「開国功臣」に冊封されることは、朝鮮王朝が続く限り、その家の子孫が優遇される可能性を示唆するものである。

　ただ、このとき「開国功臣」に冊封された臣下のほとんどは、太祖が即位する前日、太祖の邸宅に玉璽を戴いて即位を要請していた者である。太祖の推戴に加わったこと以外に功績はなかったという者も少なくない。また、太祖はあえて、自らの子を「開国功臣」からはずしていた。このため、「開国功臣」に冊封されなかった臣下や王子らの不満が高まることになる。

高麗王族を排除

　太祖は即位後の1392年8月7日、高麗最後の国王恭譲王を恭譲君に降格し、その弟定陽君王瑀を帰義君に降格して、配流していた。王位を簒奪したとの誹りを避けたい太祖は、王族を殺さず流刑とするにとどめていたのである。

　しかし、1394年1月、慶尚道東萊県の県令の金可行らが、高麗王家であった王氏一族の未来を盲人の李興茂に占わせていたことが発覚した。この時代において、占うということは、神意を諮るということにほかならない。金可行らは、恭譲君を奉じて反乱を起こそうとしたとみなされたのである。

　1394年4月、太祖は王氏一族の殺害を命じた。そして、配流されていた恭譲君には鄭南晋を派遣し、次のように伝えさせた。

臣民が予を王に推戴したのは、まさに天運としかいいようがない。予はそなたの一族を配流にはしたものの、不自由のない生活を保てるようにしたつもりである。にもかかわらず、東萊県令の金可行らが反逆を企て、そなたと親族の命運を盲人の李興茂に占わせたことが発覚した。た

とえ、そなたが知らなかったとしても、そなたを罰するようにとの上訴は12件にも及ぶ。もはや、予もそなたをかばいきれなくなり、処罰を下すことにしたので、さように心得よ」

鄭南晋は恭譲君の前で太祖の命令書を読み上げた後、恭譲君を絞殺した。このとき、恭譲君の2人の子も絞殺されている。

遷都を断行

即位した太祖は、遷都するにふさわしい場所の調査を始めさせていた。太祖は、480年近くにわたって高麗の王都であった開京では、新王朝の王都にはふさわしくないと考えていたのである。

1393年1月2日、権仲和は王都の候補地として忠清道の鶏龍などを提案した。報告をうけた太祖は早くも1月18日、自ら現地へ視察に向かう。そして、鶏龍の地を気に入った太祖は、すぐに王都建設を命じたのである。

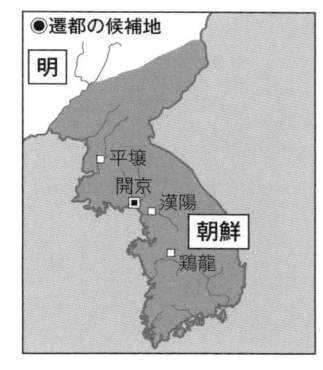
●遷都の候補地

しかし、京畿左右道都観察使の河崙は、太祖にこう訴えた。

「王都というものは、本来、国土の中央になければなりません。それなのに、鶏龍は国土の南に偏りすぎています。それがしは、これまで風水関係の色々な書物を読んできましたが、聞くところによると、鶏龍の土地は、山が北西にあって、水は南東に流れていくというではありませんか。これは、風水上、王都を建設する土地としては適当でありません」

これをうけて、太祖は、権仲和・鄭道伝・南在らを呼んで、風水に関する様々な書物を参考に、河崙の主張の妥当性を検討させた。その結果、鶏龍は中国宋代の胡舜臣がいう「水が長生を破し、衰敗がまもなく近づく土地」であったと結論づけられた。こうして、1393年12月11日、太祖は鶏龍における王都建設の中止を命じたのである。

同時に、太祖はほかの候補地を探すように命じた。1394年2月、漢陽を視察した権仲和と趙浚は、土地が狭小で王都にふさわしくないと報告したが、河崙は、

「漢陽の土地が狭いというのは確かです。しかし、開京や平壌などのかつての都と比べるなら、むしろ広いといえるでしょう。それに、高麗の記録や中国の地理書などをみても、問題はありません」

と訴えた。これにより、太祖は、自ら視察に赴き、漢陽を新たな王都と決める。こうして、漢陽は王宮のほか都城を備えた王都として建設されたのである。1395年6月6日、太祖は漢陽を漢城と改め、朝鮮王朝500年の王都となった。この漢城がすなわち、現在のソウルである。

世子を殺した靖安君

王都も定まり、政治が安定していくなか、太祖は緊張の糸が切れてしまったのかもしれない。在位7年目の1398年7月以降、病床に臥すようになってしまったのである。

こうしたなか、1398年8月26日、太祖の五男靖安君らが、鄭道伝・南誾ら太祖の側近の排除を求めて兵を挙げた。靖安君は、世子に冊封されなかったばかりか、「開国功臣」にも冊封されていない。それがすべて鄭道伝や南誾のせいであると考え、実力で排除しようとしたのである。

鄭道伝は、靖安君の軍勢に襲撃されたとき、かつて判書を務めた閔富の邸宅に逃れた。しかし、その閔富が靖安君に密告したため、鄭道伝は捕まってしまう。靖安君の前に引き出された鄭道伝は、

「貴公は、以前にそれがしを助けてくれたことがありました。今回も命だけは助けていただけませんか」

と哀願したものの、靖安君は、

「お前は、地方の長官に任ぜられたというのに、それでも不足だというのか。よほどの悪事をしなければ、殺されるようなことにもなるまい」

といい放って鄭道伝とその子ら3人の斬首を命じた。自首した南誾も、鄭道伝と同じように殺されている。

さらに靖安君は、太祖が溺愛していた異母弟の撫安君・宜安君のほか、異母妹慶順公主の夫である李済を捕らえると、ただちに処刑してしまった。靖安君は、趙浚ら宰相を通じ、

> 鄭道伝らは、神徳王后の子撫安君・宜安君を奉じて、我ら神懿王后の子を殺害しようとしていました。そのため、やむを得ず機先を制し、殺害した次第です

と太祖に報告させた。靖安君の怨みが、太祖の継妃神徳王后にあったことは確かである。すでに神徳王后が2年前に薨じていたにもかかわらず、神徳王后一族を取りつぶさせてしまった。

また、靖安君は兄の益安君・懐安君とともに自らを「開国功臣」に加えて

いる。それだけ、太祖の王子らは、「開国功臣」に加えられなかったことに不満を持ち続けていたということである。
　側近の鄭道伝・南誾だけでなく、実子の撫安君・宜安君が殺害されても、太祖は靖安君を処罰することはできなかった。靖安君の勢威は、国王の太祖ですら制御できないくらいに拡大していたのである。
　このときの靖安君によって引き起こされた事件を、「第一次王子の乱」という。

新たに世子となる永安君

　「第一次王子の乱」によって、世子に冊封されていた宜安君が殺されてしまったため、改めて世子を冊封しなければならなくなった。このとき靖安君は、
　「そもそも、殿下が長男ではない宜安君を世子に冊封したことに問題があるのです。ですから、世子に冊封するのは、長幼の順を守らなくてはなりません」
　と釘を刺した。実力では、靖安君の右に出る王子は存在しない。しかし、自らが世子に冊封されてしまえば、王位を狙って異母弟らを殺害したという誹りをうけかねないことを靖安君は重々承知していたのである。
　太祖の長男鎮安君は、父の即位に批判的だったうえ、すでに早世していた。そのため長幼の順では、太祖の次男永安君に白羽の矢が立つ。永安君は、政争に巻き込まれることを恐れて辞退しようとするが、靖安君も譲らない。靖安君は、兄の永安君を世子につけたうえで、兄を傀儡として実権を握ろうとしていたからである。
　こうして、「第一次王子の乱」の当日、早くも世子を決めた太祖は、次のように布告した。

　　長男を世子に冊封するというのが、いつの世でも変わらない常道である。かつて、予は長幼の順を無視して、長男ではない宜安君を世子に冊封していた。予が宜安君を溺愛していたことによる過ちであり、これは亡き鄭道伝らも責任を逃れられまい。鄭道伝らの反乱が鎮圧された今、予はかつての過失を悔い改め、亡き長男に代わり、次男永安君を世子に冊封する

　こうして、永安君が世子として冊封されることとなった。太祖は本心では、八男の宜安君を世子に冊封したことを後悔はしていなかろう。しかし、こう宣言するしか、国を安定させる方法はなかったのである。

第2代　定宗

在位1398年～1400年

弟による傀儡の政権

🪶 定宗の即位

　1398年の「第一次王子の乱」の直後、太祖の次男永安君李芳果が世子に冊封されていた。しばらくして、病床の太祖は世子になったばかりの永安君をよび、自ら書簡を永安君に与える。その内容は、次のようなものであった。

　　予が朝鮮を建国してから7年になったが、近ごろは老化と病気で政務もままならない。そなたが建国以来、予を補佐してくれたことは、国中の臣民も知っている。そのような理由から、王位をそなたに譲ることに決めた。そなたは、賢臣を近づけるとともに佞臣を遠ざけながら、これからもこの国を安定させ、子孫が栄えるようにせよ

　太祖としては、1日も早く永安君を即位させることで、王位をめぐる争いをなくそうとしたのであろう。太祖は引き続き大臣らを呼び寄せ、

　「予は、世子の永安君に王位を譲ることにした。そなたらは、力を合わせて新たな国王を支え、この国が衰退することのないようにしなさい」

と命じた。こうして、1398年9月5日、世子の永安君が景福宮の勤政殿において第2代国王として即位し、定宗となった。定宗の即位にともない、前国王の太祖は、上王となっている。

🪶 対立する靖安君と懐安君

　定宗が即位することができたのは、太祖の子のなかで、最も政治的な野心がなかったからである。長幼の順で選ばれたということになっていたが、権力に対する欲望が強ければ、弟に反対されていたにちがいない。

　実力で王位についたわけではないので、定宗の即位によって王位をめぐる争いが終息したわけではなかった。しかも、定宗と王妃の定安王后との間には男子が誕生していなかったため、定宗の次の王位をめぐり、太祖の三男益安君・四男懐安君・五男靖安君の争いは激化してしまう。

　1400年1月28日、ついに懐安君が、弟靖安君の排除を求めて兵を挙げた。このとき、懐安君は密かに定宗からの援軍を得ていたが、あっけなく靖安君

の軍勢に敗れてしまう。結局、懐安君は、靖安君の同母兄ということで死罪は免れ、流罪となった。この事件を「第二次王子の乱」という。

「第二次王子の乱」において、益安君は靖安君に味方した。これにより、乱を鎮圧した靖安君が、名実ともに朝鮮の実力者となり、靖安君が世弟に冊封されることとなったのである。

私兵の解体

建国まもない朝鮮において、こうした争乱が続いたのは、王族や重臣がそれぞれに私兵をもっていたからである。このことを危険視した鄭以吾は、1400年6月20日、世弟の靖安君に次のような書を呈して訴えた。

> 国を建てることと、国を守ることは同じではありません。先に、太祖大王は、建国まもない朝鮮を守るため、私兵をもつことを認めておられました。しかし、私兵は、基本的に主君の命令しか聞きません。邸下(世子や世孫に対する敬称)に刃を向けないとも限らないでしょう。そのような私兵は、今こそ、解体するべきかと存じます

この献言をうけ、朝廷の実権を握っていた靖安君は、すぐさま私兵の解体を断行する。私兵を解体することができれば、王族や重臣の反乱を抑止できるとともに、唯一の軍事力をもつ存在として国王の権力も強化されると考えたからである。こうして、靖安君は反対する勢力を鎮圧しながら、王族・重臣のもつ私兵を解体し、官軍として組織することに成功した。

譲位を図る定宗

そのころ、世弟の靖安君の傀儡となっていた定宗は、生きた心地もしなかったろう。いつ廃位されてもおかしくないような状況にあったからである。実際、靖安君は異母弟を容赦なく殺害していたし、対立した同母兄はみな流刑に処していた。

そうしたなか、定宗の妃である定安王后は、

「殿下は、世弟の目をまともにご覧になれないのではないですか。もう譲位なさってはいかがでしょう」

と定宗に譲位を勧めたともいう。定宗が廃位されれば、定安王后もただではすまない。そのため、定安王后は穏便に譲位することを求めたのだろう。

結局、1400年11月11日、定宗は王位を弟の靖安君に譲る意思を伝え、仁徳宮に退いた。

第3代　太宗(たいそう)

在位1400年〜1418年

国家の制度を整備

太宗(たいそう)の即位

　1400年11月11日に定宗が譲位(じょうい)したことにより、11月13日、世弟の靖安君(せいあんくん)李芳遠(ほうえん)が寿昌宮(じゅしょうきゅう)において第3代国王として即位し、太宗(たいそう)となった。百官の朝賀(ちょうが)をうけて太宗(たいそう)は、次のように布告した。

　　太祖大王が朝鮮を建国されたあと、先王の定宗大王が王位を継いで3年になる。この間、定宗(ていそう)大王にお世継ぎが生まれなかったが、先日、いきなり予に王位を継ぐよう命ぜられた。予は、2度3度遠慮申し上げたが、定宗(ていそう)大王は聞き入れてくださらない。そのためやむなく、11月13日、予が寿昌宮(じゅしょうきゅう)で即位した次第である。これから大役を務めることができるかどうか、深い川を渡るように恐ろしく感じてしまう。みな、徳のない予を助け、過ちがあれば正してほしい。代替わりの恩赦として、本日11月13日の明け方以前に行われた重罪を除く犯罪については、全部これを赦(ゆる)すことにする。

　こうして太宗(たいそう)が即位すると、定宗が上王(じょうおう)となった。このとき、太宗(たいそう)の父である太祖(たいそ)はまだ健在で、太上王(たいじょうおう)とよばれることになる。

明(みん)から朝鮮国王に冊封(さくほう)された太宗(たいそう)

　即位した太宗(たいそう)は、即位を明(みん)（1368年〜1644年）に報告するとともに、国王への冊封を要請した。朝鮮では、太祖の代から明に国王への冊封を要請していたが、明の洪武帝(こうぶてい)（在位1368年〜1398年）が認めなかったことから、正式な国王としては冊封されていない。

　しかし、その洪武帝(こうぶてい)も1398年にすでに崩御し、明では第2代皇帝の恵宗(けいそう)建文帝(けんぶんてい)（在位1398年〜1402年）が即位していたところであった。このころ建文帝(けんぶんてい)は、のちに永楽帝(えいらくてい)（在位1402年〜1424年）として即位する叔父朱棣(しゅてい)と争っていたから、太宗(たいそう)を朝鮮国王に冊封することで皇帝の権威を高めようとしたのだろう。明(みん)からの使節は1401年6月12日、朝鮮に到着し、太宗(たいそう)に建文帝(けんぶんてい)の国書を伝えた(けんぶん)。そこには、

中国では徳のある皇帝が政治を行ってきたから、周辺の国や民族の服属を求めないということはない。このため古来、服属してきた国や民族の長に称号を与え、臣民をよく治めるように命じてきたものである。朕も皇帝となったからには、その体制を維持しようと思う。嗚呼、朝鮮権知国事靖安君は、父兄を受け継ぎ、国家と臣民を安らかにしているというではないか。これに対し、特に命じて朝鮮国王となし、金印を授ける。徳をもって国を治めるとともに、明を助けるようにせよ

と書かれていた。こうしてついに、太宗は朝鮮王朝で初めて、明の皇帝から国王に冊封されたのである。朝鮮が建国されてから、すでに10年近くが経っていた。

趙思義の乱

　このころの太祖は、実子による争いに心を痛め、仏教に傾倒し、京畿道の檜岩寺に隠棲するようになっていた。太祖は、太宗が国王として即位するようになっても、実の子を殺害した太宗を赦していたわけではない。

　そうしたなか、1402年11月5日、東北の咸鏡道・平安道を中心に、安辺府使の趙思義らが太宗に反旗を翻した。この地域は、女真族の領域と接しており、太宗が私兵を解体させたときにも、防衛のため私兵が温存されていた。趙思義らは、こうした私兵を擁して蜂起したのである。兵力は6000〜7000名と推測されている。

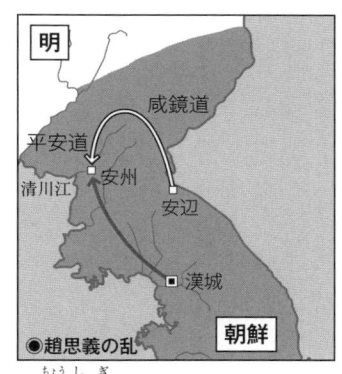

　趙思義が蜂起したとの報に接した太宗は、ただちに漢城から討伐軍を差し向けるが、反乱軍に敗北してしまう。そのため、太宗自らが親征することになった。太宗率いる討伐軍は11月27日、平安道安州で反乱軍を破る。敗走した反乱軍は、夜陰に乗じて清川江を渡河して逃亡を図ったが、数百名が渡りきれずに溺死したという。

　こうして反乱軍は壊滅に追い込まれ、趙思義も捕らえられた。太宗は、趙思義とその息子ら、反乱首謀者16名を処刑している。さらに、実父の太祖に対しても、反乱を煽動していたとみなして、漢城に軟禁してしまった。こうして、この乱を契機に太宗の王権は安定していくことになる。太祖は、太宗との溝を埋められないまま、1408年5月24日、別殿で薨去した。

閔無咎・閔無疾兄弟の死

太宗は1404年、王妃の元敬王后との間に生まれた長男の譲寧大君李禔を世子に冊封していた。このとき、譲寧大君は11歳であったが、やがて、譲寧大君が成長するにつれ、太宗は外戚

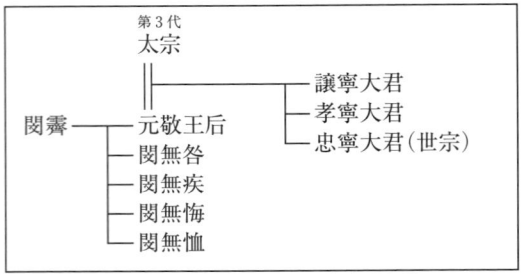

にあたる閔氏一族の動向が気になり始める。閔氏一族は、元敬王后の兄弟である閔無咎・閔無疾・閔無悔・閔無恤が、朝廷内に大きな勢力を築きつつあった。譲寧大君は、幼少のころ閔氏の実家で育てられており、即位した暁には、閔氏一族が実権を握るのではないかと太宗が恐れたのである。

そうしたなかで、1406年8月18日、太宗は突如として王位を譲寧大君に譲ると言い出した。おそらく、太宗は閔氏をはじめとする臣下の反応をみようとしたのだろう。案の定、突然の譲位を多くの臣下が反対した。

結局、臣下の反対をうけた太宗は、譲位をやめたのだが、この一件に関して、翌1407年7月10日、領議政の李和が次のように訴えた。

> 人臣の罪のなかで、謀反ほど重いものはございません。王妃殿下の兄弟である閔無咎と閔無疾は、殿下に謀反を抱いていたようです。というのも去年、殿下が譲位されようとした際、全国の臣民が悲しんだわけですが、閔無咎だけは喜んでいました。また、殿下が譲位を取りやめられた際、全国の臣民が喜んだわけですが、閔無咎だけは悲しんでいました。閔無咎と閔無疾らは、譲寧大君を傀儡にして実権を握ろうとしていたのでしょう。人の本心というものは、態度をみていればわかるものです。
> 伏してお願いするに、閔無咎・閔無疾兄弟を処罰してください

この上訴をうけ、外戚の専横を危惧する太宗は、元敬王后の兄弟である閔無咎・閔無疾を捕らえることにした。そして1410年3月17日、ついに太宗は獄中の閔無咎・閔無疾兄弟に自害を命じたのである。

閔無悔と閔無恤兄弟の死

太宗による閔氏一族の排斥は、閔無咎・閔無疾の死だけでは終わらなかった。1415年6月6日、譲寧大君自身が次のように訴えたからである。

去年4月に王妃殿下が病気になられた際、閔無悔と閔無恤が見舞いにきました。それがしと閔無悔・閔無恤兄弟の3人だけになったとき、閔無悔がそれがしに「兄の閔無咎・閔無疾が処罰された事件は濡れ衣でございます」と訴えてきました。それがしは「閔氏一族にも、奢る部分があったのだから処罰は当然ではありませんか」と反論したのですが、閔無悔が「あなたも我々閔氏一族のなかで育てられたのですよ」というので、それ以上は、何もいえず、黙っておりました。すると、あとで弟の閔無恤が来て、「兄が失言いたしました。どうか他言されませんように」と訴えたため、そのときは、殿下にお伝えしませんでした。今さら約束を破るというのも本意ではございませんが、逆臣をそのままにしておくわけにもいかず、ここにあえて申し上げる次第です

閔無悔が、兄の閔無咎・閔無疾の死に疑問を呈したということは、閔無悔は太宗の処断に納得していなかったということを意味する。そして弟の閔無恤も、兄の本心を知りながら、黙っていたことになる。太宗は1416年1月13日、閔無悔・閔無恤兄弟に自害を命じた。

世子を廃された譲寧大君

閔氏一族排斥の先鋒にもなった世子の譲寧大君は、やや粗暴なところがあり、臣下の人望もほとんど集められなかったらしい。そのため、臣下の奏請をうけた太宗は、世子を廃することを決める。そして、大臣らを集め、誰を次の世子にすべきかを相談した。

「臣下からの要請をうけ、粗暴な譲寧大君を世子からはずすことにした。人が過ちを悔いて改めるというのは、とても難しいことである。古代中国の殷（?〜B.C.1046年）では、廃位された殷王の太甲が、悔い改めたことで復位できたという。しかし、譲寧大君は太甲ではないのだから、そろそろ次の世子を決めねばなるまい。幸い、譲寧大君には2人の男の子がいる。長男は5歳で、次男は3歳だ。予にとっては孫であるから、世子ではなく世孫ということになるが、譲寧大君の子を跡継ぎとするのはどうであろう」

右議政の韓尚敬以下の群臣は、譲寧大君の子を立てることに賛成したが、領議政の柳廷顕は、

「それがしには昔のことはわかりません。ただ、物事には道理というものがあります。相応の資質がなければ世子は務まらないのではありませんか」

と太宗の見解に疑義を挟む。この意見をうけた左議政の朴訔も、

「父を廃して子を立てることがこれまでにあったのなら、譲寧大君の子を世子に立てられてもかまいません。ですが、そういう先例がないのであれば、それこそ資質のある王子から選ぶべきではないでしょうか」

というように、太宗の孫を世孫とすることに反対する。

太宗には、世子を廃された長男の譲寧大君李禔のほか、次男の孝寧大君李補、三男の忠寧大君李祹ら12人の男子がいた。ただ、長幼の順からして、およそ世子の候補となりうる王子としては、孝寧大君と忠寧大君に限られていたといっても過言ではない。臣下の意見を聞いた太宗は、こう話した。

「昔の人は、国王が立派であることこそ国家の幸福だといっている。予の王子のなかでは、誰が立派な国王になれるだろう。次男の孝寧大君は、性質が温厚でいつもにこにこしている。王妃など、孝寧大君が笑っているところしかみたことがないといっているほどだ。これに対し、三男の忠寧大君は賢くて学問を好んでいる。いつぞやは徹夜で読書をしていたから、夜に読書するのを禁じたほどである。ちなみに、孝寧大君は酒に弱いが、忠寧大君は適度に飲める。明からの使節を接待するときに、酒が飲めないというのでは話にならない。そうしたことを踏まえ、予は忠寧大君を世子に冊封する」

こうして1418年6月3日、太宗の三男忠寧大君が世子に冊封されることが決まった。これにともない、それまで14年間にわたって世子であった譲寧大君を王宮から追放してしまったのである。

譲位しようとする太宗

忠寧大君を世子に冊封した太宗は、密かに世子への譲位を考えるようになる。追放されたとはいえ、14年間も世子の座にあった譲寧大君を思慕する臣下がいないわけではなかった。それに、王妃元敬王后も、譲寧大君の子への世孫冊封を望んでいた。すでに外戚である閔氏一族は排斥されていたものの、いつ譲寧大君をかつぐ勢力が現れないとも限らなかったのである。兄弟を殺害・配流までして王位についた太宗としては、自分の子や孫に同じ轍を踏ませたくなかったのであろう。

1418年8月8日、ついに太宗は忠寧大君への譲位を公言した。しかし、忠寧大君は世子に冊封されてまだ2か月しか経っておらず、群臣はこぞって反対したのである。それでも、8月10日、太宗は勤政殿に忠寧大君を呼び寄せた。このとき、太宗のもとに参上した忠寧大君は、1通の書を太宗に捧げる。

殿下はまだお元気でいらっしゃるのに、どうしてそれがしに譲位される

などと仰せになられるのでしょうか。王位の継承は、この国の最も重要なことであるのに、突然、譲位されるとあっては臣民を驚かせてしまいます。2か月前、殿下がそれがしを世子に冊封されたときには、あえて拒絶することができませんでした。そのうえ王位を継ぐなどということは、とても恐ろしくて承ることができません。国家と臣民のことを念頭におき、もう一度お考え直しください

　これがどこまで忠寧大君の本心であったのかはわからない。ただ、14年間も世継ぎとして遇されていた譲寧大君と違い、忠寧大君が世子にあったのは2か月にすぎない。いきなり王位を継ぐことには不安があったのは確かであろう。忠寧大君が太宗に謁見している間、太宗は門番に命じて誰も近づけさせないようにしていた。このため、重臣らも太宗のもとに参上することはできなかった。

　そうしたなか、領議政の柳廷顕が門番を押しのけて入っていくと、群臣も続いた。譲位撤回を求めて泣き叫ぶ声は、太宗の耳にも聞こえてくる。この様子を見た太宗は、孝寧大君を遣わして集まった群臣に王命を伝えさせた。

　予が他人に王位を譲るというのであれば、そなたらの要請は正しい。しかし、予は我が息子に譲位するといっているのだ。以前、譲寧大君に譲位しようとしたのは、確かに予の過ちである。だが今回、忠寧大君に譲位するのは過ちではない。それに、これはすでに決まったことなのだ。

　これ以上、譲位の撤回を求めてはならない

　参賛の金漸が、

「殿下のこのようなご行為は、殿下と世子の徳を失うものです。世子冊封の許可を求めて明に向かった使者の元閔生は、まだ戻ってきておりません。冊封の許可をうけていない世子を即位させてしまったら、明の皇帝陛下はどのようにお思いになるでしょう。これが、徳を失う理由であります。伏して願わくは、せめて元閔生が帰国するまで譲位はお待ちください」

　と泣きながら訴えたものの、太宗の決意は変わらなかった。

　そして、太宗は王の象徴である衝天角帽を忠寧大君にかぶせて退出させた。忠寧大君が衝天角帽をかぶっているのをみた群臣は、泣くのをやめて平伏するしかなかった。こうしたなかで、左議政の朴訔が、

「世子は、殿下のご子息である。すでに衝天角帽をかぶられたのだから、我々などがこれ以上、殿下に譲位の撤回を求めても致し方あるまい」

　というと、群臣も太宗の譲位を認めることにした。

第4代　世宗

在位1418年～1450年

国内の制度を確立

世宗の即位

　太宗が譲位を表明したことにより、1418年8月10日、太宗の三男忠寧大君李祹が、景福宮の勤政殿において第4代国王として即位し、世宗となった。このとき世宗はわずか22歳。翌8月11日には、国中に次のように布告している。

　　謹んで考えたところ、太祖大王が朝鮮を建国されたあと、予の父太宗大王が王統を受け継がれた結果、倭寇は掃討され、国内は平和になった。太宗大王の治世は20年近くに及んだが、このごろは長らく病気がちとなられたため、予に王位の継承を命ぜられたのである。予は学問が浅いうえにまだ若く、再三辞退を求めたが、許してはいただけない。やむなく、8月10日、景福宮の勤政殿で即位することになった。父の太宗大王を上王とし、母の元敬王后を王大妃に昇格させる。国内の制度は、太祖・太宗大王の治世を踏襲するので、特に変更することはない。代替わりの恩赦として、本日8月10日の明け方以前に行われた重罪を除く犯罪については、全部これを赦すことにする。

　世宗は、太宗を上王とし、その政策を継続することを明らかにした。もちろん、それは太宗の意向でもある。世宗が即位したとはいえ、朝廷にいるのはみな太宗を支えて朝鮮の礎を築いてきた群臣だった。実際問題として、世宗に忠誠を誓うかどうかもわからない。そのため、太宗は上王として軍事権を掌握し続けるなど、即位間もない世宗をできる限り支えていかなければならないと考えていたのである。

　そうした太宗に気を遣った世宗は、上王の太宗のもとに知申事の李明徳を送り、

　「願わくは、称号を上王から太上皇に上げようと思います」

などと、太宗を太上皇とよび、崇め奉ろうとした。しかし、上王の太宗自身は、

　「上王を高めるというのなら太上王とすべきだが、予は上王のままでよい。

これは、予が謙遜しているわけではない。それが天の道だからである。明（1368年〜1644年）の皇帝陛下は予に孝を求めているのだから、太上王などと大それた称号を用いるつもりはない」
と答えたため、世宗もあえて太宗を太上王にすることはなかった。

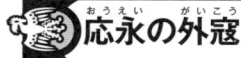応永の外寇

このころの朝鮮において、最も脅威となっていたのは倭寇である。倭寇とは、日本人を中心に明人や朝鮮人によって構成されていた海賊で、朝鮮半島の各地を侵掠していた。朝鮮では、対馬守護宗氏に特権を与え、倭寇の活動を抑えさせていたのである。

しかし1418年4月、倭寇の抑制に尽力していた宗貞茂が没すると、再び倭寇が朝鮮半島を侵掠するようになってきた。ちょうど、朝鮮で世宗が即位したころのことである。

こうした情勢をみた上王の太宗は、かねてから倭寇の根拠地とみなしていた対馬を制圧することを計画した。このとき、すでに世宗が国王として即位はしていたが、軍事権は依然として太宗が握っていたからである。対馬への遠征も、太宗が主導して行われた。

1419年6月19日、太宗は都体察使の李従茂に命じ、1万7000余の軍勢を220余隻の兵船に乗せ、巨済島を出陣させた。6月20日、朝鮮軍は対馬に上陸して倭寇の船とおぼしき120余隻を焼き払うなど、緒戦を有利に進めている。6月26日、緒戦の勝利を聞いた太宗は祝賀会を催すとともに、李従茂には次のように命令した。

> 昔から盗賊を討伐するのは、罪を問うのが目的であって、殺害することが目的ではない。投降した倭寇は、殺さずに予のもとに連行するように。いくら緒戦に勝利したといっても、油断すれば遠征が失敗してしまうことを忘れてはならない。特に、7月の対馬海峡は暴風雨になりやすいと聞く。そのことをよく承知し、長く海上にとどまることのないようにせよ

このような太宗からの命令をうけ、7月3日、李従茂は全軍を率いて撤退した。この一件を、日本では当時の年号が「応永」であったことから、「応永の外寇」とよぶ。

7月17日、太宗は兵曹判書の趙末生に命じ、宗貞茂の跡を継いだ宗貞盛に書を送った。

　　対馬は、もともと朝鮮の土地である。しかし、海中の孤島であったため、行き場のない日本人が住み着くようになったにすぎない。我が太祖大王も対馬の苦況を理解されていたし、予もそなたの父宗貞茂に義を感じていたから、助けるつもりでいた。しかし、倭寇が朝鮮の土地を侵掠するので、やむをえず征伐した次第である。すでに反省しているのであれば、島民もろとも朝鮮に移住するがよい。そうすれば、対馬の島民に対しては、我が臣民と同じ生活を保証しよう。もちろん、朝鮮ではなく日本の本土に移住してもよい。ただ、対馬にとどまっていれば、今度は10万余の軍勢で攻めることになる。それでは誰も助かるまい。どうしてこれを深く憐れまずにいられようか。『孟子』にも「禍福は己より之を求めざるという者なし」とあるではないか。幸せを求めているようでいて、実は自ら禍を招いていることを忘れてはならない

　対馬がもともと朝鮮の領土であるというのは、事実ではない。しかし、太宗は対馬の島民が島を明け渡さなければ、再び侵攻すると脅したのである。これ対し、宗貞盛は島民あげて投降することには明言せず、ただ降伏を求め、交易の継続を希望する旨を伝えただけだった。

　宗氏の曖昧な態度に、太宗は、

　「対馬からは降伏を求めてきたが、内心では何を考えているのかさっぱりわからない。島民をあげて朝鮮に移住するというのなら、降伏は認めるべきだろう。しかし、朝鮮に移住するか否かについては明言していない以上、信用することはできまい」

　といって、対馬への再征をほのめかす。ただ、徴兵を恐れる兵士が朝鮮国内で続出したため、すぐに計画が実行に移されることはなかった。

　そうこうするうち、1422年5月10日、強硬論を唱えていた上王の太宗が56歳で薨去する。ここにおいて、国王の世宗は、対馬との関係修復に乗り出していく。こうして朝鮮は、三浦とよばれる釜山浦・薺浦・塩浦の3港を開港することで、対馬の宗氏を仲介しながら、日本と交易することになった。

北方に4郡を設置

　世宗が南方の日本との関係を修復しつつあったころ、北方の平安道方面では、女真族の侵入が続いていた。特に、1432年12月21日には、女真族の首長

李満住の侵入が報告されてからは、朝鮮はたびたび、この李満住に悩まされることになる。

翌1433年1月14日、世宗は平安道都節制使の崔閏徳を出陣させ、1500余の軍勢で、鴨緑江上流域を制圧させた。この地域には、開国当初から、閭延郡が設置されていたが、閭延と江界の中間に、慈城郡を設置したのである。

その後も、李満住ら女真族の侵入が続いたため、朝廷内には、これらの地域を放棄しようという意見も出てきた。しかし、世宗は1436年6月24日、李蔵を平安道都節制使に任じ、8000余の軍勢で女真族の根拠地を攻撃させたのである。これにより、女真族は大きく後退を余儀なくされ、世宗はこの地域に茂昌郡・虞芮郡の2郡を設置した。

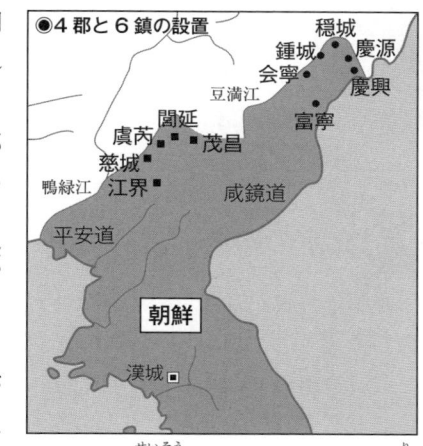

こうして、北方には閭延郡・慈城郡・茂昌郡・虞芮郡のいわゆる4郡による統治が完成された。

6鎮の開拓

そのころ、平安道と同じように、咸鏡道でも女真族が台頭していた。その勢力は強く、朝廷内でもこれら北方地域を放棄すべきという意見が大勢を占めていく。

しかし、咸鏡道はなんといっても朝鮮を建国した太祖の出身地である。そうしたこともあり、世宗はこの地域の回復に意欲を注ぐ。そして、女真族の内紛が起こったことを機に、1435年3月27日、金宗瑞を咸鏡道都節制使に任じて、女真族の討伐を命じたのである。金宗瑞は李澄玉らに助けられ、討伐ののち豆満江下流域において、鍾城・会寧・慶源・慶興・穏城・富寧の6鎮の開拓に成功する。この6鎮の開拓により、朝鮮の北端が領域として確定することになった。

世宗は、こうして開拓された6鎮に、南方の慶尚道から移民を送り込んだ。移民によって、これら6鎮を発展させようとしたのである。しかし、強制的に移住された民衆の不満は大きく、後日、この地域で反乱が起きる原因ともなった。

第5代 文宗(ぶんそう)

在位1450年〜1452年

わずか2年の治世

文宗(ぶんそう)の即位

　晩年に病気がちになっていた世宗は、八男である永膺大君李琰(えいようたいくんりえん)の邸宅でしばらく療養していたが、1450年2月17日、ついに療養先の永膺大君邸で薨去(こうきょ)した。享年54。これにより、5日後の2月22日、世宗の世子李珦(せいしりきょう)が、世宗の遺体を安置している永膺大君邸の殯殿(ひんでん)において第5代国王として即位し、文宗となった。

　文宗は、このとき37歳となっていたが、8歳で世子に冊封(さくほう)されてから、世宗の政務をみており、政治的な経験が浅かったというわけではない。しかも、32歳のときからは、父の世宗に代わって実際に国政を担っていたから、少なくとも5年間は、実質的な王として君臨していたといってもいいだろう。即位した直後の文宗は国中に向けて、次のように布告した。

> 我が朝鮮は、太祖大王が基礎を固められたあと、第3代国王の太宗大王(たいそう)が繁栄に導かれたものである。だが、先王の世宗大王が、太祖大王と太宗大王の功績を正しく受け継がれたからこそ、33年にわたって平和を享受できたことを忘れてはならない。しかし、世宗大王は昼夜を問わずに政務に励まれたことから体調を崩され、ついに薨去されてしまった。ご回復を祈っていたにもかかわらず、このような結果になり、どうして心の痛みに耐えることができようか。しかし、王族や臣下が「王の座を空位にしておくことはできない」というので、やむなく2月22日に即位したものである。王に課せられた責任の重さを考えると、あたかも薄氷を踏みながら歩いているようなものだ。即位にあたっては、当然、寛大な恩赦を施さなければならないから、本日2月22日の明け方以前に行われた重罪を除く犯罪については、全部これを赦(ゆる)すことにする

　文宗は生まれながらに賢く、また学問を好んだという。即位してからの文宗は、朝鮮における中央軍事組織を完成させるなど、精力的に政務に取り組んでいった。ただ、文宗は虚弱体質であったらしい。激務がたたったのか、体調を崩してしまうのである。

病気になっても政務に励む

　文宗は慣例に従って、1452年2月、父世宗の3年喪を無事に終えることができた。3年喪というのは、親の死後、喪服を着て足掛け3年の服喪期間を守る儒教の儀礼のことである。

　しかし、この3年喪を終えた直後、文宗は病気で倒れてしまった。文宗が病気で倒れたあと、群臣は、

　「殿下は病気で倒れられてからも、毎日、お食事を召し上がる時間もないほど、政務に励まれておいでです。国のことを考えていただいているのはありがたいことですが、このままではお体にもよくありません。政務はほどほどにして、ゆったりとした気分になるように、少し休まれてはいかがでございましょう」

　と陳情してはみたものの、文宗が聞く耳をもつことはなかった。逆に、文宗は群臣に対し、

　「君主たる者、政務に勤勉でなければならないのだから、休んではいられまい。確かに、女官たちと遊んだり、外に狩猟に出かけたり、酒を飲んだり、音楽を聞いたりするのが好きな君主もいたであろう。しかし、それはそれで臣下にとっては心配の種になるのではないのか。予は生まれつき、そうしたことが好きではないのだから、無理をして休む必要はない」

　と反論し、政務に励むのだった。

文宗の薨去

　しかし、1452年5月に入ると文宗の容態は徐々に悪化していく。5月11日には、領議政の皇甫仁が宗廟に、右議政の金宗瑞が社稷（土地の神と五穀の神）に祈ったが、5月14日、文宗は危篤になってしまった。

　このため、文宗の弟にあたる首陽大君李瑈・安平大君李瑢らの王族が集められ、文宗の治療については、首陽大君・安平大君が指示することとなった。さらには、文宗の弟錦城大君李瑜が朝鮮各地の寺院に祈禱させようとしたものの、この5月14日に文宗は景福宮の勤政殿で薨去してしまう。王位について2年、世宗の服喪が終わって3か月後のことだった。

　このとき文宗はまだ39歳、世子李弘暐は12歳にすぎない。このため、大臣らは不測の事態に備えて王宮の警備を厳重にさせるとともに、世子を景福宮の含元殿に移居させることにした。

第6代 端宗(たんそう)

在位1452年～1455年

叔父に簒奪された王位

端宗(たんそう)の即位

　1452年5月14日に文宗(ぶんそう)が薨去(こうきょ)したことで、文宗(ぶんそう)の世子(せいし)李弘暐(りこうい)が5月18日、景福宮(けいふくきゅう)の勤政殿(きんせいでん)において第6代国王として即位し、端宗(たんそう)となった。即位した当日、端宗(たんそう)は、次のように布告する。

　　太祖大王が天命により国を建てられてから、第3代太宗(たいそう)大王・第4代世宗(せいそう)大王が文治による政治を継がれた。そして、先王の文宗(ぶんそう)大王があふれる徳と限りない孝により、国の安定を図られようとしていた矢先、不幸にも薨去されてしまった。突然のこととはいえ、泣き叫んでも何もすることができないというのは実に悲しい。そうはいっても、王の座を空位にしておくわけにもいかず、5月18日に即位することになった。予はまだ幼く、喪に服しながらどのように政務を行えばよいのかもよくわからない。国の重責を担っていくことができるのか、あたかも薄氷を踏んで歩くような不安な気持ちでいる。そのため、国政に関しては、逐一、大臣に確認するようにしよう。そうすれば、先代までの政治からはずれることもないはずである。朝廷の百官たちも、予を補佐するべく、それぞれの職責を全(まっと)うしてほしい。代替わりの恩赦として、本日5月18日の明け方以前に行われた重罪を除く犯罪については、全部これを赦(ゆる)すことにする

　国王になったとはいえ、端宗(たんそう)はまだ12歳の少年にすぎなかった。即位の時点では、まだ結婚していなかったから、頼るべき外戚もいない。文宗(ぶんそう)の王妃顕徳王后(けんとくおうごう)がいれば、政務の代行をしてもらうこともできたが、端宗(たんそう)の実母である顕徳王后(けんとくおうごう)は、文宗(ぶんそう)を産んだ直後に亡くなってしまっていた。

　こうしたことを承知していた文宗(ぶんそう)は、死の間際、領議政(りょうぎせい)の皇甫仁(こうほじん)や右議政(うぎせい)の金宗瑞(きんそうずい)といった議政府(ぎせいふ)の大臣に対し、新たな国王を補佐するよう遺言していた。議政府(ぎせいふ)というのは、領議政(りょうぎせい)・左議政(さぎせい)・右議政(うぎせい)という首班(しゅはん)3名によって運用される政治の最高機関である。

　こうして端宗(たんそう)の即位後、国政の重要な問題は、すべて皇甫仁(こうほじん)・金宗瑞(きんそうずい)ら議政府(せいふ)の大臣によって処理されることになった。

政権をめぐる確執

　端宗自身には政治的な経験がなかったものの、議政府の大臣が政務を代行することで、即位後に混乱が起きることはなかった。この

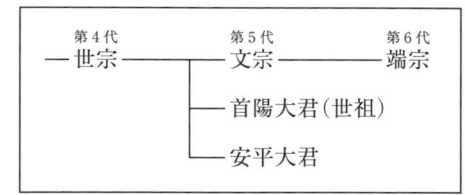

```
         第4代      第5代      第6代
        ─世宗────文宗────端宗
                  ├首陽大君（世祖）
                  └安平大君
```

まま順当にいけば、端宗が成人するまでの7～8年、議政府が政務を代行することになったであろう。しかし結局、そうなることはなかった。首陽大君李瑈・安平大君李瑢といった王族が、議政府に反発するようになったからである。
　首陽大君と安平大君は、世宗の次男と三男で、端宗にとっては叔父ということになる。ともに議政府に反発したからといって、この兄弟の仲が良かったというわけではない。兄である首陽大君のほうが勢力をもっており、弟を力で押さえつけようとしていた。
　そうしたなか、皇甫仁・金宗瑞ら議政府の大臣は、安平大君と結ぶことにより、首陽大君を牽制しようとする。これに対し首陽大君は、議政府の大臣

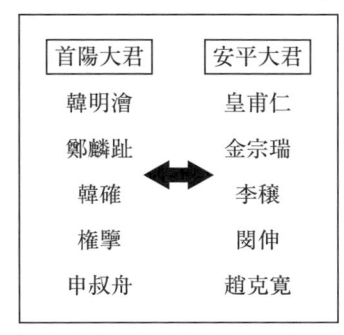

首陽大君	安平大君
韓明澮	皇甫仁
鄭麟趾	金宗瑞
韓確	李穰
権擥	閔伸
申叔舟	趙克寛

に不満をもつ集賢殿出身の官吏らを引き込んだ。集賢殿とは、世宗によって整備された王の諮問機関である。集賢殿出身の官吏らは、議政府の大臣が端宗をないがしろにしていると感じていたのだった。
　こうして朝廷内では、首陽大君を中心とする一派と、安平大君を中心とする一派が対立することになったのである。

首陽大君の決起

　首陽大君と安平大君の対立は、政権の中枢を握る議政府の支援をうけた安平大君に有利であった。このため、劣勢に追い込まれた首陽大君は、端宗が即位して1年5か月後の1453年10月、武力で安平大君の一派を排除しようとする。首陽大君は10月10日の明け方、決起を企図して権擥、韓明澮らをはじめ、申叔舟、鄭麟趾、韓確らを自派の臣下を招集したが、この期に及んで、挙兵に反対する臣下が続出する。しかし、首陽大君の側近である韓明澮が、
　「細々と家を建てれば、3年たっても完成しません。家ですらそうなのです

から、まして国ならいうまでもないでしょう。だいたい、物事には順序というものがあります。順に行けば成功することでも、逆に行けば成功することはできません。謀議がすでにされているのに、議論がまとまらないからといって、やめることができますか。今こそ皆の者に挙兵を命じてください」

と決起を促すと、ついに首陽大君も決心して立ち上がった。

これをみた臣下が首陽大君の服を引っぱって止めようとするが、首陽大君は、止める臣下を足で蹴り、

「従う者は従い、去る者は去れ。天命があれば生きるし、天命がなければ死ぬであろう。無理に引きとめる者には頼らない。だが、邪魔する者がいれば、この場で斬る。『孫子』がいうように、兵は拙速を尊ぶのだから、行動を起こすなら早いほうがよい」

こうして、首陽大君は従う者だけを引き連れ、まず金宗瑞の邸宅を訪れることにする。金宗瑞が議政府で最も権力をもっていたからである。

すでにこのとき、辺りは日が暮れかかっていた。首陽大君らが、金宗瑞の邸宅に向かうと、門前にいた金宗瑞の子金承珪が父に首陽大君らの訪問を知らせる。急な来訪を不審に思いながらも金宗瑞は、ひとまず首陽大君を家にあげるように伝えた。ところが首陽大君は、

「もう日が暮れているので、ここで結構です」

といって再三辞退する。そのため、金宗瑞は仕方なく、家から出てきて首陽大君と話をすることになった。

首陽大君は、金宗瑞と雑談を始めたが、その途中で配下に合図を送り、金宗瑞に襲いかからせたのである。驚いた金承珪が父を守ろうと覆い被さったが、結局、2人とも殺害されてしまう。

すぐさま王宮に向かった首陽大君は、端宗に、

「皇甫仁と金宗瑞が安平大君を奉じて謀反を起こそうとしました。あまりにも急なことでしたが、すでに金宗瑞父子を討ちとっております。ですが、まだ皇甫仁ら逆賊がおりますので、徹底して処罰してください」

と訴えた。

首陽大君は、端宗の命令という形で大臣らを招集すると、皇甫仁をはじめとする安平大君一派を捕らえたうえ、ことごとく殺害してしまったのである。そして翌11日、端宗の名で次のように布告した。

　予はまだ幼く、国をどのように治めていけばよいのかわからなかったため、政務を議政府の大臣らに代行させていた。しかし、こともあろう

に、奸臣の皇甫仁・金宗瑞・李穣・閔伸・趙克寬らが安平大君李瑢を奉じて、謀反を起こそうとしていることが発覚した。予は宮中にあって、そのような陰謀が進められていることをまったく知らなかったが、叔父首陽大君の迅速な行動により、謀反は未然に防がれた次第である。ただ、安平大君は、王族であるから法に基づいて処刑することはできない。そのため、江華島に配流することにした。王族が謀反を起こすという国家の危機にあって、幼い予は政務を首陽大君に一任することにした。そこで恩赦として、本日10月11日の明け方以前に行われた重罪を除く犯罪については、全部これを赦すことにする

　この布告は端宗の名で出されてはいたものの、首陽大君が作成させたものであることはいうまでもない。端宗が、政務を首陽大君に代行させることをはっきりと示したことにより、このあと首陽大君が朝廷の実権を握ることになる。首陽大君は早くも、政変に従った功臣の鄭麟趾を左議政、韓確を右議政につけるなど、政権の中枢を側近で固めたのだった。首陽大君によるこの政変を、発生した年の干支にちなんで「癸酉靖難」という。

安平大君の死

　首陽大君は、弟の安平大君と対立はしていたものの、命まで奪うつもりはなかったのだろう。端宗の名で出した布告にも、安平大君を流罪に処した旨を記させていた。首陽大君としては、流罪ですますつもりであったらしい。安平大君を江華島に配流したあと、首陽大君は自ら次のような書簡をしたためて、安平大君に送った。

　　そなたの罪は大きく、本来であれば誅殺するに値する。しかし、先々王の世宗大王と先王文宗大王がそなたを愛された気持ちに免じて、誅殺することはしない

　兄からの書簡を読んだ安平大君は、書簡を伝えた使者に対し、

　「自らに罪があることはわかっている。このような結果になったのも、当然かもしれないな」

　と泣きながら語ったという。

　弟の一命を助けようとする首陽大君の気持ちとは裏腹に、鄭麟趾・韓確ら政変の功臣らは、端宗に安平大君の処刑を訴えた。鄭麟趾・韓確ら文臣にとっては、温情よりも儒教の道徳に従う大義を重視したのである。

　鄭麟趾は、

「安平大君の罪が大きいのは、今さらいうまでもありません。にもかかわらず、私的な温情で流罪にとどめたら、公的な大義はどうなりますか。流罪ではなく、死罪が妥当と考えます」

韓確も、

「謀反は大罪ですから、私的な温情よりも公的な大義を優先するのは、古今の常道でございます。かつて漢（B.C.206年～220年）の武帝（在位B.C.141年～B.C.87年）は、皇族の淮南王劉安を謀反の罪で自害させました。逆賊を流罪でとどめたら、臣民に示しがつきません。死罪に処すようにしてください」

こうした訴えが、連日のように続いた。端宗は、首陽大君に遠慮して回答を避けていたが、10月18日、ついに安平大君を賜死することにした。賜死とは、国王が毒薬を与えて、自害を促すものである。

結局、進退に窮した安平大君は、毒薬を飲んで亡くなった。まだ35歳だった。

李澄玉の敗死

一方、金宗瑞らを殺害して朝廷の実権を握った首陽大君であったが、そのまま全土を掌握できたわけではない。北方には、咸鏡道都節制使の李澄玉が君臨していたからである。李澄玉は、第4代国王世宗の時代、金宗瑞に従って6鎮を開拓したあと、その後任として推されていた。そうしたなか、政変3日後の1453年10月13日には、刑曹参判金文起から端宗に次のような報告があった。

●李澄玉の乱

女真族　鍾城
咸鏡道
咸興
朝鮮
漢城

去年の秋、咸鏡道で聞いたことですが、盗賊が都節制使営の武器庫を壊して、兵器を盗んだということです。このとき人々は、「李澄玉は軍規に厳しいのに、兵器が盗まれた事件をろくに調べもしないのは怪しい」といっておりました

これが事実かどうかはわからない。ただ首陽大君は、この一件を口実に李澄玉を罷免し、捕らえようとした。そして、金宗瑞らを殺害したことを隠したまま、新任の咸鏡道都節制使として朴好問を派遣したのである。

しかし、突然の罷免に疑いをもった李澄玉は、首陽大君らの陰謀を知る。そして、朴好問を殺害すると、女真族に救援を依頼しようとした。そこで、

鍾城郡に向かったのだが、10月20日、麾下に属していた鍾城節制使の鄭種に裏切られて殺されてしまう。結局、李澄玉の死によって、反乱は失敗に終わった。

実権を奪われた端宗

李澄玉が死亡したことで、首陽大君は朝廷だけでなく、朝鮮全土を掌握することになる。すべての実権が、首陽大君に握られることになったのだ。

端宗は、足掛け3年、父文宗の喪に服さなければならなかった。喪に服している間は本来、結婚することはできない。しかし、首陽大君は端宗に再三結婚を勧める。王妃を迎えることで、首陽大君が国王をないがしろにしているという誹りを免れようとしたのだろう。

こうして、端宗は、1454年1月25日、宋玹寿の娘を王妃に迎えることになった。これが定順王后で、端宗より1歳年上だった。

叔父に奪われた王位

王妃を迎えたあとも、実権は首陽大君に握られたままで、端宗は何もすることができなかった。端宗は、ことあるたび、

「世宗大王が生きておられたら、きっと予を見守り続けてくださったであろうな」

と嘆いていたという。

実権を失った端宗は、王位についてから4年目に入ると、ついに王位を首陽大君に譲ることを決意し、1455年閏6月11日、次のように布告した。

> 予は幼くして王位についたが、政務に疎いため、逆臣が国家に反乱を起こすようになってしまった。しかし、幸いにも叔父の首陽大君が予を助けてくれたため、多くの逆臣を粛清し、国家の危機を救ってくれたことを忘れはしない。今後、再び逆臣が反乱を起こすようなことがあっても、予では克服することができないであろう。首陽大君は、先王である文宗大王の弟として早くから徳望が高く、国家にも多大な功労があった。そのため、予は王位を首陽大君に譲ろうと思う。王族と文武百官は、首陽大君を助け、祖宗の遺命に報いるようにせよ

端宗は、自発的に王位を譲ると布告したが、実際には首陽大君によって譲位を強要されたに等しい。首陽大君は、実質的に王位を簒奪したのである。譲位した端宗は、まだ15歳だった。

朝鮮の主要な中央官制

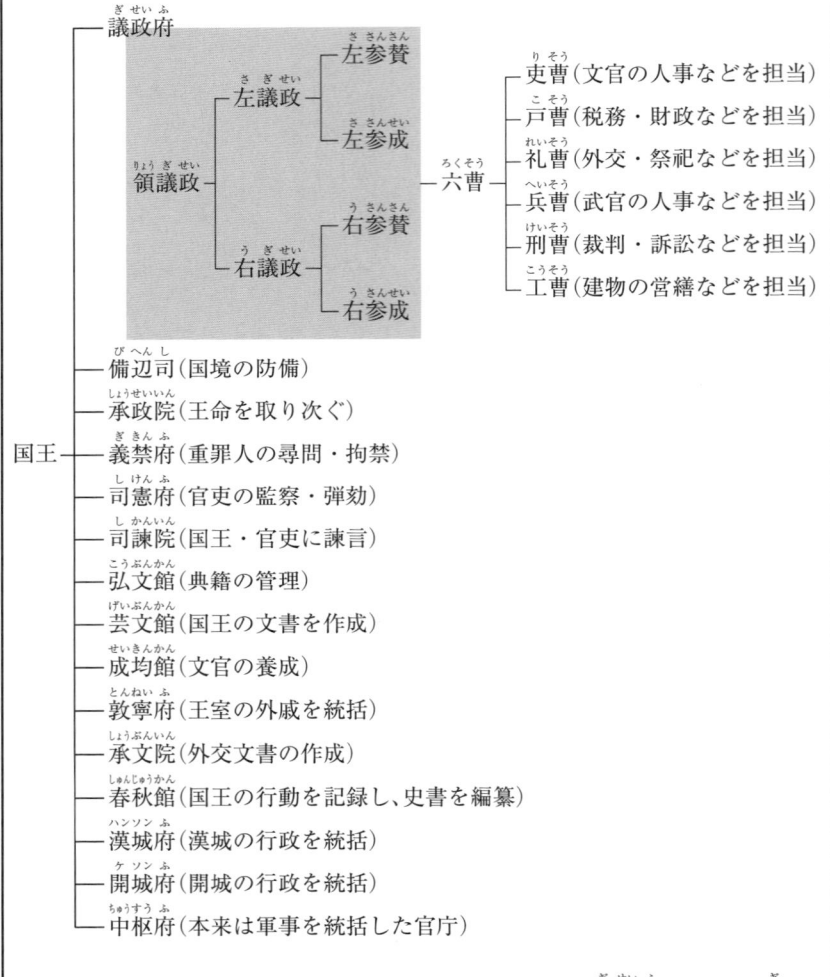

```
                    ┌─ 左参賛
            ┌─ 左議政 ─┤
            │        └─ 左参成
            │                        ┌─ 吏曹（文官の人事などを担当）
     議政府 ─┤ 領議政                  ├─ 戸曹（税務・財政などを担当）
            │                        ├─ 礼曹（外交・祭祀などを担当）
            │        ┌─ 右参賛  六曹 ─┤
            └─ 右議政 ─┤               ├─ 兵曹（武官の人事などを担当）
                     └─ 右参成        ├─ 刑曹（裁判・訴訟などを担当）
                                     └─ 工曹（建物の営繕などを担当）

国王 ─┬─ 備辺司（国境の防備）
     ├─ 承政院（王命を取り次ぐ）
     ├─ 義禁府（重罪人の尋問・拘禁）
     ├─ 司憲府（官吏の監察・弾劾）
     ├─ 司諫院（国王・官吏に諫言）
     ├─ 弘文館（典籍の管理）
     ├─ 芸文館（国王の文書を作成）
     ├─ 成均館（文官の養成）
     ├─ 敦寧府（王室の外戚を統括）
     ├─ 承文院（外交文書の作成）
     ├─ 春秋館（国王の行動を記録し、史書を編纂）
     ├─ 漢城府（漢城の行政を統括）
     ├─ 開城府（開城の行政を統括）
     └─ 中枢府（本来は軍事を統括した官庁）
```

　実質的に政務を担ったのは、最高行政府である議政府だった。議政府は、領議政を頂点として、左議政・右議政の大臣がおり、領議政・左議政・右議政を三政丞とよぶ。議政府の下には六曹が設置され、それぞれ、実務を分担した。六曹の長官が判書で、次官が参判。

第二章

勲旧派と士林派の対立

○王位の簒奪

　第5代文宗が1452年に早世したあと、文宗の子が即位して第6代端宗となった。このとき、端宗がまだ12歳であったことから、王権をめぐる争いが再燃してしまう。具体的には、文宗の弟である首陽大君が、朝廷の実権を握ると、1455年、甥の端宗に譲位を強要したのである。こうして、首陽大君が即位して第7代世祖となった。

　もっとも、臣下のすべてが世祖による王位の簒奪を容認したわけではない。このため、臣下による端宗の復位運動が起こるようになると、世祖はこれを弾圧しただけではなく、端宗を自害に追い込んでしまった。

　甥を殺害してまでして王位を守った世祖であったが、その跡を継いだ次男の第8代睿宗は、わずか1年で薨去してしまう。

○自害を命じられた廃妃

　睿宗が薨去したあと、睿宗の子がわずか4歳であったため、世祖の嫡男で早世していた懿敬世子の子、すなわち世祖の孫の者山大君が即位して第9代成宗となった。ほどなく、成宗の正妃の恭恵王后が早世すると、成宗は後宮（側室）の一人を継妃に昇格させ、斉献王后とする。

　しかし、後宮から継妃になったことで、斉献王后は、ほかの後宮から誹謗中傷を受けてしまう。そして、密告により、斉献王后の部屋から、毒薬が見つかってしまった。斉献王后が後宮を毒殺しようとしていたのが事実とは考えにくいが、後顧の憂いを断つようにという重臣の諫言をいれて、成宗は、斉献王后に自害を命じたのである。

○廃された燕山君

　成宗が薨去したあと、斉献王后が生んだ燕山君が、第10代国王として即位した。このあと、燕山君は、実母である斉献王后の名誉を回復させるとともに、廃妃に関係した大臣らを粛清する。

　燕山君は、一般に暴君といわれているが、粛清は朝鮮王朝では珍しいことではない。ただ、実母が廃妃されたことで、大臣らに対する不信感を拭い去ることができなかったのだろう。そうしたことから臣下の反発も多かったらしい。1506年、燕山君に反発する臣下によって奉じられた燕山君の異母弟が燕山君を追放し、第11代中宗として即位した。これを「中宗反正」とよぶ。

世祖（せいそ）	1455年	閏6月11日	端宗の叔父首陽大君、端宗に譲位を強要。自ら景福宮の勤政殿で第7代国王として即位し、世祖となる
	1456年	6月 1日	成三問ら、世祖の暗殺を企てるが失敗する
	1457年	6月21日	世祖、端宗妃定順王后の父宋玹寿らが謀反を起こそうとしている旨、報告をうける
		10月21日	世祖の伯父譲寧大君、魯山君と錦城大君の賜死を世祖に求める。これを聞いた魯山君、首を吊って自害したという
	1467年	5月10日	李施愛が咸鏡道で反乱を起こす
		8月12日	李施愛、配下の裏切りで捕縛され、殺害される
		9月 4日	世祖、李施愛の乱の原因が節度使康孝文の圧政にあったと結論づけ、咸鏡道を南北に二分し、節度使を2人おくことにする
睿宗（えいそう）	1468年	9月 7日	世祖の世子海陽大君、世祖から譲位され、寿康宮の明政殿で第8代国王として即位し、睿宗となる
		10月27日	王族の南怡・康純ら、謀反の咎で尋問をうけ、処刑される
成宗（せいそう）	1469年	11月28日	睿宗、景福宮の紫薇堂で薨去し、世祖の孫者山大君が景福宮の勤政殿で第9代国王として即位し、成宗となる
	1476年	8月 9日	成宗、後宮の淑儀尹氏を継妃に迎え、斉献王后とする
		10月 7日	斉献王后、成宗の嫡男（のちの燕山君）を産む
	1477年	3月20日	斉献王后、成宗の後宮を毒殺しようとしていると讒訴される
	1479年	6月 2日	成宗、斉献王后を廃妃とする
	1480年	11月 8日	成宗、後宮の淑儀尹氏を継妃に迎え、貞顕王后とする
	1482年	8月16日	成宗、廃妃した斉献王后を賜死することを決める
	1483年	2月 6日	成宗、賜死した斉献王后の子燕山君を世子とする
	1494年	12月24日	成宗、昌徳宮の大造殿で薨去する。38歳
燕山君（えんざんくん）		12月29日	成宗の世子燕山君、第10代国王として即位する
	1498年	7月13日	燕山君、士林派を弾圧する（戊午士禍）
	1504年	5月 6日	燕山君、実母斉献王后の廃妃・賜死に関与した臣下を処刑する（甲子士禍）
中宗（ちゅうそう）	1506年	9月 2日	朴元宗らが政変を起こして燕山君を追放し、燕山君の異母弟晋城大君が第11代国王として即位し、中宗となる（中宗反正）
		9月 9日	中宗、朴元宗らにより燕山君の親戚にあたる王妃端敬王后の廃妃を強要される
		11月 6日	燕山君、配流先の江華島で死去する
	1510年	4月 4日	慶尚道の三浦で、日本人居留民が暴動を起こす（三浦倭乱）
	1519年	10月25日	士林派の趙光祖、中宗に対し、朝廷の実権を握る勲旧派の称号を剥奪するように献言する
		11月15日	中宗、勲旧派から趙光祖の処罰を求められ、賜死する（己卯士禍）
	1544年	11月15日	中宗、昌慶宮の歓慶殿で薨去する。56歳
仁宗（じんそう）		11月20日	中宗の世子、昌慶宮の明政殿で第12代国王として即位し、仁宗となる
	1545年	7月 1日	仁宗、景福宮の清讌楼で薨去する。31歳
明宗（めいそう）		7月 6日	仁宗の弟慶源大君、景福宮の勤政殿で第13代国王として即位し、明宗となる
		8月29日	明宗、即位に反対していた尹任ら大尹を賜死する（乙巳士禍）
	1547年	9月18日	明宗を補佐する実母の文定王后を批判する落書が見つかる
	1565年	4月 6日	文定王后が薨去し、明宗が親政を本格的に始める
	1567年	6月28日	明宗、景福宮の養心堂で薨去する。34歳

第二章　勲旧派と士林派の対立

第7代　世祖

1455年～1468年

幼い甥から王位を簒奪

世祖の即位

　端宗が譲位をしたことにより、1455年閏6月11日、端宗の叔父にあたる首陽大君李瑈が、景福宮の勤政殿において第7代国王として即位し、世祖となった。即位した直後、世祖は次のように布告した。

　太祖大王が天命をうけて朝鮮を建国されてから、歴代の国王が引き継がれ、平和な世の中を築かれてきた。しかし不幸にも、端宗殿下が即位されてから、多くの国難に悩まされることになったのは、周知の通りである。予には徳がないものの、第5代国王の文宗大王の弟として、国難に立ち向かってきたという自負だけはある。そのため、国難を克服することができる新たな国王が必要であると判断された端宗殿下は、予に禅譲された次第である。予は、これを強くお断りしたのだが、端宗殿下は聞き入れてくださらず、王族や大臣らの懇請をうけ、やむを得ず閏6月11日、勤政殿で即位することになった。予が即位したことにより、端宗殿下は上王となられる。代替わりに恩赦として、本日閏6月11日の明け方以前に行われた重罪を除く犯罪については、全部これを赦すことにする

　実力で王位についた世祖は、即位に尽力した臣下を功臣として優遇する。こうして、鄭麟趾が領議政に登用されたほか、韓明澮・権擥・韓確・申叔舟といった近臣はみな要職につくことになった。

世祖を暗殺する計画

　世祖は、端宗が自発的に譲位をしたと布告していたが、もちろん、それは詭弁にすぎない。実際には、世祖が権力を用いて強要したものであった。そのため、世祖が王位を簒奪したものとみて、即位を苦々しく思っていた臣下もいたのである。

　特に、世祖の父世宗が国王の諮問機関として整備した集賢殿の出身である成三問は、世祖の即位が儒教道徳に反するものとみなしていた。成三問は、世祖が金宗瑞らを排斥したいわゆる「癸酉靖難」では世祖に従っていたが、

それは世祖が端宗の王権を脅かす金宗瑞らを取り除くことを名分にしていたためである。成三問からしてみれば、その世祖が端宗に譲位を迫るなど、到底、認められることではなかったろう。

そのころ、上王となっていた端宗は、叔父にあたる錦城大君李瑜の邸宅で隠棲していたが、成三問は武力で端宗を復位させようと図るようになる。成三問は、朴彭年・河緯地・李塏・兪応孚・柳誠源・金礩らを同志として引き込んだ。

成三問はたまたま、左副承旨として王命を伝達する承政院に所属しており、世祖の動向を把握できたらしい。そうしたなか、1456年6月1日、世祖が昌徳宮において、明（1368年〜1644年）からの使節を歓待することが決まる。その宴会には、世祖だけでなく、世祖の世子に冊封されていた懿敬世子李暲や重臣も列席することになっていた。世子とは国王の跡継ぎのことである。しかも、国王の護衛に命じられた武臣のなかに、成三問の父成勝と同志の兪応孚が含まれていたのである。護衛であれば、武装していても怪しまれない。成三問は、明使を接待する宴会において、国王の護衛である成勝と兪応孚が世祖を殺害したあと、側近勢力を一網打尽にするという計画を立てた。まさに計画としては完璧だったといってよい。

ただ、物事は計画通りに進まないのが常である。ただならぬ殺気のようなものを察したものであろうか。世祖が、

「会場が狭いので、護衛は入らなくてよい」

と命じたのである。成三問は、護衛が必要だと訴えたものの、結局、成勝と兪応孚は会場に入ることができなかった。おまけに、世子も体調を崩して欠席することになってしまう。こうして、成三問らの計画は頓挫した。

そうしたなかで、金礩は、謀議が世祖に露見することを恐れたのであろう。翌6月2日、義父の鄭昌孫に対処を相談する。鄭昌孫はこのとき、議政府の右賛成という要職についており、告発を勧めた。こうして即日、金礩は鄭昌孫とともに参内し、世祖に計画のすべてを密告したのである。

暗殺計画のことを知らされた世祖は怒り、成三問を呼び出した。計画がすでに露見しているとは夢にも思っていなかった成三問は、世祖のもとに赴いたところ、逮捕されてしまう。そして、世祖自ら行った尋問により、成三問は処刑された。しかも、成三問の場合は、父成勝も加担していたことから、一族が皆殺しになってしまったのである。

さらに、朴彭年・河緯地・李塏・兪応孚も逮捕された。朴彭年は獄中で命

を落とし、河緯地・李塏・兪応孚は処刑された。柳誠源だけは、逮捕される直前に家族と一緒に自害している。一方、世祖に密告した鄭昌孫は右議政となり、金礩は同副承旨となった。こうして、世祖の暗殺を計画して死ぬことになった成三問・朴彭年・河緯地・李塏・兪応孚・柳誠源の6人は、端宗への忠節を曲げなかったことが評価され、「死六臣」とよばれている。

配流される端宗

　端宗は、世祖の暗殺計画には加担していなかったものの、立場的には悪くなっていった。しかも、1457年6月21日、芸文館提学の尹士昀のもとに、
　「判敦寧府事の宋玹寿と行敦寧府判官の権完が謀反を企てております」
と訴えがあった。宋玹寿は端宗の義父で、権完は端宗夫人の侍女の父である。訴え出たのは金正水という一般庶民であり、その訴えに信憑性はなかったといってよい。しかし世祖は、この訴えを機に、領議政の鄭麟趾・右議政の鄭昌孫らの大臣に対応を協議させ、決定事項を次のように布告した。

　　前年6月、成三問らによる謀反が発覚したとき、成三問は「上王の端宗殿下も謀反の謀議に参加していました」と白状していた。王族と文武百官はみな、「端宗殿下も国家の大罪を犯したのですから、漢城にとどまることはできません」などと、流罪に処するよう何度も訴えてきた。しかし、予はこれを認めず、端宗殿下をお守りした次第である。しかし、現在、人心は乱れ、反乱を煽動する逆臣もとどまることをしらない。こうした状況にあって、どうして私的な温情にこだわり続け、国家の法をないがしろにするようなことができようか。以上のことを鑑みて、予は大臣らの建議に従い、端宗殿下をやむを得ず「魯山君」に降格し、王宮から追放することにした。ただし、魯山君については、不自由のない生活を保障するとしよう

　今さら、端宗が世祖に抵抗してどうなるというものでもない。結局、上王を廃位させられた端宗は、魯山君に降格され、江原道の寧越に配流されてしまったのである。このとき、魯山君はまだ17歳であった。
　6月22日に漢城を出立した魯山君は、7月初め、流刑地である寧越の清泠浦に到着した。清泠浦は三面が川に囲まれた絶海の孤島のような所で、そこから出ることすら許されなかったのである。望郷の念にかられた魯山君は、裏山に登って漢城の方向を眺めるたび、石を塔のように積み上げていったという。その塔は、今でも「望郷塔」として残されている。

魯山君の復位を図る錦城大君

　流罪に処せられた魯山君が漢城を出立して、流刑地の江原道の寧越に向かっていた1457年6月27日、魯山君の立場をさらに悪化させるような事件が発覚する。この日、慶尚道の順興府使の李甫欽に仕える李同が、

「順興にいる錦城大君李瑜が、土地の臣民を煽動して謀反を起こそうとしております」

と世祖に告発し、錦城大君から拝領したという帯を証拠として提出したのである。錦城大君は世宗の六男で、世祖の弟にあたる。端宗に対する譲位の強要に批判的であったため、世祖が即位した直後に配流されていた。錦城大君は、李甫欽とともに世祖に反旗を翻し、魯山君を復位させようとしたものの、発覚を恐れた李甫欽が李同に密告させたらしい。世祖はただちに錦城大君の逮捕を命じた。

死を命じられた魯山君

　こうして、魯山君の復位と連動した反乱が続くなか、臣下からは魯山君らに対する重い処罰を求める上訴が続いた。1457年10月21日には、世宗の長兄で、世祖にとっては伯父にあたる譲寧大君李禔が、次のように上訴した。

　　聞くところによると、優柔不断は後顧の憂いになるといいます。錦城大君は、かつて一命を助けられて流罪に減刑されたにもかかわらず、今回、魯山君を奉じて謀反を起こそうとしました。その罪は明らかなのですから、再び赦すようなことがあってはなりません。伏して願わくは、大義を明らかにして、臣民が納得するような処罰を与えてください

また、領議政の鄭麟趾をはじめとする大臣らも、

　　国王が与える恩恵よりも、臣下が果たす義理のほうが重いのですから、大義があるのなら、親族であっても誅殺することを躊躇してはなりません。魯山君がめぐらした陰謀は、死してもなお残るだけの罪であったにもかかわらず、殿下は恩恵を与えて、流罪にとどめられました。伏して願わくは、大義に基づいてご決断ください

　これをうけて、世祖は、魯山君と錦城大君を賜死させることにした。賜死とは、毒薬を与えるという形で自害させるというものである。しかし、このことを聞いた魯山君は、首をくくって自害したという。魯山君は、このとき17歳。寧越に配流されてから、まだ4か月しか経っていなかった。

李施愛の乱

　先王であった魯山君を抹殺し、朝廷内の敵対勢力を追放した世祖は、ようやく朝鮮全土の掌握に乗り出す。しかし、世祖が進める中央集権化と課税の強化に対し、第4代国王世宗のときに強制的に移住させられ、半ば独立していた咸鏡道では、特に反発が強まった。世祖は、節度使の康孝文に咸鏡道の巡察を命じたが、1467年5月10日、康孝文を吉州郡で出迎えた前任の会寧府節制使の李施愛が、康孝文を暗殺してしまう。そして、李施愛は、

　　康孝文が反乱を計画していたことが発覚しましたので、やむを得ず誅殺した次第です。康孝文は、殿下のお近くに仕えている韓明澮・申叔舟らも反乱に加担していると語っておりました。殿下におかれましては、くれぐれもお気をつけください

と報告した。これが、朝鮮史上最大の反乱となった、いわゆる「李施愛の乱」の始まりとなる。

　韓明澮と申叔舟は、端宗の側近であった金宗瑞を排斥した「癸酉靖難」を主導し、世祖の即位にも尽力した側近中の側近である。ほどなく、乱の首謀者がほかならぬ李施愛自身であることが明らかとなったが、韓明澮と申叔舟が無実であるという証拠も出てこない。そのため、やむなく世祖は、韓明澮と申叔舟を軟禁することにした。

　そのうえで、世祖は、甥の亀城君李浚を総司令官に、康純・南怡らを将軍とする鎮圧軍を編成し、咸鏡道に向かわせる。世祖は当初、簡単に平定できると考えていたかもしれない。しかし、李施愛率いる反乱軍の抵抗は激しく、逆に鎮圧軍のほうが劣勢に追い込まれてしまう。それは、世祖が親征、すなわち自ら出陣することを考え始めなければならないほどであった。

　しかし、鎮圧軍が2万余の軍勢を動員して反乱軍と対峙するなか、ついに反乱が勃発しておよそ3か月後の8月12日、李施愛は配下の裏切りによって身柄を拘束されてしまう。鎮圧軍に引き渡された李施愛は処刑され、ここに李施愛の乱は完全に平定されることになったのである。軟禁されていた韓明澮と申叔舟も、ようやく解放された。

　この直後、世祖が反乱の原因となった節度使の康孝文の暗殺について調べたところ、康孝文が不正を働いていたことが判明した。そのため、世祖は9月4日、次のように布告した。

　　咸鏡道で起こった反乱は、節度使の康孝文が圧政をしき、臣民が訴え出

ることもできないようにしていたことが原因であった。考えてみるに、咸鏡道は広大で、節度使1人で治めることは難しい。それに1人だと、善良な節度使ならよいが、康孝文みたいな邪悪な節度使が権力を握ってしまえば、臣民に多大な苦しみを与えることになってしまう。そもそも咸鏡道は、朝鮮を建国された太祖の出身地である。その咸鏡道の臣民が絶望し、虐げられているのはあまりにも忍びない。そこで、咸鏡道を南北に分けて、咸鏡北道と咸鏡南道とし、2人の節度使によって統治させることにする。そして、観察使に見張らせていれば、今後、臣民の生活は安らかになるであろう

世祖の譲位

李施愛の乱は、世祖にも心の負担をもたらしたのかもしれない。平定の直後から病気がちになっていた世祖は、寿康宮に移っていた。そして、死期が近いことを悟り、世子として冊封されていた次男の海陽大君李晄に王位を譲ろうとする。

1468年9月7日、世祖は礼曹判書の任元濬をよび、

「予は、海陽大君に王位を継がせたいと思う。善は急げというから、すぐに即位式の準備をせよ」

と命じた。これをうけて、任元濬は、鄭麟趾・申叔舟・韓明澮・朴元亨・康純・金礩ら大臣のもとに行き、世祖の言葉を伝えた。すると、鄭麟趾らは、

「殿下の病状も快復に向かわれているというのに、なぜ突然譲位されるなどとおっしゃるのでしょうか。正しいご判断とは思えません」

と反対した。これを任元濬が世祖に伝えると、世祖は、

「運が尽きれば、どんな英雄でも自分の思いのままにはならないのだ。この期に及んで大臣らが予の思いを無視するというのは、予の運命を尽きさせようとするのと同じではないか」

と怒った。そして、即位式で着用する礼装用の冠と衣服をもってこさせると、それらを海陽大君に渡したのである。海陽大君も、社交辞令として辞退をしたものの、世祖の意思を汲んで、王位を継ぐことを承諾した。

これをみていた任元濬は、海陽大君が礼装用の冠と衣服を受け取ったことを大臣に伝える。大臣らも、世祖の意思を覆すことはもはや不可能であると判断し、すぐに即位式の準備をさせたのである。こうして、世祖が譲位を言い出したその日に、海陽大君が即位することになった。

第8代　睿宗(えいそう)

在位1468年～1469年

王族と対立して王権を確立

睿宗(えいそう)の即位

　1468年9月7日、病床の世祖(せいそ)から王位を譲られたことにより、世子の海陽大君(かいようたいくんりこう)李晄がその日の日没後すぐ、世祖のいる寿康宮(じゅこうきゅう)の明政殿(めいせいでん)において第8代国王として即位し、睿宗(えいそう)となった。即位した睿宗(えいそう)は、次のように布告した。

　　予は徳が足りず、世子の位にあってもなお、王統を守ることができるかどうか不安でいた。それなのに、本日突然、療養中の父の世祖(せいそ)殿下から、王位を継ぐように命じられた。予は、2度3度辞退申し上げたが、殿下は聞いてくださらない。そこで、やむを得ず即位した次第である。父の世祖(せいそ)殿下を上王(じょうおう)とし、母の貞熹王后(ていきおうごう)を王大妃(おうたいひ)に昇格させる。重責を担うのは恐ろしいが、臣下の力を借りながら国政に過ちが起こらないようにしていきたいと思う。代替わりの恩赦として、本日9月7日の明け方以前に行われた重罪を除く犯罪については、全部これを赦(ゆる)すことにする

　即位した睿宗(えいそう)は、19歳になっていた。我が子の即位式を見ることができて、世祖(せいそ)も安心したのだろう。翌9月8日、世祖(せいそ)は群臣が即位の慶賀で沸き返るなか、波乱の生涯に幕を下ろした。

王族の排除

　即位した睿宗(えいそう)にとって、一番の強敵となったのは、王族である。それまで、朝鮮では王権を脅かす存在となるため、王族は要職につけなかった。しかし、1467年に起きた李施愛の乱(りしあい)で平定の功のあった亀城君李浚(きじょうくんりしゅん)や南怡(なんい)といった王族が、若くして政界に進出し、世祖(せいそ)の甥の亀城君は、27歳で朝鮮最高の官職である領議政(りょうぎせい)となっていた。また、南怡(なんい)は祖父の南暉(なんき)が世宗の娘貞善公主(ていぜんこうしゅ)と結婚して婿(むこ)になっていたので、

```
第4代        第5代        第6代
世宗 ─┬─ 文宗 ─── 端宗
      │ 第7代        第8代
      ├─ 世祖 ─── 睿宗
      │
      ├─ 臨瀛大君 ─ 亀城君
      │
      └─ 貞善公主
           ‖ ─── 南份 ─── 南怡
          南暉
```

54

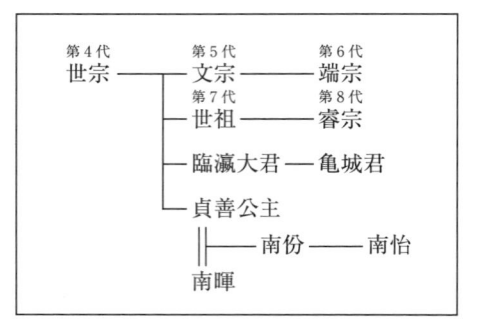

世宗の曾孫にあたるが、28歳で兵曹判書についている。

　しかし、王権の強化を図る睿宗は、即位するやいなや、南怡を兵曹判書の職から解任し、兼司僕将に降格させてしまう。これに対し、南怡には不満があったのだろう。兵曹で宿衛をしていたとき、兵曹参知の柳子光にこういったという。

　「亡き世祖大王は、我々を我が子のように慈しんでくださった。しかし、これからは国に大きな事件が起こり、人心が乱れるのではないか。この機会に乗じて奸臣が反乱でも起こしたら、我らは犬死にを免れまい。今のうちに我々は、世祖大王の恩に報いておく必要があるのではないだろうか」

　これを聞いた柳子光は南怡に問う。

　「このご時世に、いったい誰が反乱を起こすというのでしょう」

　「金国光は、政治を専断して財物を貪っているから誅殺に値する。それに、盧思慎などは無能なのに要職についている。そなたもそう思わんか」

　南怡の話は、世祖の時代を思慕するだけでなく、金国光・盧思慎らを殺害するという意味にもとれる。恐ろしくなった柳子光は1468年10月24日、睿宗に南怡が語った話をそのまま報告したのである。

　これにより、睿宗は南怡の逮捕を命じ、10月27日、自ら尋問することにした。しかし、睿宗が、暗殺を企てた理由を尋ねるが、南怡は話さない。そのため、睿宗は拷問を指示した。すると南怡は、

　「お願いですから、そんなに焦らないでください。それがしのいいたい話は長いのですから。まずは酒を一杯いただけませんか」

　という。睿宗が酒を一杯与えると、観念した南怡は、反逆を起こそうとしたことを認めた。

　南怡の自供によると、こうである。世祖の寵愛をうけていた南怡は、睿宗の周囲に奸臣がはびこっているのを憂い、康純らとともに機先を制して奸臣を討つという計画であった。標的となったのは、金国光・盧思慎だけでなく、最も朝廷内で権力を握っていた韓明澮も含まれていたらしい。だが、南怡が口をすべらせて柳子光に話してしまったため、露見したのである。

　実際に南怡や康純がこうした謀議をしていたという証拠はない。王族の台頭を忌避する韓明澮らの謀略であった可能性もある。それでも、拷問をうけた南怡や康純らは、罪を認めたということで処刑され、7日間、晒し首にされた。これを「南怡の獄」という。この直後、睿宗は次のように布告した。

　予は世祖大王の喪中にあり、政務をこなすことができるかと恐れていた

第二章　勲旧派と士林派の対立

55

矢先、奸臣の南怡や康純がこの国を危機に陥れようとした。しかし、幸いにも謀略は失敗して、すでに天誅をうけることになったものである。その恩赦として、本日10月27日の明け方以前に行われた重罪を除く犯罪については、全部これを赦すことにする

睿宗の薨去

睿宗は、即位直後から王族と対立しながら王権の確立に努めていた。しかし、即位1年を少し過ぎたころ、突然病に倒れてしまう。そして、1469年11月28日、睿宗が危篤になったため、申叔舟・韓明澮・具致寛・崔恒・洪允成・曹錫文・尹子雲・金国光らが景福宮の思政殿に集められたが、後継を指名しないままほどなく紫薇堂で薨去した。

このとき睿宗はまだ20歳という若さだった。おまけに、睿宗の子である斉安大君李琄は4歳にすぎない。実の子の睿宗を失った貞熹王后は、泣きながら臣下に問う。

「誰が次の王にふさわしいと思うか」

これに対し、申叔舟・韓明澮らは、

「恐れ入りますが、どなたを後継にするかということは、臣下が口を挟むものではございません。王后殿下の命を承りたいと存じます」

と口をそろえて申し上げ、貞熹王后に後継の指名を要請した。王が後継を指名しないで薨去した場合、王室の年長者が後継を指名することになっていたからである。

この時点で、継承の候補となりうる王族は3人いた。まず、最有力であったのが、睿宗の子斉安大君李琄である。しかし、斉安大君はあまりにも幼かった。そのほかに候補となったのは、睿宗の甥にあたる月山大君と者山大君の兄弟である。月山大君と者山大君は、ともに世祖の嫡男懿敬世子李暲の子であった。懿敬世子は、世祖の世子に冊封されていたから、本来なら世祖の跡を継いで国王になるはずであった。しかし、1457年に早世していたため、弟の睿宗が

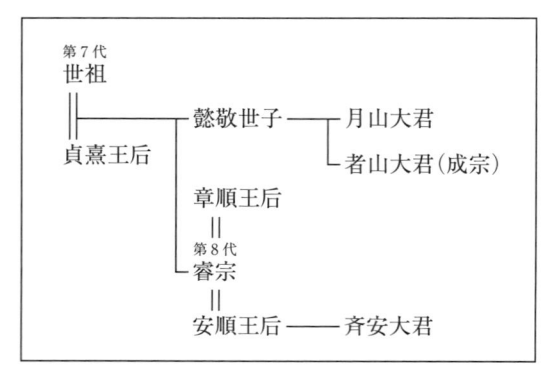

```
第7代
世祖
 ‖         ┌ 懿敬世子 ─┬ 月山大君
 ‖         │           └ 者山大君（成宗）
貞熹王后 ─┤
           │ 章順王后
           │  ‖
           │ 第8代
           └ 睿宗
              ‖
             安順王后 ─── 斉安大君
```

即位したのだった。こうしたことを考えると、月山大君というのが、順当な選択であったろう。

しかし、貞熹王后は次のように提案した。

「睿宗の世子斉安大君が王位を継ぐべきであるが、あまりに幼い。かといって、月山大君は生まれつき病弱と聞く。これに対し、者山大君は年齢は幼いけれど、生前に世祖大王は、いつも者山大君の器量を初代国王の太祖大王と比べておられた。ここは、者山大君に王位を継がせるのがよいのではなかろうか」

つまり、世祖の嫡孫にあたる月山大君がいるにもかかわらず、その弟の者山大君を後継に指名したのである。それは単に、月山大君が病弱かどうかという問題ではなかった。者山大君の義父が、政界の実力者である韓明澮であったことも考慮されていたにちがいない。当然、申叔舟・韓明澮らは、

「まったく問題ございません」

と貞熹王后の命を承ったのだった。

韓明澮が、警護の兵士とともに者山大君夫妻を迎えに行こうとしたところ、者山大君が参内してきた。そのため、承旨の韓継純を遣わして、者山大君夫人韓氏を迎えにいかせる。

こうして、睿宗薨去後の後継者が決められるなか、貞熹王后は勤政殿の庭に集まった王族や文武百官に対し、次のように布告した。

嗚呼、天の憐れみをうけられず、我が王家に禍が降りかかったのは残念なことである。睿宗殿下は、父王の世祖大王が寿命を全うされなかったことを悲しまれていたが、ついには自らも病を得て、父王のもとに急がれてしまわれた。このような不幸が重なった悲しみを、とても話すことはできない。しかし、王の座を少しの間でも空位にしておくわけにはいかず、後継者を選ぶことにした。睿宗殿下の子はまだ幼く、とても王位につける状況にはない。このほか、世祖大王の嫡孫として、懿敬世子の男子が2人いる。兄の月山大君李婷は幼いときから病気が多いものの、その同母弟である者山大君李娎は、資質に優れ、世祖大王もその器量を太祖大王と比べるまでに褒められていた。今はまだ成人していないが、これから成長して学問を大成すれば、いずれこの国を任せることができるようになるであろう。このことを大臣らとも相談したが、大臣らも「すべての臣下の希望にかないます」というので、この者山大君に命じて、王位を継がせることにした。すでに新たな国王が決まったのだから、安心するがよい。それとともに力を尽くして、新たな国王を補佐せよ

第9代　成宗

在位1469年〜1494年

王妃を廃妃したことで国を揺るがす

成宗の即位

　1469年11月28日、第8代国王睿宗は、20歳の若さで薨去した。睿宗の実子である斉安大君李琄はわずか4歳であったため、王位につくことができない。そのため、第7代国王世祖の王妃であった貞熹王后の推挙により、世祖の孫にあたる者山大君李娎が後継者に指名される。者山大君はその日、景福宮の勤政殿において、第9代国王として即位し、成宗となった。

　即位したばかりの成宗は、次のように布告した。

　　思うに、朝鮮は建国以来、歴代の国王が順当に王統を受け継いできたものである。しかし、世祖大王がこの世を去られたあと、先王の睿宗大王は悲しみのあまり病気となられ、ついには薨去されてしまった。そのようなとき、貞熹王后が予に王位を継ぐことを命じたのだが、あえて辞退することもできず、ついに即位することになったものである。これにともない、世祖大王の王大妃貞熹王后を大王大妃に、睿宗大王の王妃安順王后を王大妃に昇格させる。また、代替わりの恩赦として、本日11月28日の明け方以前に行われた重罪を除く犯罪については、全部これを赦すことにする

貞熹王后による垂簾聴政

　即位した成宗は、このときまだ13歳であった。しかも、世子として冊封されていたわけではないので、政治の経験もない。そのため、成宗が自ら政務を執ることができるとは誰も考えていなかった。

　そこで、申叔舟・韓明澮らの大臣は、大王大妃となった貞熹王后に摂政を要請することにした。成宗が成人するまで政務を補佐し、成宗が成人した暁には、成宗の親政に任せるという提案である。

　このとき、貞熹王后は、

「そもそも自らの福が少ないために、我が子に先立たれてしまったのだから、このまま別宮にでも移って休みたいと思う。それに、漢文の読み書きが

できないから、政務を執るのは難しい。成宗殿下のご母堂の仁粋大妃なら、漢文も知っておられるし、政務にも通じているので適任ではないか」

と答えたが、これは形式上の社交辞令で拒否したにすぎない。仁粋大妃は、世祖の嫡男懿敬世子の正妃で、成宗の実母である。確かに、漢文の素養はあったものの、世祖の王妃である貞熹王后のほうが長老格だった。

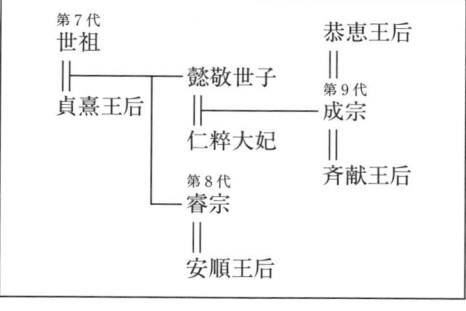

```
第7代
世祖                    恭恵王后
 ‖       懿敬世子       第9代
貞熹王后      ‖          成宗
         仁粋大妃        ‖
          第8代         斉献王后
          睿宗
           ‖
         安順王后
```

しかし、大臣らが2度3度要請しても、貞熹王后は了承しない。それでも、申叔舟は訴える。

「この国は天の怒りにふれ、災禍が続くようになりました。世祖大王は寿命を全うされず、睿宗大王も突然薨じられました。全国の臣民は、もうどうしてよいのかわかりません。伏して願わくは、悲しみを抑えながらもこの国のことを考えていただき、政務を摂政していただければ幸いです」

貞熹王后はついにこれを承諾した。こうして、成宗の祖母にあたる貞熹王后が摂政することになったのである。

ただ、儒教の経典『礼記』に「男女7歳にして席を同じゅうせず」とあるように、貞熹王后は成宗や大臣と顔を合わせて同席することはできなかった。そのため、国政の議論をする政殿において、貞熹王后は御簾を垂らした奥から、指示することになる。以後、国王の祖母にあたる大王大妃、あるいは国王の母にあたる王大妃によって行われた摂政は、「垂簾聴政」とよばれるようになる。

恭恵王后の薨去

成宗が即位したことにより、世子嬪であった韓明澮の娘は王妃になった。これが恭恵王后である。しかし、恭恵王后は成宗が即位して5年後の1474年に早世してしまう。まだ19歳の若さで、しかも成宗との間に子どもも生まれていなかった。

王妃の座を空位にしておくわけにもいかず、成宗は、継妃を迎えることにする。ただこのとき、すでに成宗には後宮がいた。そのため、新たに王妃を迎えるのではなく、成宗は後宮のなかから王妃を選ぶことにしたのである。

そのなかで白羽の矢が立てられたのは、淑儀尹氏だった。淑儀尹氏は、尹起畝の娘で、幼くして父を失い、母のもとで育てられていた。そして、宮女として王宮で働いたところ、成宗に見初められて後宮となっていたものである。成宗より12歳も年上であったが、人情にも厚く成宗に最も寵愛されていたという。こうして、1476年7月11日、摂政している貞熹王后が、大臣らに向けて、次のように伝えた。

　　王妃の位が長く空いていたが、ようやく上には祖霊を敬い、下には一国の母としてふさわしい王妃をみつけることができた。淑儀尹氏は、殿下が大切に思われており、そこに疑問を差し挟む余地はない。淑儀尹氏は、華美な衣服を着用せず、いつも質素な生活をしている。また、あらゆる面で真心がこもっており、国母となる資質は十分にあるといえよう。以前、王妃になるよう勧めてみたとき、淑儀尹氏は「私はもともと徳がなく、また未亡人の家で成長し、見聞がはなはだ足りません。王妃になることだけはどうかお許しください。成宗殿下のご威徳を汚してしまうことを恐れております」と答えたというではないか。この話を聞いてより一層、王妃にふさわしいと感じるようになった

この提案に対し、鄭麟趾ら大臣も一同に、
「臣下の希望通りでございます」
と答えた。
　こうして8月9日、ついに、淑儀尹氏が王妃に冊封され、斉献王后となったのである。この日、成宗は自ら次のように布告した。

　　歴代の国王も、国家を治めることにおいては、まず王室の安泰を基本とされてきた。しかし、恭恵王后が薨じたあとは王妃の座が空位となっており、これでは王室の安泰はおぼつかない。そこで、大王大妃の貞熹王后におうかがいしたところ、良妻賢母になりうる女性でなければ、王室を統べるのは難しいと仰った。幸い、淑儀尹氏は貞淑であり、品行も謙虚で申し分ない。そこで、王妃として冊封することにした。これにより、子孫は百世にわたって繁栄していくであろう

　このときすでに妊娠していた斉献王后は10月7日、成宗の長男を出産する。この男の子は、李㦕と名づけられ、燕山君に封じられた。跡継ぎになりうる男子を出産したことで、斉献王后自身も、安心したにちがいない。いずれ、燕山君が国王として即位すれば、斉献王后は国母として尊敬されることになるからである。

③廃妃された斉献王后

　しかし、斉献王后の幸せは長くは続かなかった。1477年3月20日、後宮の昭容鄭氏と淑儀厳氏が通じて、斉献王后と燕山君を亡き者にしようとしているという密書が、同じく後宮である淑儀権氏の部屋に投げ込まれたのだった。その報告をうけた成宗が調査をさせたところ、逆に斉献王后の部屋から毒薬がみつかってしまったのである。これにより、昭容鄭氏と淑儀厳氏に成宗からの寵愛をうけさせないよう、斉献王后が昭容鄭氏と淑儀厳氏を亡き者にしようとしていたと断定されてしまう。

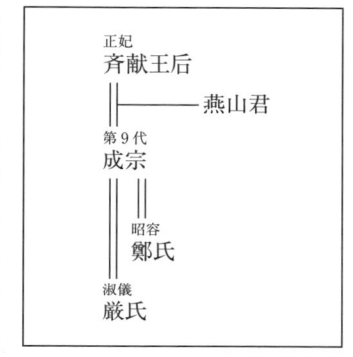

```
正妃
斉献王后
  ‖――――燕山君
  ‖
第9代
成宗
  ‖
  ‖――――昭容
  ‖      鄭氏
  ‖
淑儀
厳氏
```

　3月29日、大臣らが招集され、斉献王后の処分について討議されることになった。成宗が斉献王后の廃位を口にすると、領議政の鄭昌孫は、
「歴史的にも、漢（B.C.206年～220年）の武帝（在位B.C.141年～B.C.87年）は呪詛をしたとして陳皇后を廃位しておりますし、同じく漢の成帝（在位B.C33年～B.C.7年）も呪詛をしたとして許皇后を廃位しております。王妃が毒殺を計画したのであれば、廃位しなくてはなりません」
と成宗に同調した。しかし、礼曹判書の許琮は、
「昔から、やめてはいけないものをやめて誤ったこともありますし、逆に、やめなければならないことをやめて正しかったこともあります。だいたい、嫉妬するのは女性の常であり、その疑いだけで廃位してはなりません。今は幼い燕山君が成長されたとき、母が廃位されたと聞いたらどう感じるとお思いですか。2、3年の間だけ殿下には別居していただき、その後の状況をみて判断されるのがよいでしょう。廃位されるのは、そのときになってからでも遅くはありません」
とあくまで、廃位に反対する。
　翌3月30日には、大臣らによる会議を知らされた左承旨の李克基と右承旨の任士洪らが、そろって宣政殿に赴き、
「王妃は、明（1368年～1644年）から冊封されている以上、廃妃の際にも当然、明にお伝えしなくてはなりません。いったいどういった理由で廃妃するおつもりですか。廃妃は絶対に受け入れられません」

「明から王妃の冊封をうけたばかりなのに廃妃したら、皇帝陛下の心証もよろしくないでしょう。それに、今廃妃したら、このあと次の王妃への冊封を求めるときに、何らかの口実を設けなければならなくなります。もう一度よくお考え直しください」

などと、明との関係を悪化させないためという理由で成宗に直談判をする。その後も臣下から廃妃撤回を求める声が相次いだため、成宗はしばらく様子をみることにした。

しかし、成宗の決意が変わることはなく、2年後の1479年6月2日、廃妃を強行した成宗は、次のように布告する。

> 正しい政治のためには、まず、王室を正しくしなければならない。周（B.C.1046年～B.C.256年）の幽王（在位?～B.C.771年）は、後宮を正妃にしたため、正妃の父によって滅ぼされてしまったではないか。国の命運はある意味、王妃に左右されるといっても過言ではない。予の王妃斉献王后は、後宮から正妃となったが、2年前の1477年、毒薬を用いて気に入らない後宮を殺害しようとしていたことが判明した。予はすぐさま廃妃しようとしたのだが、大臣らが撤回を求めたうえ、予も王妃の改心を願っていたため決断できず、今日に至った次第である。しかし、王妃に悔い改めている様子は一向にみられない。そのため、本日6月2日をもって、王妃を廃妃とする。「七去之悪」に従うなら、この処置はやむを得まい。もちろん、熟慮した結果であり、将来のために最善の選択をした次第である

成宗がいう「七去之悪」とは、儒教において妻を離縁するに値するとされた7つの理由のことである。そのうちの1つに、嫉妬すれば追い出すという「妬去」というものがあった。これが廃妃の理由にされたのであるが、そもそも、本当に斉献王后が後宮に嫉妬して毒殺しようとしていたのかはわからない。

成宗は廃妃した斉献王后に対し、母とは一緒に暮らしてもよいが、弟や親戚との接触を禁じた。こうして6月13日、斉献王后は王宮から追放されることとなった。成宗が斉献王后を王妃に冊封して3年目のことである。

③ 廃妃の撤回を求める訴え

成宗が斉献王后を廃妃したからといって、すべての臣下が納得していたわけではなかった。廃妃から2か月を過ぎた1479年8月16日、成宗の前で大司憲の朴叔蓁が訴えた。

「先日それがしは、たまたま廃妃の家の前を通ったのですが、門の前に人影はありませんでした。万一、火災に遭ったり、盗賊が入ったりするようなことになれば大変なことになるのではないかと心配でなりません。廃妃は、一度は王妃として生活されていたのですから、これではあまりにもわびしすぎるのではないでしょうか。宋（960年〜1279年）の二程子の語録『二程全書』にも、三月は其の久しきをいうとあります。3か月というのは、人の心を変えるだけの長い時間なのです。廃妃は木や石ではございません。どうして悔悟する心がないといえるでしょう。せめて、廃妃が別殿で暮らせるようにしてください。廃妃の弟が母に会うことができないというのも、道理に反します」

大司憲というのは、官吏を監察する司憲府の長官であり、朴叔蓁の提言は朝廷に大きな意味をもった。その場にいた右議政の洪應や都承旨の洪貴達らは、廃妃を別殿に移す案に賛成するが、成宗は違った。

「朴叔蓁のいうことはまったく認められない。すでに悔悟している様子がみられないからこそ廃妃したのだ。それを3か月あれば人の心が変わるだの、廃妃は木や石ではないだのといって、どうなるというのか。今さら悔悟するのを待てというのは、廃妃を復位させようとでもいうのか」

と怒ったのである。朴叔蓁は、

「それがしは、門前があまりにも寂しかったため、別殿にお移しになられるよう求めただけで、廃妃を復位させようとしたものではございません」

と弁明したものの、成宗は朴叔蓁を義禁府に幽閉してしまったのである。これを期に、臣下はしばらく廃妃の問題に触れなくなった。

貞顕王后を王妃とする

廃妃の問題が臣下の間で話題にならなくなったころ、朝廷内では王妃の位が空いているのはよくないとして、王妃の冊封が議論され始める。成宗はすでに後宮が5人いたため、右議政の尹壕の娘である淑儀尹氏を王妃にすることが決まった。

淑儀尹氏は、斉献王后が廃妃されてから1年後の1480年11月8日、王妃に冊封されて貞顕王后となる。貞顕王后は、まだ19歳の若さであった。この日、成宗は、次のように布告した。

古くから帝王は王室と国家を守るべく、必ず立派な王妃を選んで国の根本を正してきた。予は、力及ばずながら王統を受け継いできたが、故あ

第二章　勲旧派と士林派の対立

って王妃の座は空位になっていたところである。しかし、ここに大王大妃らの命を賜り、淑儀尹氏を王妃に冊封することにした。慶賀の恩赦として、本日11月8日の明け方以前に行われた重罪を除く犯罪については、全部これを赦すことにする

賜死となった廃妃

斉献王后が廃妃されてから3年が過ぎると、成宗と斉献王后との間に生まれた燕山君が7歳となり、廃妃の問題を先送りにはできないような状況になってきた。燕山君は成宗の長男であり、燕山君が世子に冊封されたり、成宗の死により王位につくことになれば、斉献王后が復位して実権を握ることが考えられたからである。新たな国王となりうる燕山君の母が廃妃にされたままであると、後々、問題になることは明らかだった。

1482年8月16日、成宗は宣政殿に大臣を集めて、この問題を決着させることにした。

「斉献王后が事件を起こしたとき、当然、罪を与えなければならなかったが、予は悔悟するのを待つことにした。しかし、それから2年経っても悔悟の兆しはみえなかったので、廃妃したことはそなたらも知っての通りである。斉献王后との間に生まれた燕山君は7歳となり、母親のこともいずれ知ることになるであろう。今はよいとしても、今後のことを考えれば、すぐにでも結論を出さなくてはなるまい。そなたらは、国のためにはどうするのがよいか、率直な意見を述べてほしい」

と成宗が切り出すと、領議政の鄭昌孫が、

「後顧の憂いを断つためには、当然のことながら、今のうちに対処しておかなくてはなりません」

と答え、韓明澮も、

「それがしが鄭昌孫と会ったときには、この件について話さないことはございませんでした」

と答えたため、成宗は、鄭昌孫に詳しい話を聞く。すると鄭昌孫は、

「今のうちにしておくべき対処というのは、恐れながら申し上げますと、廃妃を極刑に処するということです。このまま廃妃を生かしておいては、燕山君のためになりません」

という。燕山君が成長したとき、実母が廃妃されていたことを知れば、必ず、実母を復位させる。そうしたときに、復位した斉献王后が燕山君を操っ

て国政を専断することを、鄭昌孫や韓明澮は恐れていたのである。これに対し成宗は、

「では、仮に予が廃妃を極刑に処さなかったとしたら、燕山君はどうなってしまうのだろう。廃妃の処罰をためらったばかりに、将来この国が傾くことにでもなれば、予がその罪をかぶることになってしまう」

と嘆き、燕山君の将来を心配するとともに、自らの歴史的な評価まで気にするのだった。迷う成宗に対し、沈澮と左議政の尹弼商は、

「恩情ではなく、大義によって、この国の大計を定めなければなりません」

と訴え、礼曹判書の李坡も、

「それがしは、廃妃を決定された場にはおりませんでしたが、そもそも妬ましく思う後宮を毒薬で殺害しようとした罪は、とても容認することはできません。かつて漢の武帝は、無実であると知りながら鉤弋皇后を殺害しましたが、これは国を守るための大計でした。ですから殿下も当然、国のために大計を定めてください」

とたたみかける。大臣らの意見を一通り聞いた成宗は、

「確かに今後、斉献王后が朝廷で権力をもつことにでもなれば、その影響は計り知れない。唐（618年〜907年）の則天武后も、自分の罪が重くて誰も心服しないことを知っていたからこそ、些細な理由で多くの臣下を殺害したのだった」

と語りかけ、大臣らを見回して、

「さて、それでどうしたらよいか」

と最終的な決断を求める。

この成宗の問いかけに対し、鄭昌孫ら大臣は一同に、

「それぞれの意見がみな正しいと存じます」

と答えたため、成宗は、結局、廃妃された斉献王后を賜死させることにしたのである。

成宗は、右承旨の成俊に命じてこの結論を仁粋大妃ら三大妃に報告する。それとともに、左承旨の李世佐に命じて斉献王后の家に毒薬を届けさせ、自害させたのである。この日、成宗は次のように布告した。

廃妃した斉献王后は、本来の性分が凶悪で、危険な行動をとることも多かった。かつて、宮中にいたときには、貞熹王后や仁粋大妃に従わなかったし、予に危害を加えたことも1度や2度ではない。さらには、子の燕山君を利用して権力をもつことを望み、邪魔になる後宮を毒薬で殺害

しようともしていた。そこで予は、大義で断罪するのではなく、恩情で悔悟を求め、斉献王后を廃妃にしたうえ、王宮から追放した次第である。それから3年になるが、近ごろ、燕山君の成長していく姿をみた臣下が、将来の不安を口にするようになってきた。確かに、今のところは問題あるまい。しかし、燕山君が世子となり、さらには若くして王位につくことにでもなれば、斉献王后が権力を握る可能性もある。そのとき、いくら燕山君が賢明だとしても、母の暴虐を止めることは難しいだろう。漢の呂皇后や唐の則天武后のように、権力を握った女性による災禍を誰も望んではない。いつまでも優柔不断でいたら、取り返しのつかないことになり、予はこの国を傾けた罪人となってしまう。かつて漢の武帝は、無実の鉤弋皇后を後顧の憂いを断つために殺したが、少なくとも斉献王后は無実ではない。そこで8月16日、斉献王后をその家で賜死することにした。これは国を守るための大計であり、避けることができなかったものである

このとき7歳だった燕山君は、王宮のなかにいて、母の死すら知らされていない。そして、母の死から1年後の1483年2月6日、世子に冊封された。

新進気鋭の官僚を登用

　成宗自身は、斉献王后の賜死を望んではいなかったのかもしれない。しかし、領議政の鄭昌孫ら宰相に主導される形で、賜死せざるを得なくなっていたのも事実である。領議政は国内最高の官職であり、しかも鄭昌孫は、第7代国王世祖の暗殺計画を密告した功臣として、すでに世祖の時代から領議政を務めていた。鄭昌孫をはじめとする世祖の時代からの功臣は、国王の成宗よりも政治的な経験は豊富であることをいいことに、「勲旧派」とよばれる派閥を形成し、実権を握りつつあった。

　こうしたなか、成宗は王権を強化しようとする。そこで成宗が目をつけたのは、臺諫である。臺諫というのは、官吏の監察・弾劾を職務とした臺官と、国王への諫言を職務とした諫官の総称である。具体的には、官吏の規律を監視する司憲府、王への諫言を行う司諫院、勅令を起草する弘文館の官僚などが臺諫とよばれていた。

　成宗は、勲旧派によって国政から締め出されていた「士林」とよばれる地方の儒者を臺諫として大量に登用することで、勲旧派を牽制しようとする。こうして、成宗は儒者として名の知られていた慶尚道の金宗直を重用し、その弟子を大量に登用した。官職としての地位は決して高いとはいえなかったが、儒教の理念に基づいた政治を志す士林にとって、臺諫は格好の職場であったといってよい。新たに臺諫として登用された士林は、弾劾権を行使することで、成宗の期待通り、勲旧派の進出を抑制していった。

　ところが、もともとが儒教の理念に基づく政治を目指していた士林は、どんなに瑣末なことでも弾劾を起こし、成宗を辟易させる。そのうえ、大量に登用された士林が、今度は「士林派」とよばれる派閥を形成し、成宗が制御できないほどに成長していったのである。

　やがて朝廷内では、勲旧派と士林派という2派が、政治の実権をめぐって争うようになっていく。それは成宗自身、

　「勲旧派と士林派が争うのは2頭の虎が互いに戦っているようなものである。とても、褒められた状況ではない」

　などと嘆くほどであった。

　朝廷内の対立による心労もあったのであろう。結局、成宗は勲旧派と士林派の対立を解消することができないまま、1494年12月24日、昌徳宮の大造殿で薨去してしまう。38歳であった。

第二章　勲旧派と士林派の対立

第10代 燕山君
えんざんくん

在位1494年〜1506年

臣下によって追放された「暴君」

燕山君の即位

　1494年12月24日に成宗が薨去したため、12月29日、成宗の世子に冊封されていた19歳の燕山君李㦕が第10代国王として即位した。のちに廃位されたことから、王としての廟号は贈られていない。

　即位した燕山君は、国内に向けて次のように布告した。

　　先代の成宗大王は、賢明な資質により25年の長きにわたってこの国を治められてきた。その徳は計り知れないほど大きかったから、限りない福を享受されるものと考えていたところ、突然、薨去されてしまった。どうしてこれが王室だけの不幸だといえようか。実に、臣民の不幸である。悲しいけれど、予は天に訴え、地に叫ぶことしかできない。孤独を憂い、喪中であることからして、王位につくつもりはなかった。とはいえ、王位を空けておくこともまたできず、やむなく12月29日、昌徳宮で即位した次第である。これにより、成宗大王の母仁粋大妃と第8代国王睿宗大王の王妃安順王后を大王大妃に、成宗大王の王妃貞顕王后を王大妃に昇格する。代替わりの恩赦として、本日12月29日の明け方以前に行われた重罪を除く犯罪については、全部これを赦すことにする

士林派を断罪する燕山君

　即位した燕山君は、実録庁を設置して、『成宗実録』の編纂を命じた。『成宗実録』というのは、成宗時代の記録を編年にまとめた史書である。燕山君に限らず、朝鮮では新たに即位した王が、先王の記録を編纂することになっていた。このように、歴代の王によって編纂されたものが、現在では、まとめて『朝鮮王朝実録』あるいは『李朝実録』とよばれている。

　記録を残すため、王の行動を記録していたのが史官である。王の死後になってはじめて、史官が残した史草とよばれる覚え書きをもとに、正式な記録が編纂される。公平を期するため、王といえども、史草を閲覧することはできない決まりであった。

しかし、この『成宗実録』を編纂する過程で、燕山君は実録庁の史官である金馹孫の史草に、第7代国王世祖が金宗瑞や皇甫仁らを排除した「癸酉靖難」を非難したと思われる記述があることを知る。そこで1498年7月11日、燕山君は、実録庁の李克墩に対し、問題の史草を提出するように命じた。
「金馹孫が記した史草を、予のもとにすべてもってくるように」
「昔から、王が史草をご覧いただくことはできません。王がもし史草を閲覧したとなれば、後世、記録に手が加えられたと思われてしまいます」
「つべこべ言わずに、早くもってきなさい」
「それがしは、史官らが記した史草にすべて目を通しており、もちろん、金馹孫の史草も読みました。その中に不適切な既述があったのは事実ですが、取るに足らない覚え書きであったっため、『成宗実録』にも載せませんでした。それを今さら、どうされるおつもりなのでしょうか。とはいえ、王室にかかわることですから、内容の報告だけはさせていただくことにします」
　といった押し問答の末、金馹孫が記した史草の内容が燕山君に伝えられた。金馹孫の史草には、世祖が第6代国王端宗を廃して即位した経緯を記すとともに、金宗直の撰した「弔義帝文」が添えられていた。金宗直は金馹孫にとっては儒学の師にあたり、成宗に重用されて刑曹判書にまでなった士林派の領袖である。その金宗直が旅先で、西楚（B.C.206年〜B.C.202年）の義帝（在位B.C.208年〜B.C.206年）を追悼したのが、「昔、祖龍が牙角を弄び、四海の波が血に染まった」で始まる「弔義帝文」だった。
　このとき、朝廷では、世祖の即位に貢献した勲旧派がまだ実権を握っており、金馹孫の史草を問題視した。こうして、7月13日、勲旧派の柳子光・尹弼商らによって金馹孫は尋問されることになる。金馹孫は、
「世祖大王の時代のことは、聞き取りも行っておりますし、史実を曲げたわけではございません。それがしは、一介の書生にすぎませんが、成宗大王の恩をうけ、また、殿下が即位されてからは僭越にも、おそば近くに仕えさせていただいております。それがどうして、王室を冒瀆する記述などできましょう。金宗瑞と皇甫仁の死について記したのは事実です。しかし、二心をもたずに忠節を尽くしたことは称賛すべきことであり、これを記したからといって、世祖大王を批判するものでもございません」
　と訴えた。尋問の結果をうけ、燕山君は7月17日、金馹孫の史草について大臣らと議論した。金宗直が追悼した義帝とは、項羽に推戴されながら秦（B.C.778年〜B.C.206年）と戦い、やがて殺された西楚の王である。燕山君

第二章　勲旧派と士林派の対立

は、「弔義帝文」にみえる「祖龍」は世祖の暗喩で、実際には、世祖が端宗を死に追い込んだことを非難する文章であると断定した。

こうして、「弔義帝文」を記した金宗直は、すでに亡くなっていたにもかかわらず、墓から掘り起こされて遺骸の首を切断され、金馹孫も「弔義帝文」を史草に載せた咎で処刑された。のみならず、これに連座して金宗直の門弟の多くが、死罪・流罪となった。こうした士林に対する一連の粛清を、発生した年の干支にちなんで「戊午士禍」という。

斉献王后の名誉回復

「戊午士禍」ののち、朝廷内が安定するなかで、燕山君は実母である斉献王后の名誉回復を考えるようになる。1504年3月23日、燕山君は臣下にこう諮問した。

「母上は先王の成宗大王に罪を得て自死を命じられたが、母を愛する子として、このままでは百年後に骨となっても忘れることはできまい。廃妃された母上を王妃として弔うことは可能であろうか」

この諮問に対し、臣下からは、

「王室や国家に対して罪を得たものではございませんから、王妃として弔われるのは可能かと存じます」

「王妃として弔うには、称号を贈らなければなりません。その諡号については、礼曹に奏上させるのがよいでしょう」

といった意見が寄せられたため、燕山君は、すぐさま大臣らに諡号の相談をさせる。それにより、翌3月24日には、「斉献王后」という諡号が決まった。厳密にいえば、燕山君の母が斉献王后とよばれるのは、このときからである。いずれにしても、王后としての諡号が定められたことで、廃妃として自死を命じられた斉献王后は、名誉回復されたのである。翌3月25日、燕山君は、次のように布告した。

> 母の名誉を守るのは子の務めである。予の母は、王妃に選ばれたものの、誹謗により、廃妃されるかどうかの議論がされたという。もし、本当に徳を失ったのだとしたら、そのような議論がされたであろうか。その後、中傷がひどくなるなかで、母は自らの潔白を証明することができず、自宅で賜死されることになってしまった。その当時の予はまだ幼く、母が亡くなったときのことはよく覚えていない。聖明なる成宗大王が決めたことであるから、疑問を抱くこともなかった。しかし、僭越にも予

が王位を継いで10年になった今、改めてこの事実を知ると、その悲しみに耐えることができない。そこで臣下に相談したところ、せめて、亡き母を「斉献王后」として追尊することにした次第である

斉献王后の廃妃にかかわった大臣を粛清

斉献王后の名誉が回復されたことで、残されたのは、廃妃に追い込んだ当時の大臣らの処分である。「斉献王后」の諡号が定まった日、燕山君は、王命を取り次ぐ機関である承政院に対し、

> 我が母斉献王后の廃妃、追放、自死を決めたときの宰相らを、すべて調べて上告せよ

と命じた。承政院には、王命が記録として残されていたからである。これにより、尹弼商・李世佐・成俊らが捕らえられて処刑され、すでに亡くなっていた韓明澮・沈澮・李坡らは、墓をあばかれて遺骸の首を斬られた。こうした一連の粛清を、発生した年の干支にちなんで「甲子士禍」という。

1504年5月6日、廃妃にかかわった大臣らをすべて粛清した燕山君は、次のように布告した。

> 高尚な母が、成宗大王の王妃となられ、予を産んでくれたことを忘れたことはない。しかるに、成宗大王に誹謗中傷をした奸臣らによって、母は自害を命じられてしまった。幼いころにはよくわからなかったが、予が20歳を過ぎてからその事実を知るようになると、胸が張り裂けんばかりだった。その苦しみがどのようなものか、到底、すべてを話すことはできない。王位を継いで10年になるが、このことでいつも心を痛めてきた。だがようやく、母を死に至らしめた輩を、罪の軽重に応じて処罰することができたから、少しは汚名をそそぐことができたであろう。その恩赦として、本日5月6日の明け方以前に行われた重罪を除く犯罪については、全部これを赦すことにする

王の姻族の台頭

こうして、朝廷内で粛清が続くなか、勢力を伸ばしてきたのが、任士洪を中心とする王の姻族である。任士洪には任光載と任崇載という2人の男子がいたが、任光載には第8代国王睿宗の娘の顕淑公主が、任崇載には第9代国王成宗の娘の徽淑翁主が嫁ぐなどして、王の姻族になっていたものである。幸い、任士洪は斉献王后が廃妃されそうになったとき、成宗に直談判をしてまで

抗議をしたという実績があった。そのため、燕山君の信頼も篤かったのである。

こうした燕山君の信頼を背景に、任士洪は燕山君の義兄にあたる左議政の慎守勤とともに、政治を専断していった。そのため、疎外された勲旧派の不満は、徐々に高まっていく。そしてついには、政変という形で、その不満が爆発することになるのである。

廃位された燕山君

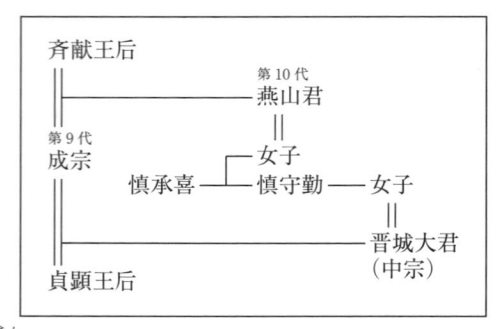

こうしたなかで、燕山君によって左遷されられていた朴元宗と成希顔は、領議政の柳洵、吏曹判書の柳順汀、都承旨の姜渾らと通じて政権を奪い、燕山君の異母弟にあたる晋城大君李懌を実力で王位につけようと画策する。だが、反乱が成功するか否かは、政権の中枢にいる慎守勤の動向にかかっていたといってよい。というのも、燕山君の義兄として信頼の篤い慎守勤は、新たな王として擁立する予定でいた晋城大君の義父でもあったからである。慎守勤が妹をとるか、娘をとるか、それによって事態が一変する恐れがあった。

```
斉献王后
  |
第9代 ─────第10代
成宗       燕山君
  |         ‖
慎承喜─── 女子
  |
  └── 慎守勤 ─── 女子
                    ‖
           貞顕王后  晋城大君
                    （中宗）
```

そのため、朴元宗らはまず、慎守勤に面会して意向を探るが、慎守勤に協力する様子はみられない。結局、1506年9月1日、朴元宗らは慎守勤と任士洪を殺害すると、翌9月2日の早朝、昌徳宮の正門にあたる敦化門から王宮に突入したのである。

このとき、王宮の護衛をしていた兵は、恐れをなして逃亡してしまう。こうして、朴元宗らはさしたる抵抗もなく王宮に入り、内通していた柳洵・柳順汀・姜渾らと合流し、燕山君を捕らえたのである。その後、朴元宗らは景福宮に赴き、成宗の継妃であった貞顕王后に次のように求めた。

「燕山君はすでに王としての道理をなくされました。これにより政治は混乱し、臣民の暮らしもまた窮乏に至り、国が崩壊する危険もあります。臣下は寝ても覚めても、これを心配して、どうすればよいかわかりませんでした。そのため、殿下のお子であらせらる晋城大君を新たに推戴して王室の礎を正そうとした次第です。殿下におかれましては何とぞ、晋城大君に王位の継承を命じてください」

朴元宗らが貞顕王后に晋城大君による王位継承の承認を求めたのは、晋城大君が貞顕王后の子であったというだけではない。後継者の任命権が、王室の長老格の王妃か王大妃にあったからである。これに対し、貞顕王后は、
「我が子晋城大君では、王としての重責に耐えられまい。燕山君の世子李顗なら、年齢も長じているし、性質も善良と聞くから適任ではないか」
と形式的に拒絶した。しかし、領議政の柳洵らが、
「臣下がみなで協議して大計を決めたことですので、今さら、燕山君の世子を王位につけるわけにはまいりません」
と押し切る形で、晋城大君を後継にすることが決まったのである。
　実はこのとき、晋城大君は、自分が後継になることをまったく知らされていなかった。そのため、柳順汀や姜渾が兵士を引き連れて晋城大君の邸宅まで迎えにいったとき、晋城大君は反乱軍に殺されるものと勘違いして、自害を覚悟したという。柳順汀・姜渾らは、晋城大君に王位の継承を要請した。晋城大君は形式的に断ったが、結局は即位を了承する。こうして、晋城大君は王宮に向かい、思政殿に入った。
　柳洵らは、晋城大君に対し、
「昔から廃位された王はたくさんおりますが、そのなかで罪がなかったといえるのは、おそらく漢（B.C.206年～220年）の昌邑王（在位B.C.74年）くらいしかいません。燕山君に罪があるのは明らかですから、玉璽を出すように促せば必ずや従うでしょう」
と伝え、燕山君から王を象徴する玉璽を、平和裏に譲りうけようと考えた。そして、承旨の韓洵らを燕山君のいる昌徳宮に送ると、燕山君は観念して玉璽を渡す。こうして、晋城大君は新たな王として即位することが決まったのである。騒ぎを聞きつけた百官が駆けつけてくるなか、貞顕王后は次のように布告した。

> 我が国は、建国以来100年にわたって、歴代の王が徳を積みながら、恩沢により民心を安らかにしてきた。しかし不幸なことに、燕山君は王が守るべき道理を忘れ、人心を失って久しい。そのようななか、本日この国のことを考えた臣下が、燕山君を廃し、晋城大君を王位につけるよう求めてきた。考えてみるに、誤りを改めて正そうとするのは、古今東西に通じる道理である。そこで臣下の意見に従い、晋城大君を王位につけるとともに、燕山君の王位を廃し、江華島に配流することにした。我が国が再び平安になれば、これほど喜ばしいことはない

第二章　勲旧派と士林派の対立

第11代　中宗(ちゅうそう)

在位1506年～1544年

反正により突然の即位

中宗(ちゅうそう)の即位

　1506年9月2日の早朝に起きた政変により、第10代国王の燕山君(えんざんくん)が廃位されてしまった。このため、その日の午後には、燕山君の異母弟にあたる晋城大君李懌(しんじょうたいくんりえき)が、景福宮(けいふくきゅう)の勤政殿(きんせいでん)において第11代国王として即位し、中宗(ちゅうそう)となった。本来、即位式では正式な冕旒冠(べんりゅうかん)を用いなければならなかったが、このとき中宗(ちゅうそう)は、通常用いる翼善冠(よくぜんかん)をかぶっていた。それだけ、突然の即位だったことになる。

　即位した中宗(ちゅうそう)は、次のように布告した。

　　徳のない予は、王室にあっても王宮を守るほどのことしかしていない。近年、道理を失った燕山君(えんざんくん)が、過酷な刑罰を科して人心を失っていたところ、貞顕王后(ていけんおうごう)の命をうけた王族と文武の官僚らが、予に即位を勧めてきた。再三辞退申し上げたものの、聞き入れてはいただけなかったので、9月2日、景福宮(けいふくきゅう)で即位したものである。燕山君(えんざんくん)によって改められた法律はすべて廃止し、それまでの法律を遵守するようにせよ。代替わりの恩赦として、本日9月2日の明け方以前に行われた重罪を除く犯罪については、全部これを赦(ゆる)すことにする

　臣下が国王を追放するということは、朝鮮王朝ではこれまでなかったことである。朴元宗(ぼくげんそう)をはじめとする臣下が燕山君(えんざんくん)を追放したこの政変を、「中宗反正(ちゅうそうはんせい)」という。「反正(はんせい)」とは、正しい状態に戻すという意味である。

燕山君(えんざんくん)の廃王を明(みん)に報告

　中宗(ちゅうそう)は即位したその日、廃王とした燕山君(えんざんくん)を江華島(カンファド)に配流することにしていた。ただ、朝鮮王朝では、第3代太宗(たいそう)以来の歴代国王はみな、明(みん)(1368年～1644年)からの正式な冊封(さくほう)をうけていたから、明(みん)の了承を得ないで勝手に廃位することはできない。とはいえ、臣下が武力で追放したというような事実を話すわけにもいかなかった。そこで、中宗(ちゅうそう)は1506年9月27日、金應箕(きんおうき)らを燕山君(えんざんくん)の退位を求める辞位使(じいし)とし、任由謙(じんゆうけん)らを中宗(ちゅうそう)の冊封を求める承襲使(じょうしゅうし)と

して送ることにする。金應箕らは、明に、燕山君の名義による上奏文を提出した。

　朝鮮国王臣李懌は、王位辞退を求めることを謹んで申し上げます。考えましたところ、それがしは幼少のときからしばしば発作を起こしておりましたが、世子李顗が1506年5月に病気にかかって夭折したため、とても悲しんだあげくに健康管理を誤ってしまいました。そのため、再び発作を起こすようになったばかりか、これが慢性化し、政務を十分に行うことすら難しくなってしまったのです。皇帝陛下の命と、国家と王室を守っていくことができないため、それがしはもう、どうすればよいのかわかりません。幸いなことに、それがしの弟である晋城大君李懌は適齢で、なおかつ幼少のころから賢明だといわれておりました。この晋城大君に王位を継いでもらいたいと考え、すでに1506年9月2日、それがしの継母にあたる貞顕王后にお願いして、政務を代行してもらっております。謹んで願わくは、それがしの心中を察し、譲位をお許しください

　突然、李懌すなわち燕山君の名義により譲位の許可を求める上奏文が送られてきたため、明でも王位の篡奪があったものと疑った。実際、ここで述べられていることは事実ではなく、世子も夭折していない。そこで外交を司る礼部では、明に来た朝鮮使節を問い詰める。

　「前王が病気になったから弟に王位を譲ったというのは、本当か。病気を理由に退位させてしまったのではないのか」

　「我が国は礼儀の国であります。どうして、そのようなことをするでしょうか。前王の病気が重くなって政務をみることができなくなったため、臣下の意見を踏まえて、弟に譲られたのです」

　「前王の病気が重いというが、辞位使も承襲使も、前王から送られてきているのはなぜだ。病気の前王に代わって、大臣らが奏請すればよかったのではないか。それに新王は遠慮でもしたのか」

　「我が国では、王が譲位をせずに亡くなった場合には、議政府の大臣が奏請することになっています。しかし今回は、前王が自ら王大妃に譲位を求められ、しかも新王はまだ仮に政務を代行しているだけにございます。ですから、僭越にも臣下が奏請するわけにはまいりませんでした」

　「それなら、なぜ王大妃が単独で奏請してこないで、政務を執れないほど重病の前王が奏請してきたのか」

　「王大妃は女性であり、女性が奏請した先例がございませんでした」

こうした質疑応答を踏まえ、明では、次のように結論を出して、中宗に伝えた。

調べてみたところ、確かに朝鮮は昔から礼義の国とよばれており、我が明に対しても恭順でいる。今、その国王が長期にわたり病気に罹って政務を遂行できないのであれば、なおさら思いやりをもって対処しなければならない。病気のため、国王が自ら譲位することを望んだというが、快復する可能性もあるであろう。国王の弟が王大妃の命令だとして冊封を求めてきたが、国王が快復したときに問題が生じることは火を見るより明らかである。そもそも、朝鮮は明から遠く離れており、その実情を把握することが難しい。そのため、明の礼部から朝鮮に使者を送り、奏請した内容と齟齬がないか確かめる必要がある。奏請した内容に間違いがなければ、冊封をうけられるようになるであろう

明としては、朝鮮からの奏請に疑問を感じ、自ら調査をしようとしたのである。

しかし、明からの書が朝鮮にもたらされる直前の1506年11月6日、燕山君は、配流先の江華島ですでに病没していた。その遺言は、

「王妃に会いたい」

であった。このとき燕山君は31歳で、配流されてから2か月しか経っていない。もしかしたら、燕山君はもともと持病があり、配流されたことで治療をうけられなかった可能性もある。

中宗は大臣らの提言により、燕山君の葬儀は国王としてではなく、王子の待遇で行うことにした。要するに、燕山君は国王としてみなされなかったのである。このため、燕山君には「祖」や「宗」の字を用いた国王としての諡号は下されず、現在にいたるまで「燕山君」という君号のままよばれることになった。

廃妃された中宗の王妃

中宗が即位したことにより、即位に貢献のあった柳洵が領議政に再任されるとともに、朴元宗が右議政、成希顔が吏曹判書に抜擢された。これらの功臣らにとって、問題となったのが中宗の王妃になった端敬王后の扱いである。

端敬王后の父慎守勤は、妹を燕山君に嫁がせていたことから政変に同調せず、朴元宗らによって殺害されていた。そのため、中宗が即位して7日目の9月9日、柳洵・朴元宗をはじめとする大臣らは集まって、中宗に訴える。

「先日、燕山君を追放したときに慎守勤を殺したのは大義を守るためでした。しかし、その娘が王妃に収まっているとしたら、とてもではありませんが人心は安定しません。人心が安定しなければ、我が国を危機に陥れることになります。恩情を断ち切って、王妃を追放してください」

人心が乱れることを理由にしているが、外戚となる慎氏一族から報復されることを恐れていたにちがいない。中宗は、

「そなたらのいいたいことはよくわかる。だが、糟糠の妻をいきなり追い出すことはできない」

といって反対する。しかし、政変を主導したのは功臣であり、中宗ではなかった。そのため、

「国家の大計のためです。ためらわずに早く決断してください」

といわれては、了承するしかなかった。そこで中宗は、

「すぐ鄭顕祖の家を掃除するようにせよ。今晩、王妃を移すことにする」

と命じた。こうして、王妃となって7日目にして、端敬王后は王宮から追放されてしまったのである。

端敬王后が廃妃となったあとは、後宮となっていた尹汝弼の娘である淑儀尹氏が王妃に冊封され、章敬王后となった。

三浦の乱

中宗は、臣下によって推戴されて王位についたという経緯もあり、宰相らによる合議で政治を行った。これにより、燕山君の時代における混乱は収束し、内政は安定化に向かいつつあった。

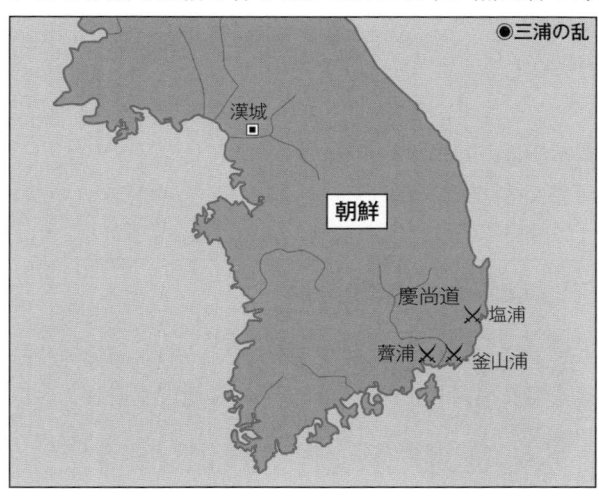

そうしたなかで、朝鮮は予期せぬ争乱から混乱に陥ってしまう。1510年4月4日、慶尚道の三浦に居在する日本人が中心になって、暴動を起こしたのである。三浦というのは、釜山浦・薺浦・塩浦の3

●三浦の乱

港をいい、日本人はこの三浦に居住を許可されて貿易に従事していた。しかし、日本人が通商の拡大を求める一方、朝鮮側が抑制する方策を進めていたため、不満を爆発させた日本人は、4000〜5000人の軍勢をもって蜂起する。そして、まず釜山浦を攻撃し、釜山浦僉使の李友曾を殺害、さらには薺浦に進撃し、薺浦僉使の金世均を拉致してしまった。蜂起した日本人の軍勢には、対馬守護宗義盛の家臣である宗盛弘も援軍として加わっており、その後6日間の戦闘で、三浦はほとんど焦土と化してしまったという。

こうした事態を知らされた中宗は、左議政の柳順汀を慶尚道都元帥に任命して全軍を統括させるとともに、右議政の成希顔に兵曹判書を兼ねさせて、鎮圧にあたらせた。このとき動員された朝鮮軍は5000余であり、日本人の軍勢とほとんど互角であったといってよい。しかも、朝鮮軍を率いていたのは文臣であり、戦闘には長けていなかった。

ただ、日本人は元凶と考えていた釜山浦僉使の李友曾を殺害したことで目的を達したと考えていたらしい。結局、宗盛弘が戦死したことで総崩れとなってしまう。これにより、三浦の日本人は対馬に敗走した。この争乱を日本では「三浦の乱」というが、朝鮮では発生した年の干支にちなんで「庚午三浦倭乱」という。

この争乱は、貿易の拡大を求める対馬守護宗氏によって引き起こされたものである。しかし、事態を重くみた日本では、室町幕府の10代将軍足利義稙が仲介に乗り出す。こうして、交渉の結果、1512年、両国の間に壬申約条が結ばれ、国交は正常化された。

壬申約条は、
- 日本人は、三浦に居留しないこと
- 開港場は薺浦のみに制限すること
- 宗氏が派遣する貿易船は、50隻から25隻に半減すること

などというように、三浦の乱以前よりも条件は厳しくなっていた。以後、対馬の宗氏は、この条件の緩和を朝鮮に求め続けることになる。

生存中に復位できなかった端敬王后

廃妃となった端敬王后の跡をうけて王妃となった章敬王后は、1515年2月25日、中宗の嫡男となる李峼を出産した。これにより、朝廷内は慶賀でわいたが、章敬王后は産後の経過が悪く、3月2日に薨去してしまう。このため、王妃の座は再び空位となった。

そうしたなかで、1515年8月8日、潭陽府使の朴祥と淳昌郡守の金浄は、連名で次のように訴えた。

　　朴元宗・柳順汀・成希顔らが端敬王后の廃妃を求めたのは、王妃の父を殺害していたがゆえに、後顧の憂いを断とうとしたにすぎません。それが真実なのですから、果たして正当性があったといえるのでしょうか。もし殿下が端敬王后を王妃の座に復位されれば、王室の祖霊や臣民の願いにもかなうはずです

　確かに朴元宗・柳順汀・成希顔らは、自らの保身のために端敬王后を廃位させたのであり、正当性はなかったといってよい。中宗としては端敬王后を嫌いになって追い出したわけではなかったから、私的な感情としては、復位させたいと願っていたのではなかろうか。しかし、王という立場によって、私的な感情だけで判断することはできなかったのである。中宗は、臣下の考えを聞くことにした。
　すると8月11日、大司憲の権敏手や大司諫の李荇らがやはり連名で中宗に上書した。

　　端敬王后が復位して男子を産んだ場合、章敬王后の子の地位が危うくなるのではないでしょうか。朴祥と金浄は物を知らずにそのようなことをいっているので、その上訴は不正なものとみなさなければなりません。よくよく大臣らとご相談ください

　と真っ向から反対したのである。大司憲は、官吏を監察する司憲府の長官であり、大司諫は、王に諫言を行う司諫院の長官で、中宗としてもその意見を聞かないわけにはいかない。中宗は、

　「朴祥と金浄が物を知らずにいっているという指摘はその通りかもしれない。今は亡き朴元宗・柳順汀らが生きているときには何もいわず、王妃の座が空位になった途端に訴えるというのでは、信義に欠ける。この件については即決せず、よく話し合うようにせよ」

　と、臣下に議論を命じた。
　こうして、端敬王后の復位をめぐる議論は、その後も朝廷内で続けられることになった。しかし、儒教に基づいた政治を目指す士林派が朴祥・金浄の主張を支持し、「中宗反正」に功のあった勲旧派が権敏手・李荇の主張を支持するようになると、まともな議論はできなくなり、ついには党派による抗争といった様相を呈してしまう。
　そうしたなか、中宗はやむなく朴祥・金浄を流刑に処し、権敏手・李荇を

第二章　勲旧派と士林派の対立

罷免する形で解決を図った。これにより、端敬王后の復位は臣下による権力争いの道具にされ、端敬王后の生存中に実現されることはなかった。

端敬王后の復位が決まったのは、これから200年あまりを経た1739年、21代国王英祖の時代になってからのことであった。

③ 功臣の称号を剥奪

端敬王后の復位が結果的に実現できなかったのは、中宗を奉じて政権を奪取した「中宗反正」の功臣が、勲旧派として実権を握っていたからである。そのため、功臣の筆頭であった朴元宗が1510年に没すると、趙光祖をはじめとする士林派を重用し、勲旧派を抑えようとした。しかし、趙光祖の言動は過激で、やがて国王の中宗ですら制御できなくなっていく。

大司憲となった趙光祖は、1519年10月25日、大司諫の李成童らとともに、次のように訴え出た。

> 功臣の数があまりにも多すぎるので、政治に悪影響を与えております。功臣として大きな顔をしている成希顔や柳子光らは、あらゆることを私利私欲で決めていますが、殿下はご存じでいらっしゃるでしょうか。殿下が即位されたのは天命であり、功臣の人力によるものではありません。功を過剰に認められた者の称号を剥奪するようにしてください

趙光祖の訴えは、正論であったといってよい。功臣によって国王に擁立された中宗は、それほどの功がなくても、求められるがままに功臣の称号を与えていたからである。称号を得た功臣らは、政治の実権を握るとともに、所領などを与えられるという恩恵にも浴していた。

とはいえ、功臣らが依然として政権の中枢に居座っている以上、いかに正論であっても、実際に称号を剥奪するのは難しい。結局、中宗は功臣から称号を剥奪しなかった。

こうした中宗の処分に納得できない趙光祖らは辞職する。中宗が再三復職を要請したものの、趙光祖らは称号の剥奪を条件に復職を拒む。こうした士林派の実力行使により、抵抗を諦めた中宗は、最も功績のあった功臣を除く76名の称号を剥奪することにした。

④ 自害に追い込まれた趙光祖

勲旧派が士林派によって追い込まれるなか、領議政の鄭光弼・右議政の安瑭・南陽君洪景舟・工曹判書の金詮・礼曹判書の南袞らは、1519年11月15日、

士林派に気づかれないよう、密かに中宗に謁見しこう直訴した。

「趙光祖らの士林派は徒党を組み、自分たちに従う者を推薦し、自分たちに従わない者を排斥しております。士林派は、司憲府や司諫院といった重要な役職についているにもかかわらず、殿下を騙しているのは正視に耐えません。我々は、士林派の勢威を恐れて何もいえませんでしたが、ついに告発することにいたしました。伏して願わくは、ただちに士林派の罪を明らかにするようにしてください」

正論ばかりを主張し、一切の妥協を認めない士林派に辟易していた中宗は、勲旧派の訴えを認める。その後も、士林派を厳罰に処すように求める勲旧派の声はやまず、趙光祖はついに、中宗から賜死を命じられてしまう。賜死とは、王が毒薬を与え、自害をさせるものである。1519年12月16日、中宗から下された毒薬を受け取った趙光祖は、

　王を父の如くに愛し
　家庭を憂うように国事を憂う
　紅き太陽が光り輝くとき
　我が赤き心を照らすだろう

という詩を詠んだあと、服毒して命を絶った。まだ38歳という若さだった。同時に、金浄・金湜らも賜死されることとなった。

こうして、中宗によって抜擢された士林派は、その急進的な改革を忌避した中宗により、排斥されてしまったのである。この一連の事件を発生した年の干支にちなんで「己卯士禍」という。

外戚同士の争い

「己卯士禍」により朝廷内の士林派は一掃されたが、かといって勲旧派が政治を専断することができたわけではない。このころには、中宗の王子たちが成長しており、その外戚が勢威をもつようになってきたからである。

このとき、中宗の後継者と目されていたのは、尹汝弼の娘である章敬王后が産んだ嫡男の李峼であった。章敬王后は出産直後に薨じていたが、李峼は1520年、世子に冊封されている。

しかし中宗は、章敬王后の薨去後、継妃として尹之任の娘である文定王后を王妃として迎えていた。この文定王后からは慶源大君李峘が生まれている。この時点での王妃は文定王后であり、そうしたことからも、慶源大君が王位につく可能性もなかったわけではない。

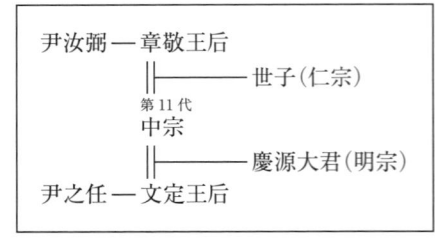

```
尹汝弼━章敬王后
        ‖ ━━━━ 世子(仁宗)
       第11代
        中宗
        ‖ ━━━━ 慶源大君(明宗)
尹之任━文定王后
```

しかも、章敬王后と文定王后は、ともに坡平尹氏の出身で、互いに親族の間柄にあった。ちなみに、章敬王后が文定王后の叔母ということになる。世子と慶源大君のどちらにも王位継承の可能性があったため、それぞれの外戚だけでなく、朝廷内の臣下をも巻き込んで権力闘争が繰り広げられることになる。

世子を支持したのは、その叔父にあたる尹任で、その一派を「大尹」とよぶ。これに対し、慶源大君を支援したのは、その叔父にあたる尹元衡で、その一派を「小尹」とよぶ。大尹は世子の座を守ろうとし、小尹は世子の座を奪おうとしながら、対立を深めていった。

中宗の薨去

大尹と小尹が対立するなか、1544年11月14日、中宗が危篤に陥ってしまう。このとき、左議政の洪彦弼・右議政の尹仁鏡らが中宗のもとを訪れ、

「お体の具合が優れないとお聞きし、ただちに参りました。診察でお疲れとは存じますが、お目にかかれますでしょうか」

とうかがいをたてると、高熱が続いていた中宗は、声を絞り出すように、

「予も大臣らに話をしたいと思っていたところだ」

といい、寝室に招き入れた。寝室には、すでに世子李峼が招かれていた。中宗は大臣らに、休み休みこう語った。

「予は、見ての通りの状態だから、もう長くはない。政務を執ることができないことは、誰の目にも明らかだろう。だから、ここで世子に王位を継がせたいと思う。そなたらも、予の意に従ってほしい。ちょうどそなたらをよびたいと思っているときに、来てくれたのも天意なのだろう」

中宗は、息も絶え絶えになりながら、最後の力を振り絞って大臣らに世子への譲位を告げた。それこそが、中宗の最後の願いであったのだろう。その場にいる誰しもが、声も出さずに泣くしかなかった。

このとき、洪彦弼が何か話をしようとすると、中宗は、

「予は耳が遠くなってよく聞こえない。大きい声で話してほしい」

という。そこで、洪彦弼は、中宗に聞こえるように、大きな声で、

「心配されるとお体にさわります。後継者のことが気がかりで、お疲れにな

られているのでしょう。今、後継者について承りましたので、心配されずにおられれば、お体もきっとよくなられるでしょう」
　といい、尹仁鏡も、
「考え込むとお熱があがってしまいます。後継者をお決めいただいたことですし、あとは、雑念をなくして保養に専念してください」
　というように、考え込まないことを中宗に訴えた。
　しかし、その端から中宗は、
「予に万が一のことがあれば、王宮の警備を厳重にするのだぞ。それと、世子のことも守ってほしい」
　などと心配するので、世子自身がむせび泣きながら、
「大臣らが申し上げているように、余計なことを考えないでください」
　と嘆願したのだった。中宗は、最後の力を振り絞ってこういった。
「世子に位を継がせ、大臣らが世子に従うなら、予の体調もすぐによくなるだろう」
　しかし、これが中宗の最後の言葉となった。このあと中宗は昏睡になり、翌11月15日、昌慶宮の歓慶殿で薨去した。56歳だった。

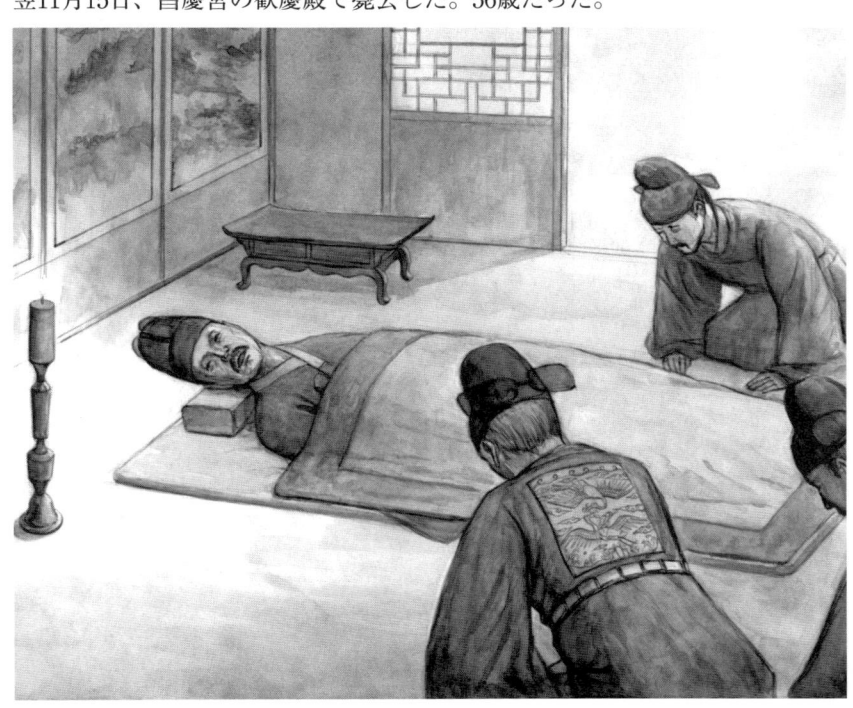

第二章　勲旧派と士林派の対立

第12代　仁宗

在位1544年～1545年

1年にも満たない在位

仁宗の即位

　1544年11月15日、中宗が薨去したことにより、中宗の世子であった李峼が、11月20日、昌慶宮の明政殿において第12代国王として即位し、仁宗となった。即位した仁宗は、次のように布告した。

> 先王の中宗大王は、天性の優しい性分で、在位38年の間、臣民を慈しむこと赤子のように、臣民の飢えや苦しみを自身のことのように感じられていた。その治世が永遠に続くものと考えていたが、早くもその終わりが来てしまい、予の心は張り裂けるように痛い。そのような悲しみのなかにあって、どうして王位につくことができようか。しかし、王位は1日たりとも空けることはできないので、やむを得ず、11月20日、昌慶宮の明政殿で即位した次第である。それにともない、中宗妃の文定王后を王大妃に、嬪朴氏を王妃に昇格させる。代替わりの恩赦として、本日11月20日の明け方以前に行われた重罪を除く犯罪については、全部これを赦すことにする

大尹と小尹との権力党争

　仁宗が即位する直前まで、朝廷内には中宗の後継者をめぐって、仁宗を支持する大尹と、仁宗の異母弟慶源大君李峘を支持する小尹にわかれて対立していた。結果的に、仁宗が即位することにはなったが、それで大尹が勝利したというわけではない。

　中宗の最期を看取った左議政の洪彦弼などは小尹の巨頭であり、依然として朝廷内には小尹が存在していた。こうした複雑な政局のなかで、仁宗は大尹の巨頭である柳灌を右議政に任じて、小尹を牽制させる。それとともに、引き続き洪彦弼らを重用したり、小尹の代表ともいうべき尹元衡を工曹参判にも任命したりするなど、小尹への配慮も忘れなかった。尹元衡は、慶源大君の実母である文定王后の弟で、慶源大君の叔父にあたる。

　こうして、仁宗は大尹と小尹との対立を克服しようとしたのだが、1つだけ

致命的な欠点があった。それは、30歳を過ぎた仁宗に跡を継がせるべき男子がいなかったことである。

かたや慶源大君は、12歳になっていた。つまり、仁宗さえいなくなれば、自然と慶源大君が新たな国王になることが決まっていたといってよい。そうしたきわどい状況のなかで、仁宗は病床に臥してしまう。民間の歴史書によれば、仁宗は継母の文定王后がくれた餅を食べたあとに倒れたというが、毒が含まれていたのかどうかはわからない。ただ、偶然とは思えないくらい、事態は小尹に有利な方向で展開していった。

仁宗の薨去

1545年6月29日になると、ついに仁宗は危篤になってしまう。快復する見込みがないと悟った仁宗は、

「予の病状はひどくなるばかりで、二度と起き上がることはできまい。予には男子がなく、先代の王の嫡子は予と慶源大君の2人だけである。慶源大君は、年こそ12歳と若いが、聡明かつ善良であり、後日を頼むに足る。そなたらはともに助けて慶源大君を王に立てるようにせよ」

と大臣らに伝えさせた。これを聞いた領議政の尹仁鏡は、承旨の崔演に命じて即位の準備させるとともに、

「王位の継承ほど重要なことはないから、殿下のお言葉をしかと聞かなければなるまい。今からでも、殿下のご様子をうかがいに参ろう」

といい、左議政となっていた柳灌らとともに仁宗が療養している景福宮の清讌楼に向かう。大臣らが仁宗の寝室に入ると、仁宗は起き上がろうとして、

「そなたらは、予の様子を見ておいてほしい」

という。尹仁鏡・柳灌らが促されて仁宗を見ると、痩せ細っており、涙があふれるのをこらえられなかった。仁宗もまた、起き上がったままでいられず、倒れそうになった。この様子をみた尹仁鏡・柳灌らは、号泣しながら仁宗の寝室を出る。

翌7月1日、仁宗は景福宮の清讌楼で薨去した。このときわずか31歳で、在位は1年にも満たない。この日、文定王后は領議政の尹仁鏡と左議政の柳灌に向かって、こう命じた。

「慶源大君は即位してもまだ12歳と幼い。そのため、貞熹王后が第9代国王の成宗を後見したときのように、すべての政務は大臣らが相談して処理し、遅滞なきようにしなさい」

第13代　明宗

在位1545年～1567年

親政に失敗

明宗の即位

　第12代国王の仁宗は、1545年7月1日に薨去する直前、弟の慶源大君李峘に王位を伝えるよう命じていた。そのため、7月6日、慶源大君が景福宮の勤政殿において第13代国王として即位し、明宗となった。このときの明宗は、まだ12歳の少年にすぎない。そのため、13歳で王位についた第9代国王成宗を祖母である貞熹王后が後見したという先例に倣って、明宗の実母である文定王后が摂政することになる。

　ただ、儒教国家の朝鮮では、王后といえども、臣下の男性には対面することができない。そのため、王后は御簾の奥で、政務を執った。このような、王后による摂政を「垂簾聴政」とよぶ。文定王后の「垂簾聴政」は、朝鮮王朝においては貞熹王后に次いで2番目のものだった。

　明宗が即位した直後、明宗の名義で次のように布告された。もちろん、明宗が自ら起草したものではない。

> 天が我が国に災禍をもたらし、先王の仁宗大王が突然に薨去されてしまった。天に向かって泣き叫んでもその声は届かず、悲しみを抑え込むこともできない。仁宗大王は、世子の座にあっては25年もの間、学問を好むだけでなく、思いやりの心をもって接しておられた。その後、第11代国王の中宗大王の遺命により王位につかれたが、病気で倒れてしまったのである。どうして天は、このような災禍を与えられるのだろう。病気が重篤になるなかでも、仁宗大王は後継者の問題を忘れず、弟である予に王位を継ぐことを命じられた。信じていた兄を失ったばかりであり、とてもそのようなことを考える気持ちにはなれない。しかし、遺命をうけた大臣らが請願するので、やむを得ず、7月6日、悲しみをこらえながら景福宮の勤政殿で即位したものである。これにともない、中宗大王の王妃文定王后を大王大妃に、仁宗大王の王妃仁聖王后を王大妃に昇格させる。代替わりの恩赦として、本日7月6日の明け方以前に行われた重罪を除く犯罪については、全部これを赦すことにする

追放される大尹

　朝廷内では、仁宗を支持する大尹と、明宗を支持する小尹が覇を競っていたが、明宗が即位したことにより、小尹が実権を握るようになった。仁宗が即位したとき、大尹は小尹との融和を図ったが、仁宗が薨じて明宗が即位した時点で、小尹は大尹と融和するつもりはなかったらしい。

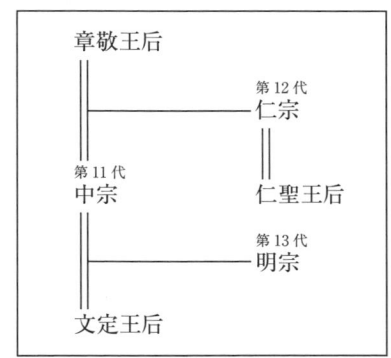

```
                  章敬王后
                   │
                   │  第12代
                   ├─ 仁宗
  第11代           │
  中宗 ────────────┤  仁聖王后
                   │
                   │  第13代
                   ├─ 明宗
                   │
  文定王后 ────────┘
```

　小尹の領袖である礼曹参議の尹元衡は、腹心の兵曹判書の李芑らと謀り、大尹の領袖である尹任ら大尹を朝廷内から一掃しようとする。明宗が即位して1か月が過ぎた1545年8月22日、李芑らは、垂簾聴政をしている文定王后に、

　「国家の一大事が起こりましたので、小尹の大臣らをおよびください」

　と奏請する。本来、王の命令は承政院を通じて下されるものであったが、正式な手続きを踏むと、大尹にも知られてしまう。そのため、文定王后は、承政院を通さず、小尹の大臣らを招集した。

　その場で李芑は、

　「刑曹判書の尹任は、中宗大王の時代から謀反の心をもっておりましたが、近頃ではこれに左議政の柳灌と吏曹判書の柳仁淑も同調しております。それがしは、恐れ多くも宰相の末席を汚している身として、このまま見過ごすことはできません。速やかに処罰するようにしてください。個人的には、流罪に処すべきかと存じます」

　と切り出す。この提言に対し、明宗が、

　「それはとても驚くべき話だ」

　と答えると、垂簾聴政をしている文定王后が、

　「尹任が凶悪なことはよく知っている。朝廷の宰相が思い切って声をあげてくれたのは大変にうれしい。大臣らは、この国のことだけを考えて処理するようにしなさい」

　と自らの考えを語った。これにより、その場で尹任は配流、柳灌は降格、柳仁淑は罷免されることに決定してしまったのである。大尹の意向を無視した欠席裁判であった。

しかし、翌23日、小尹による欠席裁判に対し、献納の白仁傑は命がけで明宗に訴えた。

　　罪人を処罰するには、臣民に対し、まず罪状を明らかにしなければなりません。しかし、尹任・柳灌・柳仁淑の3名に対しては、罪名だけが通告されていて、どのような罪を犯したのかまったく明らかにされていません。しかも、正式な手続きを踏まえたうえでの処分ではないのですから、この決定は不当なものと存じます。伏して願わくは、今一度、お考え直しください

　しかし、朝廷の実権を握っているのは文定王后であったから、白仁傑の訴えが受け入れられるはずもない。その後も、欠席裁判に対する批判が相次ぐなか、8月29日、文定王后は明宗の名で次のように布告した。

　　天運を得られず中宗大王が薨じられてから、いくばくも経たない間に仁宗大王も薨じられてしまった。こうしたなか、予が幼くして即位したため、人心が安定せず、国家が危機に陥ってしまったのは残念なことである。尹任は、もともと性質が凶悪で、文定王后を殺害しようとしていたという。柳灌は、仁宗大王が危篤になった際、後継者を立てようとはしなかったし、予が王位についたときには文定王后が摂政することに反対していた。また、柳仁淑は予が愚鈍で病気があるなどと吹聴し、即位を妨げようとしていた。よって、この3人を賜死するとともに、3人の謀反を防いだ功臣には褒賞を与える

　こうして、謀反の事実も明らかにされないまま、大尹の尹任らは賜死、すなわち、王から与えられた毒薬による自死に追い込まれてしまったのである。尹任の死により、大尹は朝廷の要職からはずされ、小尹が権力を握ることになった。この一連の粛清を、発生した年の干支にちなんで「乙巳士禍」とよぶ。

粛清される大尹

　「乙巳士禍」のあと、実権を掌握することになった小尹が、政治を専断するようになる。そうしたなか、「乙巳士禍」から2年後の1547年9月18日、漢城の郊外で落書が見つかった。その落書は赤い字で、

　　上では女王が政務を執り、下では奸臣の李芑が権力を弄ぶ
　　まさに国が滅びんとするとき、どうして心が寒くならずにいられよう

と書かれていたという。

剝ぎ取った落書を見せられた文定王后は、尹仁鏡・尹元衡・李芑らをよんで対応を協議させた。このとき、領議政の尹仁鏡は、
「拝見しましたところ、事情を知らない者がしでかしたこととは思えません。近ごろ、尹任ら大尹が虚偽の自白によって処罰されたなどという流言が飛び交っております。それもこれも、大尹の処罰を軽くすましたため、禍根が残ってしまったのでしょう。改めて、大尹を厳重に処罰することが肝要かと存じます」
　と発言する。これにより、尹任の一派はほとんどが処刑、あるいは流刑にされてしまった。

明宗による親政の失敗

　文定王后による摂政は、明宗が20歳になった1553年に終了した。明宗が親政を始めることができる年齢に達したからである。
　しかし、この時点ではまだ尹元衡は健在だったため、尹元衡の勢威を削がなければ、親政を行うことはできない。そのため、明宗は王妃として迎えていた仁順王后の母方の叔父にあたる李樑を抜擢して、尹元衡を牽制させようとしたのである。
　明宗の思惑通り、李樑は尹元衡に比肩しうる権勢をもつようになった。しかし、あまりにも李樑の勢威が強くなりすぎてしまったため、今度は仁順王后の実弟である沈義謙と対立し、1563年に流刑に処せられてしまう。
　その後も、領議政となった尹元衡が朝廷に君臨したが、その権力は結局のところ、文定王后の権威を借りたものでしかない。文定王后が1565年4月6日に薨ずると、すぐさま辞職に追い込まれ、さらには弾劾されて流罪に処せられた。

明宗の薨去

　文定王后の薨去と尹元衡の失脚により、ようやく明宗の親政が本格的に始まるかと思われた。しかしそれから2年後、明宗自身が病に倒れ、1567年6月28日には危篤になってしまう。
　明宗の王妃である仁順王后によばれた領議政の李浚慶らが明宗の寝殿に入ると、明宗はすでに高熱により意識を失いかけていた。明宗には、もう李浚慶らを迎える力も残っていなかったらしい。目を開けようとしても目は開かず、話をしようとしても声が出なかった。

李浚慶が明宗の近くで伏して泣いていると、明宗の王妃である仁順王后が王位の継承について李浚慶に相談する。このとき、明宗はまだ34歳で、仁順王后との間に生まれた唯一の男子である順懐世子も、4年前の1563年に13歳で亡くなっていた。そのため、

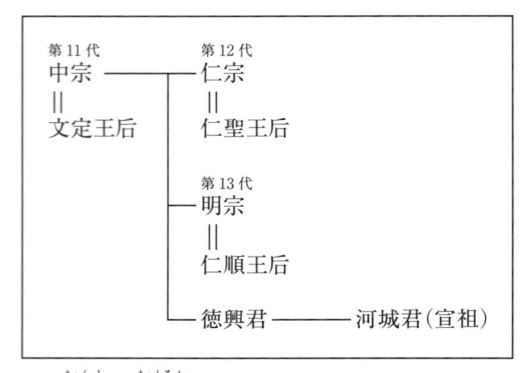

```
第11代      第12代
中宗 ─────┬─ 仁宗
 ‖        │   ‖
文定王后   │  仁聖王后
          │
          │  第13代
          ├─ 明宗
          │   ‖
          │  仁順王后
          │
          └─ 徳興君 ─── 河城君（宣祖）
```

明宗には、順当に王位を継ぐような嫡子や嫡孫はいなかったのである。
「殿下は2年前にも高熱で危篤になられたが、そのときには快復されているので、今回もそうなるものと願っている。しかし、前回とは異なり、今回はご容態が悪くなってきたので、どうにも不安でしかたない。後継者を誰に指名するのかお聞きするため、急いでそなたらをよんだのだが、どうしたらよいだろう」
「殿下のご容態では、後継者のご指名は難しいかと存じます。これまでに後継者について話されたことはございませんか」
「2年前に殿下が危篤になられた際には、徳興君の三男である河城君に定められた。そのことについては、そなたらも存じておろう。河城君に王位を継がせるのがよいと思うが、いかがか」
「後継者のご指名は、王后殿下がお決めにならなければいけません。臣下が口を挟むべきことではないのです」
「あいわかった」
「後継者が無事に決まりましたので、それがしにはほかに申し上げる言葉もございません」
　こうして、明宗の後継者は徳興君李昭の三男である河城君李鈞に決定した。徳興君は第11代国王である中宗の庶子であり、河城君は中宗の孫にあたる。この時点では、仁宗王妃の仁聖王后がまだ存命であり、朝廷内には仁聖王后が後継者を指名するべきだという声もあった。しかし、領議政の李浚慶としては、その後の政局を考え、外戚の力の強い仁順王后が指名するべきだと考えていたのである。
　明宗の容態は悪化の一途をたどり、その日のうちに、景福宮の養心堂で薨去した。

第三章

内憂外患

○分裂する士林派

　第10代燕山君が廃されるなど、朝鮮王朝の王権がゆらぐなか、朝廷で中心的な役割を担っていたのは、士林派である。士林派というのは、勲臣を中心として朝廷の実権を握っていた勲旧派を牽制するため、第9代成宗によって登用された地方の儒者を中心とした一派をいう。

　成宗の思惑通り、士林派は勲旧派を凌駕するとともに、外戚勢力に対抗できるまでに成長していった。そうしたなか、1567年に第14代国王として即位した宣祖は、外戚勢力を抑えるため、士林派を重用する。これにより、士林派はさらに勢力を拡張し、やがて東人と西人の2派に分裂した。

○文禄・慶長の役

　そのころ、日本では豊臣秀吉が明の征服を目論み、朝鮮に協力を求めてきた。これに対し、宣祖が使者を日本に派遣すると、帰国した使者のうち、西人に属す正使は日本軍の出兵を警告したが、東人に属す副使は単なる威しだと報告した。このとき、西人は失脚して東人が政権を掌握していたため、朝廷では副使の見解を採用し、防備の態勢をとることはなかった。

　もちろん、結果的に、その判断が誤っていた。1592年に日本軍が朝鮮に侵攻してきたとき、朝鮮軍はなんら手立てを講ずることができず、宣祖は庶子の光海君に政務を委ね、自らは都から逃げださなければならなかった。戦いは、豊臣秀吉の死により日本軍が撤退するまで続く。これが文禄・慶長の役で、朝鮮では壬辰・丁酉倭乱という。

○廃された光海君

　政権を握っていた東人は、失脚した西人への対応をめぐり、強硬派の北人と穏健派の南人に分裂する。その北人も、宣祖に嫡男の永昌大君が生まれると、光海君を支持する大北と、永昌大君を支持する小北に分裂してしまう。

　大北と小北が朝廷の実権をめぐって争うなか、宣祖が薨じてしまった。そのとき、永昌大君はわずか3歳であったため、光海君が第15代国王として即位する。このあと、光海君を支えた大北は、永昌大君を殺害し、永昌大君の実母である仁穆王后を幽閉してしまう。こうしたなか、政権の奪還をねらう西人は、光海君の政治を改めることを名分に兵をあげ、光海君の甥にあたる綾陽君を即位させて仁祖とした。これを「仁祖反正」とよぶ。

宣祖	1567年	7月 3日	中宗の孫河城君が景福宮の勤政殿で第14代国王として即位し、宣祖となる
	1572年	閏2月 1日	吏曹正郎の呉健が辞職したあと、後任に予定されていた士林派の金孝元の就任を沈義謙が反対する
	1574年	7月 8日	金孝元が吏曹正郎となる。このあと、士林派は沈義謙の西人と金孝元の東人に分裂する
	1589年	10月 1日	宣祖、東人の鄭汝立が反乱を起こそうとしている旨、報告をうける
		11月 1日	宣祖、西人の鄭澈を右議政に抜擢し、東人を処罰する
	1591年	2月 1日	宣祖、東人の李山海らの直訴をうけ、西人の鄭澈を左遷させる
		閏3月14日	失脚した西人の鄭澈、辞職を願い出る。西人に対する処分をめぐり、東人は北人と南人に分裂する
	1592年	4月14日	豊臣秀吉、朝鮮出兵を命じ、文禄の役が始まる
	1596年	9月 1日	明の冊封使、大坂城で豊臣秀吉に引見するが、講和交渉は決裂する
	1597年	2月20日	豊臣秀吉が再び朝鮮への出兵を命じ、慶長の役が始まる
	1598年	8月18日	豊臣秀吉、伏見城で薨去する
		9月 1日	南人の柳成龍、文禄・慶長の役の失策を問われ、領議政を罷免される。以後、北人が政権を握る
	1605年	3月 4日	宣祖が使者として派遣した僧侶の惟政ら、伏見城で徳川家康に謁見する
	1606年	3月 6日	宣祖の正妃仁穆王后、嫡男となる永昌大君を産む。これにより、北人は、光海君を支持する大北と永昌大君を支持する小北に分裂する
	1607年	10月13日	宣祖、世子の光海君に代理聴政を命ずるが、小北の反対により撤回する
	1608年	2月 1日	宣祖、貞陵洞行宮の正殿で薨去する。57歳
光海君		2月 2日	宣祖の世子光海君、貞陵洞行宮の西庁で第15代国王として即位する
		2月14日	大北が光海君の兄臨海君の叛意を訴え、光海君、臨海君を配流する
	1609年	5月 2日	江華島に配流されていた臨海君が死去する
		6月 2日	光海君、明からの冊封使を迎え、朝鮮国王として認められる
	1612年	2月13日	宣祖の六男順和君の養子晋陵君、大北により讒訴される
		11月 1日	光海君、大臣らと晋陵君の処分について議論し、賜死することを決める
	1613年	4月25日	宣祖の嫡子永昌大君、大北に讒訴される
		5月 4日	光海君、永昌大君の祖父金悌男を処分するようにという大北の献言に従い、金悌男を罷免する
		6月 1日	光海君、大北の訴えにより、金悌男を賜死する
		7月27日	光海君、永昌大君を江華島に配流する
	1614年	2月10日	江華島に配流されていた永昌大君が死去。鄭沆によって殺されたという
	1615年	閏8月14日	光海君の異母弟定遠君の子綾昌君、罪人に讒訴される
		11月17日	江華島に配流された綾昌君、首を吊って自害する
	1617年	11月24日	大北の李爾瞻、仁穆王后の廃妃を訴える
	1619年	3月 1日	明・朝鮮連合軍、撫順東方のサルフで後金軍と激突し、大敗する
	1623年	3月13日	光海君を擁する大北の政権に不満をもつ西人が、光海君の甥綾陽君を奉じて光海君を追放。綾陽君が慶雲宮で第16代国王として即位し、仁祖となる（仁祖反正）

第三章　内憂外患

第14代 宣祖

在位1567年～1608年

朝鮮最大の国難、文禄・慶長の役

宣祖の即位

　1567年6月28日に明宗が薨去したとき、明宗の嫡男であった順懐世子はすでに13歳で亡くなっており、嫡孫もいなかった。そのため、明宗の王妃仁順王后の指名により、第11代国王中宗の孫にあたる河城君李昖が7月3日、景福宮の勤政殿において第14代国王として即位し、宣祖となる。

　朝鮮王朝では、嫡男が世子に冊封されて王位を継承するのが原則となっており、嫡男が早世したり、資質に欠けるとして廃されたりすれば、嫡男の子や弟から新たな国王が選ばれていた。しかし、明宗の嫡男である順懐世子には子もなく、また弟もいない。そのため、王族のなかから選ばれた宣祖が、新たな国王として即位したのである。朝鮮王朝において、先王の子や弟ではない王族が国王として即位したのは、この宣祖が初めてであった。

　宣祖の実父徳興君李岹は、中宗の子ではあったが、当然のことながら国王にはなっていない。そのため、実子の宣祖が国王になったことにより、徳興大院君として追尊されることになる。大院君とは、王位が父から子へと継承されなかったとき、新しい国王の実父に贈られる称号のことである。ちなみに、王妃の実父に贈られる称号は、府院君という。

仁順王后の垂簾聴政

　即位したとき、宣祖はまだ16歳であった。しかも、先王の明宗の子や弟でなかったため、政務に携わったこともない。そのため、領議政の李浚慶は、明宗の王妃であった仁順王后に摂政を依頼する。

　「殿下は即位されたばかりのうえ、年齢も若いですから、ぜひとも殿下の摂政をしてくださいますようお願い申し上げます」

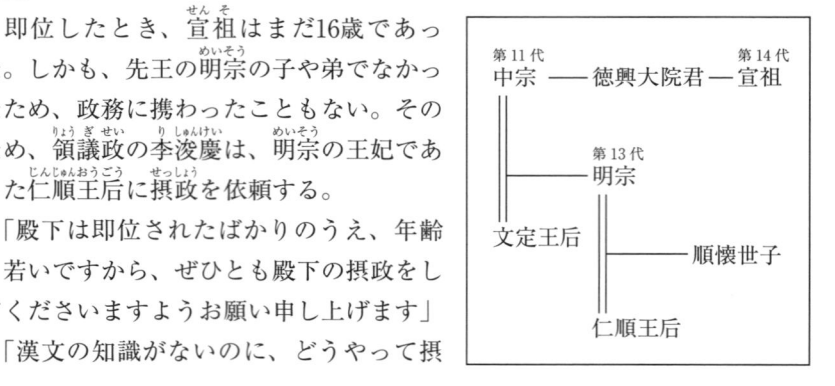

　「漢文の知識がないのに、どうやって摂

```
第11代                          第14代
中宗 ── 徳興大院君 ── 宣祖
 │
 │              第13代
 │              明宗
 │               │
文定王后          ├── 順懐世子
                 │
                仁順王后
```

政するというのか。殿下は若くてもしっかりとされているので、自ら政務を執られることもできよう」

「殿下は確かにしっかりとしておられます。しかし、王位を継ぐべき世子として育てられたわけではございません。これまで政治とは無縁の世界で生きてこられた殿下に、いきなりこの国の政治をお任せするのは難しいでしょう。慣例に従い、殿下に代わって政務を執ってください」

「そなたのいうことはよくわかった」

こうして仁順王后が宣祖の摂政をすることになった。先王の王妃が御簾の奥で政務を執ったことから「垂簾聴政」という。これまで朝鮮では、世祖の王妃貞熹王后と、中宗の王妃文定王后が幼くして即位した国王の垂簾聴政をしたことがあった。李浚慶は、そうした先例に従うことを求めたのである。

しかし、仁順王后は、文定王后の垂簾聴政により国が傾いた姿をみていたからであろう。垂簾聴政してから1年も経たない1568年2月24日、

「これまで垂簾聴政を務めてきたが、この国を変えることはできなかった。『顔氏家訓』には、女性が政治に関与するべきではないと書かれているし、かつて宋（960年〜1279年）の仁宗（在位1022年〜1063年）の皇后であった曹皇后も、期日前に垂簾聴政を終えたと聞く。そこで本日限りで、政権を殿下にお返ししたい」

といい、垂簾聴政をやめた。一般的に、王后による垂簾聴政は、国王が20歳になるまでとされていたが、仁順王后はそこまで権力を握るつもりはなかったのである。仁順王后が垂簾聴政をやめたことにより、17歳の宣祖が親政を始めることになった。

士林派を重用

このころ、朝廷では、尹氏の出身である文定王后が一族を重用したため、依然として外戚が政界に君臨していた。そうしたなかで、親政を始めた宣祖は、政界から追放されていた士林派を再び登用することで、外戚を牽制しようとする。

こうして、士林派が再び朝廷に進出するなか、趙光祖の名誉回復を求める声が高まっていったのは当然といえよう。趙光祖は、11代国王中宗に抜擢された士林派の領袖である。しかし、中宗の即位に功績のあった勲旧派の不正を追及したため、勲旧派の南袞らに讒訴されて死罪になっていた。このため、宣祖に登用された士林派は、趙光祖を追贈するとともに、南袞を追奪す

ることを求めていたのである。追贈とは、死後に官位・称号などを贈与することで、追奪とは、死後に官位・称号などを剥奪することをいう。趙光祖も南袞も、すでに亡くなってはいたが、その歴史的評価が問題とされたのであった。

そうしたなかで宣祖は、「乙巳士禍」で明宗の外戚尹元衡によって追放されていた李滉を呼び戻す。李滉は、趙光祖の弟子の1人であり、当代随一の儒学者としても知られていた。宣祖はその李滉に、1568年9月21日、講義をうける場でたずねた。

「朝廷では、趙光祖の追贈と南袞の追奪を求める声が大きい。趙光祖と南袞については、どのように評価すればよいのか」

李滉の答えは、こうだった。

「趙光祖は儒教に基づく正しい政治を志しており、政治の改革を行おうとしました。しかし、士林派はあまりにも改革を急ぎすぎてしまったのでしょう。さしたる功績もないのに功臣になっていた勲旧派を排斥しますが、逆に南袞らによって讒訴されてしまいました。こうして、士林派のほとんどが死刑か流刑にされてしまったのです。南袞の罪は重大ですから、是非を明らかにするのは、今からでも遅くはございません。趙光祖を追贈し、南袞を追奪すれば、士林派も納得するでしょう」

宣祖は李滉の見解に従い、趙光祖を追贈すると同時に、南袞を追奪したのである。こうして、士林派が朝廷の要職を占めて権力を握ることになったが、一大勢力になりえたわけではない。士林派は一枚岩ではなかったため、たちまち分裂してしまったからである。

東人と西人に分裂した士林派

士林派が分裂するきっかけは、1572年閏2月1日に吏曹正郎の呉健が辞職したあと、その後任に推挙された金孝元を沈義謙が批判し、その就任に反対したことによる。沈義謙は、士林派に属してはいたものの、第13代国王明宗の王妃である仁順王后の実弟であった。そのため、儒教に基づく清廉潔癖な政治を目指していた金孝元は、かねてより外戚の沈義謙に批判的だったらしい。

吏曹は、官僚の人事権を握る要職で、長官である判書の下に参判・参議・正郎・佐郎の職があった。吏曹正郎の地位は決して高いとはいえなかったが、沈義謙は金孝元が人事権をもつことを嫌ったのである。

しかし、金孝元に対する批判が中傷であったことが判明したため、1574年7月8日になって、ようやく金孝元は吏曹正郎に就任することができた。吏曹正郎となった金孝元は、公然と沈義謙を批判するようになり、それぞれ党派を結集して対立するようになっていく。

金孝元のもとには、外戚の排斥も辞さない急進的な士林派が集まり、沈義謙のもとには、外戚の参加も認める穏健的な士林派が集まった。そして、金孝元が漢城の東側に住んでいたため、その一派が東人とよばれ、沈義謙が漢城の西に住んでいたため、西人とよばれるようになる。こうして、一時は政権を独占した士林派は、東人と西人の2派に分裂し、互いに覇を競うようになっていった。

罷免された西人の沈義謙

東人と西人との対立が続くなか、1575年10月24日、西人の精神的支柱であった儒学者の李珥が宣祖に献言した。

「金孝元と沈義謙は、もともと同じ士林派だったものであり、根本的に考え方が異なるものではございません。ただ、周囲の者が伝え聞いただけの話を吹聴するため、互いに信頼を損ねてしまっているだけなのです。ですから、両名を地方のそれぞれ別な場所に異動させるのがよろしいでしょう」

金孝元は富寧府使、沈義謙は開城留守に任ぜられ、漢城を離れることになった。こうして、それぞれの領袖が都にいなくなったことと、引き続き李珥が東人と西人との融和に力を注いだため、両派の対立は収まっていったのである。

しかし、吏曹判書の要職についていた李珥が1584年1月16日に亡くなると、東人の反撃が始まる。李珥の死から半年が過ぎた8月18日、大司憲の李拭らが沈義謙を弾劾すると、8月25日には大司諫の李潑が沈義謙の罷免を宣祖に訴えた。大司憲は、官吏の監察を行う司憲府の長官、大司諫は王に諫言する司諫院の長官で、その意向を王も無視することはできない。

沈義謙は確かに外戚ではあったが、王室の権威を利用して権力を握るようなことはしなかったという。それでも、東人からの弾劾が続くなか、9月2日、宣祖は吏曹に対し、次のように命じた。

青陽君沈義謙は、かねてから偏向的な資質をもっており、西人という党派をつくると、自らの党派からしか官吏を推挙しないなど、国権を濫用した。このため、朝廷では西人と東人が10年もの間、不毛の争いを続け

なければならなかったのである。沈義謙(シンギケン)は、開城留守(ケソンるす)として都を離れたあとも、都に戻るたび西人(せいじん)と会い、謀略をめぐらしていたという。このまま要職につかせておくわけにもいかず、本日をもって罷免とせよ

党派をつくったのは東人(とうじん)も同じであったが、西人の領袖である沈義謙は、ついに罷免させられてしまったのである。このあと、朝廷ではおよそ5年間、東人が政権を握り、西人は要職から締め出された。

西人(せいじん)の反撃

東人(とうじん)が要職を占める朝廷に、1589年10月1日、激震が走った。黄海道観察使(ファンヘドかんさつし)の韓準(かんじゅん)から、東人(とうじん)の鄭汝立(ていじょりつ)が全羅道(チョルラド)の全州(チョンジュ)を拠点に反乱を計画していたことが伝えられたからである。

近年、我が国では飢饉が続き、臣民は疲弊しております。100年ほど前より、民間には「李氏の王朝が鄭氏の王朝に交替する」という不穏な予言が流布しておりますが、鄭汝立(ていじょりつ)は、自らをその鄭(てい)氏だと考えていたのでしょう。常日頃から「全州(チョンジュ)には王気がある」だの、「自分の息子の背中には王の紋があるから玉男(ぎょくなん)と名付けたのだ」といっていたようです。こうした話が広がりすぎたことを恐れた鄭汝立(ていじょりつ)が、ついに反乱を起こそうとしました。鄭汝立は、河川が凍結する今年の冬、漢城(ハンソン)に進軍して武臣の申砬(しんりゅう)らを殺害して都を制圧するつもりであったようですが、その計画が密告されてきたので報告いたします

鄭汝立(ていじょりつ)は、李珥(りじ)の弟子で当初は西人(せいじん)に属していたが、李珥(りじ)の死後、東人(とうじん)に転じたことで非難され、下野していたものである。驚いた宣祖(せんそ)は、ただちに追討を命じる。これにより10月17日、隠れていた鄭汝立(ていじょりつ)は自害し、捕らえられた鄭汝立(ていじょりつ)の子鄭玉男(ていぎょくなん)は、宣祖(せんそ)によって尋問をうけたあと、10月20日に処刑された。

実際に鄭汝立(ていじょりつ)がこうした反乱を企んでいたのかはわからない。それでも、西人(せいじん)は、これを機に反撃を開始した。このとき西人(せいじん)の領袖となっていた鄭澈(ていてつ)は、同じ西人(せいじん)に属する梁千会(りょうせんかい)に命じて、10月28日、次のような訴状(せんそ)を宣祖に上げさせた。

幸いにも鄭汝立(ていじょりつ)の反乱を未然に防ぐことができました。しかし、全国の飢饉は続いており、臣民の苦しみは変わっておりません。このような反乱が続く恐れが、このまま消えるということはないでしょう。そもそも、鄭汝立(ていじょりつ)がこのような反乱を計画することができたのも、朝廷内に同

調する輩がいたためです。大臣だからという理由で尋問をうけることがないなどという道理が許されてもよいのでしょうか。伏して願わくは、鄭汝立にかかわった者は誰であれ、たとえそれが重臣であっても処罰するようにしてください

　この上訴により、11月1日、鄭澈が右議政に抜擢されて、鄭汝立の関係者を摘発していく。その結果、東人は、李潑や白惟譲といった要人がことごとく死罪となった。こうして、朝廷では鄭澈を中心とする西人が実権を握ることになったのである。鄭澈の権力を恐れる東人は、鄭澈に反発することはできなかった。

日本への通信使派遣

　朝鮮において、東人と西人が政権をめぐって党争を繰り広げているころ、日本では豊臣秀吉による天下統一が進められていたところである。日本の統一を目前にした豊臣秀吉は、朝鮮だけでなく、琉球・イスパニア領フィリピン・ポルトガル領ゴアなどに服属と使節派遣を求めた。

　当初はその要請を黙殺していた宣祖も、朝鮮との外交を一任されていた対馬の宗義智から再三にわたって嘆願され、1589年11月18日ついに、「通信使」という名目で使節を派遣することを決めたのである。通信使とは、文字通り、信義を通わす使節であった。その正使には西人の黄允吉、副使には東人の金誠一が選ばれている。

　結局のところ、朝鮮では日本についての情報をほとんど把握していなかったといってよい。翌1590年3月1日に漢城を出発した通信使は、7月21日に京都へと到着するが、豊臣秀吉はそのころ関東と奥羽の平定に向かっており、謁見できなかったのである。京都の大徳寺で待たされていた通信使が、聚楽第において豊臣秀吉に謁見したのは、11月7日のことだった。

　通信使は豊臣秀吉に対し、次のような国書を奉呈した。

　　朝鮮国王李昖が日本国王殿下に書を送ります。殿下が日本の60余州を統一されたと聞き、速やかに信義を結び、隣好を結ぼうとしましたが、簡単に行き来できるものではなく思いとどまっておりました。今、ここに、黄允吉・金誠一らを遣わし、祝賀の意を伝えたいと思います。以後、さらなる隣好を賜れば幸甚です

　李昖すなわち宣祖は、豊臣秀吉の求める「服属」については一切触れず、両国の「隣好」を求めていた。しかし豊臣秀吉は、朝鮮からの使節派遣をう

第三章　内憂外患

け、宣祖が服属の意思を示したものと判断したらしい。宣祖に対して、次のように返書したのである。

　　日本国関白秀吉が朝鮮国王閣下に返書する。本朝は60余州とはいえ、近年は諸国が争い、朝廷のいうことも聞かない状態であった。このため予は、堪えることができず、逆臣を討ち、異域・遠島に及ぶまでことごとく掌握した次第である。予はつまらない人間ではあるが、生まれる前、母は日輪が懐に入る夢を見たという。人相をみる相士がいうには、太陽が照らすところ光が及ばないところはないのだから、いずれ、大人になれば威名をとどろかせるのは疑いないということであった。こうしたことがあって、予に敵愾心をもつ者は自然に滅び、戦って勝たないということもなく、城を攻めれば落とせないということもなかった。本朝開闢以来、朝廷は盛んで、落日のようなことにはなっていない。予は距離の遠近をものともせず、明（1368年〜1644年）に攻め入って本朝の風俗を世界中に伝えるつもりである。貴国が、その先駆けとして入朝してきたのは、よくよく考えてのことであろう。遠き慮りがあれば、近き憂いはない。予が明に攻め入った日には、兵を率いて軍営に来てほしい。そうすれば、両国の盟約はさらに深まるであろう。予の願いはほかにない

　豊臣秀吉は宣祖に対する尊称を、本来ならば国王の尊称にあたる「殿下」としなければならないところ、格下の「閣下」としている。また、使節の来日を「入朝」とするなど、完全に服属したものとみなしていたらしい。そして、明に侵攻する計画を朝鮮に伝えるとともに、日本への協力を求めたのだった。

左遷させられた西人の鄭澈

　通信使が日本に向かっていたころ、朝鮮の朝廷内では、相変わらず西人と東人との抗争が続いていた。とくに、西人の領袖である左議政の鄭澈によって打撃をうけていた東人では、領議政の李山海と右議政の柳成龍が、鄭澈の追い落としにかかる。

　たまたま、柳成龍と鄭澈が会ったとき、鄭澈から
「鄭汝立の事件もようやく決着がつきました。今後、議論していかなければならない重大な案件はなんだと思いますか」
　と聞かれた柳成龍は、
「世子の冊封が最も重大な案件ではないでしょうか」

と答える。すると鄭澈が、
「仰る通りです。領議政の李山海にもお知らせしたうえ、殿下の御前で一緒に奏請した方が良いでしょう」
と提案する。この話を柳成龍から聞かされた李山海は、鄭澈らとともに世子を決めるよう宣祖に嘆願することを了承した。

宣祖はすでに在位24年を越えていたが、王妃である懿仁王后との間に、嫡子が誕生していなかった。側室である後宮との間には、恭嬪金氏が産んだ臨海君李珒と光海君李琿の兄弟などがいたが、嫡子が誕生する可能性がなかったわけではない。しかも、臨海君は性質が穏やかではなかったらしく、庶子から選ぶなら品行方正な光海君となる。だが、嫡子でもなければ長子でもない光海君の冊封を明から承認されない恐れがあった。そのため、宣祖は嫡子の誕生を待って、世子の冊封を先延ばしにしていたのである。

そうしたなかで、鄭澈の提案をうけた李山海は、光海君を世子に冊封するよう嘆願すると約束したのだが、これは、鄭澈を陥れる謀略であったらしい。約束した日、李山海は病気と偽って参内せず、鄭澈ら西人だけが宣祖に世子冊封を嘆願した。その直後の1591年2月1日、李山海は東人に属す安徳仁らと謀り、
「鄭澈は、世子冊封など国の重大な案件を専断しております。このようなことは到底認められませんので、処罰するようにしてください」
と宣祖に直訴したのである。

これにより、左議政の鄭澈は領敦寧府事に左遷され、代わりに右議政の柳成龍が左議政に昇進したのである。こうして、政治の実権は、東人で占められることになった。

通信使の報告

日本に派遣されていた通信使が帰国して宣祖に結果を報告したのは、西人の鄭澈が左遷させられた直後、1591年3月1日のことだった。それは、通信使が出立してから、ちょうど1年後のことである。

豊臣秀吉の国書には、明に侵攻する計画が述べられていたため、朝廷内では、その内容の真偽をめぐって議論がされることになった。宣祖からの意見を求められた正使の黄允吉は、
「実際に日本で見聞きしてきたことと考え合わせると、日本が明に侵攻するのは間違いないものと存じます」

第三章　内憂外患

と伝えるが、副使の金誠一が、
「おそらく、豊臣秀吉は、我が国を威嚇するためにそのようにいっているのでしょう。いたずらに人心が動揺するだけなので、無視するのがよいかと存じます」
と反論し、同じ通信使として日本に渡海していながら、見解がわかれてしまう。黄允吉は豊臣秀吉の不遜な態度から、虚言ではないと判断したのかもしれない。結果からすると、黄允吉に先見の明があったということになる。ただ、日本が明に侵攻するというのはあまりにも無謀な計画であり、金誠一が単なる威嚇だと受け取ったとしても不思議なことではない。

さらに宣祖は、
「豊臣秀吉というのは、いったいどのような人物なのか」
と聞く。この問いに対しても、通信使の間で意見がわかれた。黄允吉は、
「目が輝いており、智略に長けているように見えました」
というが、金誠一は、
「鼠のような目をしており、恐るるに足りません」
という。

そこで、左議政の柳成龍が、金誠一に聞いた。
「そなたは、黄允吉のいっていることをことごとく否定しているが、万が一、日本が攻めてきたらどうするおつもりか」
「それがしとて、日本が攻めてくる可能性がまったくないとはいっておりません。ただ、不安を煽るべきではないと申し上げているのです」
金誠一がことごとく黄允吉に反発したのは、金誠一が東人に属し、黄允吉が西人に属していたことが大きい。西人がいたずらに対外的な不安を煽って、政権を握ろうとしているように疑ったということもあろう。

このとき、政策を主導していたのは、李山海・柳成龍らの東人であった。そのため、朝廷では金誠一の報告を採択し、戦争に備えることをやめたのだった。

南人と北人にわかれた東人

このあと、朝廷は李山海・柳成龍ら東人によって主導されていく。しかし、同じ東人とはいえ、李山海と柳成龍では、西人に対する態度が違っていた。その違いは、失脚した鄭澈に与える刑罰の差として顕著になったのである。

鄭澈は、1591年閏3月14日、辞職することで幕引きを図ろうとするが、もちろん、東人がそれで終わらせるわけもない。このとき、領議政の李山海らは鄭澈を死罪にすることを求めたが、左議政の柳成龍は鄭澈を流罪にとどめることを求めたという。李山海ら強硬派は、これを機に西人を弾圧しようとしたのだが、柳成龍ら穏健派は、処罰を最小限にとどめることで西人との対立を緩和させようとしたのである。

　結局、宣祖が柳成龍らの意見を採用したことで、鄭澈は流罪に処せられることになった。だが、鄭澈の処分をめぐる東人内部の溝は埋まらず、結局、李山海ら強硬派と柳成龍ら穏健派に分裂する。やがて、李山海ら強硬派は拠点が漢城の北にあったことから北人とよばれ、柳成龍ら穏健派は拠点が漢城の南にあったことから南人とよばれるようになる。

　鄭澈の処分について、南人が主張する流罪が採用されたことで、このあと、朝廷は柳成龍らの南人によって主導されていく。しかし南人が安定した政権をつくろうとした矢先、日本に攻められることになってしまうのである。

日本軍への対応を協議

　肥前名護屋城に大軍を集結させていた豊臣秀吉は、1592年4月14日、ついに明への出兵を命じた。「文禄の役」の始まりである。朝鮮では、この年の干支にちなんで「壬辰倭乱」という。明に向かう日本軍は翌4月15日、朝鮮半島の南端に位置する釜山に上陸した。

　朝鮮では、日本による明への侵攻計画を威嚇であると無視していたから、当然、防備も手薄なままだった。そのため、日本軍に朝鮮への上陸を許したばかりか、抵抗することさえできなかったのである。

　報告をうけた宣祖は、ただちに李鎰を慶尚道巡辺使に任じて慶尚道に向かわせる。それとともに、左議政の柳成龍を都体察使に任命して、総司令官として指揮を執らせるこ

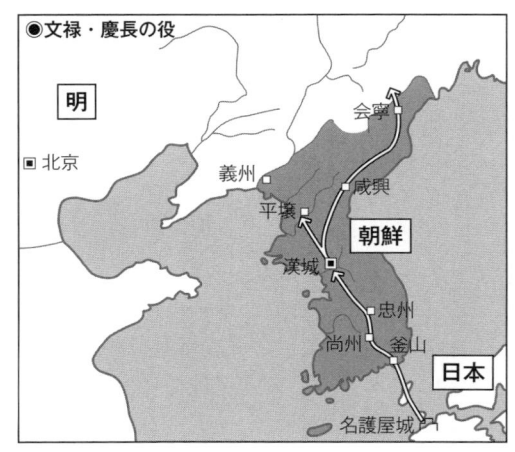

●文禄・慶長の役

第三章　内憂外患

とにする。こうして都体察使となった柳成龍は、武臣の申砬を軍議により、献策を求めた。申砬は名将として朝野にその名が知られており、鄭汝立が反乱を計画したときにも、何よりも先に申砬を殺害するつもりであったという。それとともに、朝廷の実権を握っていた柳成龍らはみな文臣であったから、戦時に頼れるのは武臣しかいなかったのである。柳成龍の諮問に対し、申砬は自らの考える戦略を述べた。

「李鎰は単独で慶尚道に向かったということですが、それでは李鎰が撃破された時点で終わってしまいます。とはいえ、総司令官の都体察使が自ら支援に赴くわけにもいきません。ですから急ぎ、援軍を送って李鎰を支援するべきでしょう」

このため、柳成龍は申砬を将軍にして援軍を送ろうとする。こうして、慶尚・忠清・全羅道の三道巡辺使に任じられた申砬が、金汝岉をはじめとする8000余の兵を率いて李鎰の支援に向かうことになったのである。

4月17日に出陣する際、申砬を引見した宣祖は、宝剣を下賜しながら、

「李鎰以下、命令に従わない者はすべて斬るがよい」

と申砬に命じた。つまり、このときから、申砬には兵士の生殺与奪を含むすべての軍権が与えられたのである。

壊滅する朝鮮軍

そのころ、先発していた李鎰は、釜山・東莱・金海を落として北上する日本軍を、尚州で迎え撃とうとしていた。しかし、すでに多くの兵が逃亡しており、李鎰の軍勢は1000人にも満たなかったという。1592年4月24日、日本軍の攻撃をうけた李鎰は結局、尚州を支えることができず、申砬が駐屯していた忠州に敗走する。

申砬のもとに参上した李鎰は、

「尚州を守ることができなかったのは、それがしの責任であります。死を命じてください」

と泣きながら訴えたが、申砬は、

「ここで死んでも何もならない。次に功を立てよ」

と、自害を認めない。その代わりに李鎰の手をとると、

「日本軍の様子はどのようなものであったか」

と聞いたのだった。これ対し、李鎰が、

「日本軍は精兵でした。ろくに訓練をうけていない我が国の兵では、まと

もに戦って勝つことはできません」

と答えると、申砬は悲壮な表情を浮かべたという。このとき金汝岉が、

「日本軍は多勢で、朝鮮軍は無勢です。日本軍の精鋭とまともに戦うことは避けなければなりません。忠州城に籠城して、日本軍を防ぐのがよいと存じます」

と献策したものの、申砬は聞き入れない。忠州城に籠城しても、日本軍の大軍を防ぐことは不可能だと判断したのである。申砬は、

「忠州郊外の弾琴台には湿地帯が広がっている。そこなら日本軍も騎馬を活用できない。ここで日本軍を迎え撃つべきである」

といい、籠城戦ではなく、野戦を選択した。

4月27日、日本軍の接近を知らされた申砬は8000余の軍勢を率いて、弾琴台に布陣する。そして、1万8000余の日本軍と戦うものの、兵力の差は如何ともしがたい。結局、将軍の申砬が戦死し、朝鮮軍は壊滅してしまったのである。

漢城から避難する宣祖

忠州での敗報と申砬の戦死が宣祖のもとに届けられたのは、翌日1592年4月28日のことである。宣祖は申砬に全幅の信頼をおいていたから、その戦死に驚愕したことはいうまでもない。ただちに大臣らを招集して対応を協議した。

「かくなるうえは、漢城から避難せねばならないと思うがどうであろう」

と宣祖が口を開くと、大臣らは涙を流して反対する。

「歴代国王の御廟がすべてここにありますのに、いったいどこに行かれるというのでしょうか。漢城を守備して、明からの援軍を待つべきです」

「殿下がどうしても漢城を離れると仰るなら、それがしは、歴代国王の御廟の前で自らの首を刎ねるつもりです」

「殿下が漢城を離れられたら、臣民は不安に陥り、どうしたらいいのかわからなくなってしまうのではないでしょうか」

などと口々に諫めるため、宣祖も窮してしまった。

しかし、領議政の李山海が宣祖に助け船を出す。李山海は、

「歴史的にも国王が王都を一時的に離れるということはございました」

と述べて、宣祖の避難に反対する大臣らを説得したのである。実際問題として、このとき漢城からはすでに兵士も脱走しており、守ることは不可能であったといっても過言ではない。結局、宣祖が一時的に漢城を離れることに

決まった。

翌4月29日、宣祖は漢城を離れるにあたり、人心を安定させるため、世子を冊封することにした。世子を冊封しておけば、宣祖に万が一のことが起きた場合には、世子が即位して跡を継ぐことができるからである。宣祖が、

「光海君は聡明であるうえ、学問を好んでいる。予はこの光海君を世子に冊封したいと思うが、そなたらはどう思うか」

と聞くと、領議政の李山海や左議政の柳成龍といった大臣は、

「王室と国家、それに臣民の幸福でございます」

と賛意を示し、ひれ伏した。こうして、長きにわたって決まらずにいた世子の座は、宣祖の庶子である光海君に渡されることになったのである。世子を冊封した宣祖はその日のうちに、世子や朝臣を率いて北方の義州へと避難していった。

③日本と明との講和交渉

宣祖が漢城を離れたあと、漢城を守っていたのは、都検察使に任ぜられた李陽元と、都元帥に任ぜられた金命元である。李陽元が王都を守り、金命元が漢江を守っていたが、1592年5月2日には、日本軍に漢江を越えられてしまう。このため、李陽元も金命元も、漢城から敗走した。

5月2日に漢城を陥落させた日本軍はさらに北上し、6月15日には平壌をも陥落させてしまう。こうして、6月から7月にかけての間に、朝鮮では平壌から会寧までの南が、日本軍の支配下におかれてしまったのである。

しかしこのころ、朝鮮の宗主国にあたる明からも、朝鮮に援軍が派遣されてきた。そうしたなかで、翌1593年1月5日、李如松率いる4万余の明軍と、金命元率いる1万余の朝鮮軍が、日本軍が占拠している平壌を攻撃し、1月8日、ついに奪還に成功したのである。

勢いにのった明・朝鮮軍は、さらに南下して漢城の奪還を図ろうとしたが、1月26日、漢城の北方約16kmに位置する碧蹄館で奇襲をうけ、敗北してしまう。こうして、平壌を拠点とする明・朝鮮軍と漢城を拠点とする日本軍が対峙するなか、明の沈惟敬と日本の小西行長との間で講和に向けた交渉が進められる。

当初、豊臣秀吉は、明の神宗万暦帝（在位1572年～1620年）に対し、主として次のような条件を求めていた。

・万暦帝の皇女を、日本の天皇の妃とすること

・勘合貿易を復活し、公私の船舶が往来できるようにすること
・明との和平が整えば、日本は朝鮮の北4道と漢城を朝鮮に返還すること
・北4道を返還した場合、朝鮮は王子と大臣を人質として日本に送ること

いうなれば、日本が朝鮮南部の慶尚・全羅・忠清・京畿の4道を領有することになるわけで、朝鮮の宗主国である明に受け入れられるはずもない。

明の朝廷は、豊臣秀吉が降伏を求めない限り、講和には応じられないとつっぱねた。そのため、小西行長は沈惟敬と協議のうえ、豊臣秀吉が降伏を求める形の国書を偽造し、家臣の内藤如安を使者として明に送ったのである。1594年12月初旬、万暦帝に謁見した内藤如安は、次のような偽書を奉呈したという。

　日本国関白臣平秀吉が、恐れながら申し上げます。それがしは、明帝国を慕う心を朝鮮に託して伝えようとしましたが、朝鮮がこれを隠し、皇帝陛下に伝えませんでした。兵を用いたのはそのためであり、他意はございません。だいたい、皇帝陛下の軍に刃を向けるなどということが、それがしにできましょうか。そのようなわけですので、ぜひ、それがしを日本国王に冊封してください。そうすれば、子々孫々、皇帝陛下の臣として朝貢するとともに、皇帝陛下が長生きし、帝国が永遠に続くよう祈りましょう

明の朝廷では、内藤如安が報告した偽りの日本事情をもとに、翌1595年になって、日本に冊封使を送ることを決定した。

日本に派遣された冊封使

冊封使に任ぜられたのは、正使李宗城と副使楊方亨である。冊封使は、日本に渡航するため釜山に着いたとき、初めて豊臣秀吉が要求していた講和条件を聞かされたらしい。そこで、日本に渡航したら命の保証がないと考えた正使の李宗城は、突然、姿をくらましてしまう。このため、副使の楊方亨が正使となり、講和の交渉にあたっていた沈惟敬が自ら副使となった。

明の冊封使には朝鮮からの使節として、正使黄慎、副使朴弘長も加わった。朝鮮は、和平に反対の立場をとっていたが、宗主国である明が日本との講和交渉を開始したため、やむなく冊封使に従い、通信使を派遣したのである。

冊封使らは、釜山を1596年8月8日に出発し、8月18日、堺に到着した。豊臣秀吉は、伏見城で冊封使を引見するつもりであったが、伏見城は、閏7

第三章　内憂外患

月12日の地震で損壊していた。そのため9月1日、大坂城で引見することにしたのである。

冊封使は豊臣秀吉に対し、日本国王に任ずる国書と金印などを秀吉に下賜した。万暦帝からの国書は次のようなものである。

奉天承運の皇帝は次のように話す。およそ天地において、皇帝の命令に従わない者はいない。昔、朕の先祖である成祖永楽帝（在位1402年〜1424年）は、遠く日本にまで教化を及ぼしたと聞く。今、豊臣秀吉は海で隔てられていることをものともせず、中華を尊ぶことを知り、服従を求めてきた。その恭順の意は固く、あえて拒絶する必要はあるまい。そこでそなたを日本国王に冊封し、誥命を与えることにした。以後は、帝国の藩属として従い、皇帝の命令に背くことがないようにせよ

このとき豊臣秀吉が、怒って国書を破り捨てたともいわれるが、史実ではない。ちなみに、中国の皇帝が冊封をするときには、国王に封ずる旨を記した「誥命」と、新たな国王への命令を記した「勅諭」の2通が渡されることになっていた。少なくとも、「誥命」の内容は、秀吉の逆鱗に触れるものではない。しかし「勅諭」では、日本軍の完全撤退が命じられ、貿易にも応じない旨が伝えられていた。そのうえ、秀吉が求めていた講和条件には、一切触れられていなかった。つまり、秀吉はこの「勅諭」の内容に激怒したのである。

こうして、日本と明との講和交渉は決裂し、豊臣秀吉は再び、明への侵攻を考えるようになった。

再び侵入する日本軍

1597年2月20日、豊臣秀吉は14万余の大軍に出陣を命じた。「慶長の役」の始まりである。朝鮮では、この年の干支にちなんで「丁酉倭乱」という。宣祖は、権慄を都元帥に任じて防御にあたらせるとともに、明からも楊鎬・麻貴らを将軍とする援軍が送られて、日本軍と戦うことになる。

一時は再び、王都を逃れようとした宣祖であったが、9月16日、統制使の李舜臣が水軍を率いて鳴梁海戦に勝利すると、このころから明・朝鮮軍の反撃が本格的に行われた。このため北上を阻まれた日本軍は、来るべき冬に備えて蔚山から順天に至る南海岸240kmに「倭城」を築く。こうして、戦線は膠着する。

しかし1598年8月18日、豊臣秀吉が伏見城で薨去した。これにより、日本

軍は豊臣秀吉の死を秘して撤退を開始する。これにより、慶長の役は終わったのである。

③ 政権を取り戻す北人

文禄・慶長の役の間、領議政となっていた南人の柳成龍は、北人とも協調することで戦時体制を乗り越えようとしていた。しかし、文禄・慶長の役が終わるやいなや、北人は南人への攻撃を開始した。

特に、北人は、文禄・慶長の役において義兵を率いて戦っていたということもあり、そうした実績を踏まえて、南人を排撃しようとしたのである。1598年9月1日、朝鮮における最高の教育機関であった成均館の学生李好信は、次のように訴えた。

> 我が国と日本とは、同じ天の下では存在し得ないほどの仇敵となりました。にもかかわらず、領議政の柳成龍は、その日本と講和を結ぼうとするなど、我が国の政策を誤らせたのです。柳成龍が臣民を収奪したため、臣民が疲弊し、むやみに土木工事を進めたため、国家の財政は不足するようになりました。伏して願わくは、柳成龍を罷免してください

臣民を戦争に動員したのは、必ずしも柳成龍に責任があったわけではない。しかし、こうした弾劾が続いたため、ついに柳成龍は失脚してしまう。このあと、朝廷では、北人が政権を握るようになる。

④ 日朝講和交渉の開始

豊臣秀吉の後継者となった徳川家康は、1600年の関ヶ原の戦いに勝利した直後から、対馬の宗義智を介して、朝鮮との国交回復に乗り出した。しかし、そのころ朝鮮で実権を握っていたのは、対日強硬派の北人である。そのため、講和の交渉を受けつけることはなかった。

そうしたなかで1600年2月、徳川家康が宗義智を通じて、講和要請に応じなければ、豊臣秀吉の遺命を奉じて再び出兵すると伝えてきたため、朝廷内は騒然とした。このとき、日本軍の捕虜となっていた金光が帰国し、1604年2月27日、宣祖にこう訴えた。

> 朝廷には、焼土と化した我が国に侵攻しても何も得るものがないのだから、日本の出兵はないと考えている臣下もおられるようですが、その見解は的を射ておりません。というのも、徳川家康は、我が国から何かを奪おうとして再び侵攻するといっているのではないからです。徳川家康

は、豊臣秀吉の遺命に従い、秀吉の遺児秀頼を補佐しているにすぎません。もし遺命を実行しなければ、ほかの大名に糾弾されてしまうのです。そうすれば、本意でなくても出兵をしなければなりません。ですから、徳川家康からの講和要請を、断り続けるべきではないと思います」

金光の指摘は、驚くほど的確であった。この献言をうけた宣祖は、まずは徳川家康の真意を知る必要があると考え、1604年8月、僧侶の松雲大師惟政らを派遣することにした。

ちなみに、惟政は、ただの僧ではない。文禄・慶長の役においては、義僧兵を率いて参加していたという過去があった。朝鮮の仏教においては、護国と信仰が一致すると考えられていたからである。

惟政らは、1604年末に京都へ入り、翌1605年3月4日に伏見城で徳川家康に謁見した。このとき徳川家康は、文禄・慶長の役においては肥前名護屋にとどまっていたことを協調し、朝鮮との修好を求めている。

徳川家康が渡海していないから文禄・慶長の役に加担していないというのは詭弁にすぎない。それでも、徳川家康は諸大名に命じて俘虜を送還することを命じるなど誠意をみせた。これにより、宣祖は徳川家康自身に出兵の意思がないことを確認することができたのである。

日本に通信使を派遣するか否か

惟政らの帰国をうけた宣祖は、1605年5月15日、療養中であったが、病をおして大臣らを別殿に招集する。そこで、対日講和交渉を議論させた。この場で、領議政の柳永慶が、

「壬辰倭乱後には、豊臣秀吉が講和を求めているということで講和交渉が開始されましたが、小西行長の陰謀であったことが明らかになったではありませんか。今、徳川家康が講和を求めているといってきてはおりますが、宗義智の謀略かもしれません。日本からの講和要請をたやすく信じるのは危険かと存じます」

と訴えると、宣祖も、

「そなたの見解は、予と同じである。今通信使を派遣するのは避けたほうがよいだろう。とはいえ、いつまでも断り続けるわけにもいくまい」

と述べ、しばらく様子をみることにした。

1606年に入ると、1月と3月、宗義智から通信使の派遣が要請されるようになった。4月5日、宣祖は大臣らを集めて対応を協議させる。このときも、領

議政の柳永慶は、

「対馬の宗義智は、徳川家康から認められたいがために、我が国を威嚇しているのです。今の日本では、豊臣秀頼と徳川家康のどちらが政権をとるかわかりません。日本を探索するつもりで使節を派遣するだけならよいのですが、国書を送らなければ応じてはもらえないでしょうし、国書を送るとなると、誰に宛てたらよいのか難しい問題が生じます。交渉を続けることが肝要で、通信使の派遣を焦ってはなりません」

と自制を促すなど、あくまでも慎重だった。ほかの大臣らも、柳永慶の見解に同意した。

ただ、宣祖のいうように、国交を回復するためには、いずれ通信使の派遣をしなければならないのは明らかだった。そのため、1606年7月、ついに宣祖は、対馬の宗義智に対し、2つの条件が満たされれば、通信使の派遣に応じると回答した。その条件というのが、

・文禄・慶長の役の際に王陵を荒らした「犯陵」の犯人を捕らえて送ること
・徳川家康が「日本国王」として先に朝鮮に対して国書を送ること

というものであった。

「犯陵」とは第9代国王成宗の王妃である貞顕王后の宣陵、第11代国王中宗の靖陵を破壊したことをいう。もっとも、これは明軍によるものであった可能性が高く、宣祖も日本軍に犯人がいると確証をもっていたわけではない。また、講和が成立していない段階において徳川家康から先に国書を送るということは、当時の外交上の慣行からすればそれは日本が降伏を自認することを意味していたから、宣祖としても容易に受け入れられるとは考えていなかったはずである。

ところが、宣祖にとっては予想外の展開となった。なんと、すぐさま日本から「犯陵」の犯人2人が送られてきただけではなく、徳川家康からの国書も届けられたのである。宣祖は、犯人が身代わりであると知りつつ処刑し、徳川家康からの国書も偽書ではないかと疑いながらも、日本の姿勢を高く評価した。

こうしたなかで10月28日、国防を任務とする備辺司は宣祖に対し、

通信使を派遣するのは、時勢においてやむを得ません。いつまでも日本を怨んで徳川家康からの要請を拒絶していれば、いつか後悔することになるでしょう

第二章　内憂外患

と訴えると、さらに、12月24日にはこう献策した。

　通信使は、信を通じる使節ですから、日本に派遣するというのは望ましいことではありません。ですが、通信使を派遣すれば日本に対する防備を緩めることもできるだけでなく、何より、日本の政情を探ることができます

　悩んだ末に宣祖は、翌1607年1月、ついに日本に使節を送ることにした。ただし、使節の称号は「通信使」とはせず、日本からの国書に答え、俘虜の帰還を目的とするという意味で「回答兼刷還使」としている。

　こうして、朝鮮は日本と国交を回復することになった。2年後の1609年には、対馬藩との間に協定が結ばれて、貿易も再開される。協定の条件は、
　・宗氏が朝鮮に派遣する船は、年に20隻とすること
　・朝鮮に渡航する日本の船は、宗氏の許可証を携行すること
　・貿易は釜山に設置した倭館で行うこと

といったもので、この協定を締結された年の干支にちなんで「己酉約条」とよぶ。

大北と小北に分裂した北人

　文禄・慶長の役に際して光海君李琿を世子に冊封していた宣祖は、その後、再三にわたって正式な世子冊封を明に求めていたが、結局、許可を得ることができなかった。光海君が王妃ではなく、側室である後宮との間に生まれた庶子であるうえ、その庶子のなかでも次男だったためである。

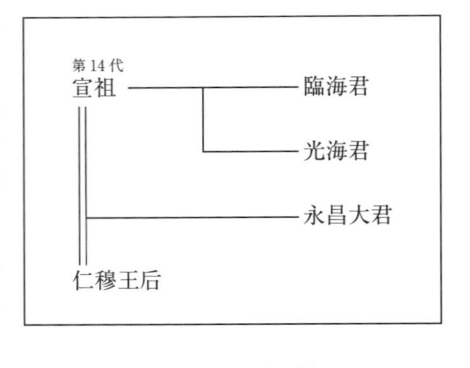

```
第14代
宣祖 ─┬─ 臨海君
      ├─ 光海君
      ├─ 永昌大君
仁穆王后 ┘
```

　正式に冊封されていないとはいえ、光海君は、文禄・慶長の役では、王都を離れて避難している宣祖に代わって、実質的な国王としての役割を果たすなど、活躍をしていた。

　それまで嫡子のいなかった宣祖であるが、文禄・慶長の役後の1600年6月に王妃の懿仁王后が薨じ、1602年に金悌男の娘を仁穆王后として迎えると、この仁穆王后が、1606年、嫡子の永昌大君李㼁を産んだのである。このとき55歳の宣祖は、34歳になった庶子の光海君を世子に冊封したままにするか、

あるいは生まれたばかりの永昌大君を改めて世子に冊封するかで悩むことになる。

その悩みは宣祖だけでなく、朝臣にとっても共通の悩みであった。そうしたなか、朝廷内では光海君と永昌大君のどちらを世子として奉じるべきか、見解が2分されてしまう。

実績だけをみるならば、宣祖に代わって実際に政治・軍事を主導していた光海君が世子にふさわしい。ただし、庶子であるうえ次男ということから、嫡子と庶子を区別し、かつ、長幼の順を重視する儒教の立場からは認められなかった。これが、明から正式な冊封をうけられなかった根本的な要因でもある。

血統からすれば、宣祖の嫡子にあたる永昌大君しかいない。王子につけられる君号も、光海君は庶子を示す「君」であるが、永昌大君は嫡子を示す「大君」である。ただ、生まれたばかりということもあり、王としての資質が備わっているかどうか、未知数だった。

こうして、朝廷内の北人は光海君を支持する大北と、永昌大君を支持する小北に分裂してしまう。当の宣祖は、決定を先送りしていたところ、病床に臥してしまうようになった。

③光海君の代理聴政を阻止する小北

世子への冊封をめぐって大北と小北が抗争を繰り広げるなか、1607年10月13日、病状の悪化した宣祖は、大臣らを招集し、世子の光海君に王の裁可をうけて政務を執らせる代理聴政を命じた。ところが、小北として永昌大君を支持する領議政の柳永慶は、現職の大臣しかいない場で、

「殿下が政務を執れなくなられたのは、せいぜいここ1日2日のことです。あと1日2日もすれば殿下のご容態も良くなられるでしょう。焦って、世子に代理聴政を命じられる必要はございません」

と訴える。この献言を受け入れた宣祖は、すぐさま光海君に代理聴政を委ねる命令を撤回したのだった。

やがてこうした経緯を知ることになった大北は、柳永慶のやり方に不満を募らせる。そして、翌1608年1月18日、工曹参判だった大北の鄭仁弘は、宣祖に訴えた。

聞くところによると、昨年10月13日、殿下が世子邸下に代理聴政を命ぜられたとき、すぐさま仁穆王后がハングルによる書面で命令を布告した

第三章 内憂外患

にもかかわらず、領議政の柳永慶は「この命令は、殿下の真意によるものではないから拝命できません」といったそうではありませんか。仁穆王后の命令は、殿下の意をうけたものであり、無視してよいわけがございません。しかも、このとき、柳永慶は現職の大臣しか立ち会わせなかったというではありませんか。世子に代理聴政を命じるような重要な場から、前職の大臣を排除する理由はないはずです。柳永慶は世子を排除しようとしているのですから、世子の地位を危険にさせた罪は重いといわねばなりません。国家のことを考え、柳永慶を処罰してくださるようお願い申し上げます

大北の李爾瞻・李慶全らも鄭仁弘を擁護した。しかし、柳永慶にも言い分があり、次のように反駁した。

昨年10月13日、殿下のご容態が急に悪くなられたときには、臣下はうろたえてしまい、どうすればよいかわかりませんでした。ただ、現職の大臣には、殿下が服用される薬を用意するという役目もございますから、それがしは、左議政の許頊・右議政の韓応寅とともにやや遅れて殿下のもとにおうかがいしたのです。そのとき、すでに前職の大臣らはおりませんでした。そこで、殿下から世子に代理聴政するようご命令をお聞きしました。それがしとて、殿下が王室と国家のことをお考えになってのことだと理解していなかったわけではございません。ただ、殿下が政務を執れなくなったのは1日2日程度のことでしたし、あと1日2日もすれば殿下のご容態も良くなると考え、それがしはあえて反対の意見を述べたのです

宣祖自身も、柳永慶の見解に従っていた。そこで次のように布告し、この件に決着をつけたのである。

鄭仁弘は、光海君に代理聴政をさせることが忠節を尽くすことだと考えているようであるが、むしろ逆で、これは非常に不忠なことといわねばならない。なぜなら、国王の世子は、必ず明の皇帝陛下の冊封をうけなければ正式に世子と認められたことにならないからである。光海君は、いまだ皇帝陛下の冊封をうけていないので、正式な世子とはいえない。この事実を、朝廷の臣下たちは知らないのではあるまいか。ある日突然、光海君が王位を継ぐことになれば、必ずや皇帝陛下から「世子として正式な冊封もうけていないのに国王になるとはどういうことか」と詰問されるであろう。このとき困るのは、光海君自身である。予の体調は

思わしくないから、光海君に政務を委ねたいのはやまやまだが、将来における不測の事態を避けるため、やむを得ず命令を撤回したのだ。そうした事情も知らずに、いたずらに騒ぎ立てるのは不遜である

文禄・慶長の役において、明からの援軍をうけていた宣祖としては、明の意向に逆らうつもりはさらさらなかったのであろう。このとき、嫡子の永昌大君は、まだ2歳の乳児にすぎない。現実的な選択としては、光海君を世子のままにしておくしかなかった。しかし、57歳の宣祖がもう少し長生きすれば、永昌大君が王位を継ぐ可能性もある。だから、小北の柳永慶は、できる限り長く宣祖が親政すべきと考えていたのであり、それは宣祖の意にもかなっていたのだった。

結局、小北に弾劾された鄭仁弘は1月26日、李爾瞻・李慶全らとともに流罪に処せられてしまう。こうして、朝廷内では小北が権力を握り、永昌大君が成長した暁には、世子の座が光海君から永昌大君に譲られるものと思われ始めた。

宣祖の薨去

しかし、小北の天下はあっという間に終わってしまう。1608年2月1日、ついに宣祖が危篤になってしまったからである。そのため、世子の光海君のほか大臣らもみな、宣祖が療養している貞陵洞行宮の正殿に集まった。しかし、宣祖が快復することはなく、そのまま薨去してしまった。享年は57歳だった。

生前、宣祖は世子の光海君に次のような遺書を残していた。そこには、
予は不徳にもかかわらず、王位を引き継いだあと、多大な困難に遭遇してきた。そのため、非常に用心深くなってしまったらしい。だが、天性の資質を備えたそなたは、今や臣民の期待を一身に集めており、この期に及んで、予がそなたに心配することはない。あとは、そなたが王室と国家を守っていくのだ。そのときには、ぜひ、予が生きているときと同じように兄弟を愛し、また、国土の防備を厳重にしたうえで明の迷惑にならないようにしてほしい。予がそなたに伝えたいのは、ただそれだけである

と書かれていた。宣祖は、兄弟が王位をめぐって争うことをなんとしても避けなければならないと考えたのだろう。光海君には何よりも、兄である臨海君と弟である永昌大君を大切にするように伝えたかったのである。

第15代　光海君(こうかいくん)

在位1608年～1623年

反正で追放された

光海君の即位

　1608年2月1日に第14代国王宣祖(せんそ)が薨去(こうきょ)したことにより、翌2月2日、世子(せいし)の光海君(こうかいくん)李琿(りこん)が貞陵洞行宮(ていりょうどうあんぐう)の西庁において、第15代国王として即位した。のちに廃位されたため、王としての廟号(びょうごう)はない。

　即位した光海君(こうかいくん)は、次のように布告した。

> 天が大きい災禍を我が国にお与えになり、宣祖(せんそ)大王が薨(こう)じられた。思うに、宣祖(せんそ)大王は最善を尽くして明(みん)（1368年～1644年）にお仕えしたため、明(みん)からの支援をうけられていたのである。42年間、この国を守られてきた宣祖(せんそ)大王の長寿を願わなかった臣民はいない。突然、数万の臣民をお捨てになるなどと考えたことがあったろうか。天に向かって泣き叫んでも、この大きな悲しみが消えることはない。だが、すでに宣祖(せんそ)大王の御遺言を賜(たまわ)っている以上、王位を空けておくわけにもいかない。そのため2月2日、貞陵洞行宮(ていりょうどうあんぐう)の西庁で即位した次第である。それにともない、王妃を王大妃に、嬪柳氏(ひんりゅうし)を王妃に昇格させた。即位にあたり、すべてのことを正しくしなければならないので、代替わりの恩赦を与える。本日2月2日の明け方までに微罪を犯した者は赦(ゆる)すので、今後は、自らを正すようにせよ

敵対する小北(しょうほく)を排除

　光海君(こうかいくん)が即位する直前まで、朝廷の実権を握る北人(ほくじん)は、宣祖の後継者をめぐり、世子の光海君(こうかいくん)を支持する大北(だいほく)と、生まれたばかりの嫡子(ちゃくし)永昌大君(えいしょうたいくん)を支持する小北(しょうほく)に分裂して、権力闘争を繰り広げていた。しかし、光海君(こうかいくん)が即位したことにより、その対立は大北(だいほく)の勝利

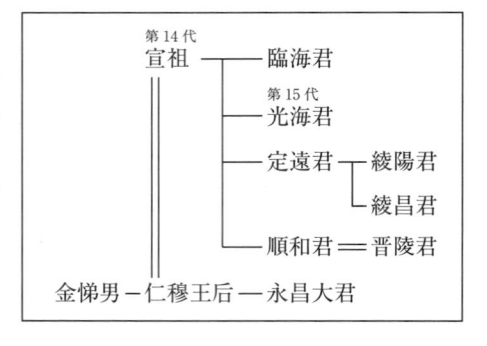

第14代		
宣祖	臨海君	
	第15代 光海君	
	定遠君	綾陽君
		綾昌君
	順和君 ＝ 晋陵君	
金悌男－仁穆王后	永昌大君	

で終結したのである。

　このとき大北は、何よりも、小北の領袖であった領議政の柳永慶を排斥しようとする。柳永慶が政権の中枢に居座ったままでは、政局を主導することができないと考えたからである。

　しかし、柳永慶は小北が不利な状況をよく把握していた。大北から弾劾される前に、自ら身を引こうとしたのである。光海君が即位してわずか5日後の2月7日、早くも柳永慶は辞表を出すが、光海君が認めることはなかった。光海君は、宣祖が信任していた重臣であることと、自らも師と慕っていたことから、柳永慶を庇護するつもりであったらしい。

　しかし、流刑に処せられていた鄭仁弘・李爾瞻・李慶全ら大北の急進派が呼び戻されると、すぐさま柳永慶に対する弾劾が始まってしまう。そうしたなかで、光海君は柳永慶の一命を助けるため、やむなく慶興府に配流したのだが、大北は流罪でも満足しない。ついに死罪を求めるようになった。

　結局、大北による弾劾を止めることができなかった光海君は、9月16日、柳永慶に賜死を命じたのである。賜死とは国王が毒薬を与えて自害を促すものである。10月13日に光海君が出した布告にはこうあった。

　　先王の宣祖大王は、予を世子に決めてくださり、明に冊封を求める使節
　　を送ってくださった。しかし、領議政の柳永慶が明との交渉を粗略にし
　　たため、冊封が遅延したのは疑いない。1608年に鄭仁弘が柳永慶を弾劾
　　したときには、柳永慶が宣祖大王を唆したが、おそらく鄭仁弘を獄死に
　　追い込もうとしていたのだろう。これらの罪により、1608年9月16日、
　　慶興府に配流していた柳永慶をすでに賜死したことを伝える

　光海君が明から冊封されなかったのを柳永慶の責に帰すのはあまりにも酷である。そのことは、光海君自身が強く感じていたことだろう。しかし、大北の勢威は強く、光海君でも抑えることはできなかったのである。

　こうして、柳永慶をはじめとする代表的な小北は、ことごとく死罪もしくは流罪に処せられてしまった。

流刑となった光海君の兄臨海君

　大北の専断は、敵対していた小北を追い落とすだけにとどまらない。光海君の実兄である臨海君をも排除しようとしていた。光海君が即位して20日も経たない1608年2月14日、大北らは連名で、臨海君が異心を抱いていると訴えたのである。

臨海君は、密かに武器などを蓄えたうえ、武臣も集めております。昨年10月に宣祖大王が病床に臥せられたときには、反乱を計画しておりました。そして、宣祖大王が薨去したおりには、挙兵をするつもりであったようです。臨海君は、家を改築すると称して王宮近くの邸宅に大量の武器を運ばせており、この先、どのようなことが起こるか見当もつきません。絶島に配流するなどして、民心を安らかにしてください

　光海君の兄臨海君が、粗暴な性質をもっていたのは確かであるらしい。だからこそ、宣祖も臨海君ではなく、弟の光海君を世子に決めていたのだろう。しかし、臨海君が反乱を起こそうとしている証拠はなかった。
　宣祖は兄弟を愛するようにと光海君に遺言していたが、こうした日が来ることを予感していたのかもしれない。光海君自身も、臨海君の謀反を信じていたわけではなかった。しかし、訴状が上げられた以上、真偽を明らかにしなければならない。追い詰められた光海君は、

　　予の兄がどうして謀反など起こすであろうか。訴状を見て、流れる涙を
　　止めることもできない。ただ、訴状が上げられたのは事実なので、大臣
　　に命じて処理させることにする

と答えるしかなかった。結局この日、光海君はひとまず臨海君を珍島に配流することにする。しかし、その後も、珍島では監視が行き届かないという意見が寄せられ、3月2日には、江華島の喬桐に移されることになった。

配流された臨海君

　光海君は、兄の臨海君を遠ざけたわけではない。むしろ、大北による弾劾から守るため、配流という形で一時的に避難させようとしたのだろう。ただ、臨海君の存在が、光海君の王位継承の正統性に影を落としていたのも事実である。
　光海君が即位した直後の1608年2月21日、光海君は宣祖の王妃である仁穆王后の名義で、国王への冊封を要請する国書を奏請使の李好閔に託して明に送った。

　　朝鮮国王妃金氏が謹んで申し上げます。朝鮮国王宣祖は、かねてより病
　　床に臥していましたが、2月1日、危篤に陥って、息子の光海君李琿に国
　　事を託して薨去しました。光海君は、世子に決められてから17年になり
　　ます。正式な冊封を神宗万暦帝（在位1572年〜1620年）陛下にお願いし
　　ましたが、いまだそのお許しは得られていません。ですが、今は国王の

座が空位となっておりますので、この光海君を国王にするとともに、その妻柳氏を王妃にしていただきますようお願い申し上げます

この朝鮮からの国書には、臨海君のことは書かれていない。臨海君がどうなったのか、明が気にしたのも当然だろう。そのため、明において外交を管轄していた礼部は、李好閔を問い詰める。

「光海君には臨海君という兄がいたのではないのか。兄の臨海君がいるのに弟の光海君が王位につくというのはどういうことか」

「臨海君は病気がひどく、とても国王としての責務を果たせる状態にはないため、王位を光海君に譲られたのでございます」

「王位を自ら譲ろうという判断ができるというのは、臨海君が健全でいる証拠ではないのか」

この問いに、李好閔は答えることができなかった。そのため、明では朝鮮が臨海君の病気を詐称しているものと疑う。そして、6月15日、遼東都司の厳一魁らを勅使として朝鮮に派遣し、調査させることにしたのである。

6月20日、江華島の喬桐を訪れた厳一魁は、臨海君に尋ねた。

「病気のため弟の光海君に王位を譲ったのは事実なのか」

「文禄・慶長の役で日本軍に捕まってから、正気を失ってしまいました。しかも、今では手足も麻痺して、動かすことができません」

「反逆を企てたというのは事実なのか」

「事実ではありません。それがしが病気のとき、従僕らが反逆を企てたらしいのですが、それがしにはわかりませんでした」

臨海君は大臣らに脅迫されて、想定された問答の通りに受け答えすることを強いられていた。そのため、自ら病気であると答えたのである。しかし、反逆を企てたことについては、どうしても認められなかったらしい。反逆は事実ではないと訴えたのだった。

臨海君の聞き取り調査をした厳一魁らは、ますます疑念がわいたのではないだろうか。しかしこのとき、朝鮮では厳一魁らに数万両の銀を贈っていた。そのため、明に帰国した厳一魁らが、皇帝に対して朝鮮に不利となる報告をすることはなかったのである。

臨海君の死

明の勅使が臨海君の聞き取りを行ったあと、大北は臨海君を死罪にするよう求めるようになる。光海君が死罪を認めないでいたところ、翌1609年5月2

日、渦中の臨海君が突然死してしまった。喬桐別将の李廷彪が暗殺したともいうが、はっきりしたことはわからない。兄の死を知らされた光海君は、

> 臨海君は、たとえ国家に罪を犯すことがあったとしても、予にとっては実の兄弟であり、寿命を全うしてもらいたいと思っていた。しかし、不幸にも突然に亡くなり、残念でならない。すでに亡くなった者には、法律が適用されないので、最後ばかりは臨海君を王子として送りたい

と命じ、丁重に弔うことにした。

明の万暦帝が光海君の冊封を先送りにしていたのは、兄の臨海君をさしおいて弟の光海君が即位することは許されないと考えていたからであった。その臨海君が不慮の死を遂げた以上、万暦帝としても、光海君の冊封を拒否する理由はない。こうして、臨海君が亡くなってちょうど1か月後の6月2日、明からの勅使を迎え、光海君は正式に国王に冊封されることができたのである。明の万暦帝からの国書には次のようなものであった。

> 朕が即位してから、神聖なる文化は遠い異域までも広がった。朝鮮もまた、礼儀の国として国王を奉じ、長らく皇帝に仕えてきたのは殊勝な心がけといえよう。故朝鮮国王宣祖は、幼くして王位を継いだが、度重なる戦乱を乗り越え、国を再建することに努めていた。だから朝鮮の臣民が、新たな国王の冊封を求める心情を理解できないことはない。ここに、宣祖の次男李琿を朝鮮国王に封じ、歴代の業績を受け継がせることにする。朝鮮の臣民は、朕の命令を敬い、新たな国王を補佐するようにせよ

晋陵君の賜死

臨海君が急死した後も、大北による排斥は終わらなかった。1612年2月13日、金直哉らが晋陵君李泰慶を王に推戴して反逆を試みたという訴えがあったのを機に、大北は晋陵君の処刑を求める。晋陵君は、宣祖の六男順和君の養子だった。

光海君は金直哉らの尋問を命じ、晋陵君を流罪とする。しかし、大北は、拷問をうけた金直哉の一党から、再三、晋陵君の名前が挙がったことを根拠に、死罪を求めるようになった。

そして、11月1日、領議政の李徳馨は、左議政の李恒福・領中枢府事の奇自献らとともに、晋陵君を死罪にすることの可否について議論する。この会議に、右議政の鄭仁弘は病気のため参加していなかったが、李徳馨は大臣の見解として、

「晋陵君に罪があることは明らかです。法に従って死罪とすべき方向で大臣の意見はまとまりました。あとは謹んで、殿下がお決めください」

と光海君に建言した。そのため、光海君も、

「通常ならば死罪とまではならない罪状であろう。しかし、衆議で死罪と決まったのであれば仕方あるまい。晋陵君を配所で賜死するようにせよ」

と命じた。光海君は、晋陵君を死罪とすることを求めてはいなかったが、大北に押し切られてしまったのである。こうして、晋陵君は、光海君から与えられた毒薬を服用し、自害を遂げたのだった。

殺害された永昌大君

晋陵君を死に追い込んだ大北は、ついに、光海君と世子の座を争った宣祖の嫡子である永昌大君李㼁を排除しようとする。そうしたなか、1613年4月25日、強盗の罪で捕らえられた朴応犀が、

「それがしは、賤しい盗賊などではない。奪った財貨で武器を集め、永昌大君を奉じて、この国を変えようとしたのだ。すでに延興府院君金悌男の支援もうけている」

と訴えた。

実際、朴応犀は単なる盗賊ではなく、宣祖の時代に領議政を務めていた西人の領袖朴淳の庶子であった。当時、朝鮮王朝では、支配階層である両班であっても、庶子が官吏登用試験である科挙の試験をうけることを認めておらず、出世の道が閉ざされていた。その不満から、強盗を働くまでに落ちぶれてしまっていたのである。

もちろん、だからといって、朴応犀が永昌大君を奉じて反乱を起こそうとしたというのは事実ではない。実際には、朴応犀が捕らえられたときに、大北の李爾瞻が、

「盗賊として罰せられたら死罪は免れまい。金悌男を反乱の首謀者に仕立てれば、命は助かるだろう」

と唆し、嘘の「自白」をさせたという。

金悌男は、宣祖の王妃仁穆王后の実父であり、永昌大君の祖父にあたる。外戚として権勢を誇っていたから、朝廷の実権を握ろうとする大北にとっては、最も邪魔な存在だったのである。

朴応犀が反乱の首謀者が金悌男だと「自白」したことにより、早くも5月4日、国王への諫言を職務とする司諫院は光海君に訴えた。

第三章　内憂外患

金悌男は、宣祖の義父として、常に尊大な態度を取り続けておりました。王宮内で許可なく寝泊まりしたことも1度や2度ではありません。今、殿下に謀反を起こそうとしていることが明らかになったのですから、まずは速やかに官職を剥奪するようにしてください

　この提言を容れた光海君は、即日、金悌男を罷免した。ただ、大北は罷免だけでは納得せず、金悌男の処刑を求めるようになる。官吏の監察を行う司憲府や王への諫言を行う司諫院から再三にわたって金悌男の処刑を求められた光海君は、ついに、

　金悌男は外戚という立場にありながら、謀反を起こそうとした。これは、国法を破るものだけでなく、仁穆王后を欺き、永昌大君を誤らせることである。そのことは、予もよくわかっている。今まで、その処分を保留していたのは、仁穆王后の気持ちを考えてのことだった。しかし、司憲府や司諫院がいうように、いかなる場合でも、法に基づいて処罰しなければなるまい。そうはいっても、処刑するのは忍びないので、賜死するようにせよ

と命じた。金悌男の妻盧氏は、仁穆王后の宮殿の前で泣きながら、

「どうしてお父上をお助けにならないのですか」

と訴えたという。しかし仁穆王后としても、もはや王命を覆すことなどできなかったのである。

　金悌男は6月1日、漢城の西小門外において、公衆の面前で自害することを強いられた。金悌男が引き立てられてくると、権縉が光海君の執行書を大声で読み上げた。

　金悌男は外戚の立場にありながら、謀反を試みた。歴史書『春秋』によれば、古来、国王に対する謀反は極刑で処せられている。『春秋』に記される正義の道理を果たすためには、金悌男を極刑に処さなければならない。当初は、予も金悌男が外戚という立場にいることを考え、極刑に処することを考えなかった。しかし、司憲府や司諫院からは、法に従えば極刑が妥当だとの諫言をうけ、考えを変えたものである。「投鼠忌器」という故事成語を知っておろうか。物を投げて鼠を捕まえたいが、物が壊れるのを心配することをいう。予はまさに、物が壊れることを心配していたのだが、やはり鼠を捕まえなければならない。そこで、朝廷の公論に従い、賜死を命ずるものである

　権縉が読み上げたあと、金悌男は、

「一言だけいわせてほしい」

と訴えた。明らかな冤罪であり、金悌男はどうしても納得できなかったのだろう。しかし、権縉が、

「逆賊の分際で、今さら何をいうつもりか」

と大声で叱責したため、金悌男は何もいえなくなってしまった。そして、光海君から与えられた毒薬を服用し、死んでいったのである。

金悌男が死んだことにより、永昌大君の立場はますます悪くなっていった。司憲府や司諫院は、光海君にまだ8歳の永昌大君を処罰するように訴え続けた。こうした声に押される形で、7月27日、光海君は、

永昌大君が無実だとしても、永昌大君を奉じて反乱を起こす輩がこれから現れないとも限らない。それは、王室と国家の禍根となる。永昌大君は予の弟であるが、国家に関することに私情を挟むべきではなかろう。また、幼いというだけの理由で処罰をしなければ、後顧の憂いとなってしまう。そこで、永昌大君を江華島に配流することにする

と命じたのである。光海君は、永昌大君を流罪とするだけで、この一件を決着させようとしたらしい。しかし、大北に占められていた司憲府や司諫院は、永昌大君の処刑をも求め始めた。

もちろん、大北がみな永昌大君の処刑を求めていたわけではない。李徳馨や鄭逑らは、光海君に永昌大君の助命を嘆願し、光海君自身も、司憲府や司諫院に対し、

法に従って処刑せよという意見は、正論である。しかし、人の考えというものは、それぞれ違う。実際、永昌大君の助命を求める声もあがっているのである。処刑を求める訴えは、もうしてはならない

と命ずるほどだった。このため、永昌大君の処刑を求める大北は、1614年1月13日に着任したばかりの江華府使の鄭沆に命じて、永昌大君を殺害しようとする。

江華府使の鄭沆は、永昌大君の監視と保護を任務としていたが、差し入れる食べ物に砂や土などを混ぜて食べられないようにした。そのため、永昌大君は2月10日、わずか9歳で亡くなってしまったのである。このとき、鄭沆は永昌大君を監禁している家の床暖房を強め、睡眠もとらせないようにしていたという話も伝わるが、史実ではあるまい。光海君は永昌大君の殺害を命じていたわけではないから、露骨に殺害すれば、王命に反することになってしまう。

永昌大君の死を知らされた光海君は、

　　幼い永昌大君に何の罪があったろうか。衆議により流罪となったうえ、配流先で命を落とすとは不憫でならない。江華府使が保護する責任を怠った可能性もあるので調査するように

と命じる。光海君も、永昌大君の死を望んではいなかったらしい。そうしたなか、副司直の鄭蘊が、2月21日、鄭沆を弾劾する訴状を上げた。

　　殿下は、永昌大君を処刑しないように尽力されておりました。しかし、今、永昌大君が亡くなられたのは、明らかに鄭沆が殺したからです。我が国の法では、人を殺したら死刑になるというのに、罪のない、まして殿下の弟を殺した者を野放しにしておいてよいのでしょうか。鄭沆を斬首に処すべきと存じます

これに対し、大司憲の朴楗と大司諫の金緻は、職を懸けて反駁した。

　　鄭蘊の訴状を拝読しましたが、その内容に驚きを隠しきれませんでした。永昌大君は、確かに幼くて何もわかってはいませんが、逆賊の首領であることに変わりはありません。ですから、司憲府と司諫院では死罪を求めましたが、殿下の恩情により、流罪に処せられていたものです。永昌大君は自然と亡くなったのであり、鄭沆が殺害したわけではありません。鄭沆を讒訴した鄭蘊のほうを処罰するべきです。殿下が鄭蘊を処罰されないのでしたら、我々を罷免してください

こうして、朝廷内では、永昌大君が鄭沆に殺害されたのかどうかについて、調査と議論がされることになった。そして、その結果を踏まえ、光海君は次のように命じた。

　　最初に鄭蘊の訴状を見たとき、「鄭沆が永昌大君を殺害した」と書かれていたので驚いた。すぐに鄭沆を鄭蘊と対面させ、予が自ら尋問しようとも思ったが、結局、朝議にかけることにした次第である。調査の過程で、鄭蘊は鄭沆が永昌大君を殺したと訴えながら、実は予が鄭沆を唆して永昌大君を殺害しと非難したものであることが判明した。どうして、永昌大君の処刑を拒みながら、密かに殺害させるなどということができよう。そのような疑念が後世まで残るのはとても耐えられない。よって、鄭蘊を処罰する

こうして、大北の横暴に抵抗した鄭蘊は尋問をうけ、流罪に処せられることになってしまった。結局、永昌大君は配流先で自然死したことにされたのである。

綾昌君の自害

　大北は、反対派を捕らえては、次々と粛清していった。1615年閏8月14日、罪人として捕らえられていた蘇鳴国が、自らの罪を軽くするため、

「実は、申景禧が綾昌君李佺を奉じて謀反を企んでいます」

と讒訴したことから、王族の綾昌君までもが捕らえられてしまう。綾昌君は、光海君の異母弟にあたる定遠君の子であった。

　綾昌君は武芸にも秀で、また人望もあったという。光海君の周囲にいる大北にとっては邪魔な存在であったことは間違いない。結局11月10日、綾昌君は江華島の喬桐に配流されてしまった。配流された綾昌君は、環境が変わったことで、体調を崩してしまったのだろう。病気になった末、1週間後の11月17日、首をつって自害してしまったのである。

　光海君自身は、甥にあたる綾昌君を配流にとどめ、殺害するつもりはなかったらしい。綾昌君が配流先で重病になったと聞いた光海君は、11月19日、

　　綾昌君の病気が重いというので、医官を派遣して適切な治療を施すようにせよ。万が一、責任者が職務を全うしないようなことがあれば、処罰する

と命じていたが、すでに綾昌君は亡くなってしまっていた。怒った光海君は、

　　綾昌君を江華島に護送した都事の具峕伯と、綾昌君を監察・保護すべき別将の李応星に非があることは否めない。具峕伯と李応星をただちに捕らえ、処罰するようにせよ

と命じたのである。

　こうした大北の専断は、すべて李爾瞻の意向であったらしい。1617年1月4日、錦山君李誠胤・錦溪君李仁寿ら王族19人が連名で李爾瞻を弾劾する訴状を上げたが、李爾瞻を失脚させることはできなかった。

追い詰められる仁穆王后

　金悌男と永昌大君を排斥することに成功した大北は、ついに宣祖の王妃であった仁穆王后までも廃しようとする。1617年11月24日、大北の重鎮李爾瞻は、こう訴えた。

　　主君の敵とは同じ天の下に生きないというのが、臣下の果たすべき大きな義です。かつて、専制を行った唐（618年〜907年）の則天武后は、中宗（在位683年〜684年、705年〜710年）を奉じた宰相の張柬之に追放さ

第三章　内憂外患

れました。これは、臣下が義を果たしたのです。同じように、今こそ仁穆王后を廃母するべきと存じます

李爾瞻の主張に、当然のように大北は賛成する。そのため、朝廷内には、反対する意見はほとんどなかった。とはいえ、朝鮮王朝の歴史のなかで、王が王妃を廃妃にすることはあったが、臣下が国母である王大妃を廃母にしたという前例はない。そのため、反対の意見ももちろんあった。李恒福は、

五帝の1人として知られる帝舜は、父母に殺されそうになっても、父母を慕い続けたといいます。親が子を愛していなくても、子は親に尽くさなければなりません。仁穆王后に問題があっても、廃母するべきではないと存じます

と訴えたが、大北に論駁されてしまう。結局、李恒福は官爵を剝奪されてしまった。

そして、翌1618年1月28日、光海君は大北の声に押される形で、ついにこう布告した。

先日、文武百官が王宮に集まって、仁穆王后の廃母を求めてきたが、予の本意ではないので認めなかった。しかし、王室と国家のためだといわれては、いつまでも拒絶するわけにはいかない。だから今後は、仁穆王后のことを「大妃」とはよばず、単に「西宮」とよぶがよい。廃母にするかどうかは、いずれ議論することになろう

光海君自身は、仁穆王后を廃母にすることに積極的ではなかったようである。しかし、廃母することを認めないでいれば、大北の訴えが続くことになってしまう。そうしたなかで、光海君は仁穆王后を「大妃」とよばないという名目で、この一件の幕引きを図ろうとしたのだった。

後金に降伏

朝鮮で大北による粛清が繰り広げられていたころ、その北方で密かに勢力を拡大していたのが女真族である。女真族によって建国された金（1115年～1234年）が元（1271年～1368年）に滅ぼされたあと、残った女真族は国を建てることができず、元を滅ぼした明の支配下におかれていた。しかし、文禄・慶長の役によって明が疲弊したのを機に自立を図る。そうしたなかで、ヘトアラ城を拠点とするヌルハチが女真族の各部族を服属させ、1616年、後金（1616年～1636年）を建国して太祖（在位1616年～1626年）となった。この後金が、のちに国号を清（1636年～1912年）と改め、中国を征圧すること

になる。
　後金は1618年4月、「七大恨」とよばれる檄文を掲げ、明との開戦に踏みきった。その「七大恨」には、

- 明は、理由もなく女真族を殺害してきた
- 明は、互いに国境を侵犯しないという女真族との誓約を破った
- 明は、女真族による統一を妨げた

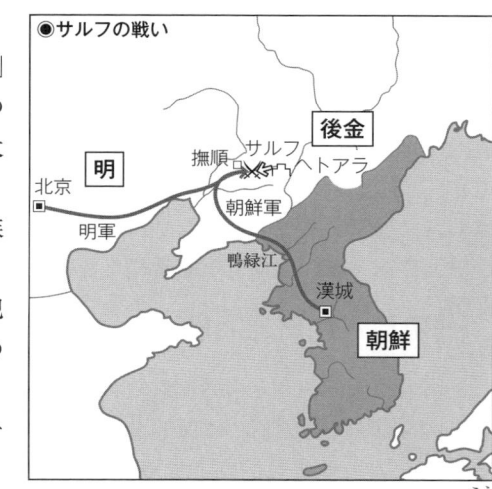

●サルフの戦い

など、後金による宣戦布告理由が述べられていた。それから、ほどなく後金は撫順城など明の拠点を占領し、攻勢を強めていく。
　こうしたなかで明は朝鮮に対し、数万の援軍を要求してきた。明は朝鮮の宗主国であったから、当然のことながら、明からの出兵要請を断るわけにはいかない。しかし、大軍を明の援軍として送ってしまえば、国内の防備が手薄になってしまう。そうして明に対する正式な返答を渋っていたところ、6月19日、遼東経略として後金との戦いを主導していた明の楊鎬から催促されてしまう。

　後金を征伐するのは、明のためだけではありません。朝鮮のためにもなるのです。朝鮮が後金征伐に援軍を送れば、国土が平和になるだけでなく、忠義を果たすという名誉も得られるでしょう。文禄・慶長の役の際、明が数十万の兵を動員して、朝鮮を支援したことも忘れてはなりません。数万の大軍が無理なら、1万でもよいですから、至急、鴨緑江まで援軍を派遣してください

　これをうけた光海君は7月4日、姜弘立を都元帥に任じ、砲手3500名、射手6500名、合計1万の援軍を送ることにした。
　明と朝鮮の連合軍47万は、1619年3月1日、撫順東方のサルフにおいて後金軍6万と激突する。しかし、3月1日から5日にかけて行われたサルフの戦いで、明軍は壊滅してしまう。これにより、朝鮮軍を率いていた姜弘立も、後金に降伏したのである。
　後金では、朝鮮が明に強要されて出兵しているという事情をよく承知して

第三章　内憂外患

いたのだろう。4月9日もヌルハチからの国書が朝鮮に送られてきたが、そこには朝鮮への非難は述べられていなかった。

　サルフの戦いに勝利した後金の勢威はさらに強まり、瀋陽や遼陽など明の拠点を奪っていく。朝鮮がいつまでも明に従属していたら、明とともに滅亡してしまう恐れもあった。とはいえ、露骨に後金に従属すれば、明から攻撃されてしまう。そうした難しい状況のなかで、光海君は、明・後金両国とは一定の距離を保つ二面外交を進めていった。

追放された光海君

　光海君が明と後金との外交に忙殺されているなか、朝廷の実権を握る大北に不満を募らせた西人の李曙・金瑬・張維・沈器遠・金自點らは、武力によって大北の排斥を図ろうとする。このとき、西人が盟主として擁立したのは、綾陽君李倧である。綾陽君は、宣祖の五男定遠君李琈の長男で、光海君の甥にあたる。弟の綾昌君が、大北の陰謀により自害に追い込まれていたため、自身も大北の排斥を強く望んでいたのだった。

　1623年3月13日の深夜、西人はついに兵を挙げ、光海君がいる昌徳宮に向かった。すでに昌徳宮を警備する兵は西人に内応しており、綾陽君は難なく昌徳宮を占拠し、光海君を捕らえることができたのである。

　昌徳宮を押さえて光海君を捕らえた綾陽君は、ただちに慶運宮に向かい、幽閉されていた仁穆王后に謁見する。朝鮮王朝では、王の後継の任命権が、王室最高の年長者である王大妃か王妃にあったからである。

　慶運宮の寝殿に出御した仁穆王后は、御簾の奥から綾陽君に対面する。しかし、綾陽君は俯せになって号泣するばかりだった。

「号泣するでない。王室と国家の慶事だというのに、そなたが泣く必要はなかろう」

「王室と国家を混乱させてしまったそれがしの罪は、万死に値します」

「そのように思いつめてはならない。そなたに何の罪があるというのか。光海君は、予を敵とみなし、両親や親族、はては幼い我が子までも殺したうえ、このようなところに幽閉したのだぞ。今日のような日を迎えることができるとは思わなかった。そなたが、王位を継ぐのが当然であろう」

　こう綾陽君を諭した仁穆王后は、列席していた群臣に問う。

「光海君は今どこにいるのだ」

「昌徳宮でとらわれております」

「光海君は、予にとって不倶戴天の敵だ。自ら首を刎ねて、一族の霊を祀りたい。6年も幽閉されながら生きてこられたのは、今日という日を待っていたからだ。光海君をここに引き立ててきなさい」

「古来、廃王を臣下が殺害したことはございません。夏の桀王や殷（?～B.C.1046年）の紂王（在位?～B.C.1046年）ほど極悪非道な王はおりませんでしたが、それでも夏を滅ぼした殷の湯王や殷を滅ぼした周（B.C.1046年～B.C.256年）の武王（在位B.C.1046年～B.C.1043年）も、追放にとどめております。殿下のご命令とはいえ、光海君の処刑だけは聞くことができません」

「まあよい。綾陽君が王位につけば、予の怨念を晴らしてくれよう。綾陽君が予のために復讐をするなら、それは孝というものだ」

一族を殺された仁穆王后が光海君に復讐したいという気持ちはわからないではない。しかし、仁穆王后と臣下とのやりとりを聞いていた綾陽君が、口を挟む。

「それがしが王位についたとしても、文武百官がおりますから、王の思いのままにはならないのです」

「そなたはもう子どもではない。どうして臣下から指示をうけなければならないのだ」

仁穆王后は、綾陽君からこういわれても納得いかない様子だった。

「両親の敵とは同じ天の下に住むことはできず、兄弟の敵とは同じ国に住むことができないものだ。返さなければならない怨恨こそあれ、赦さなければならない道理などない」

みかねた都承旨の李徳洞が、口を出した。

「恐れながら申し上げます。かつて、第11代国王中宗大王が燕山君から政権を取り戻された際にも、廃王とした燕山君を処刑せず、天寿を全うできるようにされました。これは、見習うべきことかと存じます」

「そなたの言葉は実に正しい。しかし、光海君は自らの兄や弟を殺害したし、王大妃を幽閉するなど、その非道は極まっている。どうして燕山君と比べることができようか」

「光海君を支持する大北が残っていると、反乱を起こすかもしれません。光海君の処刑のことはひとまずおいて、まずは綾陽君に即位していただき、民心を安らかにしなくてはなりません」

こうして、光海君の処刑については一時的に棚上げされ、綾陽君が即位するための準備がされた。

第三章　内憂外患

国王の家族

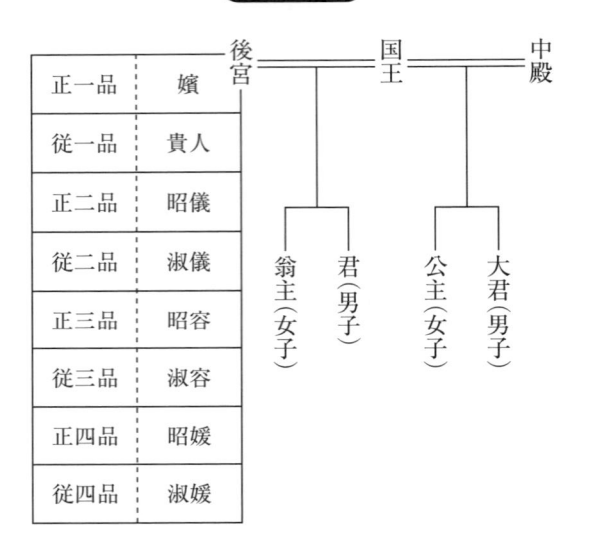

正一品	嬪	
従一品	貴人	
正二品	昭儀	
従二品	淑儀	
正三品	昭容	
従三品	淑容	
正四品	昭媛	
従四品	淑媛	

国王 ─┬─ 中殿 ─┬─ 大君（男子）
　　　│　　　　└─ 公主（女子）
　　　└─ 後宮 ─┬─ 君（男子）
　　　　　　　 └─ 翁主（女子）

　儒教を国教としていた朝鮮では、王妃は1人しかいない。その一人の王妃は、中殿（ちゅうでん）とよばれ、後宮（こうきゅう）を取り仕切った。後宮は、側室であり、数は決められていない。それぞれ序列があり、上から嬪（ひん）・貴人（きじん）・昭儀（しょうぎ）・淑儀（しゅくぎ）・昭容（しょうよう）・淑容（しゅくよう）・昭媛（しょうえん）・淑媛（しゅくえん）という。王妃が早世した場合には、後宮から継妃が選ばれることも多かった。

　王妃と後宮の地位の差は歴然で、後宮は王妃に仕えなければならなかった。王妃との間に生まれた子が嫡子とされ、男子であれば大君（たいくん）、女子であれば公主の称号が与えられる。しかし、後宮との間に生まれた子は、男子であれば君（くん）、女子であれば翁主（おうしゅ）の称号が与えられ、嫡子と庶子は厳密に区別されていた。なお、嫡子か庶子かにかかわらず、王子・王女に品階はなかった。

第四章
党派の対立

◯仁祖による反正

　第15代光海君は、1623年、西人によって擁立された綾陽君によって追放された。これにより、綾陽君が第16代国王として即位し、仁祖となる。かつて、11代国王中宗が10代国王燕山君を追放したときと異なり、このときは、女真族によって建国された後金に対峙するため、朝鮮国内に明の軍勢が駐屯していた。そのため、即位した仁祖は、明に対し、光海君の追放を正直に話さなければならなかった。

　朝鮮の国王は、明の皇帝によって冊封されていたから、勝手に追放することは許されない。明は、後金との戦争に仁祖が協力するという条件で冊封を認めることにした。

◯清に降伏

　仁祖は、即位して早々、冊封の条件に従い、後金との戦争に協力することを余儀なくされた。そのころ、後金は、明との戦争を続けるため、朝鮮と敵対することを避け、朝鮮への軍事介入を控えていた。しかし1636年、明を滅亡寸前まで追い詰めた後金は、国号を清に改めると、本格的に朝鮮へ侵攻してきた。このとき、仁祖は漢城に近い南漢山城に籠城したものの、大軍に包囲されてはひとたまりもない。約1か月半の籠城の末、ついに清に降伏し、臣下の礼をとらされたのである。

　仁祖の薨去後、長男の昭顕世子が早世していたことから、次男が第17代国王として即位し、孝宗となる。孝宗もまた、清によるロシア遠征にも援軍を派遣するなど、藩属国として清を支えていかなければならなかった。

◯西人と南人との抗争

　仁祖から孝宗の時代にかけて政権を握っていたのは西人であった。第18代国王顕宗のとき、疎外されていた南人が西人を失脚させることに成功するが、次の第19代国王粛宗は、逆に南人を失脚させる。このとき、失脚した南人への対応をめぐり、西人は強硬派の老論と穏健派の少論に分裂した。

　粛宗の跡をうけて第20代国王として即位した景宗は、南人に支持されていた禧嬪張氏の子であった。そのため、老論に追い詰められた景宗は少論とともに、老論の弾圧に乗り出すが、その直後に急死してしまう。老論によって毒殺されたと噂された。

仁祖(じんそ)	1623年	3月13日	西人が、光海君の甥綾陽君を奉じて光海君を追放。綾陽君が慶運宮で第16代国王として即位し、仁祖となる（仁祖反正）
	1624年	1月24日	李适、挙兵して漢城に向けて進軍を開始。仁祖は漢城から避難する
	1627年	1月13日	後金軍、鴨緑江を越えて朝鮮に侵入する（丁卯胡乱）
	1636年	2月16日	仁祖、後金から国号を清と改め、太宗が皇帝として即位する旨、伝えられる
		12月 8日	清軍、鴨緑江を越えて朝鮮に侵入する（丙子胡乱）
	1637年	1月30日	仁祖、南漢山城を開城して清に降伏し、世子を人質として清へ送る
		11月 3日	仁祖、清の意向により、皇帝太宗を称える「大清皇帝功徳碑」を建設する
	1645年	4月26日	昭顕世子が病死。仁祖の後宮である貴人趙氏が毒殺したと噂される
	1649年	5月 8日	仁祖、昌徳宮の大造殿で薨去する。47歳
孝宗(こうそう)		5月13日	仁祖の子鳳林大君が昌徳宮の仁政殿で第17代国王として即位し、孝宗となる
	1654年	4月16日	清・朝鮮軍、ロシア軍を撃破する
	1658年	6月10日	清・朝鮮軍、ロシア軍を撃破する
	1659年	5月 4日	孝宗、昌徳宮の大造殿で薨去する。41歳
顕宗(けんそう)		5月 9日	孝宗の世子が景福宮の仁政殿で第18代国王として即位し、顕宗となる
	1660年	3月16日	南人の許穆、西人の宋時烈が定めた荘烈王后の服喪期間に異見する
		4月30日	顕宗、西人の見解を支持し、南人の尹善道を配流する（己亥礼訟）
	1674年	2月23日	孝宗の王妃仁宣王后が薨去する
		7月 6日	南人の都慎徴、西人の金寿興が定めた荘烈王后の服喪期間に異見する
		7月16日	顕宗、南人の見解を支持し、西人の金寿興を配流する（甲寅礼訟）
		8月18日	顕宗、昌徳宮の斎廬で薨去する。34歳
粛宗(しゅくそう)		8月23日	顕宗の世子が景福宮の仁政殿で第19代国王として即位し、粛宗となる
	1680年	3月28日	粛宗、南人から西人に政権を交代させる（庚申換局）。このあと、西人は南人に対する対応の相違により、強硬派の老論と穏健派の少論に分裂する
	1689年	1月15日	粛宗、後宮昭儀張氏が産んだ第一子に元子の称号を与え、昭儀張氏を嬪に昇格させて禧嬪張氏とする
		2月 1日	老論の宋時烈、粛宗が元子の称号を与えたのは早急であると批判。粛宗、宋時烈を済州島に配流し、西人から南人に政権交代させる（己巳換局）
		5月 2日	粛宗、仁顕王后を廃妃とし、代わりに禧嬪張氏を正妃に迎える
		6月 3日	粛宗、老論の宋時烈を賜死。これにより、南人が政権を握る
	1694年	4月 1日	粛宗、南人の閔黯を罰し、南人から西人に政権交代させる（甲戌換局）
		4月12日	粛宗、南人に支持されていた王后張氏を廃位して禧嬪に降格し、代わって仁顕王后を復位させる
	1701年	10月 8日	粛宗、禧嬪張氏を賜死する
	1720年	6月 8日	粛宗、慶徳宮の隆福殿で薨去する。60歳
景宗(けいそう)		6月13日	粛宗の世子、慶徳宮で第20代国王として即位し、景宗となる
	1721年	12月 6日	景宗、少論の金一鏡らによる弾劾をうけ、老論の4大臣を配流（辛丑獄事）。これにより、政権が老論から少論に交代する（辛丑換局）
	1722年	3月27日	南人の睦虎龍、老論4大臣の子弟による謀反を告発する（壬寅獄事）
		4月17日	景宗、少論の李師尚らの訴えにより、老論4大臣の処刑を決める（辛壬士禍）
	1724年	8月25日	景宗、昌慶宮の環翠亭で薨去する。37歳

第四章 党派の対立

第16代　仁祖

在位1623年〜1649年

清に降伏して藩属国となる

仁祖の即位

　1623年3月13日、西人の支援をうけた政変により第15代国王光海君を捕縛した綾陽君李倧は、その日のうちに慶運宮で第16代国王として即位し、仁祖となった。そのため、一連の政変を「仁祖反正」とよぶ。「反正」とは、正しい状態に返すという意味である。仁祖は、第14代国王宣祖の五男定遠君李琈の長男であり、直系だったわけではない。そのため、仁祖は、実父の定遠君を「元宗」として追尊し、正統を確保することにした。

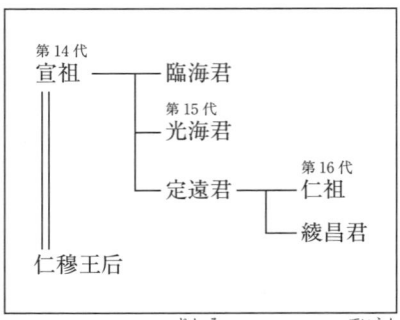

```
 第14代
 宣祖 ─┬─ 臨海君
       │    第15代
       ├─ 光海君
       │    第16代
       ├─ 定遠君 ─┬─ 仁祖
       │          │
       │          └─ 綾昌君
 仁穆王后
```

　光海君によって幽閉されていた宣祖の王妃仁穆王后は、「仁祖反正」により復権する。そして、3月14日、仁穆王后の名で次のように布告された。

　　最初、宣祖大王は不幸にも嫡子にめぐまれなかったため、庶子の光海君を世子に冊封されたのである。しかし、光海君は次第に徳を失い、宣祖大王も世子冊封を後悔するほどであった。予は不徳であるが、宣祖大王の王妃として皇帝陛下から冊封をうけ、国母となったものである。だから、実の息子でなくても、宣祖大王の庶子は、予を母としてみなさなければならない。しかるに、光海君は、賊臣らの讒訴を信じて、予の父金悌男を刑死させたばかりか、幼い予の子永昌大君を殺害し、予を幽閉した。さらには、兄の臨海君や甥の綾昌君を殺すなど、無実の人々を死に追いやった罪は大きい。そればかりか、義理においては君臣であり、恩恵では父子のようでもある明（1368年〜1644年）に背き、蕃夷にすぎない後金（1616年〜1636年）に通じたのは信義にもとる。そうしたなか、王室と国家を守るため、仁祖殿下は光海君を追放したのだ。仁祖殿下は人望もあり、王位を継ぐにふさわしい。そこで、仁祖殿下が即位した次第である

　この布告には、光海君の悪政と、仁祖が政変により即位した正当性が述べ

られている。光海君の悪政は、大きく分けると、仁穆王后の一族を殺害したことと、明に背いて後金に通じたという2点である。
　ただ、光海君自身は仁穆王后の一族を積極的に殺害しようとしていたわけではない。仁穆王后の一族の存在を疎んじる大北の李爾瞻や鄭仁弘によって死に追いやられたという見方が適切である。後金に通じたという指摘も、仮に後金と結んでいなければ、朝鮮が侵攻をうける可能性が高かった。そういう意味からすると、光海君の政治や外交そのものが、まったく成り立っていなかったとはいいがたい。
　実際のところ、「仁祖反正」の目的は、政治から疎外されていた西人が政権の奪還を目指して大北を追放しようとしたものであることは明らかである。仁穆王后のたっての願いであった光海君の処刑も、臣下からの訴えはなく、結局、配流にとどめられた。
　一方、大北は、多くが死罪に処せられた。特に、大北の領袖として反対する勢力を粛清してきた李爾瞻に対する怨みは大きかったようで、処刑されたあとも、漢城の民衆によって遺骸が切断されるなどしたという。
　この「仁祖反正」により、北人の勢力は壊滅し、このあと、朝廷では政変を主導した西人が政権を握ることになった。

明に対して即位を表明

　朝鮮で政変が起きていたころ、明では都督の毛文龍が、朝鮮半島と遼東半島の間に浮かぶ椵島を拠点に、後金への反攻を開始していた。そして、毛文龍が配下の応時泰を漢城に派遣していたとき、ちょうど、「仁祖反正」により、仁祖が即位したのである。
　即位して9日後の3月22日、仁祖は、昌慶宮の明政殿で応時泰に引見し、即位を告げた。
「先王の光海君が道を誤り、仁穆王后を幽閉したばかりか、兄や弟を殺し、臣民を虐げるため、王室と国家は存亡の危機に立たされてしまいました。それがしは、仁穆王后の命令と臣下の要請をうけ、王位を継ぐことになったのです」
「ずっと漢城にいましたから、殿下が王位を継がれたことはお聞きしました。これは天意であり、王位を簒奪したものではございません」

第四章　党派の対立

「我が朝鮮は東方にあり、200年の間、明にお仕えしてまいりました。宣祖大王は40年の間、臣下の礼を守っておりましたが、先王である光海君は、文禄・慶長の役で助けてもらった恩を忘れ、後金に通じました。1619年のサルフの戦いでも、光海君は積極的に戦わないよう、将軍に命じていたようです。これほど嘆き悲しいことはございません。それがしは、毛都督とともに、後金を滅亡させるつもりでおります」

「殿下の仰ることはよくわかりました。王位継承の事情につきましても、それがしが毛都督と相談したうえで、皇帝陛下に上奏いたします。つきましては、派遣する使節のご準備をしてください」

かつて、燕山君を「中宗反正」で追放した第11代国王中宗は、燕山君が病気と偽って国王に冊封されることができた。その当時、朝鮮国内に明人はいなかったため、明側も、朝鮮側の実情をよく知らなかったのである。しかし、今回は、朝鮮国内に明人がいたことで、隠せないものと判断したのだろう。

4月27日に漢城を出発した朝鮮の使節は、遼東郡が後金の支配下に入ってしまっていたため、毛文龍が本陣をおいている椵島を経由して山東省に上陸したあと、7月26日、北京に到着した。だが、明から仁祖の冊封をうけるのは簡単にはいかなかった。光海君は明から冊封をうけており、明の承諾も得ずに廃してしまったからである。朝鮮国王の冊封は、中国皇帝の専権だった。

結局、明では、朝鮮の臣民すべてが光海君の廃王を認めるのであれば、明と後金との戦争が終わり次第、冊封することにしたのである。このため、仁祖は、明と後金との戦争において、明に加担しなければ冊封をうけられないことになった。

論功行賞に不満を抱いた李适の乱

「仁祖反正」のあと、政治の実権を握ったのは西人である。しかし、その西人も、一枚岩で結束したわけではない。論功行賞をめぐって、西人の内部に亀裂が生まれるようになっていく。そうしたなか、1624年1月17日、前教授の文晦らが、

平安道の李适が、子の李旃のほか、韓明璉・奇自献らとともに反乱を企てております

と訴えた。李适は、仁祖が挙兵した「仁祖反正」にも参加した腹心である。朝鮮と後金との緊張が高まるなか、北方を警備するため、仁祖は張晩を

都元帥に任じると、副元帥には李适を任じていた。その李适が論功行賞に不満を抱き、反乱を計画したという報告をうけて、朝廷内に激震が走る。

仁祖は腹心の李适の謀反を信じず、李适の逮捕を禁じた。そのため、まず奇自献ら40余名が尋問されると、「自白」のなかで李适の名前があがった。1月21日、左賛成の李貴が仁祖に諫言する。

「李适は謀反を起こそうとしているばかりか、軍事権ももっております。早く対応しなければ、征圧できなくなってしまうでしょう。すでに尋問をうけた逆賊が自白しており、李适が関与していることは間違いありません。速やかに逮捕して、尋問してください」

「李适は忠臣だ。どうして予に二心を抱くことがあろうか。逆賊が李适の勢威を借りるため、でっち上げたにちがいない。だいたい、なぜそなたには李适が反乱を起こそうとしているとわかるのか」

「李适が反乱を起こそうとしていたかどうかはわかりません。ただ、李适の子李栴が反乱を計画していたのは事実です。どうして、父親の李适が反乱の計画を知らないことがありましょうか」

「密告があったからといって、それをすべて信じるのは愚かなことだ。李适の場合も、同じである」

といって、李貴の話に耳を傾けない。官吏の監察を任務とする司憲府と王への諫言を任務とする司諫院も、李貴から仁祖への説得を頼まれたのだろう。翌1月22日には、司諫院から仁祖に上書が呈された。

> 副元帥の李适の名前は、尋問をうけた逆賊の口からも出てまいりました。名前があがった以上、たとえ功臣であっても特別扱いするわけにはまいりません。速やかに、逮捕して尋問することを命じてください

しかし、仁祖は、

> 李适は忠臣である。その李适がどうして二心を抱くことがあろうか。疑わなければならない人を疑わず、疑ってはならない人を疑うなら、それは自ら逆賊の計略に陥ることになるというものだ。昨日も李貴がこの話をしてきたが、再び、李适の逮捕を求めてはならない

と反論し、あくまでも李适を守ろうとした。だが、李适の謀反は、事実であったらしい。1月24日、李适はついに韓明璉らと兵を挙げ、都の漢城に進軍を開始したのである。

李适が率いる反乱軍は、北方を守備する精兵を中心としていたため、討伐軍を破りながら南下していく。反乱軍が臨津江を越えた時点で、仁祖は漢城

から避難することにした。こうして、抵抗をうけることなく漢城を征圧した李适は、宣祖の十男興安君李瑅を新たな王として擁立したのである。

しかし、李适の天下は長くは続かなかった。仁穆王后が2月10日、次のように檄を飛ばしていたからである。

> 逆臣の李适と韓明璉が反乱を起こして、ついには王都を占拠してしまった。反乱軍は、歴代国王の廟や王宮を焼き払い、殺戮を繰り返している。このような状況で、もうどこで死ねばよいのかもわからない。そなたら忠義の士は、歴代国王と宣祖大王の御恩をうけていたであろう。国家存亡の危機に、傍観してはいられまい。今こそ、それぞれ義兵を起こして、両親を救うようにせよ

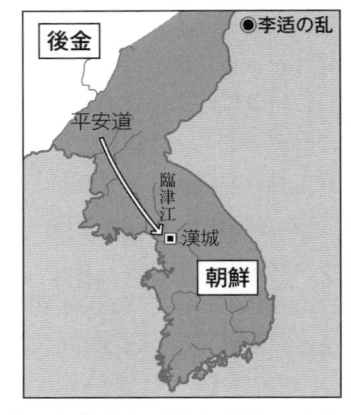

この仁穆王后の檄文に呼応して、多くの義兵が集まった。都元帥の張晩は、こうした義兵を糾合し、2月10日の夜、夜陰に乗じて漢城を包囲する。そして早朝、驚いて攻撃してきた反乱軍を撃退し、漢城を奪還したのである。

李适は、敗走して再起を図ろうとしたが、2月15日、配下の将軍奇益献・李守白らによって殺されてしまう。こうして、李适の乱は鎮圧されたのだった。だが、韓明璉の子韓潤らが後金に亡命し、その支援を求めたことで、朝鮮は、後金の侵入に脅かされることになる。

後金の侵入

李适の乱に敗れて亡命していた韓潤らから朝鮮の内情を知った後金の太宗ホンタイジ（在位1626年〜1643年）は、1627年1月13日、3万の大軍で朝鮮に侵入する。このとき、後金軍の先鋒を命じられていたのは、サルフの戦いで降伏していた姜弘立である。

後金軍は、義州城を陥落させると、南下して平山郡まで進軍する。このため、仁祖は江華島に避難しなければならなかった。圧倒的に後金が有利であったが、そのころは明との戦いも続いており、後金の太宗としても、深追いするつもりはなかったらしい。1627年2月2日、後金は朝鮮に和議を求める国書を送った。

> 弊国と貴国が和議を結ぶということは、とても美しいことである。た

だ、貴国が真に和議を望むのであれば、明との関係を断ちきらなければならない。さすれば、弊国が兄、貴国が弟というような兄弟の国になろう。それで明が怒ったとしても、恐れることはない。兄弟の国として結束していれば、永遠に平和を享受することができるだろう

後金としては、明との戦争を有利に進めるため、朝鮮を戦わずに服属させようとしたのだった。後金が提示した和議の条件は、

- 朝鮮国は、鴨緑江以南の辺境地域を後金国に割譲すること
- 朝鮮国は、明国の提督毛文龍を捕らえて後金国に送還すること
- 朝鮮国は、明国との戦争に際し、1万人を援軍として後金国に派遣すること

などであった。

これに対し、4月1日、仁祖も後金に国書を送る。

朝鮮国王李倧が謹んで奏します。弊国は、200余年にわたって明に臣下として仕えております。その名分はすでに定まっており、今さら変えられるわけがありません。弊国は弱小とはいえ、礼儀の国として知られております。それが突然、明に背くとしたら、貴国はどう思われるでしょう。外交には、小国が大国に仕える「事大」と、隣国同士が好を結ぶ「交隣」の2種類があります。弊国が貴国と和議を結ぼうとするのは「交隣」のためであり、弊国が明に仕えるのは「事大」のためです。「事大」と「交隣」を同時に行ったとしても、問題はございませんでしょう

そして、朝鮮からは、次のような和睦条件を提案した。

- 和議が結ばれたら、すぐに後金国は撤兵すること
- 後金国は、鴨緑江を越えて再び朝鮮に侵入しないこと
- 後金国と朝鮮国は、互いに兄弟国と称し合うこと
- 後金国は、朝鮮国が明国に敵対しないことを認めること

こうして、朝鮮と後金との間に盟約が結ばれ、後金軍は撤退していった。まだ明との戦争に専念しなければならなかった後金は、朝鮮と戦端を開くつもりはなく、和睦の条件を受け入れたのである。一連の騒乱を、発生した年の干支にちなんで「丁卯胡乱」とよぶ。

清の建国

　こうして、朝鮮は後金と和睦をすることになったが、建前としては「兄弟の国」であり、朝鮮が明を宗主国として奉ることも認められていた。しかし、明を滅亡寸前にまで追い詰めた後金の太宗が、1636年2月16日、国号を清（1636年～1912年）と改め、皇帝として即位することを朝鮮に伝えてきたことで、朝廷に波乱を巻き起こす。というのも、皇帝は世界に2人といないからである。太宗を皇帝として認めれば、明の宗主権を否定することになってしまう。太宗としては、こうして朝鮮に対し、明と清のどちらを選ぶか、二者択一を迫ったことになる。

　司憲府の洪翼漢は早くも2月21日、次のように訴えた。

> それがしは、生まれてからこのかた、皇帝といえば、明の皇帝しか聞いたことがありません。後金の王が我が国の臣民を隷属させて皇帝になるなど、言語道断です。我が国は、かねてより礼儀をもって知られ、小中華と目されているほどです。とてもではありませんが、後金の王を皇帝として認めるわけにはまいりません

　洪翼漢のいわんとしていることは、ただ歴史的に朝鮮が明を宗主国としてきたということだけではない。かつて、朝鮮は女真族を支配下においていた。その女真族が建国した清を宗主国とみなすことはできないという論理である。洪翼漢の見解に賛意を示した仁祖は、

> 貴国は1627年の時点で、弊国が明に仕えることを認めてくださったのではありませんか。ですから、弊国は貴国と「交隣」の盟約を結んだのです。よもやお忘れではありますまい

と太宗に反論する。それはつまり、朝鮮としては太宗を皇帝とは認めず、清に従わないという意思表示であった。

清の侵入

　朝鮮の意思を確認した清の太宗は、それ以上は説得しようとはせずに武力行使を決定する。こうして、1636年12月8日、清の大軍が清と朝鮮との国境に位置する鴨緑江を越えて、朝鮮になだれ込んできたのである。仁祖が都元帥の金自點から清軍侵入の報告をうけたのは12月13日で、清軍が鴨緑江を越えてから5日も経っていた。仁祖は、すぐさま歴代国王の位牌と朝臣の家族らを江華島に避難させる。そして、自らも江華島に向かおうとしたのだが、

すでに清軍が漢城に迫っていて、逃れる余裕すらなかった。結局、仁祖は12月14日、昭顕世子李溰をはじめ臣下とともに漢城近くの南漢山城に籠城したのだった。

南漢山城は、敵の攻撃を防ぐのに都合の良い要塞であった。しかし、霙が降る厳寒のなか、長期にわたって籠城することは難しい。12月24日、仁祖は昭顕世子や大臣を引き連れて、天に祈る儀式を行う。

「孤立無援なこの城に籠った今、信じることのできるのは天だけです。ところが、冷たい霙が降り続き、このままでは皆、凍えて死んでしまいます。それがしが死んでも、恨みは申しません。しかし、我が臣民にいったい何の罪があるというのでしょうか。願わくは、晴天に戻し、臣民たちをお救いください」

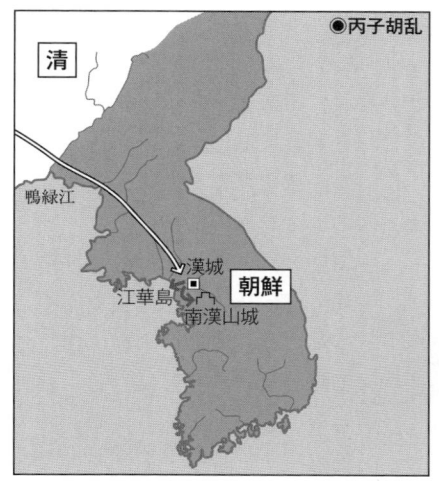

俯せになって祈る仁祖の背中に霙が降りかかると、大臣らは、

「このままでは殿下のお体に差し障りがございます」

と城の中に戻るように勧めたが、仁祖は聞こうとしない。この様子をみて、涙を流さない大臣はいなかった。

たとえ天気が回復したとしても、南漢山城の兵粮は減りつつあり、いつまでも籠城することができないことは明白だった。そうしたなか、1月28日には、太宗から降伏勧告書が送られてきた。

> そなたがもし誤りを悔いるのであれば、今後は、明からの誥命・冊印を返却し、関係を断たなければならない。そして明の年号を捨て、清の年号を用いるようにせよ。その命令を確実に実行するというのであれば、降伏を認めよう

尹集・呉達済・洪翼漢らは徹底抗戦を主張したが、まともに戦って勝てる可能性はなきに等しい。1月22日には江華島がわずか1日で陥落し、結局、南漢山城の仁祖も1月30日、降伏開城することに決めたのである。

仁祖は500余の臣下とともに、南漢山城を出て、三田渡に向かう。ここに、清が降伏の儀式をするための受降壇を設営していたからである。この場において、仁祖は清の皇帝となった太宗に対し、三跪九叩頭の礼を捧げたのだっ

第四章 党派の対立

た。三跪九叩頭の礼とは、皇帝の前で3回跪き、跪いている間にそれぞれ頭を3回地面につける礼法で、合計で9回、頭を下げることから「三跪九叩頭」という。仁祖にとっては、屈辱以外の何ものでもなかったろう。しかし、降伏した身としては、受け入れざるをえなかった。

仁祖が降伏したことにより、朝鮮と清との間に和議が結ばれる。その条件は、次のようなものであった。

- 朝鮮国は、清国に対し、毎年、絹・紙などを献納すること
- 朝鮮国は、清国と国交を開くこと
- 朝鮮国は、清国の求めに応じて兵を送ること
- 朝鮮国は、講和に反対した尹集・呉達済・洪翼漢らを捕らえて清国に送ること
- 朝鮮国は、世子と王子を人質として清国へ送ること
- 朝鮮国は日本国と国交を開くこと

こうして、仁祖は漢城の昌慶宮に戻ることを許された。しかし、王子の昭顕世子李㴭と鳳林大君李淏は人質として清に連行され、清に送られた尹集・呉達済・洪翼漢は殺されている。

この一連の戦乱を、発生した年の干支にちなんで「丙子胡乱」とよぶ。

③「大清皇帝功徳碑」の建設

　朝鮮が清に降伏したことで、清軍は撤退した。しかし、朝鮮の苦難がそれで終わったわけではない。清は、朝鮮に対し、仁祖が降伏した受降壇に太宗を顕彰する碑の建設を命じてきた。屈辱的な要求ではあったが、断ることはできず、1637年11月3日、仁祖は「大清皇帝功徳碑」を完成させた。高さ4m、幅2m近い巨大な石碑で、三田渡にあるため一般的に「三田渡碑」と通称されている。

　碑は完成したが、問題はその碑文である。清はその碑文に刻む文案の作成すら、朝鮮に命じてきたのだった。しかし、仇敵である清の皇帝を顕彰する文案を好んで作成する臣下がいるはずもない。たとえ本心では清を快く思っていなかったとしても、文案を作成した以上、清の皇帝を礼賛した人物として歴史に名を残すことになってしまう。苦況に立たされた仁祖は、11月25日、文章家として知られていた李景奭・張維・李慶全・趙希逸の4人に文案の作成を求めたが、案の定、4人とも辞退した。

　そのため、仁祖は4人に有無をいわさず、命令するしかなかった。このとき、李慶全は病気になったことから免除され、趙希逸の文案は難解すぎたため、除外される。そこで、李景奭と張維の文案を清に送ったところ、李景奭の文案が採用されることになったのである。

　李景奭により作成された碑文は、清からの要望に従って修正されたあと、最終的に次のようなものになった。

　　1636年12月、皇帝は我が国の背理をお怒りになられ、征伐のために東方へ向かうと、あえて抵抗する者はいなかった。我が王はそのとき、南漢山城に籠もったが、夜明けを待つように恐れた期間は、50日にもなる。そのとき、皇帝は「降伏すれば皇帝が王を助けるが、降参しなければ殺す」と勅書を下されると、我が王は「それがしが皇帝に背いたのだから、その罪はそれがしにある。しかし、皇帝がこのように仰っているのだから、これ以上背くことはない」といい、降伏を決めたのである。実際、皇帝は我が国の王と臣下、そして捕虜までもが以前と同じ生活ができるようにしてくださった。皇帝の恩恵は、語り尽くすことができない。漢江上流の三田渡は、皇帝がしばらくとどまられた所で、我が王が降伏した壇場がある。皇帝からうけた恩恵を永久に残すため、ここに碑を建てる

昭顕世子の急死

　清の人質となっていた、仁祖の嫡男昭顕世子李溰と次男鳳林大君李淏は、その後もその当時の清の都である瀋陽にとどめ置かれていたが、8年を過ぎてようやく解放され、1645年2月18日、朝鮮に帰国した。このとき、昭顕世子らを送還した清の勅使は、太宗の跡を継いだ世祖順治帝（在位1643年～1661年）からの国書を仁祖に手渡す。そこには次のように書かれていた。

　　朕が皇帝に即位してから、恩恵は天下に広がり、諸国が朝貢するようになった。そこで、天下に恩赦を下すことにした次第である。そなの国朝鮮も、清の教化をうけ、すでに諸侯国となっている。当然、ほかの国と同じように、寛容な恩恵を与えねばなるまい。ここに、世子を本国に帰還させる

　すでに清は前年の1644年、明を滅ぼしており、名実ともに、中国の支配者となっていた。すでに敵対する勢力がいなくなったことで、朝鮮の不満をそらすべく、人質となっていた仁祖の王子らを帰国させたのである。

　しかし、帰国して2か月後の1645年4月23日、昭顕世子は病床に伏してしまう。そして、マラリアだと診断した医官の李馨益によって治療が施されたものの、わずか3日後の4月26日、昭顕世子は命を落としてしまったのである。34歳だった。

　昭顕世子の突然の死は朝廷内に波紋を広げた。翌4月27日、官吏を監察する司憲府と王に諫言を行う司諫院は、そろって仁祖に訴えている。

　　世子の病状がたった1日で急変し、結果的にこのような結果となってしまいました。臣下の多くは、李馨益の診断と治療が適切ではなかったのではないかと考えております。誤った診断に基づく治療を行った李馨益を、このままにしておくわけにはまいりません。速やかに原因を究明し、李馨益を処罰するようにしてください

　しかし、仁祖は李馨益の処罰はもちろん、原因を究明するための調査すら命じなかった。仁祖のいい分はこうである。

　　医官というものは、誰しも慎重な診断をしたうえで治療を施すものである。あえて調査をする必要はない

　再三、臣下は李馨益の処罰を求めたが、仁祖はついに認めなかった。そのため、朝廷内には昭顕世子が毒殺されたのではないかという疑惑も広がった。そして、李馨益が昭顕世子と不仲であった仁祖の後宮（側室）貴人趙氏

の実家に出入りしていたことから、昭顕世子は李馨益に毒を盛られたと噂されたという。実際に昭顕世子が毒殺されたものかどうかはわからない。ただ、仮に毒殺されたのだとしても、指示をしたのは貴人趙氏であって、仁祖ではなかっただろう。ちなみに貴人とは後官における上から2番目の地位で、最高位が嬪である。

鳳林大君を世子に

　昭顕世子の死後から間もない1645年閏6月2日、仁祖は新たな世子を決めるべく、領議政の金瑬・左議政の洪瑞鳳・領中枢府事の沈悦・判中枢府事の李敬輿ら16名の大臣を招集した。大臣らを前に仁祖は自らの意見を述べる。

　「予には長く患っている病気があり、最近ではそれがひどくなってきている。嫡男の昭顕世子亡きあと、次の世子を早く決めねばなるまい。本来なら、昭顕世子の嫡男慶善君を世子とすべきだが、まだ11歳である。王位を継がせるにはあまりに幼すぎると思うのだが、どうであろうか。そなたらの意見を聞かせてほしい」

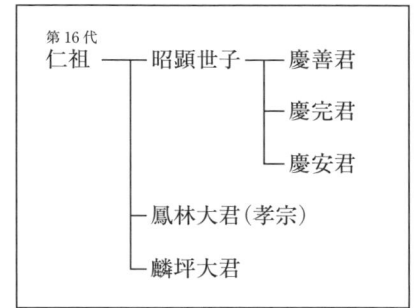

```
第16代
仁祖 ┬ 昭顕世子 ┬ 慶善君
     │         ├ 慶完君
     │         └ 慶安君
     ├ 鳳林大君（孝宗）
     └ 麟坪大君
```

　この仁祖の問いかけに、洪瑞鳳が、

　「嫡男が亡くなられた場合には、嫡孫が王位を引き継がれるというのが常道です。この原則を無理を押し通して変えるのは、国家にとってよいこととは思えません。それがしは、慶善君を世子とされるべきかと存じます」

　と反対意見を述べると、沈悦・李敬輿らが賛成する。このころ政治の実権を握っていた西人は、儒教に基づく政治を理想として掲げていたから、直系による王位継承を主張したのは当然である。

　しかし、仁祖は、

　「かつて第7代国王世祖大王は、嫡男の懿敬世子が亡くなったあと、嫡孫には王位を継がせず、次男の睿宗大王に伝えたではないか。そなたらは、世祖大王が無理を押し通したとでもいうのか。予とて、慶善君に王位を継がせるのが正論であることはわかっている。しかし、我が国がおかれた現状をみると、慶善君が統制できるとはとても思えないのだ」

　と訴える。仁祖は、朝鮮が清に降伏を余儀なくされた状況で、清との関係

第四章　党派の対立

をこれ以上こじらせると、朝鮮が滅亡してしまうという危機感を抱いていたのだろう。そのためには、世子が王位についたとき、朝廷の実権を握る西人を統制できなければならない。こうしたことを考えると、11歳の慶善君を世子にすることは難しいと判断したものと思われる。

　納得のいかない洪瑞鳳らは、繰り返し正論を述べると、ついに仁祖の堪忍袋の緒が切れた。

　「そなたらは、決まり切った正論ばかりぐたぐたと述べているが、実際に予がある日突然死ぬことになったら、そなたらはいったいどうするつもりなのか」

　仁祖がいいたかったのは、正論が常に正しいとは限らないということであった。かたくなに正論を主張し、臨機応変に対応できなければ、国を滅ぼすことになる。こうした危機感が、大臣らには欠如していた。

　仁祖の一喝により、大臣らは黙ってしまったが、領議政の金瑬が仁祖の見解に賛意を示すと、大臣らも最終的には、慶善君を世子に決めないということで見解が一致した。

　それをみたうえで、仁祖は、

　「昭顕世子が亡くなってしまったが、息子は2人残っている。大臣らは、鳳林大君か麟坪大君のうちから、ふさわしいほうを決めるがよい。ただ、資質が優れているか否かで判断せよ」

　と二者択一を迫る。しかしこのとき、洪瑞鳳が、

　「お二方は、大臣らと接したことがありませんから、優劣の判断などできません。古くから、子を知ること父に若くは莫し、というではございませんか。父親が子のことを一番よくわかっているのですから、ここは殿下がお決めになられるべきです」

　と仁祖に判断を委ねることを提案したため、仁祖はこういった。

　「三男の麟坪大君が劣っているわけではないが、兄弟のなかでは、兄を選ぶべきであろう。次男の鳳林大君を世子とする」

　これを聞いた鳳林大君自身は涙を流しながら、世子冊封の要請を固辞する。しかし仁祖から、

　「予が決定したことであるとともに、大臣らの見解も同じである。だから、そなたも固辞するでない」

　といわれては、引き受けざるをえない。こうして、昭顕世子亡きあとの世子の座は、鳳林大君に決まったのである。

排斥された姜氏一族

　世子が鳳林大君に決まったことに最も動揺したのは、昭顕世子の外戚である。昭顕世子嬪は右議政の姜碩期の娘であり、姜氏一族は、当然のように昭顕世子が王位につくことを望んでいた。ところが、その昭顕世子が急死したことで納得のいかない姜氏一族は、医官の李馨益を処罰するように仁祖に訴え、不興を買ってしまう。それでも、世子の座が慶善君に決まれば、姜氏一族の溜飲も下がったかもしれない。しかし、世子が鳳林大君に決まったことで、追い詰められた姜氏一族は、公然と仁祖に対する不満を口にするようになったのである。

　そうした状況を憂う仁祖は1645年8月25日、大臣らを集めて姜氏一族の処遇について相談する。このとき、仁祖は姜氏一族を追放しようと主張するのだが、領議政の金瑬は反対する。

「姜氏一族は、予を侮っているばかりか、自分たちのおかれた状況をもまったく理解していないらしい。都から追放して、人心が落ち着くのを待とうと思うが、どうであろう」

「姜氏一族の行動に問題があるのは確かです。ただし、特に罪を犯したわけではございません。それなのに罪人として追放するのは、いたずらに人心を混乱させてしまいます」

「そのようなつもりはない。ただ万が一、姜氏一族が政治を混乱させれば、取り返しのつかないことになるかと恐れているのだ」

「では、これまでに姜氏一族は何か罪を犯しましたか」

「禁止したにもかかわらず、医官の李馨益を処罰するように訴え続けているではないか。しかも、最近は司憲府や司諫院まで動かそうとしている」

　こういって、仁祖は、翌8月26日、昭顕世子嬪の兄弟である姜文星・姜文明・姜文斗・姜文璧を配流にした。その命令書は、次のようなものだった。

　　姜文星らは、人としての礼儀に欠け、権力を濫用している。そこで、数年の間に限り、遠方に配流することにした。これにより、国内の保全を図るものである

　金瑬が指摘したように、姜氏一族に、これといった罪状があったわけではない。しかし、結果的に慶善君を世子に決めなかったことで、姜氏一族の不満が爆発することを仁祖は恐れていたのである。その爆発を未然に防いだといえば聞こえはよいが、実質的には冤罪で追放したことになる。

③昭顕世子嬪の賜死

　こうして、兄弟たちまで追放された昭顕世子嬪には、頼れる人はいなくなってしまった。そんな矢先、仁祖の食事に毒が盛られるという事件が起こると、1646年1月3日、仁祖は昭顕世子嬪を幽閉してしまう。仁祖が、犯人を昭顕世子嬪だと信じたからである。しかし宮中では、昭顕世子嬪と対立していた仁祖の後宮である貴人趙氏の謀略だと噂されたという。しかし、仁祖が貴人趙氏を寵愛していたため、そうした現実がみえていなかったのだろう。

　1か月後の2月3日、仁祖は領議政の金瑬・右議政の李景奭・判中枢府事の李敬輿・礼曹判書の金堉・工曹判書の李時白ら大臣をよんでこういった。

　「毒を盛ったのは、おそらく昭顕世子嬪の差し金だろう。国王を害しようとする者は、天地の間で1日も生かしておくわけにはいかない。昭顕世子嬪を処罰するようにせよ」

　これを聞いて驚いた李時白は、

　「国王を暗殺するなどというのは、大罪中の大罪です。そのような大罪にもかかわらず、憶測で犯人だと決めつけることなどできません」

　と訴え、ほかの大臣らも李時白の見解に賛意を示した。仁祖の意見に同意したのは、左議政の金自點ただ1人しかいない。にもかかわらず、仁祖は大臣らの諫言に耳を傾けることなく、3月15日、ついに昭顕世子嬪に毒を与えて自害させる賜死にしたのである。

　さらに、昭顕世子嬪が賜死して1年が過ぎた1647年5月13日には、昭顕世子の3人の子慶善君・慶完君・慶安君がそろって済州島に送られた。このとき、長男の慶善君は12歳、次男の慶完君は8歳、末っ子の三男慶安君にいたっては、わずか4歳にすぎない。ただ、これは配流されたものではなく、仁祖は政争から3人の子を守ろうとしただけであったらしい。翌5月14日には、兵曹参知の丁彦璜が、次のような上訴を上げている。

　昨日、殿下が昭顕世子の3人の子を済州島で生活できるように命令されたと聞き、それがしは涙があふれてとまりませんでした。昭顕世子嬪の事件は誠に由々しきことで、臣下としても耐えられるものではございません。しかし3人の子が幼く、事件に関与していないことは、すでに殿下が明らかにされている通りです。かつて殿下は、鳳林大君に対し、「これからは兄の子を、我が子のように扱いなさい」と仰いました。臣下は、この殿下のお言葉に敬服したものです。くれぐれも、奸臣たちに

利用されないよう、恩情をもって3人の子の命をお守りください
　ただ、丁彦璜の願いもむなしく、慶善君が翌1648年9月18日、慶完君が同年12月23日に立て続けに病没してしまう。このため、仁祖は3兄弟の養育にあたっていた女官らを処罰している。

仁祖の薨去

　仁祖が世子の決定を急いだのも、自身の病状を気にしてのことだった。鳳林大君を世子に冊封したあと、仁祖は病気がちとなり、ついには昌徳宮で病床に臥せってしまう。そうしたなか、仁祖が危篤に陥った。このとき、寝室によばれていた鳳林大君は、領議政の金自點・左議政の李景奭ら大臣をよぶ。それとともに、承旨の朴長遠らに対し、
　「王妃殿下は、現在、慶徳宮にいらっしゃるはずだ。急いでお迎えしてくるように」
　と命じ、仁祖の継妃である荘烈王后を迎えに行かせた。それは、つまるところ、仁祖の臨終が近いことを意味している。このため、大臣だけでなく、同席していた医官や史官らもみな涙を流した。
　鳳林大君に、
　「大臣は入ってきなさい」
　とうながされ、金自點や李景奭が寝殿に入ると、仁祖はすでに話をすることができなかった。鳳林大君が、
　「殿下、聞こえますか。それがしが誰かわかりますか」
　と3度聞いたが、仁祖は答えない。金自點・李景奭も、
　「大臣らも参りました」
　と伝えるが、やはり反応はない。すでに仁祖は、意識がなかったのである。このとき、李景奭は、
　「大提学は、はやく殿下の遺言書を作らなければなりません」
　といったが、大提学の趙絅自身が、
　「すでに遺言を承れない状況ですから、それはできません」
　と反対したため、金自點も遺言書を作成しないことに決めた。
　こうして、世子や大臣らの見守るなか、仁祖は1649年5月8日、昌徳宮の大造殿で薨去した。
　そのころ、慶徳宮から昌徳宮に向かっていた荘烈王后は、仁祖の臨終には間に合わなかった。

第17代　孝宗

在位1649年〜1659年

清に従ってロシアと戦う

孝宗の即位

　第16代国王仁祖は1649年5月8日に薨去した。これにより、5日後の5月13日、仁祖の次男で世子に冊封されていた鳳林大君李淏が、昌徳宮の仁政殿において第17代国王として即位し、孝宗となった。即位したばかりの孝宗は、次のように布告した。

　予は僭越にも、5年間にわたって世子の座にあった。常に天命に逆らうことになるのではないかと恐れていたところ、仁祖大王が危篤になられて10日もしないうちに薨じられてしまった。父が子に教える言葉を、これからはどこで聞けばよいのだろうか。これが天運なのか、時運なのか、予にはわからない。喪中にありながら即位するのは、心が張り裂けるばかりに辛いことだ。しかし、歴代の国王もまた、悲しみを押し殺して、即位式を挙行してきたのだと思う。政治は臣民のためのものであり、一日たりとも王の座を空位にすることはできない。今、予がどうして父祖が継いだ王統を断つことができようか。このため、5月13日、仁政殿で即位した次第である。仁祖大王の王妃荘烈王后を王大妃に、嬪張氏を王妃に、世孫を世子にする。王位を受け継いだはじめには必ず、過ちを正さなければならない。そこで、代替わりの恩赦として、5月13日明け方以前に行われた重罪を除く犯罪については、全部これを赦すことにする

流刑にされた領議政の金自點

　孝宗が即位して間もない6月22日、大司憲趙絅らは領議政の金自點を罷免するように弾劾した。

　領議政の金自點は、本来はとるに足りない人物にすぎません。しかし、先王の仁祖大王に媚びへつらうことで、出世したものです。仁祖大王の政策を誤らせた罪は、誠に大きいといわねばなりません。すぐにでも、金自點を罷免するようにしてください

金自點は、孫の金世龍を仁祖と後宮の貴人趙氏との間に生まれた孝明翁主と婚姻させており、王族の外戚として権力をふるっていたものである。そして、立場上、仁祖に諫言することもなく、周囲からは佞臣だとみられていた。実際、仁祖が昭顕世子嬪の賜死を決めたときも、大臣のなかでただ1人だけ賛成をしたのが、当時左議政の金自點である。このため、臣下の不満が、代替わりを機に爆発したのだといってよい。

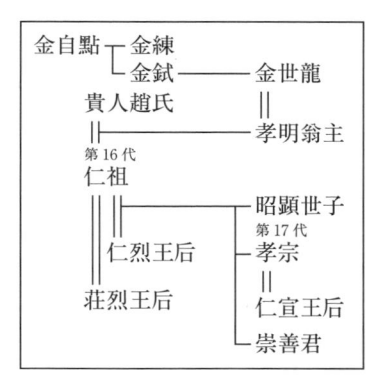

```
金自點 ┬ 金練
       └ 金鈜 ─── 金世龍
貴人趙氏              ‖
  ‖                 孝明翁主
第16代
仁祖              ┬ 昭顕世子
  ‖              │ 第17代
  ├ 仁烈王后      ├ 孝宗
  │              │   ‖
  └ 荘烈王后      │  仁宣王后
                  └ 崇善君
```

　こうした声に押される形で、孝宗は8月4日、金自點を罷免して左議政だった李景奭を領議政につける。そして、1年後の翌1650年春には、金自點を配流したのだった。
　その後も、漢城では、配流された金自點が清（1636年〜1912年）に通じて、功臣である金自點を追放した理由を孝宗に詰問させるのではないかという噂が飛び交う。結局、清の使節は朝鮮に対し、城を築いた理由について調べに来ただけであったが、金自點の存在が脅威であったのは確かである。孝宗は、その年の夏、金自點をさらに遠方に配流した。

貴人趙氏の賜死

　仁祖に媚びへつらっていた金自點が追放されたあと、仁祖から寵愛をうけていることをいいことに、傍若無人なふるまいをしていた貴人趙氏も、ただではすまなかった。多くの人は昭顕世子を毒殺し、その妃を賜死に追い込んだ張本人が、貴人趙氏であると考えていたからである。
　貴人趙氏への弾劾は、1651年11月23日、貴人趙氏が孝宗妃の仁宣王后を呪詛したとされる告発が発端となった。ただちに、貴人趙氏とその娘である孝明翁主についていた女官らが逮捕されて尋問をうけたのである。この尋問により、貴人趙氏が、実際に呪詛していたという「自白」が導き出されていく。こうしたなかで、まず訴えたのが文書を管理する弘文館で、1651年11月27日、孝宗に書を上げた。

　貴人趙氏は仁祖大王の時代からすでに悪逆を行っていましたが、今では仁宣王后にまでその被害が及んでおります。王室の尊厳を汚した張本人の爵号をそのままにしておくことはできません。貴人趙氏の爵号を剥奪

してください

後宮には、上から嬪、貴人、昭儀、淑儀、昭容、淑容、昭媛、淑媛という爵号があり、趙氏は「貴人」なので、上から2番目ということになる。弘文館はその爵号を剥奪し、王宮から追放することを求めたが、孝宗は認めなかった。

12月2日には、官吏の監察を行う司憲府と王への諫言を行う司諫院が、共同で書を上げた。

> 貴人趙氏は、仁祖大王の後宮として寵愛をうけていました。しかし、その恩に報いようともせず、いっそう悪事を働いたのです。仁祖大王を唆していた奸臣が処分されたのに、首謀者が安穏としていては示しがつきません。法が厳格に適用されてこそ、臣民の怒りが収まるのです。速やかに貴人趙氏を法に基づいて処罰してください

この訴えがあっても、孝宗は、

「王室の不祥事は、すべて予の罪である。それに、王妃仁宣王后の気持ちも考えて、今はそっとしておきたい」

といって、貴人趙氏に対する処罰を認めなかった。しかし、その後も上訴が続くなか、12月7日、海原副令の李暎から、謀反の密告があった。

> それがしの義父である趙仁弼が配流先の金自點と密かに通じております。確証はございませんが、どうやら反逆を企てているようです。速やかに金自點を逮捕して、取り調べをするようにしてください

趙仁弼は、貴人趙氏の従兄にあたる。貴人趙氏が弾劾されるなど追い詰められた趙仁弼が、勢力の挽回を図るべく、金自點に計画をもちかけたのであろう。孝宗は大臣らに命じて、ただちに金自點とその子金鍊・金鉽、さらに趙仁弼らを逮捕させる。すると12月13日、金自點の子金鉽が次のように「自白」した。

> それがしは、配流された父金自點とともに、宋浚吉・宋時烈らを殺そうとしました。というのも、宋浚吉・宋時烈らがそれがしの父を罪に陥れたからであります。当初は、もう少し早くに計画を実行に移すはずでした。しかし、私ども父子が一時離ればなれになったので、実行できませんでした。常に連絡をとっていた孝明翁主は、「母と私が仁宣王后を呪詛しているところです。これが成功したら、崇善君を王位につけましょう」といっておりました

拷問のうえでの「自白」であるから、金鉽がどこまで事実を語ったのかは

わからない。ただ、この「自白」に基づき、金自點と趙仁弼らが、孝宗の弟である崇善君李澄を奉じて反乱を起こそうとしていたのが事実とされてしまったのである。

こうした審問の結果、ついに孝宗は貴人趙氏を賜死することにした。その命令書には次のように述べられていた。

> 貴人趙氏は、宮中で気に入らない相手に凶悪で残酷なことをしていたが、果ては仁宣王后にまで呪いをかけていたことが判明した。これは王室と国家を冒瀆した行いであるが、幸いにも天のおかげで謀略はすでに発覚している。その罪が王室と国家に及んでいる以上、もはや予の一存で恩情を与えるわけにはいかない。衆議に従って、死罪と決定した。ただ、処刑するのは忍びないので、自害を命ず

こうして、貴人趙氏は孝宗から与えられた毒薬を飲み、自害した。そして、金自點や趙仁弼が処刑されるなど、貴人趙氏にゆかりのある一族はことごとく粛清されてしまったのである。

清のロシア征討に従軍

孝宗が即位したころ、朝鮮の北方ではロシアが進出してきており、清と衝突するようになっていた。ロシアは、長らくモンゴルの支配下に置かれていたが、1613年にロマノフ朝（1613年〜1917年）が成立して以来、じわじわと黒竜江流域に進出してきていたからである。

●清のロシア征討

寧古塔を拠点としてロシア軍に対峙していた清は、1654年2月2日、韓巨源を朝鮮に派遣し、援兵を要請した。清の礼部からの書には、

> 朝鮮は鉄砲隊100人を選抜し、3月10日までに寧古塔の清軍のもとに送るように

とあった。清の藩属国である朝鮮としては、援軍の要請を拒否することはできない。そのため、孝宗は咸鏡道兵馬右侯の辺岌に命じ、鉄砲隊100人を率いて寧古塔に向かわせたのである。

寧古塔で朝鮮軍と合流した清軍3000が、4月16日、寧古塔を出発すると、黒竜江沿いに進軍してきたロシア軍と遭遇する。このとき、清・朝鮮軍は、

7日間の戦闘でロシア軍を撃退した。

その後もロシアの進出は繰り返されたため、4年後の1658年3月3日、清の勅使李一先が孝宗に対し、再び朝鮮に援軍を求める。このとき、世祖順治帝（在位1643年～1661年）の勅書を孝宗に渡した李一先は、自らも孝宗に要請した。

「我が清がロシアを征伐するのに兵糧が不足しております。5月までに兵糧をお送りください」

「前線の様子はどのようなものなのでしょうか」

「ロシア軍は1000ほどです。ただ、我が清には、兵糧の備蓄があまりないので、前線に送らねばなりません」

「黒竜江流域まで兵糧を送るのは困難ではありますが、皇帝陛下からの要請であれば、断る理由もございません」

こうして、孝宗は、咸北兵馬右侯の申瀏に命じ、鉄砲隊200名のほか、3か月分の兵粮を積んで寧古塔へ向かわせたのである。

4年前と同じように、寧古塔で朝鮮軍と合流した清軍は、6月10日、松花江と黒竜江の合流点でロシア軍を撃破する。こうして、2度にわたるロシア軍との戦闘は終了した。

孝宗の薨去

ロシア軍との戦闘が終結した翌年、孝宗は病床に臥してしまう。そして、1659年5月4日、とうとう危篤に陥ってしまった。孝宗は、できものによって体調を崩していたが、意識ははっきりしていたらしい。自ら、医官の柳後聖・申可貴に、鍼を打っても大丈夫かどうかを聞く。すると、申可貴が、

「できものの毒が顔に流れ、膿になってしまっております。鍼を打てば悪い血が出て、いずれ収まるでしょう」

と答えたため、孝宗は鍼を打ってもらうことにした。

しかし、鍼を打ってもらったあと、いつまで経っても血が止まらない。血を止める薬をすぐに服用したものの、孝宗の病状はますます悪化してしまう。死を覚悟した孝宗は、最後の力をふりしぼって、

「大臣らをよぶように」

と伝えた。こうして、領議政の鄭太和・左議政の沈之源・吏曹判書の宋時烈・右参賛の宋浚吉らが孝宗のいる昌徳宮の大造殿に入る。しかし、このとき孝宗はすでに息を引き取っていた。そのため、大臣らは涙を流し、世子の李棩は胸を打って号泣した。

荘烈王后の服喪期間

孝宗が薨去した際、まず問題となったのが、仁祖の継妃であった荘烈王后の服喪期間である。朝鮮王朝では、子を亡くした親は、子が長男ならば足掛け3年の3年喪、長男以外であれば足掛け1年の1年喪に服すのが通例になっていた。このとき亡くなった孝宗は、荘烈王后の義理の息子にあたる。ただ、その孝宗を嫡男とみなすか、嫡男ではないとみなすかで、必然的に服喪期間が違ってきてしまったのである。

このため、礼を司る礼曹判書の尹絳は、5月5日、世子の李棩に献言した。

「荘烈王后の服喪期間をどうするのかについて、『五礼儀』にも書かれておりません。3年喪にするのか、1年喪にするのか、礼曹としては上告するだけの根拠がありませんので、大臣らと相談してお決めください」

『五礼儀』というのは、正式には『国朝五礼儀』という。第4代国王世宗の時代に許周らが高麗（918年〜1392年）や明（1368年〜1644年）における礼制を参考にして編纂を始めた故実書で、第9代国王成宗の時代、申叔舟らによって完成されていた。それ以降、朝鮮王朝における典礼は、この『五礼儀』を典拠として行われてきたものである。

朝鮮王朝では、先例が重視されていたから、典拠とする『五礼儀』に記載がないということは、先例に従えないことを意味した。当然、誰もが納得できるような理論的な根拠を、新たに導き出さなければならない。そこで世子は、領敦寧府事の李景奭・領議政の鄭太和・左議政の沈之源といった大臣をよび、

「すべてのことは宋時烈と宋俊吉に諮問せよ」

と命じた。宋時烈と宋俊吉は、名の知れた儒者でもあり、古今東西の令書にも通じていたからである。そこで、大臣らが宋時烈と宋俊吉に意見を求めると、宋時烈は、『朱子家礼』など、中国の礼論を持ち出した。そして、その『朱子家礼』をもとに、

「先王の孝宗におかれては、たとえ王位を継いでいたとしても、系譜の序列からすれば次男であり、長男ではございません。ですから、荘烈王后の服喪期間は、1年とするのが当然と考えます」

と自らの見解を述べたのである。『朱子家礼』によると、亡くなったのが長男なら3年喪に服し、そうでなければ1年喪に服すのが原則だった。こうして、荘烈王后の服喪期間については、宋時烈の見解に従い、1年喪と決まったのである。

第四章　党派の対立

第18代　顕宗

在位1659年〜1674年

西人と南人の対立

顕宗の即位

　1659年5月4日に第17代国王孝宗が薨去したため、世子の李棩が5月9日、景福宮の仁政殿において第18代国王として即位し、顕宗となった。即位したばかりの顕宗は、次のように布告した。

> 我が国が天から過酷な罰をうけているなか、心の痛みは増すばかりだが、泣き叫んだところで、いったい何の意味があるだろう。先王の孝宗大王は、王位につかれて10年の間、恩沢をすべての臣民に及ぼし、賢者を登用したことで国政も安定した。それが、たいしたことではないと思われた病気によって、危篤に陥られることになると、どうしてわかっただろう。このような悲しみのなか、とてもではないが、王位につくことは考えられない。しかし、王の座をこのまま空位にするわけにもいかず、5月9日を期して、景福宮の仁政殿で即位した次第である。これにともない、仁祖妃の荘烈王后を大王大妃に、孝宗妃の仁宣王后を王大妃に、予の嬪金氏を王妃に昇格させる。この新しい門出に、すべての臣民も参加せよ

　国王として即位するまで、顕宗には政治的な経験がほとんどなかったといってよい。そのため、義父の金佑明とその甥の金錫冑に補佐されることになった。そして、その金佑明・金錫冑が西人に属していたことで、西人の領袖である宋時烈によって、政局が主導されていく。

西人に反駁する南人

　朝廷の実権を西人が握るなか、南人の領袖である許穆は、西人を排撃する機会をうかがっていた。そして、顕宗が即位して1年近く経った1660年3月16日、許穆は、西人の宋時烈が決めた荘烈王后の服喪期間に問題があるとして、顕宗に訴えた。

　昨年、孝宗大王が薨じられた際、孝宗大王が次男でおられるという理由から、荘烈王后の服喪期間が1年と決まりました。しかし実際のとこ

ろ、荘烈王后の服喪期間を1年喪とする典拠はありません。急いで服喪期間を決めなければならないという状況において、議論が尽くされなかったのではないでしょうか。孝宗大王は、確かに次男ではありましたが、王位を継いでいる以上、長男と変わるものではございません。今からでも遅くはございませんから、服喪期間を3年喪に正すべきかと存じます

　許穆は、西人を攻撃する手段として、この服喪期間を取り上げたのだった。そして、朝廷内で再び服喪期間についての議論がされ始めたところへ、同じく南人の尹善道が、4月18日、さらに過激な訴状を顕宗に上げたのである。

宋時烈は、孝宗大王が次男でおられるという理由から、荘烈王后の服喪期間を1年としました。しかし、実際に王位を継がれたのは、長男の昭顕世子ではなく、次男の孝宗大王でございます。王位を継がれたのですから、これは長男と何ら変わりません。にもかかわらず、孝宗大王を次男だというのなら、王統としての正統性が失われてしまうのではないでしょうか

　尹善道の訴状が、揚げ足取りであることは明らかだった。しかし、尹善道の見解が認められてしまうと、宋時烈をはじめとする西人はみな、顕宗の王位の正統性を認めない逆賊との汚名を着せられかねない。そう判断した西人は、こぞって尹善道を弾劾する。

　服喪期間をめぐる議論が次第に党争の様相を帯びてくるなか、顕宗はついに宋時烈ら西人の見解を支持すると表明した。こうして4月30日、尹善道が配流されるという形で、論争は終結したのである。この服喪期間に関する論争を、発生した1659年の干支にちなんで「己亥礼訟」という。

　「己亥礼訟」は、単に服喪の期間について争ったものではない。結局のところ、西人は王権を弱めるために孝宗の正統性を低くみなそうとし、南人は孝宗の正統性を認めることで西人を排撃しようとして、論争になったものである。

南人の反論

　「己亥礼訟」は西人の見解が認められる形で決着したが、一方の南人も、顕宗の裁定に納得したわけではなかった。1666年になって、南人の柳世哲は1000人の署名を集め、西人を批判する訴状を顕宗に呈したのである。

これをうけて顕宗は、3月20日、都承旨の金寿興をよび、「己亥礼訟」について改めて確認することにした。
「宋時烈の考えというのは、すでに長男のために3年喪を終えたら、次男以下は3年喪にする必要がないというものか」
「さようでございます」
「昭顕世子が亡くなられたとき、礼曹が服喪期間について議論したと聞いておる。そのときの記録をもってきなさい」
「礼をめぐる論争には、是非が入り交じり、どうしても結論が出ない部分というものがあるものでございます。先例を鑑みるまでもなく、今回、南人がその部分を批判してきたのは、正しい方法とはいえません。そもそも、このことは、7年前に殿下が裁定をくだされておられるのです。今さらこのような訴状をまともに議論する必要はございません」
　西人の金寿興は、はなから南人の上訴を取り上げるつもりはなかったのだろう。結局、握りつぶしてしまったのである。激論に発展することを懸念する顕宗も、論争の禁止を命じたため、礼訟はひとまず終息したかに思われた。

服喪期間をめぐる論争で西人が下野

　「己亥礼訟」の発生から15年後の1674年2月23日、孝宗の王妃仁宣王后が薨去したことで再び、服喪期間に関する論争が再燃する。というのも、このとき、仁祖の継妃荘烈王后がまだ健在だったからである。

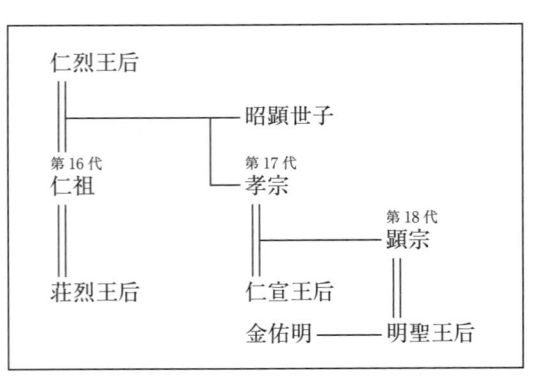

```
                    仁烈王后
                    ‖
                    ‖────────昭顕世子
                第16代        第17代
                仁祖          孝宗
                                          第18代
                                          顕宗
                                          ‖
                荘烈王后       仁宣王后    ‖
                              金佑明────明聖王后
```

　朝鮮王朝では、王妃が亡くなったあと、国王が若い継妃を迎えることも珍しくはない。そのため、仁祖の継妃である荘烈王后のほうが、仁祖の子孝宗の王妃仁宣王后より6歳も若かった。
　孝宗の服喪期間をめぐって争った「己亥礼訟」と同じように、争われたのは、仁宣王后の立場である。制度上、亡くなったのが長男の嫁であれば服喪期間は足掛け1年、亡くなったのが長男以外の嫁であれば服喪期間は足掛け9

か月ということになっていた。このとき、領議政として政権の実権を握っていた西人の金寿興は、礼曹が1年喪を上告したのに対し、9か月喪を採用しようとする。しかし、7月6日、南人の儒者である都慎徴が反対の訴状を奉じた。

　仁宣王后に対する荘烈王后の服喪期間を1年喪ではなく9か月喪とするのは、「己亥礼訟」の際に孝宗大王に対する荘烈王后の服喪期間を3年喪ではなく1年喪に定めたことと同じで、いずれも孝宗大王の正統性を低くしようという謀略です。荘烈王后の服喪期間は、必ず、1年喪にしなければなりません

7月13日、顕宗は金寿興をよんで問い詰める。
「礼曹が1年喪を提案したのに対し、9か月喪に変更させたのはなぜだ」
「孝宗大王の服喪を先例とすれば、9か月喪が妥当だからでございます」
　このときになってはじめて、顕宗も西人の関心が孝宗の正統性にあることが理解できたのであろう。金寿興の弟金寿恒も、顕宗の見解に従おうとはしなかった。顕宗にとって、父孝宗の正統性を下げることになる西人の見解は受け入れがたいものであった。
　3日後の7月16日、顕宗は金錫冑らの支持をうけ、南人の見解を採用することを決める。その結果、領議政の金寿興が流刑に処せられ、代わりに南人の領袖である許積が領議政に抜擢されたのである。こうして、第16代国王仁祖のときから50年にわたって政権を担った西人が下野し、朝廷の実権は南人が掌握することになった。
　この服喪期間に関する論争を、発生した年の干支にちなんで「甲寅礼訟」という。

顕宗の薨去

　「甲寅礼訟」が顕宗の心理的負担になっていたものであろうか。この「甲寅礼訟」の直後から顕宗は体調を崩し、1674年8月中旬、ついには危篤に陥ってしまう。顕宗は、ときどき朝鮮人参茶を服用するだけで、意識が混濁して眠り込んでしまうこともあれば、逆に寝つけなくなるといった容態になってしまったのである。
　顕宗は、危篤に陥ってから数日を経た8月18日、領議政の許積、左議政の金寿恒、右議政の鄭知和ら大臣が見守るなか、昌徳宮の斎廬で薨去した。在位15年、享年は34歳だった。

第19代　粛宗

在位1674年〜1720年

老論と少論に分裂して争う西人

粛宗の即位

　1674年8月18日、第18代国王顕宗が薨去した。このため、5日後の8月23日、顕宗の世子李焞が景福宮の仁政殿において第19代国王として即位し、粛宗となった。粛宗はわずか14歳だったが、とても聡明であったらしい。本来ならば、顕宗の王妃明聖王后が垂簾聴政するところであるが、すぐに親政を行うことにしたのである。即位したばかりの粛宗は、次のように布告した。

　　天が王室に災禍を与えたため、心の痛みは計り知れない。謹んで考えたところ、先王の顕宗大王は、臣民のことを考え、我が朝鮮を大きく発展させようとされていた。病床に臥されたとき、予が身代わりになりたいと願ったが、天はそれを認めてはくださらなかったようだ。このようなときに王位につくことを考えることはできない。しかし、王室と国家を守る責任は次の世代にあるから、明聖王后の命を敬い、また伝統に従い、8月23日、景福宮の仁政殿で即位した次第である。それにともない、明聖王后を王大妃に、嬪金氏を王妃に昇格させる。代替わりの恩赦として、8月23日明け方以前に行われた重罪を除く犯罪については、全部これを赦すことにする

　このとき、朝廷では議政府を中心に南人が占めていたものの、官吏を監察する司憲府と王への諫言を行う司諫院では、西人が勢力を保っていた。こうした政局のなかで、粛宗は難しい舵取りを迫られることになる。

追放された宋時烈

　即位したばかりの粛宗は、顕宗の墓碑に刻む文章を、西人の領袖である宋時烈に執筆させることにした。すると、1674年9月25日、晋州の儒者である郭世楗が、宋時烈をはずすように訴えた。

　　判府事の宋時烈に先王の墓碑文を書かせるのは誤りです。1674年の礼訟のときには、領議政の地位にあった金寿興が流刑に処せられましたが、もともとの原因をつくったのが判府事の宋時烈であることをお忘れにな

らないでください。顕宗大王に対して罪のある宋時烈にだけは碑文の作成をさせてはなりません

司憲府と司諫院を拠点とする西人は、すぐさま郭世楗を流刑に処すように訴える。しかし、粛宗は南人である領議政の許積の献言を容れて、郭世楗に科挙の受験を認めないという軽度の処罰を科した。これは、実質的には無罪放免といってよい。結局、粛宗は外戚の金錫冑に碑文の作成を命じた。

粛宗が西人に同調しないのをみてとった南人は、宋時烈の弾劾を本格的に始める。12月13日に顕宗の葬儀が終わると、12月18日から南人の南天漢・李沃・李宇鼎・睦昌明が連名で上訴した。

宋時烈は、1659年の「己亥礼訟」では、荘烈王后の服喪期間を本来は3年喪にすべきところ1年喪としました。さらに、今春の「甲寅礼訟」でも、荘烈王后の服喪期間を本来は1年喪とすべきところ9か月喪としました。宋時烈は、孝宗大王が次男でおられることを根拠としていますが、それは単なる口実にすぎません。実際には、孝宗大王の正統性を認めていないからなのです。宋時烈をこのままにはしておけませんので、速やかに罷免するようお願い申し上げます

粛宗は若かったが、宋時烈の言動にはかねてより考えるところがあったのだろう。その日のうちに宋時烈を罷免した。しかし、南人の攻勢は、宋時烈の罷免だけにとどまらない。その後も、宋時烈の配流を求める訴えが相次ぎ、結局、流罪に処せられることになったのである。

こうして、2度にわたる礼訟は、宋時烈の責に帰す形で決着した。しかし、その後も礼論に関する党争が収まることはなかった。そのため、1679年3月21日、粛宗は次のように命じている。

礼訟はすでに決着した。今後、礼論に関する上訴をした者は、反逆罪を適用して処罰する

この命により、西人と南人とが争った礼論に関する問題は、終息した。

台頭する外戚

宋時烈が流刑に処されて西人の勢威が衰えたあと、代わりに台頭してきたのが西人で外戚の金錫冑である。金錫冑は、粛宗の母明聖王后の従兄にあたる。そのころ、まだ粛宗には男子が生まれていなかったため、粛宗に万が一のことがあれば、外戚の地位を失ってしまう。そう考えた金錫冑は、王位継承権をもつ王族の排除に乗り出したのである。

第四章 党派の対立

金錫冑による王族の排除は、1675年3月12日、金錫冑の叔父で、明聖王后の実父にあたる清風府院君金佑明の上書から始まった。

```
第16代  第17代  第18代
仁祖――孝宗――顕宗          第19代
       │          ├――――――粛宗
       ├金佑明―明聖王后
       ├金佐明―金錫冑
       └麟坪大君―福寧君
                ├福昌君
                ├福善君
                └福平君
```

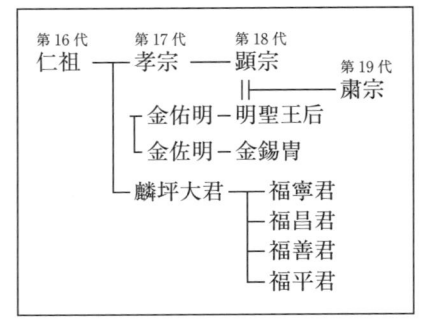

　麟坪大君の子らは、顕宗大王の従弟であることをいいことに、王宮に勝手に出入りしていたばかりか、宮女と密通していました。その罪は重く、断固たる処罰をするようにしてください

　第16代国王仁祖の三男である麟坪大君には、4人の男子がいた。上から福寧君李栴・福昌君李楨・福善君李柟・福平君李㮒という。福寧君は早世していたが、顕宗の従弟ということで、3兄弟は厚遇されていたのである。粛宗にとっては親しい王族であったが、金錫冑にとっては外戚の地位を脅かす存在でしかない。そこで、3兄弟を排除しようとしたのである。

　粛宗も、3兄弟らの逮捕を命じたものの、最初から処罰するつもりはなかったらしい。すぐに、証拠不十分として釈放させたのである。しかし、明聖王后が3兄弟の処罰を泣きながら求め、金佑明も、

　「理想とする古代中国の帝堯や帝舜の政治は、孝行につきるのです。王后の意向にどうして従わないのですか」

　と詰問したという。結局、粛宗は福昌君と福平君を配流せざるを得なかった。福昌君と福平君は、旱害を理由に4か月で赦免されたが、金錫冑の権力を見せつけるには十分であったといえよう。

南人から西人への政権交代

　外戚として王族に圧力をかけることに成功した金錫冑は、次に政治の実権を握っている南人の排撃を計画する。そして、1680年3月28日、突然、軍事を管轄する官職についている南人を罷免し、西人で独占させてしまったのである。このとき、粛宗の名で次のような命令が下された。

　このところ災異が続き、民心が動揺している。そうしたなかで、国王を守る近衛兵は位階の高く、かつ、王族に近い者でなければ務まるまい。訓錬大将の柳赫然は、20年以上にわたって3代の国王に仕えてきた。頼りがいがあるのは確かだが、年齢のことも考慮して解任する。新たな訓錬大将には、光城府院君金萬基を任ずる。即日、任務につきなさい。摠

戎使には捕盗大将の申汝哲を任ずる。即日、任務につきなさい

　こうして、粛宗は訓錬大将を南人の柳赫然から西人の金萬基に交替させ、摠戎使にも西人の申汝哲を任命して、王宮の軍事権を西人に掌握させた。そのうえで、南人を罷免し、領議政を金寿恒、左議政を鄭知和、都承旨を南九萬とするなど、西人で要職を独占させてしまったのである。

　これにより、礼論で政権を獲得した南人が下野し、再び、西人が政権を奪還することになった。この政権交代を、発生した年の干支にちなんで「庚申換局」という。

粛清された南人

　「庚申換局」により政権を奪還した西人の金錫冑は、さらに、南人と親しかった王族の排撃を始める。「庚申換局」が断行されて7日目の1680年4月5日、鄭元老が謀反の告発をした。

　　それがしは、領議政の許積の庶子である許堅と長くお付き合いをしております。あるとき、それがしの家に福善君と許堅が集まったことがございました。このとき、許堅が「王は、若いのに時々体調を崩されており、しかも世子がまだおられません。万が一のことがあれば、福善君が王位につかなければならないでしょう」と語ったとき、福善君は返事をしませんでした。殿下が許積を信任されておられますので黙っておりましたが、隠しておくわけにもいかず、報告させていただきます

　鄭元老の告発が事実だとすれば、福善君は王位を望んでいると思われても仕方がない状況にあり、許堅に至っては、粛宗の死を望んでいるとも受け取られかねない。

　結局、尋問をうけた福善君と許堅が、訴えの内容を認めたため、2人とも処刑され、南人の領袖であった許堅の父許積も、連座して賜死となってしまう。こうして、金錫冑は、朝廷内から南人を一掃した。処罰された南人は100名を超えたという。

老論と少論に分裂した西人

　「庚申換局」を機に、政権は南人に代わって西人が掌握することになった。しかし、西人も、一枚岩だったわけではない。南人の処遇をめぐり、意見が対立してしまう。宋時烈・金益勲らの原理主義的な強硬派は、南人を残らず追放しようとするが、韓泰東・南九萬らの実利主義的な穏健派は、西人を中

心としながらも南人と協力して政局を運営していこうとした。

両派の亀裂は埋まることなく、結局、西人は、宋時烈・金益勲らを中心とする老論と、韓泰東・南九萬らを中心とする少論に分裂してしまう。そして、外戚として両派に影響を与えていた金錫胄が1684年9月20日に卒すると、老論と少論の対立はさらに激しくなっていく。

後宮から復権を図る南人

朝廷の要職から締め出された南人は、西人が老論と少論に分裂して対立している間隙をぬって、再び政権の奪還を図ろうとする。このとき、南人が目をつけたのが、粛宗に寵愛されていた後宮の淑媛張氏である。

淑媛張氏は、麟坪大君の子である福昌君と福善君に腹心として仕えていた訳官張炫の一族で、南人に属していた。もともとは、女官として王宮に入っていたのだが、粛宗に見初められて側室となり、1686年12月10日、淑媛に封じられていたものである。

粛宗の王妃仁顕王后の父は、西人の閔維重であり、外戚としても西人が権力を握っていた。しかし、粛宗と仁顕王后との間に男子がいなかったことから、南人は淑媛張氏を全面的に支持したのである。

こうして、宮中においては、仁顕王后を支持する西人と淑媛張氏を支持する南人が対立するようになっていった。仁顕王后と淑媛張氏の対立は、西人と南人の代理戦争であったともいえる。

後宮の子を元子に

西人と南人との対立が、仁顕王后と淑媛張氏の対立として宮中で続くなか、淑媛張氏は粛宗の寵愛をうけて昭儀へと昇格され、1688年10月27日にはついに王子の李昀を産む。粛宗が王位について14年にして、初めての男子誕生であった。

男子の誕生が、粛宗はよほど嬉しかったのだろう。翌1689年1月10日、大臣らを引見した場でこう切り出す。

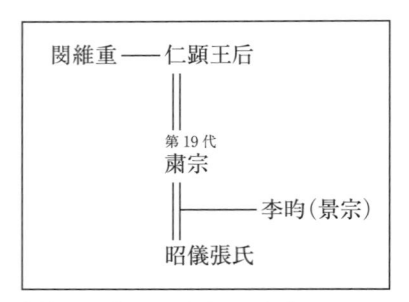

```
閔維重 ─── 仁顕王后
              │
第19代         │
粛宗 ══════════╡
              │
              ├─── 李昀(景宗)
              │
昭儀張氏
```

「人は誰しも30歳を過ぎれば跡継ぎのことを心配するものだ。王室であればなおさら、国家のことも考えなければならない。予も30歳となるから、李昀を元子に決めようと思うが、いかがであろう」

粛宗は、生まれたばかりの李昀に、嫡長子だけにつけられる「元子」の称号を与えようとしたのである。李昀が元子に決まれば、のちに正妃の仁顕王后から王子が生まれても、世子に冊封されることもなくなる。必然的に、王位は李昀が継ぐことになってしまう。驚いた戸曹判書の柳尚運が、
　「王室と国家のことを本当にお考えになられての判断であることは存じております。しかし、正妃であらせられる仁顕王后殿下から王子がお生まれになる可能性もないとはいえません。生まれたばかりの王子に元子の称号を与えるというのは、あまりに性急すぎるのではないでしょうか。すでに王子が生まれていますから、後継の心配はありません。万が一、仁顕王后殿下から王子がお生まれにならなければ、元子は自ずと決まるのです。今、性急にお決めになる必要はございません」
　と意見を述べると、領議政の金寿興も柳尚運の意見に賛同した。大臣らはいずれも西人であり、南人に支持された昭儀張氏が産んだ李昀に元子の称号を与えることを避けなければならないという事情があったからである。
　ただ、実際問題として、仁顕王后はこのときまだ22歳であり、今後、嫡子が生まれる可能性は十分にあった。庶子の李昀に元子の称号を与えてしまえば、のちに仁顕王后が嫡子を産んだとき、後継者をめぐる争いになることは想像に難くない。そうしたことを考えれば、大臣らの言い分にも一理あったといえよう。
　しかし、粛宗は元子を早急に決めることで、逆に後継者をめぐる争いの根幹を断とうとしていたらしい。大臣らの反対があったにもかかわらず、5日後の1月15日には、李昀を元子に封じ、元子を産んだ昭儀張氏を嬪に昇格させたのである。嬪は、後宮における最高の地位であり、こののち、張氏は「禧嬪」の称号でよばれることになる。
　粛宗は1月17日、次のように国内に布告した。
　　王統を継ぐべき王子がいないことが、長い間、予の心配事であった。ようやく、王子を授かったことは、誠に感悦に堪えない。大臣らを集め、元子の称号を与えるかどうかの相談をしたときには、もう少し様子をみるべきだとの意見もあった。しかし、王室と国家がこの先どうなるのかわからない。そのため急ぎ、王子李昀に元子の称号を与えることにした次第である。すでに歴代国王の廟には、その旨を伝えた。元子が決まった恩赦として、1月17日明け方以前に行われた重罪を除く犯罪については、全部これを赦すことにする

①西人から南人への政権交替

粛宗が李昀に元子の称号を与えたことで、西人は追い詰められていく。そうしたなか、1689年2月1日、西人の領袖である宋時烈は自ら次のように上訴した。

かつて宋（960年～1279年）の神宗（在位1067年～1085年）は、28歳のときに跡継ぎの哲宗（在位1085年～1100年）を得ました。にもかかわらず、神宗は哲宗が10歳になっても地方の藩王の地位にとどめられていましたし、皇太子に冊封するのは自身が病気になってからのことです。跡継ぎの冊封を急がないのは、余裕をもつことが帝王の理想であるからにほかなりません。仁顕王后に慶事がある可能性もございますのに、元子の称号を与えたのは急ぎすぎではないでしょうか

宋時烈は、李昀に元子の称号を与えるのが早急だと批判したのである。しかし粛宗は、何も李昀のことを可愛がって元子の称号を与えたかったわけではない。後継者を決めておくことで党争を予防するとともに、西人が政治を専断することのないよう、予防線を張っておきたかったのである。そうしたところに上げられた宋時烈の上訴は、粛宗の逆鱗に触れた。

粛宗はただちに、次のように布告した。

嗚呼、予は30歳近くにして王子を得ることができた。王室と国家が断絶するかと思われたが、再び続くことができるのである。明（1368年～1644年）では、生まれてすぐに皇太子に冊封されており、我が国でも後継者を早く決めておくのは必要なことではなかろうか。しかるに宋時烈は、称号の授与が早いと訴えてきた。この訴状に「宋の哲宗が10歳になっても地方の藩王の地位にあった」と記されているが、そうした論理のすり替えは危険である。この上訴は、極めて悪質であるから、方法は未定ながら処罰する

こう布告した粛宗は、すぐさま宋時烈の官職を剥奪したうえ、済州島に配流する。それとともに、宋時烈に通じる領議政の金寿興をはじめ、金寿恒ら要職についていた西人も罷免して追放した。このとき政界から追放された西人は、100余に及んだという。

その一方、南人からは、権大運が領議政、睦来善が左議政、金徳遠が右議政に抜擢された。こうして、朝廷は南人が要職を占める形で政権交代が行われたのである。

この政権交替を、発生した年の干支にちなんで「己巳換局」という。

仁顕王后の廃妃

　王子の李昀に元子の称号を与えることに成功した粛宗は、李昀を産んだ禧嬪張氏を王妃とするため、仁顕王后を廃妃しようとする。朝鮮王朝では、側室としての後宮は何人いてもよかったが、正妃は1人しか認められていなかったからである。

　粛宗が仁顕王后の廃妃を考えたのは、たんに禧嬪張氏を寵愛していたからだけではあるまい。仁顕王后の実父閔維重は西人の重鎮であったし、仁顕王后が嫡子を産むことになれば、朝廷内が混乱するという危惧もあった。そういう意味からすると、粛宗にとっては仁顕王后の廃妃も政治的判断だったことになる。1689年4月21日、粛宗は大臣らの前で、廃妃の決意を語った。

　「仁顕王后は嫉妬する性質がある。いつぞやは、夢で先王の顕宗大王と明聖王后に会い、禧嬪張氏が宮中にいると南人と結託して国を混乱させるといわれたなどと語ったこともある。どうして故人に仮託してそのようなことを予にいえるのだろうか。元子が誕生したときも、仁顕王后は喜ぶどころか、意外なことだとのたまう始末である。仁顕王后をこのままにしておくことはできないので、廃妃しようと思うがどうであろう」

　たしかに南人は、仁顕王后を支持する西人に対抗するため、禧嬪張氏を支持していた。しかし、仁顕王后を廃妃するとなると話は別である。驚いた承旨の李蓍晩は、こう反論した。

　「国王は臣民を子とみなし、臣下は国王を父のように崇めております。それがしの家にたとえるなら、父母の仲が悪ければ、子がどうして安らかでいられましょうか。仁顕王后殿下との間に少し行き違いがあったとしても、時間が解決してくれるのではないでしょうか。とてもではありませんが、廃妃は認められません」

　しかし、粛宗は廃妃を決心していたため、聞く耳をもつことはなかった。そして、李蓍晩をその場で罷免してしまったのである。それから2日後の4月23日、領議政の権大運・左議政の睦来善・右議政の金徳遠・兵曹判書の閔黯・吏曹判書の沈梓ら大臣が集まり、改めて粛宗に対し廃妃の撤回を訴えた。それでも粛宗が発言を撤回することなく、逆に大臣らにこういった。

　「国の治乱と興廃は、極論すればすべて王妃に原因がある。かつて漢（B.C.206年〜220年）では、高祖（B.C.202年〜B.C.195年）の呂皇后や宣帝（在位B.C.73年〜B.C.49年）の霍皇后のように、悪行を行った皇后もいたでは

ないか。歴史を紐解けば、怒りや欲望で身を滅ぼした皇后や王后はかなりいる。しかし、先王と先王后の発言と称して国王を脅すなどという話は聞いたことがない。予は李昀を元子に決めたが、これは王室と国家の慶賀である。だいたい、予が元子を定めたのは後顧の憂いを断つためであり、他意はない。仁顕王后に誠の心があれば、たとえ李昀が自分の産んだ子ではなくても、我が子のように接するだろう。ところが仁顕王后は、李昀が誕生したという話を聞いても非常に恨めしい顔をするだけで、喜びの気持ちを表そうともしなかった。このような女性が、一国の国母として君臨することができようか。廃妃はやむを得ない措置である。そなたらが予の話を信じないのであれば、妄言の責任を予がとらねばなるまい」

 粛宗が長々とした話を終えると、まず、領議政の権大運が口を開く。
「後宮のことは、それがしにはわかりません。ただ、これほど重大なことを性急に決めるべきではないと存じます」
 その後も、次々に大臣が粛宗に反論し、賛意を示した大臣は1人もいない。さらに2日後の4月25日、会議に参加していなかった前司直の呉斗寅ら86人が連名で上訴した。

> 謹んで思いますに、王が后をおくのは、王統をつなげるとともに、国家を守るためです。古来、王が王后を大事にしてきたのは、このためではないでしょうか。仁顕王后殿下が国母として君臨されてから、もう9年になります。この間、間違った話を耳にもせずいたところ、突然、廃妃されると聞き、驚きました。たとえ、仁顕王后殿下に少しの過ちがあったとしても、夢の話は話し方を誤られただけで、政治的に問題があるわけではございません。元子の生誕は、王室と国家の慶賀なのですから、仁顕王后殿下がお喜びになられないわけがございません。それに元子は形式的にではありますが、正妃である仁顕王后殿下の子になられているわけです。元子が成長されたとき、仁顕王后殿下が廃妃されていたら悲しまれるのではないでしょうか。廃妃は、今一度お考え直しください

 この訴状を読んだ粛宗は、
「むしろ、予を廃位させたほうがよいのではないか」
 と怒り、廃妃に反対する臣下を流罪に処すことにした。こうして、この一件に関連して流刑などに処せられた臣下は、40余人に及んだという。粛宗は、
> 今後、廃妃を反駁する訴状を上げる者があれば、反逆罪を適用して罰することにする

と布告した。その後も、廃妃の撤回を求める訴状が上げられたものの、すべて王命を取り次ぐ承政院が棄却して、粛宗の目に触れないようにした。

こうして、1689年5月2日、曜金門から王宮を追い出された仁顕王后は、泣く泣く実家に戻った。そして王妃の座が空位となったことにより、禧嬪張氏が正妃に昇格することになったのである。後宮（側室）が正妃になったのは、朝鮮王朝の長い歴史のなかでも初めてのことだった。

宋時烈の賜死

粛宗が仁顕王后の廃妃を強行するなか、南人は、西人の領袖である宋時烈を処刑するように上訴していた。そのため、粛宗は、南人に廃妃を認めさせる代わりに、宋時烈の処刑を承認した。いわば、粛宗は、仁顕王后の廃妃と宋時烈の処刑を等価交換したことになる。

1689年6月3日、ついに粛宗はこう命じた。

宋時烈は、80歳を越えており、今さら拷問によって自白させるようなことはしない。せめてもの恩情として、賜死させることにした。済州島への流刑を中止し、護送の列が賜薬をもった義禁府都事と出会ったところでただちに執行させよ

83歳の宋時烈を流刑地の済州島に連れていこうとしていた護送の行列は、王命をうけて引き返す。そして、全羅道の井邑で、義禁府都事に遭遇し、賜薬を与えられたのである。

宋時烈の子である宋基泰は、

「我が国では、刑罰を執行する際、上弦の弦日である7〜8日と、下弦の弦日である22〜23日は忌避しております。今はまさに上弦の弦日ですから、しばらく待つべきでしょう」

と賜薬の服用を先延ばしするよう勧め

たが、宋時烈は、

「いや、病気が重いから、このまま待ったら死んでしまう。王命を遅らせることはできない」

という。これから自害するというときに、病死することを恐れているのも変な話ではある。しかし、病死してしまったら、王命に背くことになってしまうため、賜薬を受け取るとただちに服用し、自害して果てたのである。いかにも原理原則に忠実であろうとした儒者の最期であった。

南人による専断

領袖として西人を率いていた宋時烈を死に追いやったことで、南人が政権を握る。なかでも王妃となった張氏の兄張希載の昇進はめざましく、1692年3月6日に摠戎庁の長官である摠戎使に抜擢されたと思ったら、翌1693年2月18日には、都を統治する漢城府の右尹に昇格した。このように、張希載と王后張氏は、南人と結んで政権を握ることになったのである。

さらに南人は、政敵になりうる西人の排除に乗り出した。1694年3月23日、南人で右議政の閔黯は、粛宗による引見の場でこう切り出す。

「咸以完の密告によりますと、老論で光成府院君金萬基の孫にあたる金春澤と、少論で承旨を務めていた韓構の子韓重爀が中心となり、謀反を企てているようです。義禁府に調査させたうえ、処罰させてください」

「では、そのようにせよ」

陰謀が実際にあったものかどうかはわからない。それでも、南人政権のもと、多くの西人が金春澤と韓重爀の陰謀に加担したとして、逮捕された。

罷免された南人

その後も西人は次々に粛清されていくが、張氏と南人によるあまりの専断ぶりに、国王の粛宗も猜疑心を抱くようになる。そしてそれは、1694年3月29日、西人の金寅・朴貴根・朴義吉が連名で、

張希載が金海成に賄賂を贈り、その義母に依頼して、殿下が寵愛されている後宮の淑媛崔氏を毒殺しようとしております

と告発したことから、決定的となった。金海成の義母は、淑媛崔氏の叔母にあたる。実際に、毒殺が実行に移されたわけでもなく、そもそもそうした陰謀が存在したのかもわからない。

ただ、王后張氏も、もともとは後宮から正妃になったものである。同じよ

うに粛宗の寵愛をうけている淑媛崔氏が男子を産めば、王后張氏の地位も危うくなるのは確かである。毒殺計画が事実であろうとなかろうと、張氏一族の専断を許しておけば、政治が混乱してしまうと粛宗は判断したのだろう。ついに、粛宗は南人を下野させることにした。

4月1日の夜、粛宗は突如として、次のように命じた。

1週間前、右議政の閔黯が、西人の韓重爀らが謀反を計画していると訴えたので、予は韓重爀らの逮捕を認めた。しかし、今なお韓重爀らは罪を認めていない。だいたい、閔黯は密告したという咸以完に単独で会ったというではないか。陰謀が実際に存在していたのかさえ疑わしい。にもかかわらず処罰を求めるのは、国王を愚弄するものでなくてなんであろう。閔黯と、閔黯に同調したすべての大臣を罷免して幽閉せよ

こうして、その日のうちに、南人では、領議政の権大運、左議政の睦来善、右議政の閔黯をはじめとする大臣が罷免される。そして、幽閉された南人の大臣らは、このあと、賜死か流罪に処せられたのである。これに代わり、西人が政権に復帰し、南九萬が領議政、徐文重が兵曹判書、柳尚運が吏曹判書に起用された。

この政権交代を、発生した年の干支にちなんで「甲戌換局」という。これを機に、南人の権力は失墜し、2度と政権を握ることはなかった。

復位された仁顕王后

南人を「甲戌換局」で下野させた粛宗は、南人に支持されていた王后張氏を廃妃して、仁顕王后を復位させようとする。そして、「甲戌換局」を行った直後、実家に戻っていた仁顕王后に書を送った。

奸臣に籠絡されてそなたを廃妃してしまったが、ほどなく、後悔の念にさいなまれることになった。夢にそなたが出てきては、予の服をつかんで涙を流すのだ。すぐにでも、そなたを呼び戻そうとしたが、国政にかかわることでもあるので容易にはいかない。そうこうするうち、5年も経ってしまったが、いま、凶悪な南人をすべて西人に追放させた。そなたを呼び戻し、再び王妃として迎えることにしたい

南人の諫言を無視して廃妃を強行したのは粛宗自身であったが、後悔していたというのは本心なのであろう。仁顕王后は、こう返書した。

死しても償えない罪を犯したにもかかわらず、殿下は一命を助けてくださいました。生きているのを恨めしくさえ思うほどでしたのに、温かい

第四章 党派の対立

お言葉をかけてくださり、ただただ感激して涙を流すばかりです

こうして、仁顕王后は、1694年4月12日、廃妃されたときに出ていった曜金門から、再び王宮に戻ることになった。朝鮮王朝では、側室としての後宮は何人いてもよかったが、正妃はいかなる場合も1人しか認められない。仁顕王后が復位するということは、つまり、王后張氏の廃位を意味するものであった。この日、ただちに粛宗は次のように命じた。

この国が再び安泰となり、仁顕王后が王妃に復位した。宮中に2人の王后は並び立たない。そこで、王后張氏を後宮として以前の禧嬪に戻す

こうして、1度は王妃にまで昇りつめた王后張氏は、禧嬪に降格され、再び禧嬪張氏とよばれるようになる。もちろん、その影響は本人だけでなく、栄華を享受していた一族にも及ぶ。国舅となっていた父張炯に与えられていた爵号は当然のように剥奪され、兄張希載も済州島に流されてしまった。

禧嬪張氏の処罰に反対する少論

西人が政権を握る朝廷にあっても、粛宗が張氏一族の処分をその程度ですませたのは、禧嬪張氏が世子李昀の生母であったからである。張氏一族に厳罰を与えることは、世子の将来にも影響することになる。そのため、西人のなかでも穏健派の少論は、領議政の南九萬や右議政の尹趾完が中心となり、張希載の赦免を求めていた。しかし、強硬派の老論は、張希載に厳罰を求めるなど、張氏一族の処遇をめぐり、西人の内部で対立が起こる。

そうしたなか、仁顕王后は1700年4月に病床に臥すようになり、発病して16か月後の翌1701年8月14日、薨去してしまった。その後、仁顕王后の実兄である閔鎮厚が、生前に仁顕王后が呪詛されているかもしれないと語っていたことを粛宗に告げる。禧嬪張氏の呪詛により仁顕王后が病死したと信じて疑わない粛宗は、ついに1701年9月23日、次のように命じた。

仁顕王后が病床に臥している間、禧嬪張氏は一度も仁顕王后を見舞わなかった。また、仁顕王后を「中宮殿」とよぶこともせず、ただ「閔氏」と称していた。このことからも明らかなように、禧嬪張氏は仁顕王后に敬意をはらっていない。そればかりか、毎日、2、3人の女官とともに仁顕王后を呪詛していたという。このような張氏一族の暴挙を、どうして赦すことができようか。まず、済州島に配流されている張希載を処刑せよ

禧嬪張氏による呪詛が実際にあったのかどうか、この時点で粛宗はまだ調査していなかった。宮廷では、仁顕王后の恩に報いるため、淑嬪崔氏が禧嬪

郵便はがき

料金受取人払郵便

新宿支店承認

54

差出有効期間
平成26年1月
11日まで

160-8791

343

（受取人）

東京都新宿区
新宿1−9−2−3F

株式会社 **新紀元社** 行

||ᴵᴵᴵ·ᴵᴵᴵ··ᴵᴵ᎗··ᴵᴵᴵᴵᴵ·ᴵᴵᴵ··ᴵᴵ··ᴵ·ᴵ··ᴵ·ᴵ·ᴵ·ᴵ·ᴵ·ᴵ·ᴵ·ᴵ·ᴵ··ᴵᴵ·ᴵᴵ||

●お手数ですが、本書のタイトルをご記入ください。

●この本をお読みになってのご意見、ご感想をお書きください。

愛読者アンケート

小社の書籍をご購入いただきありがとうございます。
今後の企画の参考にさせていただきますので、下記の設問にお答えください。

● **本書を知ったきっかけは？**
　□書店で見て　□（　　　　　　　　　　　　　　　　　　　）の紹介記事、書評
　□小社ＨＰ　□人にすすめられて　□その他（　　　　　　　　　　　　）

● **本書を購入された理由は？**
　□著者が好き　□内容が面白そう　□タイトルが良い　□表紙が良い
　□資料として　□その他（　　　　　　　　　　　　　　　　　　　　）

● **本書の評価をお教えください。**
内容：□大変良い　□良い　□普通　□悪い　□大変悪い
表紙：□大変良い　□良い　□普通　□悪い　□大変悪い
価格：□安い　□やや安い　□普通　□やや高い　□高い
総合：□大変満足　□満足　□普通　□やや不満　□不満

● **定期購読新聞および定期購読雑誌をお教えください。**
　新聞誌（　　　　　　　　　　　　）　月刊誌（　　　　　　　　　　　　）
　週刊誌（　　　　　　　　　　　　）　その他（　　　　　　　　　　　　）

● **あなたの好きな本・雑誌・映画・音楽・ゲーム等をお教えください。**

● **その他のご意見、ご要望があればお書きください。**

ご住所	都道府県	男女	年齢 歳	ご職業(学校名)
お買上げ書店名				

新刊情報などはメール配信サービスでもご案内しております。
登録をご希望される方は、新紀元社ホームページよりお申し込みください。
　　　　　　　　　　　http://www.shinkigensha.co.jp/

張氏による呪詛を密告したとの噂も広がっていたが、いずれにしても、それが呪詛の証拠になるわけでもない。

にもかかわらず、粛宗は連日のように関与したと疑われた宮女を自ら尋問し、禧嬪張氏をも厳罰に処そうとした。そうしたなか、9月27日、少論の領議政の崔錫鼎は病気と偽って尋問には参加せず、寛大な処置を訴える。

> 禧嬪張氏に罪があったとしても、世子を産んで育てた恩恵も忘れてはなりません。世子は仁顕王后殿下に対しても実の子のように孝行に努めておられました。このようなご立派な世子でも、実母である禧嬪張氏が処罰されてしまったら、苦しまれるのではないでしょうか。それは世子だけでなく、王室と国家の不幸につながります。伏して願わくは、世子の心を痛めないためにも、禧嬪張氏に寛大な処分をお与えください

そのほかの少論の大臣も処罰に反対したが、粛宗の決意は変わらない。結局、粛宗は諫言を繰り返した崔錫鼎のほうを流罪に処してしまった。

禧嬪張氏の死

1701年10月8日、粛宗はついに禧嬪張氏を賜死させることにした。粛宗はこのとき、次のように布告している。

> 禧嬪張氏は、仁顕王后に嫉妬し、王宮の内外で呪詛を行った。このままにしておけば、後顧の憂いとなろう。よって、禧嬪張氏を賜死することにした。もちろん、予が欲してこのような処罰を与えるのではない。あくまでも、王室と国家のためであり、また、世子のためである

こうして、禧嬪張氏は粛宗から与えられた賜薬を服用し、自害したのである。このとき、世子はまだ13歳だった。

禧嬪張氏が賜死して2週間ほどした10月24日、王への諫言を行う司諫院の長官である大司諫の李益寿が上訴した。

> 仁顕王后殿下が亡くなったのは、張氏一族が原因です。もし仁顕王后殿下が復位されたとき、張氏一族を厳罰に処していれば、このようなことにはなりませんでした。ですから、張氏一族の赦免を求めた領府事の南九萬や判府事の柳尚運を罷免してください

禧嬪張氏が実際に呪詛をしていたのかどうかも明らかではないのだから、その責任をすべて少論に帰すのはあまりにも酷である。しかし、粛宗は、こうした老論の声に押される形で、南九萬や柳尚運といった少論の大臣を罷免する。こうして、朝廷では、老論が発言権を強めていった。

弄ばれる世子の運命

　禧嬪張氏の賜死を主導した老論は、禧嬪張氏が産んだ李昀を世子の座からはずすことを求め始める。代わりの世子候補としては、このとき、1694年に淑嬪崔氏が産んだ延礽君と、その5年後に明嬪朴氏が産んだ延齢君がいた。

　これに対し、少論では、あくまで世子を李昀のままにすることを主張し、対立が続いた。

　1717年7月19日、粛宗は老論の領袖である左議政の李頤命だけをよんで密議する。朝鮮王朝においては、国王が臣下と討議するときには、必ず史官と承旨が同席して、議事を記録しなければならなかった。粛宗はそうした原則を無視して李頤命を引見し、世子に代理聴政、すなわち王の裁可をうけて政務を執らせることを伝えたのである。密議の内容は明らかでないものの、老論はかねてより世子の交替を主張していたから、代理聴政に失敗したら世子を廃位してもよいなどと納得させたのではなかろうか。

　直後、粛宗は李頤命のほか、領議政の金昌集、判中枢府事の李濡らを招集し、こう伝えた。

　「予の眼病は悪化してきており、今はもう左目はほぼ見えていない。右目も小さな字を読むのは難しく、これでは政務に差し支えがある。そのため、世子に代理聴政をさせたいと思うのだがどうであろう」

　この問いかけに李頤命は、

　「それがしは、世子の悪い噂を聞いたことがございません。聞くところによると、仁顕王后が復位されたときにも孝行を尽くされ、亡くなられたときにも実の母を亡くしたように悲しまれたそうです。どうして、世子の代理聴政に異を唱えましょう。それがしは、世子を全面的に補佐するつもりです」

　こうして、老論の大臣らがみな賛意を示したため、粛宗はその日のうちに世子に代理聴政を命じたのである。

　ただ、それまで世子の廃位すら求めていた老論が世子の代理聴政を認めたことで、少論はそれが陰謀であると受け取った。つまり、世子の代理聴政を認めたあと、些細な失政があれば、それを理由に廃位に追い込むつもりではないかと疑ったのである。

　もちろん、少論も、老論の陰謀に対し、黙ってみていたわけではない。7月28日には、少論の巨頭で領中枢府事の尹趾完が上京して訴えた。

　殿下が突然、世子邸下に代理聴政を命じられたと拝聴しました。確か

に、邸下は立派に成長されており、王室と国家にとっての希望でござい
ます。しかし、邸下は実母を失われており、今、頼ることができるのは
殿下しかおりません。いきなり、代理聴政を命じられても、政務を遅滞
なく執ることは難しいのではないでしょうか。まずは、殿下とともに政
務に加わっていただき、後日、代理聴政を命じられるべきかと存じます。
　この訴えに対し、粛宗は次のように反論した。

　そなたの訴えは、国を憂い、民を愛する誠意から書いたものであること
はわかった。しかしその内容は、予がみる限り、理にかなっていない。
予の眼病が悪化して、政務に支障をきたしているのは事実である。世子
に代理聴政をさせようとしたのは、予の意思であって、大臣らに要請さ
れたわけではない。大臣らに諮ったところ、理解をしてもらえたのだか
ら、大臣が諫言しなかったと責めるのはお門違いというものだ。予の眼
病が悪化しているというのに、そなたは代理聴政を先延ばしにしろとい
う。これも理解できないことである

　こうして、世子の代理聴政が始まった。老論はその失政を咎めるため、粗
探しをしたことだろう。しかし、世子が政務を滞りなく遂行しているうちに、
粛宗の病状が悪化していった。

粛宗の薨去

　1720年6月8日、長らく患っていた粛宗がついに危篤に陥ってしまう。この
ため、世子李昀や延礽君李昑などの王子のほか、大臣らも慶徳宮の隆福殿に
集められた。李頤命が、
「現職・前職の大臣らが参りました」
と大きな声で伝えても粛宗は理解できない。領議政の金昌集が、
「金昌集が参りました」
と伝えても、やはり粛宗は理解できなかった。すでに粛宗の意識はほとん
どなかったらしい。咳をした粛宗は、大きく吐いて絶命した。
　このとき、仁顕王后の跡を継いで粛宗の王妃となっていた仁元王后は、大
臣らに対し、
「殿下が薨去されたあとのことは、王后が統括するように命じられておる。
当然、今からは殿下の遺命に従ってもらうので、そう心得よ」
と伝えると、金昌集もこう答えた。
「謹んで命令に従います」

第四章　党派の対立

175

第20代　景宗

在位1720年〜1724年

少論が政権を握る

景宗の即位

　1720年6月8日に粛宗が薨去した。このため、賜死された禧嬪張氏の実子である世子李昀が6月13日、慶徳宮において第20代国王として即位し、景宗となった。即位した景宗は、次のように布告した。

> 粛宗大王は40年間、臣民に恩恵を広く与えられたが、最後の10年間は病気に苦しまれ、薬も効かなくなっていた。そしてついに、臣下をおいて遠くにいかれてしまったのである。このようなときに、どうして玉座に座り、玉璽を受け取ることができようか。だが、仁元王后の命を賜り、また、伝統に従い、王位を継ぐことにしたものである

　このとき、朝廷では老論が実権を掌握していた。しかし、老論は世子時代の景宗を廃位させようとしていた経緯があり、景宗を支持していた少論は、景宗の即位を機に、老論を排撃しようとする。

老論打倒に失敗する少論

　景宗が即位して1か月ほどが過ぎた1720年7年21日、少論の儒者趙重遇は景宗の生母である禧嬪張氏に爵号を与えることを求めて上訴した。

> 帝王の徳は、孝に過ぎることがありません。子が母を大切にするのは、歴史書『春秋』にも書かれている大義です。殿下は国王として即位されましたが、生母の禧嬪張氏に爵号は与えられておりません。これでは、殿下の限りない孝を示すことはできないでしょう。ぜひ、禧嬪張氏に爵号をお与えくださいますようお願い申し上げます

　景宗としても、実母の名誉回復のためにも、爵号を与えたいのはやまやまだったであろう。しかし、爵号を与えるということは、張氏を排除した老論の見解を否定することになる。

　政権を老論が掌握している以上、たとえ国王の景宗であっても、老論の意に反することはできなかった。このため景宗は不本意にも、趙重遇を処刑せざるを得なくなったのである。

延礽君を世弟に冊封させた老論

政局を専断し始めた老論は、延礽君を世弟に冊封させようとする。延礽君は、粛宗と淑嬪崔氏との間に生まれており、景宗の異母弟にあたる。兄の永寿君が夭折していたため、景宗に男子が生まれなければ、王位を継ぐ可能性があった。景宗の即位に反対していた老論は、せめて、延礽君を景宗の後継者たる世弟として迎え、次の国王に擁立しようとしたのである。

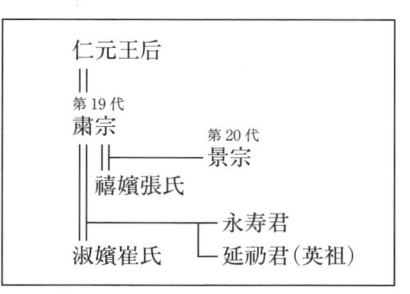

```
仁元王后
  ‖
第19代
粛宗
  ‖          第20代
  ├────────景宗
禧嬪張氏
  │
  │         ┌─永寿君
淑嬪崔氏    └─延礽君（英祖）
```

景宗が即位してから1年後の1721年8月20日、司諫院の正言の李廷燸が次のように上訴した。

　　殿下にはいまだ男子がお生まれになっておられませんが、これは臣民だけが心配しているものではありません。謹んで思うに粛宗大王の王妃である仁元王后もご心配のことと存じますし、天にいらっしゃる粛宗大王の霊も苦しんでおられるでしょう。人心を混乱させないためにも、後継者を決めておかなくてはなりません。しかし、大臣らが一向に求めないので、それがしは嘆き悲しんでいるのです。伏して願わくは、仁元王后殿下にお伝えのうえ、大臣らに相談するようにしてください

このとき、景宗は即位してまだ1年であったし、34歳と若い。にもかかわらず、後継者を決めるように迫るのは、異例のことであった。しかし、上訴があった以上、拒むこともできず、大臣を招集する。すると、領議政の金昌集、左議政の李健命、判中枢府事の趙泰采といった老論の大臣しか集まらない。金昌集は、

「殿下に男子がいないので、それがしは大臣でありながら、常に心配でおりました。しかし、事が重大ですので、あえて申し上げませんでした。司諫院の上訴に、異議はございません」

といい、趙泰采は、

「宋（960年～1279年）の仁宗（在位1022年～1063年）は、若くして皇子を2人失ったあと、臣下の要請により皇太子を立てました。司諫院から要請があったのなら、従うべきかと存じます」

といい、李健命は、

「仁元王后殿下も、後継者のことが気がかりで食事が喉を通らないと仰っておられます。ですから、一刻も早くお決めになってください」

などといって、景宗をせかす。こうしたほとんど脅迫的な要請により、景宗は、延祊君を世弟として冊封することにしたのである。

仁元王后から出された命令書は2枚あり、1枚には、漢字で「延祊君」の3文字が書かれていた。もう1枚はハングルで、

　　粛宗大王の血を引く王族は、殿下と延祊君だけである。論ずるまでもなく、延祊君を世弟とする

と書かれていた。そしてこの命令書は、全国に布告されたのである。しかし、翌8月21日、世弟に決まった延祊君自身が景宗に訴えた。

　　それがしは不肖であり、今の爵位にいることだけでも僭越にございます。にもかかわらず、世弟に冊封されるというのは恐ろしくて身の置き所を知りません。それがしは、自分の能力にみあったことをしながら、安穏に暮らそうと考えておりました。粛宗大王の霊を騙すようなことはできません。謹んで願わくは、仁元王后殿下に奏請して、世弟冊封を撤回するようにしてください

これは社交辞令ではなく、延祊君の本心だったのではなかろうか。老論と少論が対立するなかで、老論に担がれて世弟に冊封されたとしても、政権が少論にわたれば命の危険にさらされてしまう。安穏とした生活など、夢のまた夢になることは容易に想像された。しかし、この上訴をうけた景宗が、

　　あらかじめ後継者を決めたのは、王室と国家のためである。予は30歳を過ぎても男子に恵まれず、おまけに病気もある。国政のことを考えれば、このままでよいはずがない。それで仁元王后や大臣らは、そなたを推薦したのだ。だから、臣民らの期待に応えて欲しい

と伝える。こうした要請をうけた以上、延祊君も断ることはできない。こうして、延祊君が正式に世弟として冊封されることになった。

③世弟冊封に反対する少論

たった1日の討論で、しかも老論の大臣らがいるだけの場で世弟が決まったことから、少論は不審を抱く。弟が冊封されたという事実を聞いた少論の行司直の柳鳳輝は、1721年8月23日、老論を批判する訴状を奉じた。

　　世子・世弟の冊封は、国家の大事です。にもかかわらず、一部の大臣だけで、しかも真夜中に決定されたということですから、驚いて開いた口

がふさがりません。すでに決定されたことですから、覆すことはできないにせよ、殿下を愚弄して脅迫した大臣らを処罰するようにしてください

これに対し、すぐさま、領議政の金昌集・左議政の李健命・大司憲の洪啓迪・大司諫の兪崇ら老論の大臣が反駁した。

後継者を急いで決めたわけではございません。むしろ、遅かったくらいなものです。それに柳鳳輝は「愚弄して脅迫した」といっておりますが、臣下が君主を愚弄したり、脅迫したりすることがありましょうか。これは、老論を貶めるための計略に相違ありません。世弟が決まって臣民が喜んでいるなか、柳鳳輝は世弟に揺さぶりをかけているのです。このままにしておけば、乱臣が増えることになりますから、厳重に処罰してください

このように、老論の大臣らは、逆に柳鳳輝を訴えるなど、強硬手段に打って出た。このため、景宗は柳鳳輝を流刑に処さなければならなくなった。

ちなみに、延礽君が清（1636年〜1912年）から正式に冊封されたのは、翌1722年5月27日のことである。このとき、清の勅使がもたらした聖祖康熙帝（在位1661年〜1722年）からの国書にはこう書かれていた。

そなた延礽君李昑は、朝鮮国王の弟として、心身ともに健やかで学問も修めていると聞く。王に嫡男がいない場合、弟が継ぐということは過去にもあった。そこで、特にそなたを朝鮮国王の世弟に冊封する。以後は、弟の道理とともに、子の道理を兼ねて、より篤実に、兄である国王に仕えるようにせよ

世弟の代理聴政を要求する老論

老論は、延礽君を世弟に冊封させると、さらに、世弟の代理聴政を実現させようとした。代理聴政とは、王の裁可をうけて代理で政治を行うことである。延礽君が世弟に決まって2か月後の1721年10月10日、老論の執儀の趙聖復が次のような訴状を奉じた。

殿下が王室と国家の大計をお考えになられて、世弟邸下を冊封されたのは、臣民にとっても大きな喜びでした。ただ、世弟邸下は、これまで政治の世界とは無縁でしたから、政務に通じているとはいえません。粛宗大王は、世子のころの殿下に代理聴政を命じられましたが、世弟邸下はそのときの殿下よりも年齢が上でございます。ですから、殿下が臣下を

引見するときや政令を裁可するときにはいつも世弟邸下を側におくなどしていただければ、必ずや政務に通じ、国政の助けになられるでしょう

　本来、代理聴政は王が老衰や重病のため政務の執行が困難になったとき、世子や世弟に実務を委任する形で行われるものであった。粛宗(しゅくそう)も、少なくとも建前としては、病気であることを理由として世子であった景宗(けいそう)に代理聴政を命じたのである。

　景宗(けいそう)は即位して1年の34歳という若さで、重病にもなっていなかった。それなのに臣下から代理聴政を要請するというのは、異例中の異例である。もはや、老論(ろうろん)の暴挙といってもよかった。しかし景宗は、そのような老論(ろうろん)の暴挙に対し、抵抗することもなく、その日のうちに、

　　予には10年来の病気があり、これからも快復する見込みはない。粛宗(しゅくそう)大
　　王の命により代理聴政を始めたときにも、政務をこなすだけで精一杯だ
　　った。王位についてからは、一層の激務であり、最近では政治を停滞さ
　　せてしまうことも多い。世弟は若いが英明であるので、もし代理聴政を
　　引き受けてもらえたら、予もゆっくりと療養できるので幸いだ

と、代理聴政を認めたのである。

　景宗(けいそう)は、代理聴政を認めることにより、少論(しょうろん)に老論(ろうろん)を弾劾させようとしたらしい。うまくいけば、少論(しょうろん)からの上訴により、老論(ろうろん)を追放することもできるからである。案の定、王命を取り次ぐ承旨(しょうじ)の李箕翊(りきよく)は、すぐさま景宗(けいそう)に対面して、

「粛宗(しゅくそう)大王は、治世40年を過ぎてから体調を崩されましたし、もともと眼病も患っておられましたので、代理聴政はやむを得ないものでございました。しかし、殿下は即位されて1年しか経っておりません。病気にもなられておりませんし、政務も停滞しておりません。なのに、なぜ世弟邸下に代理聴政を命じられるのでございますか。それがしは、とてもその命令には従えません」

と訴えたが、景宗(けいそう)はただ、

「煩わしくしてはならぬ」

と答えるだけだった。

　この話を聞いた左参賛(さんさん)の崔錫恒(さいせきこう)も、すでに深夜であったが、景宗(けいそう)に引見を求め、代理聴政の撤回を要請した。崔錫恒(さいせきこう)は、少論(しょうろん)の領袖である崔錫鼎(さいせきてい)の弟だった。崔錫恒(さいせきこう)は、泣きながら、

「昔から、王が代理聴政を命じられたことはございます。しかし、いずれ

も王が老齢であったり、病気であったりする場合だけでした。殿下は、33歳で即位され、在位は2年にも及びません。老齢でもなければ病気でもないのにそのような命令を下されたのはなぜですか。粛宗大王は、殿下に王位を継がせようとされました。それなのに、即位してすぐ世弟に代理聴政を命じるというのは、粛宗大王の遺志に背くのではないでしょうか。お考え直しくださいませ」

　などと再三、諫言をするため、景宗は、ついに代理聴政の撤回を命じたのである。

代理聴政の撤回

　しかし、景宗は代理聴政を撤回して6日後の1721年10月16日、再び、

　10月10日の命令の通り、世弟に代理聴政をさせよ

との命令を下したのである。老論としては、願ったり叶ったりの命令ではあったが、景宗の真意を測りかねたらしい。老論の大臣は、少論の大臣らとともに百官を率いて景宗に次のような書を上げた。

　殿下はまだお若く、病気になられているわけではございません。粛宗大王が殿下に代理聴政を命じられたときとは明らかに状況が違います。どうして、殿下が代理聴政をしたときの例を参考にできましょうか。粛宗大王が殿下に王位を伝えた責任は重く、天にいらっしゃる粛宗大王の霊も、恨めしく思われるにちがいありません。また、世弟邸下も、突然に代理聴政の命令をうけてから、不安で毎日泣かれております。このような状況ですから、願わくは、代理聴政のご命令を撤回し、臣民の希望を叶えてください

代理聴政は、老論から要請したものであるから、その撤回を要求するのはあまりに勝手というほかない。これに対し景宗は、

　そなたらの誠意については、予もよくわかっている。しかし予の病状がひどくさえなければ、このようなことにはならなかったろう。近ごろは、体調も思わしくない。これでどうやって国を治めていくことができようか。大臣が政務を執るのが正しいか、世弟が政務を執るのが正しいか、考えてもみたまえ。そなたらは世弟を補佐し、この国が滅びないようにせよ

と伝え、あくまでも代理聴政を世弟に命ずる考えを変えなかった。景宗の回答が下されると、老論の金昌集・李健命・李頤命・趙泰采らは、

「殿下は、大臣が政務を執るべきか、世弟邸下が政務を執るべきかとまで仰った。我ら大臣が政務を執るわけにもいかないから、答えは決まったようなものだ。殿下への諫言はこのくらいにしておこう」
といって、帰ろうとする。
しかし、少論の左参賛の崔錫恒・行司直の李光佐など何人かは、それでも諦めない。李光佐が、
「今、殿下をお引きとめしなければ、100代ののちまで、我らは忠義を尽くさなかったという誹りをうけてしまいます」
と老論の大臣に発言したため、李光佐が李健命に叱責されるという一幕もあった。
老論の大臣らが帰ったあとも、少論の崔錫恒・李光佐らは、対応を協議した。その結果、少論を代表する右議政の趙泰耇に、景宗への直訴を求めたのである。しかし、このとき趙泰耇は、延礽君が世弟に冊封されたとき、反対の訴状を上げた柳鳳輝を擁護したとして弾劾され、謹慎中だった。謹慎中は王に訴えることができない決まりであったから、命を懸けた直訴になる。それでも趙泰耇は了承し、単独で景宗に引見を求めたのである。
案の定、王命を取り次ぐ承政院からは、対面を拒否されてしまう。しかし、景宗自身が許可したため、趙泰耇は景宗に謁見することができたのだった。一方、少論の趙泰耇が景宗と対面するということを聞き、老論の大臣らも慌てて景宗に謁見を求める。こうして、少論の右議政の趙泰耇・左参賛の崔錫恒・行司直の李光佐のほか、老論の領議政の金昌集・領府事の李頤命・左議政の李健命らも、そろって景宗に謁見することになったのである。
まず、老論の金昌集が、
「殿下が突然に、代理聴政を命じられたので、昨日は百官とともに撤回を求めさせていただきました。ただ、いつまでもお騒がせするわけにもまいりませんので帰ろうとしたところ、ちょうど右議政が殿下に謁見すると聞き、御一緒させていただきました。もし、ここで殿下をお引きとめできなければ死んでも死にきれません」
などと歯の浮いたようなことをいう。これをうけて、右議政の趙泰耇が、
「それがしは弾劾された身で、先ほどまで自宅で謹慎しておりました。しかし、代理聴政のご命令を大臣らが撤回させないまま帰ったと聞き、いてもたってもいられず、慌てて参内した次第です。この国は、殿下1人のものではございません。王位すら、王の意のままにはできないのです。それがしが

殿下をお引きとめできなければ、殿下を裏切るだけでなく、粛宗大王をも裏切ることになってしまうでしょう。それがしは死を覚悟して、殿下に撤回をお願いするしかありません」

と泣きながら訴えた。

こうしたなかで、老論も代理聴政の撤回を、少論とともに要請せざるをえなかった。結局、景宗による代理聴政の命令は、撤回されたのである。これが景宗の筋書き通りであったとしたら、景宗はかなりの策士であったとみてよい。この一件を契機に、少論は老論を追い詰めていくのだった。

老論を弾劾する少論

代理聴政が撤回されて2か月後の1721年12月6日、少論の急進派である金一鏡をはじめ朴弼夢、李明誼、李真儒、尹聖時、鄭楷、徐宗廈ら7人が連名で老論を攻撃する訴状を奉じた。

『孟子』の「五倫」には「君臣に義あり」とあります。臣下は君主に忠誠を尽くさねばならないということですが、この原理原則は古来変わりません。殿下が世弟邸下に代理聴政を命じられた際、臣下なら命を懸けて諫言するのが当然でしょう。しかし、老論の領議政の金昌集・領中枢府事の李頤命・時中枢府事の趙泰采・左議政の李健命は、責任を逃れるため、賛成したと思えば反対するなどしました。これでどうして、臣下だといえましょうか。老論の4大臣を処罰するようにしてください

『孟子』の「五倫」とは、「父子に親あり」、「君臣に義あり」、「夫婦に別あり」、「長幼に序あり」、「朋友に信あり」のことである。「君臣に義あり」とは、君主と臣下の間で大切なのは「義」であるという。少論は、老論の4大臣が「義」を欠いたと訴えたのである。

この上訴をうけて、景宗は金昌集・李健命・李頤命・趙泰采の官職を剥奪したうえ、流刑に処してしまった。そのほかにも老論の50～60名が処罰され、代わって、少論からは崔錫恒が兵曹判書、金一鏡が吏曹参判に抜擢されるなど、少論が政権を握ることになったのである。この政権交代を、発生した年の干支にちなんで「辛丑換局」とよぶ。

政権を握った少論

少論は、世弟延礽君による代理聴政に反対して政権を握ることができた。しかし、いまだ景宗に男子は誕生せず、このまま世弟が王位につくことにな

れば、少論の政治生命が断たれてしまう。そう考えた少論は、景宗の王妃宣懿王后とともに延礽君の排除に乗り出す。宣懿王后としては、景宗との間に生まれる男子に王位を継がせたいと思っていたから少論に加担したのである。
　翌1722年3月27日、少論に通じた南人の睦虎龍が、老論の名門子弟が景宗殺害の陰謀を試みたと告発した。

> それがしは、臣下の末席を汚しておりますが、王室と国家の一大事に際し、あえて急変を告げる次第です。実は、逆賊が王宮内の宦官や女官と結託し、殿下を暗殺する謀略を計画していました。その首謀者は、金昌集の孫の金省行、李頤命の子李器之と甥李喜之、金春澤の従弟金龍澤らでございます

　実際にこのような謀略が計画されていたのかはわからない。だが、政権を握る少論は、金省行・李器之・李喜之・金龍澤らを逮捕して尋問する。過酷な拷問を加えられた老論の子弟らは、結局、口を割らずに獄死してしまう。口を割れば、一族に累が及ぶことが明白だったからである。それでも少論は、老論への攻撃をやめない。
　1722年4月17日、官吏の監察を行う司憲府の長官である大司諫の李師尚らが、次のように訴えた。

> 反逆を企んだ老論子弟の罪は、赦されるものではありません。しかし、子弟らが単独でこのような大それたことをしたのでしょうか。これは、一門の責任であるのは明白です。それに事の発端は、老論の4大臣が殿下を唆して代理聴政を企てた結果、失敗したことにあります。金昌集・李健命・李頤命・趙泰采を処刑するようにしてください

　この上訴について、景宗の御前で議論されたが、政権を少論が握っている以上、反対意見が出てくるわけもない。景宗は、少論の主張を認めるしかなかった。こうして、金昌集・李健命・李頤命・趙泰采は賜死されてしまったのである。老論は、そのほか60余名が死罪となり、数十名が流罪に処せられたという。
　尋問が行われている間、景宗の世弟延礽君の名前も何度かあがった。一般に、こうした場合に名前が出ると、王族であってもよくて流罪、最悪の場合は、賜死を命じられるのが普通だった。しかし景宗は、延礽君と老論との関連を調査することは、最後まで認めなかったのである。
　1721年から1722年にわたって続いたこの粛清は、「辛丑」と「壬寅」という干支にちなんで「辛壬士禍」という。

不審な死を遂げた景宗

　代理聴政を撤回した景宗は、虚弱体質ではあったが、滞りなく政務をこなしていた。しかし1724年8月21日、蟹の醤油漬けである蟹醬と生柿を食したところ、食べ合わせが悪かったらしく、そのまま下痢が止まらなくなってしまう。

　景宗も、休めばすぐに治ると考えていたのだろう。それから安静にして療養に努めていたのだが、病状は悪化の一途をたどる。このため、3日後の8月24日、世弟延礽君と大臣らは景宗が療養している昌慶宮の環翠亭によばれた。当初、景宗は大臣らに受け答えをしていたが、やがてその声も弱まっていく。そうしたなか、医官の李公胤が、

「朝鮮人参茶を飲ませてはなりません。桂枝湯と麻黄湯を服用されれば下痢は治まるはずです」

と診断したため、景宗は漢方薬の桂枝湯と麻黄湯を服用する。しかし、景宗はそうした薬を服用したにもかかわらず、視点も定まらなくなるほど病状は悪化する一方だった。

　見るに見かねた延礽君が、泣きながら、

「殿下に朝鮮人参茶と附子を差し上げてほしい」

と訴えたため、景宗は朝鮮人参茶を飲む。しかし、李公胤はいう。

「朝鮮人参茶をむやみに服用させてはなりません。桂枝湯と麻黄湯を服用していれば、自然と快復されます」

「なぜそなたは、朝鮮人参茶を服用させないのだ。それがしは医薬に疎いが、朝鮮人参茶が体を温めることは知っている」

　朝鮮王朝では医薬の知識も、支配階層にとっては必須の知識だった。国王が病気になれば、大臣らがその治療方針を立てなければならなかったからである。延礽君が医薬に疎いといっているのは、謙遜にすぎない。実際には、医官の李公胤の方針に反発しているものだった。結局、延礽君は李公胤の見解には従わず、景宗に朝鮮人参茶を飲ませる。すると景宗の視点も定まるようになり、症状もいくぶん快復した。

　しかし翌8月25日、景宗の容態は悪化し、そのまま薨去してしまう。享年は37歳。あまりにもあっけない最期だった。このため、朝廷内では、老論によって毒殺されたのではないかと、まことしやかに噂されるようになったのである。

党派の変遷

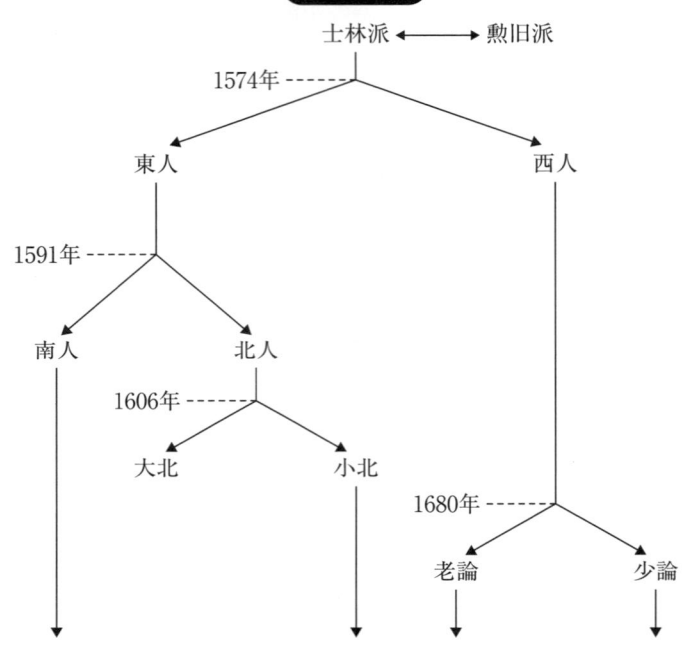

```
                    士林派 ←――→ 勲旧派
         1574年 ------┤
              ┌──────┴──────┐
             東人            西人
    1591年 ---┤              │
        ┌────┴────┐          │
       南人      北人         │
         1606年 --┤           │
            ┌────┴────┐      │
           大北      小北     │
                        1680年 ┤
                         ┌────┴────┐
                        老論      少論
```

　朝鮮が建国された直後、政権を握っていたのは功臣、すなわち勲旧派とよばれる重臣たちであった。第9代国王成宗は、勲旧派の専断を抑えるため、地方の儒者を積極的に登用する。こうして中央に進出したのが士林派である。
　士林派は、成宗の思惑通りに勲旧派を抑えたが、勲旧派以上に勢威を誇るようになり、朝廷の実権を握るまでになった。あまりにも勢威をもちすぎた士林派は、内部抗争を起こして1574年、東人と西人に分裂する。
　その後も、1591年には失脚した西人の処分をめぐって強硬派の北人と穏健派の南人に分裂。さらに北人は、第14代国王宣祖の後継をめぐり、大北と小北に分裂する。西人も、1680年、失脚した南人の処分をめぐって強硬派の老論と穏健派の少論に分裂する。

第五章
国王による改革

○党派に偏らない政策

　少論に支持された第20代国王景宗が急死したため、景宗の異母弟延礽君が第21代国王として即位し、英祖となった。英祖は、朝廷の実権を握っていた老論に支持されていたが、党争の弊害を目の当たりにして、改革を決断する。その政策というのが蕩平策だった。蕩平とは、特定の党派が政権を担うことがないように、各党派から均一に官吏を登用することで、公平な人事を行うことをいう。

　しかし、英祖の蕩平策は、実権をすでに握っていた老論からの反発を買ってしまう。英祖は、後継者とみていた長男の荘献世子に実質的な政務を執らせ、蕩平策を実行させようとした。

○我が子を殺した国王

　英祖が荘献世子に政務を執らせたのは、将来のために政治能力を養わせようとしただけではない。国王が前面に出ないことで、最終的に、王権を強化させようという目論みもあった。

　ところが、老論からの誹謗中傷をうけ続けた荘献世子は、精神的に追い詰められ、火症にかかってしまう。そして、火症に起因すると考えられる殺人などの奇行が目立つようになると、ついには父の英祖によって、殺されてしまったのである。英祖としては、断腸の思いであったにちがいない。次期国王とみなされていた荘献世子の死により、英祖は荘献世子の子である李祘を世孫とした。

○登用される南人

　英祖が薨去すると、世孫の李祘が第22代国王として即位し、正祖となった。正祖にとって、もはや党派は、実の父を死に追い込んだ元凶でしかない。そのため、英祖の蕩平策を踏襲し、朝廷の改革に乗り出していく。

　ただ、正祖の蕩平策は、英祖のように、各党派から均一に官吏を登用したわけではない。国王に忠誠を誓う有能な者であれば誰でも、党派にかかわらず登用するという方針を打ち出した。この方針のもと、これまで政権から追放されていた南人も多数、登用されることになった。

　しかし、正祖が官吏の頂点に立つ領議政に南人をつかせることを公言した直後、正祖は急死してしまう。このため、正祖は老論によって毒殺されたと噂された。

英祖	1724年	8月30日	景宗の世弟が昌徳宮の仁政殿で第21代国王として即位し、英祖となる
	1725年	4月23日	英祖、老論の鄭澔を領議政とし、少論の金一鏡と南人の睦虎龍を処刑する（乙巳処分）
	1726年	5月13日	英祖、洪致中・趙道彬を中心とする老論穏健派の政権を誕生させる
	1727年	7月 1日	英祖、老論強硬派を抑えるため、少論の李光佐を領議政に任じ、少論穏健派の政権を再び誕生させる（丁未換局）
	1728年	3月15日	少論の李麟佐、南人の一部と結んで反乱を起こす（戊申の乱）
	1729年	8月18日	英祖、辛丑獄事を忠義、壬寅獄事を反逆と裁定する（己酉処分）
	1740年	6月13日	英祖、壬寅獄事が冤罪であったと裁定する（庚申処分）
	1741年	9月24日	英祖、辛丑獄事と壬寅獄事の最終的な総括を国内に布告する（辛酉大訓）
	1749年	1月23日	英祖、荘献世子への譲位を老論の反対により撤回し、荘献世子に代理聴政を命ずる
	1762年	閏5月13日	英祖、荘献世子を米櫃に閉じ込めて殺害する（壬午禍変）
	1775年	11月20日	英祖、世孫による代理聴政を大臣に諮るが、洪麟漢に反対される
	1776年	3月 5日	英祖、慶熙宮の集慶堂で薨去する。83歳
正祖		3月10日	英祖の世孫が慶熙宮の崇政殿で第22代国王として即位し、正祖となる
		7月 5日	正祖、実母恵嬪洪氏の叔父にあたる洪麟漢を賜死する
	1777年	7月28日	姜龍輝ら、正祖の暗殺に失敗する
		8月 9日	姜龍輝ら、再び正祖の暗殺に失敗する
		11月15日	正祖、国王の警護部隊として宿衛所を創設し、側近の洪国栄を宿衛大将に任ずる
	1779年	9月26日	弾劾された洪国栄、正祖に辞任を申し出て許可される
	1788年	2月11日	正祖、南人の蔡済恭を右議政に抜擢。以後、南人が朝廷に再び進出する
		11月 8日	慶尚道の儒者李鎮東、戊申の乱後に南人が冷遇された経緯を正祖に訴える
		11月11日	正祖、慶尚道の儒者李鎮東らを特別に引見する
	1789年	7月11日	荘献世子の姉和平翁主の夫朴明源、荘献世子の改葬を建議する
		10月 7日	正祖、父荘献世子の墓を水原に改葬する
	1792年	4月18日	老論の柳星漢、正祖が学問をないがしろにしていると諫言する
		4月30日	南人の蔡済恭、柳星漢を弾劾する
		閏4月17日	南人の蔡済恭、景宗に不敬をはたらいた老論の尹九宗を弾劾する
		閏4月27日	慶尚道の南人1万57人、荘献世子の名誉回復と、柳星漢・尹九宗の処罰を正祖に求めて訴える（嶺南万人疏）
		5月 7日	慶尚道の南人1万368人、再び正祖に荘献世子の名誉回復を訴える
	1795年	6月27日	正祖、密入国した清人神父周文謨の逮捕を命ずる
		7月26日	正祖、キリスト教を邪学として排斥するべきではない旨、布告する
	1800年	5月30日	正祖、南人の李家煥を領議政に登用することを示唆する（伍晦筵教）
		6月28日	正祖、昌慶宮の迎春軒で薨去する。49歳
		6月29日	英祖の継妃貞純王后、三政丞に老論を登用する

第五章　国王による改革

第21代 英祖(えいそ)

在位1724年～1776年

党争を終わらせるための蕩平政策

英祖(えいそ)の即位

　1724年8月25日に景宗(けいそう)が昌慶宮(しょうけいきゅう)の環翠亭(かんすいてい)で薨去(こうきょ)したため、予定された通り、8月30日、世弟(せいてい)の延礽君李昑(えんじょうくんりきん)が、昌徳宮(しょうとくきゅう)の仁政殿(じんせいでん)において第21代国王として即位し、英祖(えいそ)となった。即位した英祖(えいそ)は、次のように布告した。

　　天はなぜこのような災禍をお与えになるのだろうか。謹んで考えたところ、景宗(けいそう)大王は、生まれつき性格が寛大で、世子(せいし)にあって30年間は臣民と苦楽をともにし、国王に即位してから4年間は臣民のために尽くされた。しかも、享楽にふけることがなかったので、政令の施行に誤りがあったと聞いたことはない。歴代国王の功績を受け継いで国を安定に導かれたが、志半ばで倒れてしまわれたから、さぞかし心残りでおられたろう。すでに父を失っていた予は、今、兄をも失い、独りぼっちでどうしたらよいかわからない。命令を下す心の余裕すらないのに、どうして王統を継ぐことなどできようか。百官から即位の要請があっても、兄の死を直視しなければならず、悲しみは増すばかりだった。しかし、第19代国王の粛宗(しゅくそう)大王妃の仁元王后(じんげんおうごう)と先王景宗(けいそう)大王妃の宣懿王后(せんいおうごう)の意向に逆らうことができようか。王の座を空位にするわけにもいかず、群臣の要請に従い、即位したものである。これにともない、仁元王后(じんげんおうごう)を大王大妃に、宣懿王后(せんいおうごう)を王大妃(おうたいひ)に、嬪徐氏(ひんじょ)を王妃に昇格させる。第12代国王仁宗(じんそう)大王の跡を弟の明宗(めいそう)大王が継がれたときのように、善政を継承していくことができるかどうかはわからない。それでも、新しい命をうけた以上は、最善を尽くすとしよう。政治は最初が肝心であるから、代替わりに恩赦として、本日8月30日の明け方以前に行われた重罪を除く犯罪については、全部これを赦(ゆる)すことにする

　英祖(えいそ)が即位したころ、朝廷内は先王景宗(けいそう)を支持する少論(しょうろん)と、英祖(えいそ)を支持する老論(ろうろん)が権力闘争を繰り広げていた。政権は少論(しょうろん)が掌握していたが、老論(ろうろん)に支持されていた英祖(えいそ)が即位したことで、政権は不安定になってしまう。そのため、英祖(えいそ)は即位して1か月後の10月3日、少論(しょうろん)の李光佐(りこうさ)を領議政(りょうぎせい)、柳鳳輝(りゅうほうき)を

左議政、趙泰億を右議政に任ずる一方、「辛壬士禍」で捕らわれていた老論の領袖である閔鎮遠を釈放した。

③ 少論の排撃に失敗する老論

「辛壬士禍」は、景宗の時代の1721年から翌年にかけて、景宗を暗殺しようとした咎により、老論が粛清された事件である。1722年4月には、少論強硬派の金一鏡によって、金昌集・李健命・李頤命・趙泰采の老論4大臣が賜死されていた。老論が少論に反撃するためには、何よりもまず、「辛壬士禍」が冤罪であることを証明して、逆賊の汚名をそそがねばならない。1724年11月6日、老論の李義淵が「辛壬士禍」の総括を求めて上訴をした。

> 景宗大王は聖人の資質に恵まれておりましたが、不幸にも政務を投げ出してしまうようなご病気もございました。そこで、殿下を世弟に冊封されたわけですが、この賢明な聖断は古代中国の帝堯や帝舜に勝るとも劣りません。しかるに、奸臣の金一鏡らは、景宗大王に讒訴して老論の賢臣たちを死に追いやってしまいました。ですから、殿下は、1721年からの出来事が、景宗大王の本意でなかったことを明らかにして、少論の凶悪な罪を正すようにしてください。このまま、少論の暴挙を見て見ぬふりをしていれば、いつか必ず天の災禍がふりかかり、我が国を予測できない不安に陥れることになるでしょう

こうして、老論による反撃が開始された。しかし、政権を掌握している少論が黙っているはずがない。翌11月7日には、王への諫言を行う司諫院の長官である大司諫の權益寬が、少論を代表して訴えた。

> 李義淵の上訴は凶悪極まりません。李義淵は「1721年からの出来事は、景宗大王の本意でなかった」と述べていますが、では、その後の4年間、誰が刑罰を執行していたのでしょうか。これは景宗大王に対する冒瀆以外の何ものでもありません。李義淵を逮捕して、厳しく尋問するべきかと存じます

英祖としては、老論を代表して上訴した李義淵を処罰しようとは思っていなかったのだろう。しかし、少論の右議政の趙泰億が再三にわたって処罰を要求するため、英祖はやむなく李義淵を流罪に処したのである。

しかし少論側は、李義淵の流刑では納得せず、尋問したうえでさらなる処罰を与えることを求めた。こうして追いこまれた英祖は、結局、喧嘩両成敗と称して少論の金一鏡も流罪に処してしまったのである。

第五章　国王による改革

党派への偏重を避ける

老論に支持された英祖が即位したあとでも、政権を握る少論の権力は絶大だった。ただでさえ、老論の支持によって即位した英祖を、少論は快く思っていない。英祖とて少論を露骨に排撃すれば、思わぬ反撃をうける可能性がある。かといって、支持をしてくれた老論を冷遇するわけにもいかない。そうした難しい状況におかれた英祖は、「蕩平」という政策を打ち出す。

「蕩平」とは儒教の経典の1つ『書経』「洪範条」に記される「無偏無党、王道蕩蕩。無党無偏、王道平平」にちなむ。公平な政治のために、王は偏らず、均衡をとるべきという意味である。英祖は、少論であっても老論であっても、賞罰は平等に、また任官についても平等にするなど、「蕩平」を実行に移していった。

ただ、英祖は、まったく公平な政治を目指していたわけではない。「蕩平」によって、老論が少論に対抗できるまでに回復する機会を与えようとしていたのである。

老論4大臣の名誉回復

「蕩平」のもとで勢力を回復した老論では、英祖が即位した翌年の1725年3月1日、右議政となっていた老論の鄭澔が、賜死した老論4大臣の名誉回復を英祖に訴えた。

> 殿下を危機に陥れようとする輩は健在で、逆賊金一鏡を密かに保護する者までおります。それがしは本来、死賜した4大臣と同罪であるにもかかわらず、1人で刑を免ぜられてしまいました。4大臣はすでに鬼籍に入っておりますが、それがしだけ、平然と生きているわけにはまいりません。殿下は、「辛壬士禍」以後、罪を赦された臣下は多くおります。にもかかわらず、賜死した4大臣の名誉を回復されないのは、何か怨恨でもあるのでございましょうか。老論4大臣の子弟が謀反を企てたなどという話は、睦虎龍が讒訴したものであり、冤罪であることは明白です。このことは、殿下が一番よくご存じでしょう。「辛壬士禍」は、もとはといえば、景宗大王にまだ世弟であらせられた殿下の代理聴政を求めたことから始まっております。4大臣は、ただ粛宗大王の旧臣として景宗大王にお仕えしていただけなのに、どうしたことか、死罪に処せられてしまいました。謹んで考えたところ、天にいらっしゃる粛宗大王の霊

も、悲しんでおられるにちがいありません。4大臣らの名誉回復を図るため、まずは剝奪された官爵をお戻しくださいますようお願い申し上げます

英祖は鄭澔の訴えを聞き入れ、4大臣をはじめとする老論の名誉回復を図ることにした。こうして、景宗の時代に逆賊の汚名を着せられていた老論は、忠臣として認められることになったのである。4月23日、右議政の鄭澔が領議政に昇格し、そのほか閔鎮遠が左議政、李観命が右議政となるなど、議政府の中枢は老論によって独占されることになった。

これにともない、結果的に少論の金一鏡と南人の睦虎龍は、いずれも処刑されることになった。この処分を、発生した年の干支にちなんで「乙巳処分」という。

少論の処罰を求める老論

「乙巳処分」によって老論4大臣の名誉が回復されると、必然的に、老論の勢威は強まっていく。しかし、勢い余って老論が少論を排撃しようとすれば、再び、党争によって朝廷は混乱してしまう。そう考えていた英祖は、老論側にも自重を求め、「蕩平」政策への協力を要請した。

とはいえ、大臣を賜死されるなどの大打撃をうけた老論の憎しみが、金一鏡の処刑で収まるはずもない。老論側は、李光佐・趙泰億・柳鳳輝といった少論の首脳の処罰を求めるようになった。英祖は、李光佐・趙泰億を罷免し、柳鳳輝を流罪に処して幕引きを図ろうとしたが、それでも老論の弾劾は終わらない。

特に左議政となった老論強硬派の閔鎮遠は、自らの進退を懸けて領議政であった李光佐の処刑を求めるありさまだった。しかし、閔鎮遠の圧力に屈してしまえば、「蕩平」は完全に破綻してしまう。進退に窮した英祖は、1726年1月4日、閔鎮遠を罷免することにした。

老論穏健派による政権を樹立

老論の強硬派が台頭することを危惧した英祖は、閔鎮遠に続き、同じく強硬派であった右議政の李観命も解任する。その代わり、1726年5月13日には、老論のなかでも穏健派の刑曹判書の洪致中を左議政に、兵曹判書の趙道彬を右議政に任命した。こうして、老論のなかでも穏健派の政権が誕生したのである。

しかし、老論強硬派で領議政の鄭澔が公然と洪致中・趙道彬を批判するようになると、強硬派の礼曹参議の金祖澤が洪致中・趙道彬を弾劾する訴状を上げ、辞任に追い込んでしまったのである。このため、英祖は1727年4月14日に鄭澔を罷免すると、再び洪致中を左議政に任命し、穏健派の重鎮である李宜顕を右議政に登用して、老論強硬派を抑えようとした。
　ただし、強硬派を抑え込むのに穏健派では、役者不足であったらしい。老論強硬派を抑えていた少論の重鎮柳鳳輝が1727年4月20日、配流先で卒してからは、穏健派では強硬派の暴走を止められなくなってしまう。

老論から少論への政権交代

　老論の強硬派が政治を専断するなか、英祖はついに少論に肩入れして、老論強硬派を抑えようとする。そして、1727年7月1日、英祖は少論の領袖李光佐を領議政として復帰させ、李台佐を戸曹判書とした。その後も、英祖は少論を政権の中枢に登用し、老論強硬派の一掃を図っている。
　こうして、老論が政権を握ってわずか2年ほどで、再び、少論による政権が誕生したのである。この政権交代を、発生した年の干支にちなんで「丁未換局」という。
　ここで問題となったのが、2年前に老論が確定させた「乙巳処分」の扱いである。「乙巳処分」では、金昌集・李頤命・李健命・趙泰采の老論4大臣らは少論の讒訴により賜死されたものとして、名誉が回復されていた。しかし、再び少論が政権を握ったことで、冤罪ではなかったと断定されることになってしまったのである。

少論強硬派と南人の反乱

　「丁未換局」によって少論穏健派が政権の中枢に登用されたが、そこから排除された少論強硬派は、南人の一部と結んで英祖の排除に動き出す。その中心となったのが、忠清道の李麟佐で、全羅道の朴弼顕と慶尚道の鄭希亮が加わっていた。
　李麟佐は1728年3月15日、昭顕世子の曾孫密豊君李坦を推戴し、老論に毒殺されたと噂される先王景宗の復讐を図ると称してついに兵を挙げた。清州城を占領した李麟佐は、各地の反乱軍を糾合して、漢城へと進軍を開始する。その兵力は7万余名に達したという。
　驚いた英祖は、反乱軍への内通を阻止するため、処刑した少論の金一鏡と

南人の睦虎龍らの一族を逮捕した。それとともに、兵曹判書の呉命恒を都巡撫使に命じて、鎮圧に向かわせる。呉命恒自身も少論であったが、強硬派の乱により少論全体に累が及ばないよう、自ら志願したのである。

呉命恒は、3月24日、安城の戦いで反乱軍の主力を撃破し、李麟佐を逮捕する。こうして反乱軍が壊滅すると、呉命恒は各地を平定し、鄭希亮ら主謀者21名を逮捕のうえ、処刑したのである。この反乱は、発生した年の干支にちなんで「戊申の乱」という。

老論の懐柔

「戊申の乱」を起こした直接の責任は、少論の強硬派と南人の一部にあったのは確かである。しかし英祖は、老論と少論との対立による政情不安が、反乱の遠因になっていたことをよく理解していた。そのため、政権は少論が掌握しているなかにあっても、平等に老論を登用しようとしたのである。

しかし、このとき問題となったのは、代理聴政をめぐる少論の金一鏡による弾劾で老論4大臣が罷免された1721年の「辛丑獄事」と、南人の睦虎龍による讒訴で老論4大臣が賜死された1722年の「壬寅獄事」に対する評価であった。これに「反逆」だという評価を与えてしまえば老論の理解は得られない。かといって、「忠義」だという評価を与えてしまえば少論の理解は得られない。英祖は、悩んだ末、1729年8月18日、次のように布告した。

「辛丑獄事」と「壬寅獄事」について、いつまでも忠逆を明らかにしないままでいるわけにはいかない。そこで、「辛丑獄事」を忠義、「壬寅獄事」を反逆であったとみなす。金昌集と李頤命は、それぞれ孫の金省行と子の李器之らが「壬寅獄事」に関係しているため、名誉回復はできない。しかし、李健命と趙泰采は「壬寅獄事」にかかわっていないため、名誉を回復し、官爵を戻す

つまり、英祖は、「辛丑獄事」を忠義によるもの、「壬寅獄事」を反逆によるものと裁定し、少論と老論を痛み分けとすることにしたのだった。このため、賜死された4大臣のなかでも、「壬寅獄事」で子弟が関与していたとされた李頤命と金昌集の名誉は回復されず、子弟が関与していなかったとされた李健命と趙泰采の名誉は回復されたのである。

形としては痛み分けであったから、少論と老論はこの処分を受け入れはしたものの、どちらの側にも不満が残ることになった。この処分を、裁定された年の干支にちなんで「己酉処分」という。

老論4大臣の名誉回復

「己酉処分」によって老論にも出仕の名分が与えられたため、以後10年にわたり、英祖による「蕩平」は順調に進んでいく。それは、1738年8月1日、老論で最も強硬に姿勢を崩さなかった兪拓基が戸曹判書として政権に加わったことからも明らかである。朝廷は、老論の強硬派でも参加できるような環境に変わっていたのだった。

こうして老論の強硬派が再び政界に進出するなか、1739年11月23日、右議政になっていた兪拓基が英祖に訴える。

> 1729年の「己酉処分」では、老論4大臣のうち、金昌集・李頤命は「壬寅獄事」に関与していたとされて名誉が回復されませんでした。しかし、「壬寅獄事」は金昌集・李頤命の一族が関与していたものであり、大臣自身には関係ありません。ですから、金昌集・李頤命の名誉回復の措置をとるようにしてください

これをうけ、翌1740年1月11日、老論の左議政の金在魯をはじめとする大臣らを引見した場において、英祖は金昌集・李頤命の名誉回復を命じた。これにより、「己酉処分」は反故にされたのである。

さらに1740年6月13日、英祖は「壬寅獄事」が冤罪によるものであることを確認し、処罰された者に対する名誉回復の措置をとるように命じた。これは、少論の責任を追及するものではなかったので、老論に不満が残ってしまうことになったが、それは致し方あるまい。少論の責任を追及すれば、少論の反発をうけることは火を見るより明らかだったからである。この処分を、裁定された年の干支にちなんで「庚申処分」という。

「壬寅獄事」の総括

「壬寅獄事」の評価が二転三転している状況では、いつまで経っても少論と老論が融和することはない。そうしたなか、1741年9月12日、刑曹参判の呉光運が上訴して、「壬寅獄事」の評価を決定し、国王の訓示として国内に布告することを建議した。こうして、英祖は大臣らとの協議を踏まえ、1741年9月24日、次のような訓示を布告したのである。

> 朝鮮は、礼義をもって建国してから300年間、名分を厳正にしてきた。名分を一度でも失墜させ、逆賊を討伐することを厳正にしないとしたら、どうして国家としての役割を果たしたことになるだろう。粛宗大王

が薨去されてからは、その偉大な徳を追慕しなければならないにもかかわらず、二心を抱く逆賊が出現した。1721年に世弟を冊封したのは、すべて粛宗大王の王妃仁元王后と景宗大王の命令によるものである。しかし、その命令を敬った老論4大臣が、かえって逆賊に弾劾されることになってしまった。老論4大臣は命令を忠実に執行しようとしただけであるから、君臣の名分を誤ったわけではない。このことを現行の大臣らにも諮ったところ、異論はなかった。老論4大臣が賜死されたのは、誤りであるから、速やかに、その判決は撤回して、連座した者すべての名誉を回復する措置をとるようにせよ。ただし、反乱を企図した金龍澤らは逆賊であり、反逆罪を適用する

　つまり、英祖は、景宗に対し、当時世弟であった英祖の代理聴政を要請したとして老論4大臣が弾劾された「辛丑獄事」は、仁元王后と景宗の命令に従ったものとして、老論4大臣に罪はないものと断定した。そして、その老論4大臣の子弟が謀反を謀ったとして老論4大臣が賜死となった「壬寅獄事」は、子弟に反逆罪を適用するものの、やはり老論4大臣には罪がないものとしたのである。この訓示を、布告された年の干支にちなんで「辛酉大訓」という。

　こうして、20年前に起こった「辛丑獄事」と「壬寅獄事」についての評価は、英祖の訓示が公開されることで最終的に決定した。これにより、少論と老論が名分を争って不毛な論議をすることがなくなったわけだから、「辛酉大訓」が公布された意味は大きいといわねばならない。

　しかし、政界に老論の強硬派が進出するなかでの裁定は、政治的決着の色彩が濃厚である。実際、「辛酉大訓」は老論の主張が貫徹されたものであった。そのため、名分を獲得した形の老論が、以後、政局を主導していくことになるのである。

譲位しようとする英祖

　1749年1月23日、英祖は領議政の金在魯や左議政の趙顕命といった大臣らを引見した昌慶宮の歓慶殿で、突如として、荘献世子李愃への譲位をほのめかす。荘献世子は英祖の次男で、長男が早世したため2歳にして世子に冊封されていた。

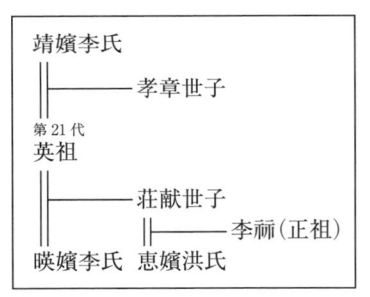

第五章　国王による改革

```
靖嬪李氏
 ┃
 ┣━━━孝章世子
 ┃
第21代
英祖
 ┃
 ┣━━━荘献世子
 ┃        ┃
 ┃        ┣━━李祘(正祖)
暎嬪李氏  恵嬪洪氏
```

「予は年をとってから病気が重くなってきた。荘献世子は聡明だが、予の亡き後、国王として統治することができるのか不安である。できれば、今のうちに荘献世子に譲位しようと思うが、いかがであろう」

これに対し、金在魯と趙顕命は、

「荘献世子邸下は、学問の精進に努められておられます。煩わしい政務に時間をとられてしまったら、学問に支障が出てくるのではないでしょうか」

「子は、両親の心を痛めないように、老いたなどという話はしないものでございます。殿下が自ら老いたと仰れば、荘献世子邸下はきっと悲しまれるにちがいありません。学問に専念させてあげるのが、親心というものでしょう」

などといって、臣下は口々に反対するが、英祖は聞く耳をもたなかった。

こうして、英祖と大臣らが対面している間、よばれた荘献世子が駆けつけてきた。このとき英祖は、歓慶殿の外で伏している荘献世子に向かって、

「予はそなたに譲位することを決めた」

という。荘献世子は泣いたままうつ伏せになっていて、英祖が、

「殿中に入りなさい」

と声をかけても泣いたまま動かなかった。英祖が4、5回、同じことをいうと、ついに荘献世子も殿中に入った。英祖は、

「なぜ泣くのか」

といったが、英祖自身も涙を流していた。大臣らが泣いて英祖を諌めるなか、ついに英祖はいった。

「みなが引きとめるのであれば、譲位は再考しよう」

世子に代理聴政を命ずる

英祖は、最初から譲位するつもりなどなかったのだろう。譲位を撤回してからしばらくして、

「譲位は諦めるとして、世子に代理聴政を命ずるというのではいかがであろう」

英祖は、荘献世子に代理聴政、つまり、王の裁可をうけながら代理で政治を行わせようとしたのである。しかし、領議政の金在魯は、

「それもやはりなりませぬ」

と認めない。これを聞いた英祖は怒って、

「裁可すべき文書はすべて承政院にとどめておけ。予は何もしない」

という。承政院は、王命を取り次ぐ機関で、その文書を荘献世子に裁可させようとしたのである。しかし、左議政の趙顕命は、

「天下の大聖人として国政を施行する殿下が、このような怒声で話されるとは思いませんでした」

と英祖を批判する始末だった。結局のところ英祖の不安は、老論にしても少論にしても、臣下の権力が強くなりすぎたため、王権が相対的に低くなっているという懸念があったのである。そして英祖は、しみじみと語った。

「若い世子を政治から遠ざけておいたら、後日、王位についたとき、老論と少論によって政策を誤ることにもなりかねない。将来のことを考えて、今、世子に代理聴政をさせておきたいのだ」

この英祖の切実な考えを、大臣らはどこまで理解していただろう。権力闘争に明けくれる老論と少論を、英祖は冷めた目でみていたのである。英祖としては、荘献世子に学問だけではなく、政治の世界に触れさせておくことこそ、親心であると信じていたにちがいない。大臣らの反対を無視して、次のように布告した。

　悩んだ末に譲位を決めたのだが、みなが泣いて諫めるのに感動したため、撤回することにした。その代わり、荘献世子に代理聴政を命じるので、すべてのことは、1717年に粛宗大王が当時世子であった景宗大王に代理聴政を命じた先例に従うとよい。嗚呼、文武百官は、世子を助け、国政を一新するようにせよ

老論に追い詰められる荘献世子

英祖が荘献世子に代理聴政を命じたのは、荘献世子の政治的能力を養うとともに、王権を強化するためであった。そのため、領議政の金在魯を中心とする老論は、代理聴政を認めようとしなかったのである。

しかし、やがて老論が少論を凌駕し、かつ、荘献世子による代理聴政が順調に行われるようになると、老論の内部にも変化が現れた。老論の領袖である金在魯が荘献世子を排除しようとするのに対し、同じ老論でも荘献世子の義父にあたる外戚の洪鳳漢は、荘献世子を庇護することにより権力を握ろうとする。こうして、老論は、荘献世子の外戚勢力と非外戚勢力によって二分されていったのである。

金在魯ら非外戚勢力は、1759年に英祖の継妃となった貞純王后とともに、英祖への讒言により荘献世子を陥れるとともに、洪鳳漢・申晩ら外戚勢力を

第五章　国王による改革

駆逐しようとする。荘献世子の母は後宮の暎嬪李氏であったから、英祖の正妃貞純王后から男子が生まれたときには、その男子を世子にして権力を握ろうという算段だった。すでに荘献世子と対立した以上、非外戚勢力としては、荘献世子を国王として即位させるわけにはいかない。荘献世子が国王になった途端、粛清されるのは避けられないとみていたからである。そのため、外戚勢力の洪鳳漢が領議政になると、非外戚勢力の誹謗中傷は、次第に激化していった。

1762年5月22日、老論の羅景彦は、荘献世子が謀議を計画していると刑曹に訴えた。羅景彦は、老論の領袖洪啓禧に唆されたらしい。驚いた英祖は、自ら羅景彦を引見することにする。

このとき、服の内側から告発書を取り出した羅景彦は、

「この文書を殿下に奏上いたしたく思っておりましたが、上書の方法がわからなかったので、急ぎ、刑曹にお伝えしたものでございます」

といいながら、告発書を奉呈した。そこには、荘献世子の非行が10余条にわたって書き連ねられていた。これを見た英祖は、

「そなたらも読むがよい」

と大臣らに閲覧させるとともに、

「大臣らはみな、罪人ではないか。羅景彦だけが荘献世子の非行を知らせてくれたが、これまで誰もこのような話を予に告げた者はいなかった」

と叱責する。ただ、英祖も、告発書の内容をすべて信じたわけではない。

「そなたが国のために、荘献世子の非行を知らせてくれたのは感心する。しかし、謀反を企てているなどと煽るのは論外である。このような訴え方を認めれば、同じようなことをしでかす輩が現れてしまうだろう」

英祖はこういって、羅景彦を非難する。羅景彦としては、そのように煽らなければ、英祖に取り次いでもらえないと考えたのかもしれないが、結局、そのことが英祖の勘気に触れて、処罰されることになってしまった。

その一方で、英祖はすぐさま昌徳宮にいる荘献世子を呼び寄せた。驚いて参内した荘献世子に対し、英祖は大きな声で叱責する。

「そなたは、側室の景嬪朴氏を殴って殺したり、尼僧を宮中に入れたりするなどしていたそうだが、これが世子として行うことか。そなたの周りにいる者たちは、みな予を騙していたらしい。羅景彦が教えてくれなければ、予は知らないままであったろう。景嬪朴氏は、そなたを諫めようとして殺されたのではないのか。また、将来、尼僧の子が王孫として名乗り出るであろ

う。このようなことをしていたら国が滅んでしまうのだぞ」
　荘献世子は羅景彦との対面を求めたが、
「これもまた国を滅ぼす話だ。一国の世子が、どうして罪人などと対面しなければならないのだ」
　と一蹴する。荘献世子は泣きながら、
「すべて、それがしの火症が原因なのでございます」
　と訴えた。火症というのは、怒りの抑制を繰り返すことで引き起こされるとされる精神疾患である。荘献世子は、非行の原因が精神疾患にあるものとし、非行の事実そのものは否定しなかった。英祖は、
「ならばいっそ、もっと精神的に追い詰められたほうが治るのではないか」
　と捨て台詞を吐いて、荘献世子を退出させた。
　英祖としては、老論と少論といった老練な大臣らが朝廷の実権を握っているなかで、国王の権威を高めなければ国が滅亡すると危惧していたのだろう。そうしたことが、荘献世子に過度の期待をかけることになり、結果的に、荘献世子を追い詰めていってしまったのかもしれない。
　しかも、英祖の長男である孝章世子はすでに早世しており、この時点で後継者となりうる王子は、荘献世子しかいなかった。このことも、英祖を焦らせてしまったのだろう。

荘献世子の死

　1762年閏5月13日、慶熙宮にいた英祖は昌徳宮に向かい、荘献世子に同行を求めたが、荘献世子は病気と称して参加しなかった。このとき、謀反があると聞いた英祖は、ただちに荘献世子の謀反に備えるため王宮の警固を厳重にするように命じるとともに、荘献世子を呼び寄せる。そして、有無をいわさず、荘献世子に冠を脱いで土下座させると、打ちつけた額から血が出ているのも無視して、自害を命じたのである。
　このとき、その場にいたのは領議政の申晩だけで、遅れて左議政の洪鳳漢、判府事の鄭翬良、都承旨の李彝章らも入室してきた。申晩と洪鳳漢は、荘献世子の外戚で、特に洪鳳漢は荘献世子の義父である。それでも、すでに荘献世子を見限っていたのだろうか。大臣らは英祖に諫言することすらしなかった。
　英祖が大臣らに退室を促すと、荘献世子の子である世孫の李祘が慌てて駆け込んでくる。すると英祖は世孫を追い出し、金聖応父子に命じて再び入っ

第五章　国王による改革

てこられないようにした。そうしたところで、英祖は剣をもち、再び荘献世子に自害を促す。観念した荘献世子が、自害しようとしたところ、荘献世子の近臣が止めに入った。

そこで、英祖は、

「そなたの世子位を廃して庶人とする」

と命じた。つまり、もう王族としては扱わないということである。そうしたところに申晩や洪鳳漢らが入ってきたが、やはり英祖を諫めることさえしなかった。英祖が荘献世子の近臣に退室を命ずるなか、林徳躋だけは、抵抗して出ていこうとしない。しかし、

「すでに世子は、庶人の身だ。そなたが仕える相手ではない」

と英祖に一喝され、そのまま護衛兵に追い出される。荘献世子は、追い出される林徳躋の服の裾を摑んで、

「そなたが行ってしまったら、誰を頼ればよいのか」

と泣きながら訴えたが、無駄だった。いったん、林徳躋とともに退出した荘献世子は、外にいた側近らに対し、

「どうすればよいだろうか」

と聞くと、任晟が、

「殿下の処分を待たなければなりません」

という。こうして、荘献世子は嘆きながらも、再び英祖のもとに戻った。荘献世子は、

「それがしの過ちは、今後、改めるようにいたします」

と哀願したが、英祖は、激怒してこういった。

「そなたが謀反を起こそうとしていると密告してきたのは誰だと思う。そなたの母であるぞ」

荘献世子の実母である暎嬪李氏は、英祖の後宮だった。荘献世子は、実母にすら見放されてしまっていたらしい。見かねた都承旨の李彛章が、

「殿下は、後宮の女性の言葉だけを信じて、世子邸下を処罰するおつもりですか」

と諫めたが、英祖は聞かない。

結局、英祖は荘献世子を米櫃に閉じ込めるように命じた。こうして、8日後の閏5月21日、荘献世子は亡くなった。日数からして、餓死したものと思われる。荘献世子の死をうけて、英祖は次のように布告した。

すでに我が息子の死を聞いた後では、30年近い父子間の恩義を考えずに

はいられない。1度は庶人としたが、世孫の気持ちを考え、大臣らの意見も汲み、その号を回復して、諡号を思悼世子とする

こうして、荘献世子をめぐる老論内の対立は、結果的に当事者であった荘献世子の死という形で終息することになった。この事件を、発生した年の干支にちなんで「壬午禍変」とよぶ。

責任をとらされた金尚魯

英祖は、結果的に荘献世子を死に追いやってしまったが、その原因は、老論の非外戚勢力として荘献世子と対立していた領府事の金尚魯にあると考えていたらしい。荘献世子が亡くなって1か月も経たない1762年6月5日、英祖は金尚魯を罷免したのである。すると早くも翌6月6日、正言の申益彬が、金尚魯を弾劾する訴状を奉呈した。

前領府事の金尚魯は、法を犯すことが多くあり、臣下の噂にものぼりました。しかし、巧みに追及をかわしております。ですが、その罪を減ずるわけにはまいりません。処罰するようにしてください

死罪になるほどの重罪を犯したと確認されなかったが、それでも英祖は金尚魯を流罪に処したあと、賜死してしまったのである。

荘献世子の葬儀

死に追いやられた荘献世子の葬儀は、1762年7月23日に行われた。このとき英祖は、荘献世子の義父にあたる洪鳳漢に対し、

「予が荘献世子に自害を命じたのは、ただ、王室のことを考えたからだ。あの日、初めて父上と呼ぶ声を聞いた気がする。30年近い父子の関係を終わらせるためにも、今日は、父上とよんでくれた荘献世子の心に報いるようにしたい。自ら祭主になって、荘献世子を祀るとしよう」

という。英祖は決して、我が子を憎んでいたわけではない。王室のことを考え、父子の情を断ち切らなければならないと考えていたのだろう。こうした英祖の心中を察した洪鳳漢は、英祖に問う。

「それがしなども御一緒させていただいてよろしいのでしょうか」

「参加してほしい。もちろん、みなも参加してほしい」

こうして、御輿が墓に着いて玄室に棺が納められるときには、洪鳳漢だけでなく、一族の洪駿漢・洪楽信・洪楽任なども荘献世子の棺を引っ張るなどして従ったのだった。

世孫の代理聴政に反対する洪麟漢

　荘献世子の死後、82歳の英祖は病床に臥すようになり、政務を執ることに不安を覚え始める。そのため、荘献世子の子で世孫の李祘に代理聴政を命じようと考え、1775年11月20日、大臣らを招集した。代理聴政とは、王の裁可をうけ、世子や世孫が代理で政治を行うことをいう。この場には、24歳の世孫も参加していた。

　英祖が、

「最近、予は疲れ果てて、政務をきちんとこなすことも困難だ。これでどうやって国事を遂行することができようか。そのことを考えると夜も眠れない。世孫は老論・少論・南人・北人など4つの党派について知っているだろうか。朝廷のことについて知っているだろうか。誰が兵曹判書と吏曹判書を務めるべきか知っているだろうか。予は、若い世孫にそのようなことを知らしめたいし、また、その様子をみてみたい。とはいえ、いきなり王位を継がせれば世孫の心も傷ついてしまう。まずは代理聴政をさせたいが、そなたらはどう思うか」

と問いかけると、まず、左議政の洪麟漢がこう答えた。

「世孫邸下は老論と少論について知る必要がなく、兵曹判書と吏曹判書についても知る必要がありません。朝廷の仕事については、なおさら知る必要がありません」

　洪麟漢は、外戚勢力として荘献世子を支えてきた洪鳳漢の弟で、このときには朝廷の実力者になっていた。しかし、世孫を支えようという気はなく、荘献世子の妹和緩翁主の養子である鄭厚謙とともに、政治の実権を握ろうとしていたのである。そのためには、世孫が代理聴政をするのは都合が悪かった。その後も英祖は、大臣らに世孫の代理聴政を求め続けるが、洪麟漢の反対により、断念せざるをえなくなってしまう。

洪麟漢を弾劾する洪国栄

　あからさまに世孫を軽視する洪麟漢に対し、世孫の側近である洪国栄は、洪麟漢の排除に動き出す。洪国栄は、洪鳳漢・洪麟漢兄弟とは遠い親戚でありながら、世孫を支持していたのである。そして、1775年12月3日、洪国栄は少論で副司直の徐明善に頼み、洪麟漢を弾劾する訴状を奉じさせることにした。

それがしが謹んで聞いたところ、先月20日、殿下が大臣と対面されたとき、左議政洪麟漢が「世孫邸下に政治を知らしめる必要はない」などという話をしたといいます。世孫邸下が知らないならば、誰が知ればよいというのでしょう。とてもではありませんが、このような発言を容認することはできません。かつて、諸葛亮は「出師の表」において「宮中・府中は俱に一体と為す」と記しました。英祖殿下と世孫邸下は、ともに政治に関与しなければならないのですから、世孫邸下も政治について知る必要は当然ありましょう。このような大事なことに、誰も声を上げないということに、それがしは号泣して嘆くことを禁じ得ません。本来、それがしのような者が訴えることではございませんが、あえて訴状を奉呈させていただきました。速やかに洪麟漢の罪を正して、国家の大義が尊重される状態に戻してください

　洪麟漢の権勢を恐れて誰も弾劾の訴状を奉呈しないなか、徐明善は命がけで訴え出たのである。これに対し、洪麟漢も、12月21日、副司直の沈翔雲を立てて反駁させた。しかし英祖は、この反駁を認めずに沈翔雲を処罰し、世孫による代理聴政を強行させたのである。

英祖の薨去

　世孫李祘による代理聴政は、老論を中心に反対する臣下が多かったため、順調には進まなかった。しかも、世孫が代理聴政を始めて2か月後の1776年3月3日には、英祖の病状が悪化してしまう。
　世孫は重湯をすくって食べさせようとしたが、英祖にはすでにその力もなかった。都承旨の徐有隣が、
「不測の事態に備え、そろそろ王宮を警護しなければなりませんが、よろしいでしょうか」
というと、世孫は泣きながら答えなかった。英祖の臨終が近いことを意味していたからである。
　英祖が危篤に陥ったため、領議政の金尚喆ら前職・現職の大臣がよばれる。このとき、金尚喆が英祖に後継のことについて尋ねると、英祖は徐有隣に命じて次のように書かせた。
　　王位を世孫に継がせよ
　英祖は、病状が悪化してわずか2日後の3月5日、慶熙宮の集慶堂で薨去した。王位について52年、朝鮮王朝では最長の在位期間であった。

第22代　正祖(せいそ)

在位1776年～1800年

老論を抑えて改革に乗り出す

正祖(せいそ)の即位

　1776年3月5日に英祖(えいそ)が薨去(こうきょ)したため、3月10日、世孫の李祘が慶熙宮(けいきゅう)の崇(すう)政殿(せいでん)において第22代国王として即位し、正祖(せいそ)となった。即位した正祖は、次のように布告した。

　　天が限りない災禍を与えたため、突然の不幸に遭遇することになってしまった。改めて思うに、亡き英祖(えいそ)大王は、帝舜のようにその名を四方に広げ、帝堯(ていぎょう)を超える50年もの間、この国を治められてきた。その間、数万の臣民は、悲喜こもごもありながらも、ただ長生きされるように願ったが、それが突然終わりを告げるなど、どうして考えられただろう。その痛恨を、自らも耐えることはできない。しかし、王の座を空位にしておくこともできないのは確かである。そのため、英祖(えいそ)大王の妃貞純王后(ていじゅんおうごう)の命を敬い、また、伝統に従い、3月10日、慶熙宮の崇政殿で即位した。それにともない、貞純王后(ていじゅんおうごう)を王大妃(おうたいひ)に、嬪金氏(ひんきん)を王妃に昇格させる。喪中であることを思うたび、心は一層悲しくなる。しかし、王統を継ぐようにという神聖な命を敬った以上、政務を遂行しなければならないが、その命を破ることになるのが何よりも恐ろしい。そこで、代替わりの恩赦として、本日3月10日の明け方以前に行われた重罪を除く犯罪については、全部これを赦(ゆる)すことにする

　こうして、文武百官の慶賀をうけた正祖(せいそ)は、祖父である英祖(えいそ)の跡を継ぐことを明確にした。ふつうならば、即位式はこれで終わるが、正祖(せいそ)は夜になって大臣だけをよんだのである。

荘献世子(そうけんせいし)の子であると公言

　即位式のあと、あえて大臣らを呼び寄せた正祖(せいそ)は、大臣らを前にこう語った。
　「嗚呼(ああ)、予は荘献世子(そうけんせいし)の子である。先王の英祖(えいそ)大王が王統のことを考えて予に孝章世子(こうしょうせいし)の跡を継ぐように命じられても、予の父は荘献世子(そうけんせいし)しかいな

い。これだけは、はっきりと伝えておく。ただし、だからといって父の追崇を求めてはならない。英祖大王の遺言に従い、父の追崇を求める者は処罰するので、しかと心得よ」

父の荘献世子が死に追いやられたあと、正祖は、父の異母兄にあたる孝章世子の子とされていた。これまでは荘献世子を父とよぶこともできなかった正祖は、国王となって初めて、荘献世子の子であると公言することができたのである。

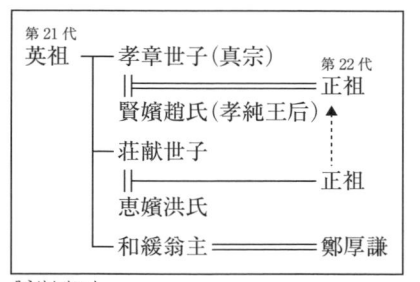

ただ、このころ政権を握っていたのは老論だった。老論は、荘献世子が亡くなったときの政権与党であり、荘献世子を追い詰めた大臣も少なくない。国王となった正祖を前に、世孫時代には正祖を攻撃していた老論も、沈黙するしかなかった。

とはいえ、正祖が荘献世子の追崇を強行すれば、政局が混乱する恐れがある。追崇とは、追尊ともいい、生前に王位を継がなかった者に、死後、国王の称号を与えることである。荘献世子の追崇を認めるということは、老論が追い詰めた荘献世子を国王として扱うことになり、老論の反発が予想された。そのため、正祖は、不本意であったにしろ、父の追崇を要求してはならないと、最初から釘を刺したのである。

実際、正祖は、即位9日目の3月19日、義父となっていた孝章世子を真宗に、義母となっていた賢嬪趙氏を孝純王后に追崇したが、荘献世子の追崇はしていない。正祖がしたことといえば、英祖によって与えられていた「思悼」という父の尊号を、ここにきて「荘献」と改めた程度である。

```
第21代
英祖 ─┬─ 孝章世子（真宗）    第22代
       ‖   ════════════════ 正祖
       └─ 賢嬪趙氏（孝純王后）▲
       ├─ 荘献世子
       ‖   ════════════════ 正祖
       └─ 恵嬪洪氏
       └─ 和緩翁主 ════════ 鄭厚謙
```

洪麟漢を排除

即位した正祖が懸念していたのは、老論の領袖洪麟漢の存在である。洪麟漢は正祖の祖父洪鳳漢の弟であったにもかかわらず、正祖が世孫として代理聴政をすることに反対するなど、対立を続けてきていた。このため、国王となった正祖が必ずや洪麟漢を排斥しにかかると考えた老論は、機先を制して正祖の叔母和緩翁主の養子である鄭厚謙を弾劾する。

正祖が即位して半月後の3月25日、官吏を監察する司憲府の長官である大司憲の李渻が正祖に謁見を求め、次のような訴状を呈した。

近年、社会が疲弊し、人心が混乱しておりますが、諸悪の根源は、一にも二にも、鄭厚謙にあります。鄭厚謙は、かつて英祖大王が殿下に代理聴政を命じられた際、臣下として喜ばない者はいなかったのに、鄭厚謙は殿下を推戴しようとはしませんでした。かつて、後漢（25年〜220年）の曹操や魏（220年〜265年）の司馬懿は、君主をないがしろにして、その実権を奪ったことがございます。鄭厚謙のしたことは、曹操や司馬懿と変わりません。法に基づき、処刑するべきかと存じます。また、鄭厚謙の母である和緩翁主も、臣下は同罪とみなしております。後顧の憂いを断つためにも、速やかに和緩翁主を追放してください

　鄭厚謙が正祖をないがしろにしていたのは事実であったため、即刻、正祖は鄭厚謙を流罪に処した。しかしそれは、李渲の訴えをすべて認めたというわけではない。正祖は、和緩翁主の追放は認めず、3月27日、逆に李渲を追放したのである。その命令書にはこうあった。

　とるに足らない鄭厚謙に対しては、強盗や窃盗が今すぐにでも起こるかのように急いで処断しようとしながら、気勢が天に届こうとしている者に対しては、その勢威を恐れて誰も咎めようともしない。それで、司憲府・司諫院・弘文館といった三司は、職務を果たしているといえるのか。三司の臣下が利害関係をみて動き、王と臣下の間の忠義を果たさずにいるのは嘆かわしい。よって、三司の要職についている者は、官爵を剝奪の上、追放する

　三司というのは、官吏を監察する司憲府、王に諫言する司諫院、王の諮問に応える弘文館のことである。正祖のいう「気勢が天に届こうとしている者」というのが、暗に洪麟漢を指しているのはいうまでもない。正祖は、洪麟漢の勢威を恐れた三司が弾劾しないことを責め、李渲らを追放したのだった。

　こうして、正祖の強い姿勢が示されるなか、弘文館で書物の編纂に携わる修撰の尹若淵が上訴した。

　鄭厚謙母子の罪は重く、今なお生きながらえているというのでは、国家の安危にかかわります。伏して願わくは、鄭厚謙母子を死罪に処してください。また、道理に背いた言葉で殿下を阻害した洪麟漢を流罪に処してください

　老論の尹若淵は、洪麟漢に対する処罰が避けられないなら、せめて流罪にとどめようとしたのである。もちろん、正祖は尹若淵の上訴を認めず、自ら尹若淵と対面したのち、次のように命じた。

逆賊を庇護する者もまた逆賊として扱うことが、歴史書『春秋』に記された正義の道理である。尹若淵は、1775年に洪麟漢が予の代理聴政に反対したとき、洪麟漢を擁護する訴状を奉じた沈翔雲と変わらない。予が自ら尋問を行うので、ただちに義禁府で拘留せよ

こうして6月23日、尹若淵が逮捕されて尋問されると、上訴が洪麟漢の意向をうけたものであることが判明した。そうなると、三司も洪麟漢の弾劾を控えるわけにはいかない。結局、鄭厚謙と洪麟漢を死罪にするように上訴したのである。

正祖は、洪麟漢が母の叔父にあたるため、最後まで死罪だけは避けようとしていた。しかし、百官から死罪を求める要請が相次ぐなか、7月5日の夜、領議政の金陽澤らの大臣を引見してこう告げる。

「予が洪麟漢の処刑に躊躇していたのは、母上のことを考えたからである。先ほど、母上にその旨を伝えたところ、私的な感情にとらわれて、この国を窮地に陥れてはならないと諭された。すでに予の決意は固まったので、鄭厚謙と洪麟漢を賜死することにする」

だがこの処分に対し、金陽澤が異議を唱えた。

「洪麟漢の処罰として、賜死は軽すぎではございませんか」

賜死も、死を命じられるという意味では、死罪と変わりはない。しかし、首を切断される死罪に比べれば、国王から与えられた毒薬を服用して自害する賜死は、まだ穏当な処罰であったといえる。だが正祖は、

「洪麟漢は、逆賊とはいっても、大臣まで務めている。賜死する以外に方法はあるまい」

と否定した。さらに、金陽澤は、

「それでは、大臣になったことのない鄭厚謙が賜死というのは、軽すぎではございませんか」

と訴えるが、これに対しても正祖は、

「鄭厚謙は、結局、罪を認めなかった。だから賜死することにしたのである。これまでにも、そうした先例はあった」

といって、鄭厚謙と洪麟漢を賜死したのである。

こうなると、洪麟漢の兄で、正祖の母恵嬪洪氏の実父である洪鳳漢も、処罰を免れることは難しい。そのため、母を気遣った正祖は、洪鳳漢の一命を助ける代わり、平民に降格させたのである。また、洪鳳漢・洪麟漢兄弟に連座して、洪氏一族の多くが流刑に処せられることになった。

洪国栄を頼る正祖

　正祖は、老論に対抗するため、腹心の洪国栄に権力を与えていく。洪国栄は、洪鳳漢・洪麟漢兄弟の遠い親戚であったが、洪鳳漢・洪麟漢兄弟に同調せず、正祖が世孫だったころから支えていた側近中の側近である。
　すでに、洪国栄は正祖が即位して3日目の1776年3月13日、王命を取り次ぐ承政院の同副承旨に任じられ、7月6日には長官である都承旨に昇進していた。名実ともに、洪国栄は正祖の秘書としての役割を果たしていたのだが、正祖は老論を抑えるため、さらに軍事権までも与えようとする。
　11月19日、正祖はこの洪国栄に、中央軍営組織である守禦庁の長官である守禦使を兼ねさせようとした。洪国栄は辞退したものの、
　「予は、かねてよりそなたに軍の指揮を任せようと考えていた。腹心の臣下に護衛を委ねなければ、危険にさらされている王室を守っていくことができようか」
　といって、都承旨と兼務させたのである。
　さらに、翌1777年5月27日、正祖は漢城を守備する摠戎庁の長官である摠戎使に洪国栄を任命し、さらには、国王を警護する禁衛大将とした。朝鮮王朝の歴史のなかで、これまで、都承旨と禁衛大将を兼務した臣下はいない。いずれも、地位の高い役職ではなかったが、王の側近中の側近として、政治と軍事の権力を保持していたものである。正祖は、洪国栄に絶大な権力を与えることで、老論を抑えようとしたのだった。
　そして、正祖の期待通り、政治と軍事の両方の権力を握った洪国栄が、やがて朝廷の実権を手中に収めていく。このとき、洪国栄は30歳の若さだった。

正祖殺害未遂事件

　洪鳳漢・洪麟漢が処罰され、追い詰められた洪氏一族では、洪相範が中心となり、正祖の廃位を画策するようになっていく。洪相範は、荘献世子を排撃していた洪啓禧の孫にあたる。洪鳳漢・洪麟漢に連座して、父の洪述海をはじめ一族がことごとく流刑に処されており、洪相範は正祖を排除しなければ、洪氏一族の復権はないものと考えたらしい。そこで洪相範は、正祖の警護にあたる姜龍輝を内応させ、暗殺するという計画を立てたのである。
　1777年7月28日の夜、姜龍輝らは正祖が起居している寝殿への潜入を試みたものの、ほかの護衛兵に見つかって逃亡を余儀なくされてしまう。8月9

日、姜龍輝らは再び潜入を試みたが、今度は捕まってしまった。こうして、洪相範や姜龍輝は処刑されることになったのだが、事件はこれで終わらない。

事件を捜査するなかで、容疑者の1人として捕らえられた洪相吉の「自供」により、洪氏一族は洪楽任を中心に政変を起こし、このとき19歳の恩全君李襸を国王として即位させようとしていたことが明らかにされたのである。

異母弟恩全君の死

洪楽任は正祖の母恵嬪洪氏の実弟で、恩全君は正祖の異母弟である。実際に、洪楽任が恩全君を奉じて政変を画策していたのかどうかはわからない。しかし、これまで正祖に抑圧されていた老論は、これを契機に老論の意見を通させて正祖の権威を失墜させようとする。1777年8月11日、領議政の金尚喆らは、百官を率いて恩全君の処刑を求めて正祖に直訴した。

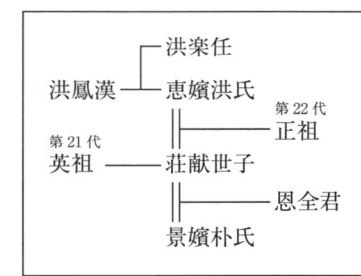

```
洪鳳漢 ─┬─ 洪楽任
        └─ 恵嬪洪氏 ─┐
第21代              ├─ 第22代 正祖
英祖 ──── 荘献世子 ─┤
                    └─ 恩全君
            景嬪朴氏 ─┘
```

「殿下を暗殺しようとした事件を捜査するなかで、諸悪の根源が明らかとなりました。それは、いうまでもなく、恩全君であります。すでに洪相吉が供述しておりますので、これは単に殿下の罪人ではなく、王室と国家の罪人です。朝廷に仕える臣下が、どうしてそのような逆賊と同じ天の下で生きられましょうか。謹んで願わくは、恩全君を逮捕して尋問してください」

恩全君の名前は洪相吉の「自供」に出たが、だからといって恩全君が洪氏一族に加担したという証拠は何もない。そのため正祖は、大臣らの要求を拒んだが、大臣らは従おうともしない。挙げ句の果てに老論は、正祖の命令書まで偽作してしまう。これを知った正祖が急いで破り捨てるよう命じても、

「臣下たる者、どうして王の名が記された命令書を破ることができましょうか」

と開き直る始末だった。そして、とうとう偽の命令書で恩全君を逮捕し、義禁府に拘留してしまったのである。

そのうえで、再び領議政の金尚喆らは、百官を率いて直訴した。

「罪人恩全君が生きていることが許されない逆賊であることは、先ほど申し上げた通りです。歴史的に、王の一族だからといって、逆賊が法の通りに処罰されないなどということがこれまでにありましたでしょうか。まして、

今は逆賊があちらこちらで反乱を起こそうとしているため、人心も平穏ではありません。逆賊を生かしておいては、後顧の憂いになってしまいます。謹んで願わくは、深くお考えになり、罪人恩全君(おんぜんくん)を死罪に処し、王室と国家の所望に応じてください」

　正祖(せいそ)は認めなかったが、金尚喆(きんしょうてつ)らも引き下がらない。このため正祖(せいそ)は、

「法に反すれば義禁府(ぎきんふ)に拘束されるのは当然であるが、若輩者が何を知っているというのか。その苦難を想像すると涙があふれて止まらない。せめて尋問を担当する者に、恩全君(おんぜんくん)を気遣うように伝えよ」

と、泣く泣く、尋問を認めるしかなかった。それでも正祖(せいそ)は死刑だけは拒絶していたが、義禁府(ぎきんふ)の長官である判義禁府事(はんぎきんふじ)の発言が正祖(せいそ)を追い詰める。

「尋問にあたった義禁府(ぎきんふ)の官吏らは、恩全君(おんぜんくん)が死をもって償う気はなく、食事は腹一杯になるまでとろうとし、衣服も暖かくするように命令するといっております。もはや恩全君(おんぜんくん)には、臣下としての忠義がございません。臣下としての忠義があれば、すでに自害しているはずです。それなのに生きながらえようとしているのですから、将来、何をしでかすかわかりません。すぐに死罪に処すべきです」

　これに対し、正祖(せいそ)は、

「恩全君(おんぜんくん)は、生まれつき軽薄なところがあり、妄言(もうげん)を発することも多かった。暖かくしてお腹一杯にしようとするのも、死ぬ間際に精一杯生きようとしているにすぎない。それなのに、どうしてそこまでいわれなければならないのか」

と恩全君(おんぜんくん)をかばう。

　こうした姿勢に反発した老論(ろうろん)は百官を率いて、毎日、正祖(せいそ)に直訴する。このときの直訴は、領議政(りょうぎせい)をはじめとする大臣が44回、司憲府(しけんふ)・司諫院(しかんいん)・弘文館(こうぶんかん)のいわゆる三司(さんし)にいたっては62回に及んだという。司憲府は官吏を監察する機関、司諫院(しかんいん)は王に諫言する機関、弘文館(こうぶんかん)は王の諮問に応える機関であるが、その三司までが死刑を求めるなか、正祖(せいそ)はどうすることもできなかった。

　大臣らは自ら義禁府(ぎきんふ)に出向き、恩全君(おんぜんくん)に対し、

「そなたが逆賊に推戴(すいたい)された以上、万が一にも生き延びることはできない。たとえ殿下がそなたを死罪にすることができなくても、そなたに忠節があるのならどうして1日たりとも生きながらえようとするものか」

と問い詰める。正祖(せいそ)が死罪にしないため、大臣らは恩全君(おんぜんくん)に自害を強要しようとしたのである。しかし恩全君(おんぜんくん)は、自害を拒否した。

再び、正祖に対面した大臣らは、
「恩全君は自害を拒否しました。すでに忠節がないという何よりの証拠です。賜死するようにしてください」

正祖が応じないでいると、大臣らは王命を取り次ぐ承旨に自害の命令書を書かせようとする。ここに至り、観念した正祖は、涙を流しながら恩全君に賜死を命じたのである。

こうして9月24日、恩全君は正祖から与えられた毒薬を服用して自害した。享年17。正祖は国王であっても、弟1人の命すら守れなかったのである。

老論は、正祖の権威を失墜させようとしただけだった。事実、同じように名前の出ていた洪楽任の処罰は求めなかったのである。結局、洪楽任に対しては、正祖の母である恵嬪洪氏の意向もあり、無罪放免にしたのだった。

洪国栄の失脚

暗殺未遂事件直後の1777年11月15日、正祖は国王の警護部隊である宿衛所を創設し、都承旨・禁衛大将の洪国栄に、その長官である宿衛大将を兼務させた。それだけ、洪国栄に対する正祖の信頼は厚かったのである。

さらに正祖は翌1778年夏、洪国栄の妹を後宮（側室）に迎え、当初から「嬪」の称号を与えた。「嬪」は、後宮における最上級の地位であり、本来は、王子を産んだ後宮にしか与えられない称号である。この異例ともよべる待遇で後宮に入った洪国栄の妹は以後、元嬪洪氏とよばれることになった。正祖の信任を得た洪国栄は、ついに正祖の外戚になったのである。

洪国栄は、正祖の外戚に列することで、朝廷内に比類なき権力を保持できると考えていたにちがいない。しかし肝心の元嬪洪氏が、嫁いでわずか1年後の1779年5月7日、14歳で病没してしまう。正祖と元嬪洪氏との間に子は生まれていなかったので、洪国栄は正祖の外戚という立場を失うことになった。

焦った洪国栄は、正祖の異母弟である恩彦君李祵の子常渓君李湛を亡き元嬪洪氏の養子とすることにより、王族の外戚という立場を確保しようとする。洪国栄は、ことあるごとに、

「常渓君はそれがしの甥だ」

といいふらしていたという。

そして洪国栄は、元嬪洪氏が亡くなって1か月ほどした6月18日、吏曹参判の宋徳相に次のような上書を奉じさせた。

幸いにも去年の夏、殿下が元嬪洪氏を迎えられたので、臣民が大いに祝福し、跡継ぎの誕生を心待ちにしていました。しかし、天の理は計りがたく、元嬪洪氏が不幸にして亡くなられたことは、筆舌に尽くすことができません。あとは、天が我が国を助け、跡継ぎが決まるようにしてくれることを祈るばかりです。殿下は壮年でいらっしゃるにもかかわらず、まだ王子がお生まれになられておりません。もちろん、これから王子がお生まれになることはあるのでしょうが、跡継ぎを広く求める必要もあるのではないかと思います

　確かに、この時点で正祖と正妃である孝懿王后との間に王子は生まれていなかった。そのような状況で「跡継ぎを広く求める」というのは、養子を迎えることにほかならない。しかし、正祖はまだ28歳である。王子が生まれていないからといって、養子を迎えるように訴えるのは、明らかに行きすぎであろう。しかも、迎えるべき養子というのが、暗に常渓君を指していることは明白だった。

　これまで洪国栄を信頼してきた正祖も、この上書を契機として、警戒するようになる。そして、正祖は臣下らの弾劾を誘い、洪国栄が辞職せざるを得ない状況に追い込んでいった。

　1779年9月26日、正祖と臣下との対面の場で、洪国栄が誰よりも先に口を開いた。

　「殿下は今日が何の日か覚えていらっしゃいますか。7年前のちょうど今日、それがしが殿下に初めてお会いした日です。その日から、殿下はそれがしに、恩恵と知遇を与えてくださいました。その恩を返そうとしても、この世だけでは報いることができませんので、何度でも生まれ変わって、お仕えしたいと願うだけでございます。ただ、今年5月に殿下の後宮に入った妹の元嬪洪氏が亡くなってから、政治と民心が安定しません。それは、謹んで考えるに、それがしがまだ朝廷にいるためなのでしょう。それがし1人のために、国家の大計が定まらないのは本意ではございません。今日は、それがしと殿下との道が別れる日です」

　洪国栄は弾劾される前に、自ら身を引こうとしたのだった。ただ、あまりに突然のことで、あっけにとられた領議政の金尚喆が、

　「それがしには突然のことで、仰っている意味がよくわかりません」

　と語りかけたところ、正祖が遮り、

　「そなたらは、口を挟まなくてよい。それが有終の美を飾る唯一の方法な

のだ。どうしてそのことを予が知らないでいようか」

　こうして正祖は、洪国栄の辞職を認めた。しかし、朝廷内には洪国栄を慕う勢力も少なくない。領議政の金尚喆すら、正祖に対して辞職を認めないように訴える始末だった。このため9月29日、正祖は金尚喆を罷免しなければならなかった。

　その後も、洪国栄の復職を求める上訴が相次ぐなか、正祖は老論の重鎮である金鍾秀に洪国栄を弾劾させることにした。そこで1780年2月26日、金鍾秀は次のような訴状を奉じている。

　　洪国栄は本来、荒い性質に狡猾な才能を持ち合わせております。殿下が洪国栄を重用したのは、王室と国家のために誠意を尽くすことを願われただけなのに、洪国栄は政治と軍事の実権を握り、朝廷を専断してしまいました。しかし、そのことはさほど問題ではございません。もっと大切なことは、昨年5月に元嬪洪氏が亡くなられたあと、臣下が新たな後宮を選ぶ方向で話を進めていたところ、洪国栄は国家の大事を考えずに「後宮を再び選ぶ必要はない」といって、反対しました。殿下は400年になるこの国の後継者を求めなければならないのに、洪国栄の顔色をうかがってできないでいるのでしょうか。洪国栄に対する情に流されているのなら、殿下が国家を軽くみていることになりますし、洪国栄の勢威を恐れて行わないのだとしたら、殿下が自由ではないということになります。願わくは、洪国栄を流罪に処し、多くの臣民の怒りを解くようにしてください

　この弾劾により、正祖は洪国栄を流罪に処すことに決めた。その後は、掌を返したように、臣下から洪国栄の処刑を求める訴えが続く。しかし、洪国栄の功罪をよく知っていた正祖が、処刑までも認めることはついになかった。

　流罪になった洪国栄は、臣下が掌を返して処刑を求めたことに憤りを感じるとともに、生きた心地もしなかったのだろうか。流罪に処せられて1年ほどした1781年4月5日、配流先で病没してしまった。このときまだ34歳の若さだった。

有能な人材を登用

　即位したころ朝廷の実権を握っていた洪鳳漢・洪麟漢兄弟を洪国栄によって排除した正祖は、その洪国栄を排除したことで、ようやく親政を行うことができるようになった。外戚による政治への介入に懲りた正祖は、党派にか

第五章　国王による改革

かわらず、国王に忠節を尽くす臣下を登用していこうとする。それが、正祖の考える「蕩平」だった。
　「蕩平」とは、公平な政治のために、国王が均衡をとる政策のことである。すでに正祖の祖父英祖の時代から行われていたが、英祖の求めた「蕩平」とは、あくまでも党派を中心にしたものだった。このため、いかに英祖が老論や少論といった各党派から均等に人材を登用しても、党派による争いそのものをなくすことはできなかったのである。
　この点、正祖は党派に関係なく、国王に忠誠を誓う臣下を積極的に登用しようとした。そのため、これまで政権にいた老論・少論だけでなく、南人も政治に参加するようになったのである。
　正祖は、即位12年の1788年2月11日、ついに南人の蔡済恭を右議政に抜擢した。右議政は、最高の行政機関である議政府の大臣で、領議政、左議政に次ぐ地位にあり、領議政・左議政・右議政は合わせて三政丞とよばれている。このとき、領議政は老論の金致仁、左議政は少論の李性源であったが、南人の蔡済恭が右議政に任じられたことで、正祖の「蕩平」は名実ともに結実し始めていく。

南人の進出

　南人は第19代国王粛宗の時代の1694年、禧嬪張氏の毒殺計画を発端として追放されてから100年近く、ほとんど中央への進出を認められずにいた。しかし、蔡済恭が右議政に抜擢されたことで、少しずつでも、中央に進出することができるようになったのである。
　ただ、南人が中央に進出するうえで問題となったのが、英祖時代の1728年に起きた「戊申の乱」に対する評価だった。「戊申の乱」は、老論によって排斥された李麟佐らが中心になって引き起こした反乱である。李麟佐自身は少論であったが、このとき、慶尚道では反乱に加担した南人がいたため、以来、南人は中傷され続けていたのだった。
　1788年11月8日、慶尚道の儒者である李鎮東らは、
　　1728年の戊申の乱におきまして、慶尚道の南人は、反乱軍に味方することを恥じて抵抗いたしました。しかし、慶尚道全体が反乱の根拠地と思われたため、南人も逆賊の汚名を着せられ、悔しい思いをしております。戊申の乱で反乱軍に抵抗して功を立てたり、殉死したりした南人の行跡を冊子にまとめましたので、ご覧いただければ幸いです

と正祖に訴えるとともに、当時の南人の動向を記録した冊子も奉呈した。これを読んだ正祖は、11月11日、李鎮東らを特別に引見して、

「冊子を読ませてもらったが、載せられている南人はみな名家の後裔であり、大義のために行動したというのは、称賛に値する。それなのに、反乱があったというだけで差別されているのは、実に嘆かわしい。人材が不足している今、慶尚道には、登用すべき南人が多くいるのだろう。もし、政治に参加してもらえたら、本当の意味での公平な政策を進めることができると思う」

と語り、南人に対する支援を約束した。

それは、決して正祖の思いつきでもなければ、社交辞令で話したわけでもない。実際、慶尚道に対する認識を改めた正祖は、特別に慶尚道で官吏を登用する試験である科挙を行うなど、積極的に慶尚道の南人を登用していったのである。

荘献世子の墓を水原に改葬

中央に南人が進出するなか、正祖は、懸案であった父荘献世子の墓所「永祐園」を改葬しようとする。荘献世子を追い詰めた老論が要職を占拠している状態であったら、反対されたかもしれない。しかし、正祖の「蕩平」により、少論だけでなく南人までが登用されたことで、ついに改葬が可能だと判断したのだった。

荘献世子の墓は、英祖によって京畿道楊州に造られていた。しかし、不幸な最期の末に埋葬された地であり、父を思慕する正祖にとって、いつまでもそのような忌まわしい地に祀るわけにはいかなかった。そうしたなか、1789年7月11日、荘献世子の姉和平翁主の夫である朴明源が、

永祐園は、その場所においても、その経緯においても問題がございます。それがしは、臣下として万世の大計を考え、また、忠義と道理に照らし合わせたとき、このことを気にしないわけにはまいりません。死を覚悟して申し上げれば、荘献世子の墓を改葬することが必要かと存じます

と、正祖に代わって改葬を建議したのである。ただちに正祖は改葬を大臣らに諮るが、義弟の墓地の改葬を朴明源が求めていることなので、反対の意見も出ない。こうして、正祖は父の墓地を同じ京畿道の水原の花山（華山）に移すことに決めたのである。

正祖は、新しい墓所の名を「顕隆園」と定めた。顕隆とは、顕父に隆盛で

第五章 国王による改革

217

報いるという意味である。この名に、正祖の父に対する思いが込められていた。10月7日、正祖は自ら水原に向かい、盛大な儀式のなか、父の遺骸を「顕隆園」に埋葬したのである。

正祖に抵抗する老論

　正祖が疎外されていた南人を登用するなか、老論は正祖に抵抗する姿勢を示す。1792年4月18日、国王に対する諫言を行う司諫院の正言である柳星漢が、正祖に次のような諫言する書を奉じた。

> 殿下は、かつては熱心に学問をされていましたが、近ごろはあまり熱心ではいらっしゃらないようです。即位されて16年もの間、王室と国家が安泰でいられるのは、学問をされてきた成果でございます。巷に流れている噂によると、殿下は遊びほうけておいでだと聞きました。些細なことでも殿下の汚点になりますから、今までのように学問に精進してください

　正祖が学問をないがしろにして遊んでいるという諫言であるが、国王に対する諫言を職務としていた司諫院からの訴えであるから、これを職務上の義務とみることもできる。柳星漢としては、正祖が南人に傾倒して、老論の意見を聞かないことをもって学問をしていないとみなしたわけであるが、ただ、正祖が遊びほうけて学問をしていないというのは事実ではなかった。このため、柳星漢は南人から批判されることになる。4月30日には、南人で左議政になっていた蔡済恭が自ら柳星漢の弾劾を訴えた。

> 臣下が王に進言するときには、実際に王に誤りがあれば、何でも指摘するべきでしょう。しかし、虚偽を事実であるように偽り、ないことをあることのように偽ることを、許してよいはずがありません。悲しみのなかで即位された殿下は、華美なことは一切好んではおられませんでした。そのことを知らない臣民はいないでしょう。噂だといいながら、殿下が遊びほうけているなどと暴言を吐くのは、臣下として死罪に値します。謹んで願わくは、速やかに柳星漢を処罰するようにしてください

　当初、この一件は柳星漢の処罰で収まるものと思われた。しかし、柳星漢を擁護した老論で司諫院正言の尹九宗が弾劾されて、取り調べをうけることになると、事件は思わぬ方向に展開していく。調査の過程で、尹九宗が第20代国王景宗の妃の端懿王后の陵墓を通り過ぎる際、輿から降りていなかったことが明らかにされたのである。

景宗を国王とみなしていなかった老論

　尹九宗が端懿王后の陵墓の前で輿から降りなかったのは、いうまでもなく、景宗を国王としてみなしていなかったからである。尹九宗の態度が露骨なだけで、老論は誰も景宗を国王として崇敬していなかったらしい。すでに薨去の直後から、景宗は老論によって毒殺されたのではないかとする噂も広がっていたが、尹九宗の態度は、その噂が真実であると思わせるほどの衝撃を朝廷に与えた。

　特に、景宗と景宗の実母である禧嬪張氏を支持していた南人の衝撃が大きかったことは想像に難くない。南人の一部は、1728年、景宗の復讐を大義名分として蜂起した李麟佐らの「戊申の乱」にも加わっていたからである。

　1792年閏4月17日、蔡済恭が南人を代表して書を奉じ、正祖に訴えた。

> 今日、朝廷の臣下はどうして王室に対する忠節がないのでしょうか。景宗大王は4年間王位につかれており、荘献世子は13年間政務に携われておりました。不幸にも朝廷内で党派が分立すると、国家よりも自分を利するようになり、王室よりも党派を守ろうとするようになってしまったのです。尹九宗は、景宗大王に対し、あえて臣下として仕えないという言葉さえ口にしました。景宗大王に臣下としての役割を果たさない者がどうして先王の英祖大王に忠誠を尽くすでしょうか。荘献世子を陥れた者がどうして殿下を崇敬するでしょうか。尹九宗と柳星漢は、逆賊として行ったことは違いますが、その心は通じております。国法に基づき、厳しく処罰してください

　南人の蔡済恭は、老論による景宗不敬事件を契機に、それまで30年間も禁忌とされてきた荘献世子の話を持ち出した。荘献世子が老論によって追い詰められた経緯を踏まえ、老論への総攻撃に乗り出したのである。

1万人で上訴した南人

　蔡済恭が荘献世子の話を持ち出して老論を批判して10日後の1792年閏4月27日、慶尚道の南人である李堣らが、正祖の父荘献世子の名誉回復を求めて訴えた。その訴状には、次のように記されていた。

> 我ら南人は荘献世子への忠義を胸に秘めて30余年が経ちます。しかし、誰にもいうことができず、悔しくて生きている価値も見いだせませんでした。『詩経』を読むたび、「果てしなく遠く蒼い空よ、このようにさせ

第五章　国王による改革

たのは誰なのか」という一節に至っては、書を閉じて嘆息せざるをえませんでした。我ら南人は、100年近く下野していましたが、ずっと英祖大王をお慕いしておりました。我らの荘献世子は英祖大王の世子として13年間も政治を代理したのですから、荘献世子を崇敬する心は、英祖大王を崇敬する心と、どうして違いがありましょう。侍講院で荘献世子に学問を教えていた南人は、故郷に戻ってくるたび、荘献世子の高い学識と礼儀正しい姿勢を褒め称えておりました。しかるに、陰湿な逆臣が、荘献世子を誹謗中傷し、追い詰めていってしまったのです。そしてついには、捏造した嘘によって、荘献世子を死に追いやってしまいました。殿下が即位してから、全国の臣民は逆臣が処罰されることを望んでおりましたが、どうして16年の間、誰も処罰を求めなかったのでしょう。聞くところによると、英祖大王も、荘献世子の死から数年後には後悔して涙を流しておられたといいます。我ら南人が、こうして泣き叫んで訴えるのは、荘献世子の名誉回復の措置を求めるためであります。我ら南人は殿下のために命を捧げる覚悟でおりますから、なにとぞ、荘献世子のために、是非を明らかにしてください。また、逆臣柳星漢と尹九宗を反逆罪で処断し、臣民の怒りを鎮めてくだいますようお願い申し上げます

この上訴は、1万57人が連署しており、慶尚道が当時、嶺南とよばれていたことから「嶺南万人疏」という。政権を握る老論に対する批判であり、命がけの上訴だった。

　この訴状を読んだ正祖は、李堣らを引見することにする。正祖は、この訴状に万感の思いがあったらしい。感極まった正祖は、込み上げてくるものを抑えるのに精一杯でなかなか声にならなかった。それでも、李堣らに、訥々と話し始めた。

「予が父の死を心に封印してからすでに30年が過ぎたし、即位してから20年近い。この長い歳月で、憂いを抱かない日はなかった。そなたらが義憤にかられて訴状を奉じたことはよくわかる。ただ、父の死については、今話すべきことではない。すでに父の死に関与した金尚魯は英祖大王が処罰されており、すでに決着したことである。父を追崇すれば、英祖大王の霊は喜ぶかもしれないが、父の霊は英祖大王の遺命に背くことを悲しまれるのではないだろうか。それでは、予がいずれ父にお目にかかった際、面目がなくなってしまう。そのようなわけで、父を追崇することは考えていない。だが、慶尚道はまさに国家の礎となる地方であり、予もそなたらを頼りにしている。そ

なたらは、予の真意を察して、慶尚道の人々に伝えてもらいたい」
　正祖としては荘献世子の名誉を回復したいのはやまやまだったであろう。しかし、朝廷の実権が荘献世子を死に追い込んだ老論が握っている段階では、時期尚早と判断したのである。それも、老論がいるなかでは公然と話せないから、李堣ら南人には「真意」を汲み取るように命じたのだった。

再び1万人で上訴した南人

　正祖に理解してもらえたと考えた李堣ら南人は、10日後の5月7日、再び上訴した。このときは、前回より311人多い1万368人が連署している。

> 我ら南人は、僭越にも訴状を捧げ、殿下をわずらわせてしまいました。大義のために命は惜しみませんが、一方では悔しさから涙があふれ、一方では恐ろしさから汗が背中を流れたのです。殿下は、我らに、真意を汲んで帰郷するように仰いました。ただ、大義というものは、言葉を口にするだけなら空言になってしまいますから、実行に移さなければ意味がありません。このまま引き下がったのでは、臣下としての大命を果たさないことになってしまうでしょう。もちろん、それは、殿下の命令を聞いていないとか、殿下の真意を我らが知らないということではございません。釈然としないことがあるため、やむを得ず再び上訴したことを、どうかお許しください。臣下たる者は、王に忠誠を尽くそうと思うものです。王に忠誠を尽くそうと思えば、王の子である王子に忠誠を尽くそうと思うものです。我ら1万人が死を覚悟のうえ上訴したのは、30年間にわたって放置されてきた荘献世子の冤罪を明らかにするためです。荘献世子の追崇に対し、殿下は、英祖大王が喜んでも荘献世子自身が不安に思うのではないかと仰いました。しかし、恐れながら申し上げれば、英祖大王がお喜びになることを、子の荘献世子が悲しまれる道理がございません。速やかに荘献世子を追崇し、荘献世子を死に追い込んだ逆臣らを処罰してくだされば、王室と国家の幸福になります

　荘献世子を追崇し、荘献世子を死に追い込んだ臣下をことごとく処罰するとなれば、老論との全面対決になってしまう。李堣ら南人は、3度目の上訴を計画したが、正祖は丁寧に説得し、李堣らを慶尚道に帰郷させた。
　結局、南人1万人が上訴しても、政局は何も変わらなかった。しかし、こうした南人の支持を得たことで、正祖は荘献世子に対する評価を改めることに希望をもてるようになったという意味は十分にあったといえる。

華城の築城

　南人の支持を得た正祖は、父荘献世子を改葬した水原の花山に、漢城に代わる新たな城郭都市を建設しようとする。花山とは、800の峰が1つの山の周りを囲んで花房のようになっていたことにちなむ。当時、「花」の字は一般的に「華」が使われていたため、正祖はその城郭都市を華城と名付けている。

　老論による批判を避けるため、正祖は華城の築城に、国家予算を用いないという方針を立てた。これに対し、領中枢府事となっていた蔡済恭が、

　「華城の築城に国家の経費を使わないという殿下の意向に、臣下は感銘をうけております」

　と賛意を示す。正祖は、軍役の代わりに納入される金銭を用いる予定でいた。正祖の腹心で訓錬大将の趙心泰が試算したところ、1年で2万余両、10年で25万両になる計算だった。正祖は、南人で実学者でもあった丁若鏞に華城の設計を命じると、1794年2月に築城工事を開始する。そして、漢城にいる蔡済恭を総括責任者とし、趙心泰を水原の現場監督としたのだった。

　当初、10年間を予定していた工事は、1796年9月に完成する。この間、37万余の人員と83万両余の経費が費やされたという。

南人を排撃する老論

　南人が官界に進出し、華城の築城を主導するなか、老論は南人を排撃する機会をうかがっていた。そのようなとき、1795年6月27日、朝鮮に密入国した清（1636年～1912年）人のキリスト教神父周文謨に逮捕命令が出されると、これを契機に、老論は南人に反撃を開始する。当時、ヨーロッパの実学として清から朝鮮に入ってきていたキリスト教が、とくに、南人の間で受容されていたからである。

　7月7日、武臣である行副司直の朴長卨が、南人の工曹判書の李家煥を批判して上訴した。

　それがしは、1か月前に起きた清人の神父周文謨が密入国したことについて、格別な憤りを感じております。このような事件が起きたのは、李家煥が儒家の道に反し、キリスト教という邪学を積極的に取り入れていたからにちがいありません。キリスト教が我が国の倫理を破壊するのは、道教や仏教の比ではないのです。すでに明（1368年～1644年）代の中国に伝わったあと、日本でも禁教令を出すまで問題になりました。速

やかに李家煥を処罰し、キリスト教という邪学を禁止するようにしてください

南人を積極的に登用してきた正祖は、清人神父の入国事件により、老論に南人を排除する口実を与えてしまう。老論による弾劾はこのあとも続き、結局、正祖は李家煥を左遷するしかなかった。

しかし、正祖は1795年7月26日、キリスト教に対する国王としての考えをまとめ、次のように布告した。

　ヨーロッパの学問が我が国に入ってきたのは、ここ最近のことではない。老論4大臣として知られる李頤命の文集『疎齋集』にも、キリスト教の教理について書かれている。そのなかで李頤命は、「上帝、すなわち神と対面した中で自身の完全なる品性を回復しようとする点では、キリスト教と儒教とは違いがないようだ。だから清浄を主張する道教や寂滅を主張する仏教と同じ次元で論じることはできない。ただ、儒教では利益だけを求める生き方を認めてはいないので、この点においてキリスト教とは異なる」と書いている。李頤命は、このように、キリスト教の功罪を詳細に論じているのだから、いたずらに邪学として排斥すべきではない

正祖は、第19代国王粛宗の時代に老論を主導していた李頤命がキリスト教を評価していたという前例を持ち出すことで、老論がキリスト教を邪学として排斥することは理に適わないことだと批判したのである。よくもこうした記述を探してきたものだと脱帽するしかない。正祖の布告をみた老論は、キリスト教への批判を躊躇せざるを得なくなった。

人事の刷新を図る正祖

老論を抑えた正祖は、ついに大幅な人事の刷新を図ろうとする。そこで、1800年5月30日、正祖は経筵という儒学と歴史についての講義をうける場で、次のように語った。

「英祖大王の時代、すべての臣下が、自分たちの祖父や父と同じように忠義を尽くしていたら、我が父荘献世子が死に追いやられることがあったろうか。人というものは、名利を求めようとすると、自ら意識しないまま、正義の道理を忘れてしまうものであるらしい。予は、領議政を8年ごとに登用してきたが、これは偶然とはいえ、故なきことではない。時代の変化にともない正義の道理は変化する。そのため、予は領議政に政局を主導させるときに

第五章　国王による改革

は、党派に偏ることなく、必ず8年ほど試練をうけさせたあと、次の8年で領議政として登用してきた。今後もそうすることで、党派による偏りをなくしていきたい」

　8年の試練を経て次の8年で領議政になったのは、南人の蔡済恭、老論の金鍾秀、少論の尹蓍東である。正祖の意向に従えば、次の領議政は南人の領袖である李家煥だと予想された。李家煥は、1795年7月にキリスト教を受容したとの弾劾をうけて左遷させられたが、1797年12月、漢城の司法・行政を担当する漢城府の長官である漢城府判尹として復権していたからである。

　この日が5月の晦日であったことから、この発言を「伍晦筵教」とよぶ。正祖のこの発言は、老論に危機意識をもたせることになった。

正祖の薨去

　正祖が「伍晦筵教」に従ったならば、李家煥を領議政とする南人の政権が誕生したことだろう。しかし結局、南人の政権が誕生することはなかった。「伍晦筵教」の直後から正祖は背中に腫れ物ができるなどして体調を崩してしまったからである。

　1800年6月21日、正祖は苦痛を訴えた。

「腫れ物が大きく腫れ上がり、激しく痛み、寒気がしたり熱が出たりする。意識が朦朧とし、夢か現か区別がつかなくなるときもある」

　正祖には治療が施されたが、容態は悪化していく。そのため、6月28日には左議政の沈煥之や右議政の李時秀をはじめとする大臣が、昌慶宮の迎春軒によばれたのである。大臣が集まっているところへ、先王英祖の王妃であった王大妃の貞純王后から命令が届く。

> 今回の殿下の病状は、英祖大王のときの症状と似ています。その当時、英祖大王が服用された薬を詳しく調べなければわかりませんが、確か星香正気散を服用して効果があったので、医官と相談して差し上げるようにしなさい

　この命令をうけて、右議政の李時秀は、ただちに星香正気散を用意するように命じる。そして、自ら星香正気散を正祖に飲ませようとするが、正祖は飲み込んだかと思えば、吐き出したりしてしまう。

　李時秀が医官に診察させると、診察を終えた医官は、ひれ伏しながら、

「脈拍からして、すでに快復の見込みがありません」

　という。大臣らはどうすることもできず、大声を張り上げて泣くしかなか

った。そのようなところへ、再び貞純王后からの命令が届く。

　殿下のご容態がよくないと聞いたが、大臣らが殿下の症状にあった薬の調合を命じなくてどうするのか

これに対し、左議政の沈煥之が、

　すでに殿下のご容態は危篤にあります。極めて大きい悲しみがあるだけで、これ以上申し上げる言葉がありません

と回答する。すると、貞純王后は、

　直接殿下に薬を差し上げたいから、そなたらはしばらく退きなさい

と命じた。正祖の義理の祖母にあたる貞純王后が自ら薬を服用させるというのである。儒教の倫理として、たとえ王大妃であっても臣下の男性と同席することはできなかったから、貞純王后は大臣らに退室を求めたのだった。

こうして、貞純王后が正祖の寝殿に入ってまもなく、貞純王后の泣き叫ぶ声が聞こえた。正祖は、貞純王后に看取られて薨去したのである。

正祖が薨去したことを知った大臣らは、

「今400年の王室と国家の安全が危機に瀕してしまいました。臣下が仰ぎ信じることができるのは、貞純王后殿下しかおりません。幼い世子邸下を保護してください。感情のままに行動してはなりません。また、国家の礼法に反しますので、ただちにお戻りくださいますようお願いします」

と大声で訴えた。大臣らが貞純王后の退室を求めたのは、朝鮮王朝では、たとえ王大妃や王妃であっても、国王の臨終に立ち会うことができない決まりになっていたからである。そのため、正祖の臨終の場に貞純王后が1人でいるというのは、本来あってはならないことだった。

毒殺の噂

正祖は「伍晦筵教」を発表してから1か月もしないうちに49歳で薨去したが、それまで病床に臥していたわけではない。突然に亡くなったという印象はぬぐえず、南人らは、正祖が老論に毒殺されたと噂していたという。

貞純王后が正祖の服用する薬に口を出し、その最期を1人で看取ったというのも、怪しいといえば怪しい。貞純王后は、正祖の父にあたる荘献世子を老論と結んで讒訴して、死に追い込んだ張本人でもあったからである。

実際、正祖自身も、毒を盛られたと疑っていたらしい。体調を崩した時点で、王命を取り次ぐ承旨に、腹心の金祖淳を任命していた。金祖淳は、娘が正祖の世子嬪に内定していたから、全幅の信頼をおいていたのである。

国王の衣装（袞龍袍）

　袞龍袍（こんりょうほう）は、王が政務を執るときに着用していた衣装。色は赤で、両肩と前後に龍の刺繍が施されている。また、このとき着用していた冠を翼善冠（よくぜんかん）という。

第六章

外戚の専横

○粛清された南人

　蕩平策を進めた第22代国王正祖により、朝廷では党派に偏らない人事が行われていた。そのため、老論・少論だけでなく、下野していた南人も多数登用されることになったのである。しかし、蕩平による改革も、正祖の急死によって頓挫することになってしまった。

　南人は、下野している間に、このころ西学として朝鮮国内に広まっていたキリスト教を受容していた。老論は、キリスト教の弾圧を名目に、南人を追い詰めていく。そして、「辛酉教獄」と呼ばれる獄事で、南人を粛清する。以後、南人が政権に復帰することはなかった。

○実権を握る外戚

　老論は、南人を完膚なきまでにたたきのめしたが、政権を握り続けることはできなかった。というのも、正祖の跡を継いで第23代国王となった純祖に王妃として迎えられた純元王后の実家である安東金氏が、外戚として実権を握ることになったからである。

　安東金氏による専断を嫌った純祖は、やがて子の孝明世子に政務を執らせ、安東金氏の影響力を抑えようとする。孝明世子が、嬪を豊壌趙氏から迎えていたためである。しかし、純祖の計画は、肝心の孝明世子が病没したことで頓挫してしまう。そして、孝明世子の子が第24代国王の憲宗として即位するが、その王妃は、やはり安東金氏の一族から迎えられた。このため、安東金氏の権勢が衰えることはなかったのである。

○相次ぐ反乱

　憲宗が嗣子なく薨去すると、安東金氏は、王族でありながら罪人として江華島に配流されていた李元範を呼び戻し、第25代国王哲宗として即位させる。それまで王宮にいたこともなかった哲宗は、当然のことながら、政治の経験もない。そのような政治経験のない国王を傀儡とすることで、安東金氏は、朝廷の実権を握ろうとしたのだった。

　こうした外戚による政治の私物化を、朝鮮では「勢道政治」とよぶ。勢道政治のもとでは、権力を外戚の一族が独占しているため、賄賂で任官する臣下も続出し、賄賂で任官した臣下は、その分を取り戻そうとして圧政をしく。そのため、こうした圧政に堪えかねた農民の反乱が相次ぐようになる。

純祖	1800年	7月4日	正祖の世子が昌徳宮の仁政殿で第23代国王として即位し、純祖となる。貞純王后が垂簾聴政を行う
		7月20日	貞純王后、正祖の決めた正義の道理に従うことを示す
		12月18日	貞純王后、正祖の決めた正義の道理に従うことを改めて解釈し示す
	1801年	1月10日	貞純王后、キリスト教の禁止を理由に、キリスト教を信仰していた南人を弾圧する（辛酉教獄）
		9月26日	キリスト教の迫害を国外に伝えようとした黄嗣永が捕まる
		10月27日	貞純王后、純祖の名義で「討邪奏文」を作成し、キリスト教弾圧の経緯を清に報告する
	1802年	10月13日	金祖淳の娘が純祖の王妃に迎えられ、純元王后となる
	1803年	12月28日	貞純王后、垂簾聴政の中止を布告する
	1811年	12月18日	没落した両班の洪景来が農民とともに平安道で反乱を起こす。平安道農民戦争ともいう
	1812年	4月19日	洪景来の乱が鎮定される
	1827年	2月9日	純祖、孝明世子に代理聴政を命じ、外戚安東金氏を牽制させる
	1830年	閏4月22日	孝明世子が血を吐いて倒れる
		5月6日	孝明世子が病没する
	1834年	11月13日	純祖、慶熙宮の会祥殿で薨去する。45歳
憲宗		11月18日	純祖の世孫が慶熙宮の崇政殿で第24代国王として即位し、憲宗となる。純祖の王妃純元王后が垂簾聴政を行う
	1839年	3月5日	純元王后、右議政李止淵の建議をうけてキリスト教を弾圧する（己亥教獄）
		8月14日	純元王后、フランス人宣教師を処刑する
		10月18日	純元王后、自らの名義でキリスト教を排撃する「斥邪綸音」を布告する
	1846年	7月3日	憲宗、フランス海軍提督から宣教師殺害を詰問した国書を受け取る
		7月15日	憲宗、大臣らとフランスへの対応を協議する
	1847年	7月3日	回答を受け取りにきたフランス軍艦、全羅道の沿岸で座礁する
		8月9日	座礁したフランス軍艦の乗組員、イギリス船でフランスに帰国する
		8月11日	憲宗、備辺司の建言をうけて、フランス人宣教師を処刑した経緯について清に報告する
	1849年	6月6日	憲宗、昌徳宮の重熙堂で薨去する。23歳
哲宗		6月9日	罪人として江華島に流されていた徳完君が昌徳宮の仁政殿で第25代国王として即位し、哲宗となる
		6月17日	純元王后、哲宗が読む祝文において、憲宗に対する他称と哲宗自身の自称を決めるように礼曹から求められる。このあと、臣下による論争に発展する（己酉礼論）
	1862年	2月18日	慶尚道晋州を中心に、大規模な反乱が起こる（壬戌民乱）
		7月25日	哲宗、安東金氏の讒訴により、王族の李夏銓を配流する
		8月11日	哲宗、安東金氏の圧力により、配流されていた李夏銓を賜死する
	1863年	12月8日	哲宗、昌徳宮の大造殿で薨去する。33歳

第六章　外戚の専横

第23代　純祖

在位1800年〜1834年

安東金氏の専横

純祖の即位

　1800年6月28日に第22代国王正祖が薨去したことにより、7月4日、正祖の世子李玜が昌徳宮の仁政殿において第23代国王として即位し、純祖となった。このとき純祖はわずか11歳にすぎない。即位した純祖の名で、ただちに次のように布告された。

> ただ天が我が国に災禍を与えたため、大きな不幸に遭遇することになってしまった。謹んで考えたところ、正祖大王は、孔子・朱子の学統を継がれていたが、歴史的にもそれほど学問に通じていた国王はいない。また、父荘献世子の墓所を華城に改葬するなど、聖人のような孝心を顕されていた。嗚呼、予は天の助けをうけることができず、正祖大王の快復を祈禱しても天が聞き届けてくださらなかったのは実に悔しい。このような不幸にはとても耐えられないというのに、どうして天は予にこのような悲しみを与えたのだろうか。悲しみのなかで、どうして王位の継承を考えることができるだろうか。しかし、即位の儀式は我が国の伝統であるから、王室と国家に対する責任を考え、7月4日、昌徳宮の仁政殿で即位した次第である。幼い予は、重責に耐え、どのようにこの国を導いていくべきか、進むべき方向もわからない。せめて、代替わりに恩赦として、本日7月4日の明け方以前に行われた重罪を除く犯罪については、全部これを赦すことにする

　純祖が即位したことにより、第21代国王英祖の継妃である王大妃の貞純王后は大王大妃に、先王正祖の妃である孝懿王后は王大妃に昇格した。そして、王室の長老格として貞純王后が11歳の純祖を補佐して摂政をすることになる。大王大妃や王大妃による摂政は、玉座の後ろに御簾を垂らして行われたから垂簾聴政という。貞純王后が純祖を補佐するという形だが、実質的に政治権力を行使したのは、貞純王后であった。

　貞純王后は、すでに正祖が薨去した翌日の6月29日、議政府の中心である領議政・左議政・右議政の三政丞を、老論から登用した。

正祖の改革を否定する貞純王后

　純祖の即位直後、貞純王后は左議政の沈煥之を領議政に、右議政の李時秀を左議政に、礼曹判書の徐龍輔を右議政に任命している。しかも、貞純王后は実家である慶州金氏から、又従兄の金観柱を吏曹参判としたほか、金日柱・金龍柱・金魯忠ら一族をも外戚として大量に登用したのである。

　これにより、外戚と老論の勢力を抑えることで「蕩平」を進めてきた正祖の改革は、正祖の死とともに、振り出しに戻ってしまう。貞純王后は、純祖が即位して16日後の7月20日、正祖時代からの大臣らを集めて次のように語った。

　「正祖大王が崩じられて悲しみに暮れるなか、そなたらを引見するのはほかでもない。国政に大事な2つの点を伝えておきたいと思ったからである。その1つは、限りない誠意で純祖殿下をお守りすることだ。すでに忠節を尽くしている大臣らは、さらに精進してほしい。もう1つは、正祖大王が決められた正義の道理をお守りすることだ。正祖大王が20年余りにわたって守られてきた道理を破ることになれば、我が国の根幹が揺るがされるだけではない。将来、正祖大王に拝謁することもできなくなろう。願わくは、正祖大王の時代と同じように、心と力を合わせ、民心を安定させるようにしてほしい」

　貞純王后は、正祖薨去後の混乱を抑えるため、純祖の庇護と、正祖が定めた正義の道理を破らないように命じたのだった。とはいえ、老論に通じた貞純王后の考える道理は、老論と対立していた正祖の道理とは異なる。

　そのため、貞純王后は、12月18日、改めて解釈した道理を布告し、その道理を純祖による治世の施政方針にしようとした。

　正祖大王は、20年余りの間、正義の道理について、明らかにしようとされていた。その際、恩情のために道理を捨てることはなく、道理のために恩情を捨てることがなかったことは特筆してよい。正祖大王は、父荘献世子の処分はやむを得なかったと結論づけられたが、今後、この裁定に異論を唱える臣下が現れたら、幼い純祖殿下はどう対処していけばよいだろうか。正祖大王の喪中ではあるが、涙をふきながら、この点を明らかにしておきたい。先々王の英祖大王が荘献世子に死を命じたのは、やむを得ない処分である。臣下が、英祖大王の責任を追及したとすれば、その罪は死んでも許されない。その処分に異を唱える臣下は逆臣

第六章　外戚の専横

で、その処分に異を唱えない臣下は忠臣である。その忠逆が、逆転するなどということはあってはならぬ。正邪が明らかなとき、双方が正しいということがあり得ないことは、子どもでも知っている。忠臣と逆臣を区別するのに中立も存在しない

正祖が、英祖の荘献世子に対する処分に異を唱えなかったのは、英祖の決定を否定することを憚ったからであることはいうまでもない。しかし、貞純王后は、正祖が英祖の処分を否定しなかったという事実をもって、荘献世子を追い詰めた老論に責任がないことを明らかにしたのだった。こうして、正祖が定めた正義の道理を曲解した貞純王后と老論は、荘献世子の死の責任から解放され、再び、政治を専断しようとする。

南人を粛清する老論

正祖の死により復権を果たした貞純王后を中心とする老論は、正祖によって登用された南人を排撃しようとする。このとき、貞純王后が目をつけたのは、多くの南人が信仰していたキリスト教だった。貞純王后は、1801年1月10日、次のように命じている。

> かつて正祖大王は、正学である儒教が興隆すれば、邪学であるキリスト教は衰退すると仰った。しかし、今、聞くところによると、キリスト教は王都ばかりか、全国に広まっているという。人の人たるは、儒教に基づく人倫の道があるからである。しかるに、キリスト教には、父を崇敬するわけでもなければ、君主を崇敬するわけでもない。これでは、人倫の道に背き、人を動物にしてしまう。キリスト教が臣民を惑わし、罪を犯すようにさせるのは、まるで幼児が井戸に落ちるようなものである。どうして、心を痛めずにいられようか。速やかに、キリスト教を信ずる者を改悟するように導きなさい。もし、改悟しない者がいれば、ただちに国法に基づいて処罰せよ

正祖は、朝鮮でキリスト教が問題となったときも、弾圧することはなかった。それは、正祖が南人の蔡済恭を重用していたことと無関係ではない。蔡済恭は、当然のことながら、南人が信仰するキリスト教を庇護しようとしていたからである。

しかし、それが貞純王后に南人排斥の口実を与えてしまう。貞純王后は、朝鮮の身分秩序を守ることを禁止の理由にしてはいるが、南人を追放する理由にキリスト教を利用したにすぎない。

貞純王后は、蔡済恭一派と対立していた南人の睦萬中を王への諫言を行う司諫院の長官である大司諫に任命し、捜査を任せた。そして、睦萬中により、清（1636年～1912年）から来た神父の周文謨をはじめ、多くの朝鮮人信徒が逮捕され、処刑・流罪に処せられたのである。次の領議政とみられていた南人の李家煥は拷問により獄死し、華城の設計にあたった丁若鏞も配流されている。すでに亡くなっていた蔡済恭にいたっては、官爵まで追奪されてしまったのである。追奪とは、生前に与えられていた故人の官爵を剥奪することをいう。

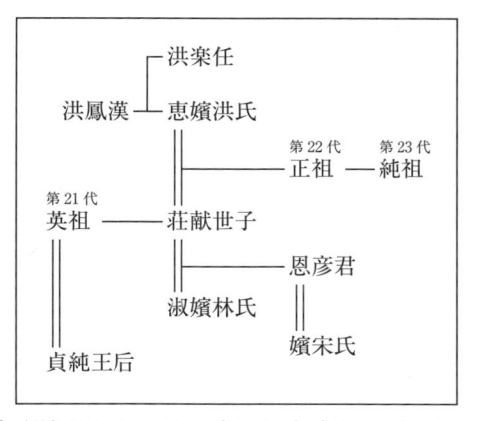

また、荘献世子の息子で、正祖の異母弟にたる恩彦君李䄄も、嬪宋氏が殉教すると、キリスト教による反乱を計画したとして賜死される。さらに、正祖の母である恵嬪洪氏の弟である洪楽任も、恩彦君を唆したとして処刑されるなど、正祖の一族も多く犠牲となった。

この迫害を、発生した年の干支にちなんで「辛酉教獄」という。「辛酉教獄」は、キリスト教の弾圧という名目だったが、実際には、正祖に重用されていた南人が標的であったことは疑いない。このあと、南人が政権に復帰することはなかったのである。

迫害を伝えようとする黄嗣永

貞純王后によってキリスト教が弾圧されるなか、丁若鏞の娘婿で、清人神父の周文謨から洗礼をうけていた黄嗣永は、1801年9月、清にいるフランス人のグヴェア主教に迫害を知らせようとする。そして、黄嗣永は長さ約60cm、幅約30cmの小さな帛書（絹地に字を書いたもの）に1万3000余字にわたって細かい字を書き連ね、秘密裏に清へ送ろうとした。その内容は、次のようなものである。

先に正祖大王が亡くなると跡を継いだ純祖殿下が幼いために、大王大妃の貞純王后が垂簾聴政を始めました。貞純王后は、正祖大王の義理の祖母にあたりますが、正祖大王とは対立していたため、純祖殿下が即位すると正祖大王の近臣だった者を排除しようとしたのです。そして、従来

からキリスト教を批判してきた悪党どもが、貞純王后とともに迫害を始めました。かくなる上は、ローマ法王が清の皇帝に要請して、貞純王后に対し、キリスト教を公許するように勧告してもらうしかありません。

あるいは、ヨーロッパの軍船数百隻と5、6万の兵を朝鮮に派兵してもらい、キリスト教の公許を貞純王后に認めさせるしかないものと存じます

黄嗣永は、この帛書を清に赴く使節に託したのだが、露見してしまう。そして、黄嗣永自身も9月26日に逮捕され、11月5日に処刑されてしまった。

すでに清人の神父周文謨を処刑していた貞純王后は、キリスト教徒の抵抗に驚くとともに、迫害が清に漏れることを恐れた。そのため、機先を制し、清に迫害が正当なものであると弁解しようとする。そして10月27日、邪教を討ったという上奏文として純祖の名義で「討邪奏文」を作成すると、清に向かう使節を介して、次のように報告させたのである。

謹んで奏達します。不幸にも弊国において、キリスト教を信ずる邪臣が反乱を煽動したため、やむを得ず討伐することに致しました。キリスト教は、ヨーロッパの学問として弊国に入ってきましたが、正祖がその危険を予見して禁じていたものです。昨年、それがしが幼くして即位したところ、キリスト教の信徒らが勢威を強め、反乱を計画していると訴えがありました。特に、神父だと称する周文謨は、狡猾にも人々を騙しておりましたから、周文謨の一党を逮捕し、処罰した次第です。もし、弊国からそちらに信徒が逃げた場合、送り返していただけると幸いです。あくまで弊国の出来事ではございますが、事情が事情なので、理由を添えたうえ、皇帝陛下に報告させていただきました

安東金氏から王妃を迎える純祖

「辛酉教獄」で南人を中央から追放した貞純王后を中心とする慶州金氏一族にとって、敵対勢力となりうるのは、金祖淳を中心とする安東金氏一族くらいしかいない。正祖は、生前に純祖の嬪として金祖淳の娘を内定していたから、いずれ金祖淳が純祖の義父として実権を握ることが予想されていた。たまたま婚礼の直前に正祖が薨じたため、儀式は正祖の3年喪が明けるまで先

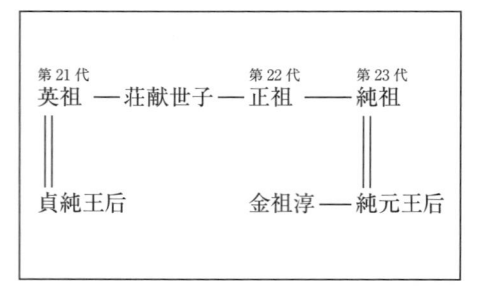

第21代	第22代	第23代
英祖 ── 荘献世子 ── 正祖 ── 純祖
‖		‖
貞純王后	金祖淳 ── 純元王后

延ばしにされていたが、婚礼そのものを白紙に撤回するのはほとんど不可能であったろう。

　婚礼を中止するのは正祖の遺命を否定することであり、王室そのものの権威を否定することになる。そのため、貞純王后も金祖淳の失脚を謀ろうとしたが、婚礼には反対しなかった。こうして、1802年10月13日、金祖淳の娘が、純祖の王妃に迎えられて純元王后となったのである。

垂簾聴政を中止する貞純王后

　そのころ、朝鮮では凶作のうえ、各地で大火が続いていた。垂簾聴政を行う貞純王后は、批判の矛先が自分に向かうのを恐れ、垂簾聴政を終わらせようとする。そして、1803年12月28日、機先を制して次のように命令した。

　　3、4年にわたり純祖殿下の摂政を務めてきたが、その責任を全うすることができず、臣民を危急の境遇に追い込んでしまった。凶作に苦しめられ、また、各地で大火が続くのは、自らの不徳の致すところである。相応しくない地位にいつまでもとどまるべきではないから、本日を限りに垂簾聴政から手を引くことにしたい。ただし、重要な事項については、諮問に答えるなど、純祖殿下が心配されないようにする

　貞純王后が垂簾聴政から手を引いたとはいえ、純祖が親政を行える年齢にはまだ達していない。そのため、純祖は義父の金祖淳に頼らなければならなかった。こうして、貞純王后の引退とともに慶州金氏の勢威が衰退すると、代わって、純祖の外戚となった安東金氏一族がにわかに台頭することになったのである。

洪景来の乱

　朝廷の政治を外戚となった安東金氏一族が専断するなか、朝鮮の内政は乱れていく。外戚が国政を握っているため、賄賂で任官する臣下も続出し、賄賂で任官した臣下は、その分を取り戻そうとして圧政をしいたからである。党派による権力闘争が繰り広げられていた時代よりも、対抗勢力がいなくなったこの時代は、ある意味で不幸だったのかもしれない。

　そうしたなか、1811年12月18日、平安道に住んでいた没落両班（官僚を出

第六章　外戚の専横

すことができた支配階級）の洪景来らがまず1000余の軍勢で反乱を起こした。そして、南進と北進の両軍に分かれると、各地で軍勢を糾合しながら、南進軍は博川郡・泰川郡などを占領し、北進軍は郭山郡を占領するなど、蜂起して10日も経たないうちに、清川江以北を支配下においたのである。

　洪景来は、凍結した清川江を渡って都の漢城に進撃しようとするが、たまたま大雨が降ったことにより、清川江を覆っていた氷が溶けてしまう。そのため、急遽船を用意しようとしたが、手に入らなかった。

　漢城への進撃を断念した洪景来は、翌1812年1月、定州城を占拠して反乱軍の拠点とする。しかし、純祖が追討軍を差し向けたため、定州城での籠城戦が始まる。結局、追討軍の総攻撃により、4月19日、反乱軍は城を捨てて敗走した。

　この戦闘で洪景来は銃弾をうけて戦死し、3000人ほどが生け捕られた。そして、女性と10歳以下の男子を除く2000人ほどが処刑されたのである。これによって、洪景来の乱は鎮圧された。しかしこのあと、朝鮮全土で、同じような反乱が繰り返されることになる。

孝明世子の代理聴政

　純祖は洪景来の乱が起きた1811年より実質的な親政を開始していた。しかし、政治の実権が義父の金祖淳を中心とする安東金氏に握られていることに辟易としていたらしい。1827年2月9日、純祖は子の孝明世子李旲に代理聴政をさせることを命じた。

> 1811年以来、予は自ら政務を執った。この間、政務が円滑に遂行されたときもあったが、そのほとんどは停滞していたといってよい。これは、臣民が憂うことだけでなく、予も憂うことでもある。幸い、孝明世子は聡明で、一人前に成長している。そのため、孝明世子に代理聴政をさせたいと思う。そうすれば、予の苦労も減り、療養に専念できる。のみならず、孝明世子が政治に早くから参加することは、国家のためにもなろう。1775年に正祖大王が代理聴政をした先例に倣い、すべて行うようにせよ

　孝明世子は、豊壌趙氏である趙萬永の娘を世子嬪に迎えていた。純祖は、安東金氏の専横を抑えるため、孝明世子に代理聴政を命ずることで、孝明世子の外戚である豊壌趙氏を登用しようとしたのである。

　このとき、政権中枢の議政府を束ねていたのは、領議政の南公轍・左議政

の李相璜・右議政の沈象奎で、いずれも安東金氏の一派だった。しかし、批判を恐れてか、代理聴政に反対する意見は出ない。そのた

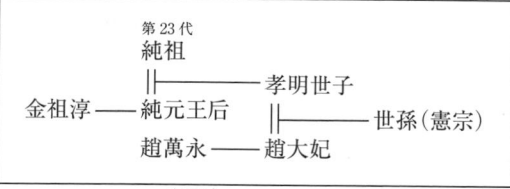

```
              第23代
              純祖
              ‖―――――孝明世子
  金祖淳――純元王后   ‖
              ‖―――――世孫(憲宗)
  趙萬永――趙大妃
```

め、純祖は人事や刑罰など重要な政務だけを管掌し、そのほかの庶務は孝明世子に一任したのである。

　孝明世子は、純祖が見込んだ通り、政治的な能力に優れていたらしい。義父の趙萬永をはじめ、その弟趙寅永ら豊壌趙氏の一族を重用するとともに、腹心の金鏴・洪起燮・李寅溥らを抜擢して、安東金氏の一派を追い詰めていく。結局、孝明世子が代理聴政を始めて2年目の1829年には、李相璜が左議政から退き、南公轍も領議政から退いた。

孝明世子の死

　孝明世子の政略により、安東金氏一族は、弾劾などによりほとんど中央から追放されるかと思われた。しかし、孝明世子自身が1830年閏4月22日、血を吐いて倒れてしまう。

　義父の趙萬永らが必死で看病に努めたが、孝明世子は5月6日、昌徳宮の熙政堂で逝去してしまった。まだ22歳の若さだった。

　孝明世子の逝去により、豊壌趙氏一族の勢威は衰え、再び安東金氏一族の発言権が増していく。そして、孝明世子が亡くなって1か月もしない5月30日には、安東金氏派の尹錫永によって金鏴・洪起燮・李寅溥らが弾劾され、純祖も流罪に処さなければならなくなってしまった。

純祖の薨去

　純祖は、安東金氏一族の専横が再び始まることを望んではいなかった。孝明世子の子である李奐を世孫に冊封した純祖は、世孫の庇護を趙萬永・趙寅永兄弟に託したのである。もちろん、豊壌趙氏一族が、安東金氏一族のように政治を専断する可能性がなかったわけではない。しかし、安東金氏が実権を掌握したときほど悪くはならないと考えたのであろう。

　世孫の将来を気にする心労がたたったのか、孝明世子が逝去して4年後、純祖も病床に臥してしまう。そして、1834年11月13日、慶熙宮の会祥殿で薨去した。王位について34年、享年は45歳だった。

第24代 憲宗(けんそう)

在位1834年～1849年

フランス船の来航

外戚の座を失う安東金氏(アンドンきん)

　1834年11月13日に純祖が薨去したため、11月18日、孝明世子の子である世孫李奐が慶熙宮の崇政殿において第24代国王として即位し、憲宗となった。即位した憲宗は、わずか8歳と幼い。そのため、純祖の王妃であった純元王后が、大王大妃として垂簾聴政をすることになる。純元王后の父は、安東金氏の金祖淳であったから、必然的に再び、安東金氏が外戚として権勢をふるうことになった。

　さらに、1837年3月、11歳になった憲宗は、金祖根の娘を王妃に迎え、孝顕王后とする。金祖根は安東金氏の一族であったから、結局、安東金氏は純祖と憲宗の2代にわたって外戚となったのである。

　国王の外戚として安東金氏を代表する存在になった金祖根は、国王の権威を背景に、豊壌趙氏を追い詰めていく。しかし1843年8月、孝顕王后が王子を産むことなく薨じてしまった。このため、外戚という立場を失った安東金氏はまたも衰退していった。

　翌1844年10月、憲宗は南陽洪氏である洪在龍の娘を王妃に迎え、孝定王后とする。このとき、政権を握っていた憲宗の祖父にあたる趙萬永は、南陽洪氏に権力が集中しないよう、光山金氏の金在清の娘も後宮に送り込ませるなど、巧みに権力の分散を図った。このため、豊壌趙氏の権勢が強まっていく。

キリスト教の弾圧

　趙萬永ら豊壌趙氏は、禁教を理由に政敵を弾圧しようとする。1839年3月5日、右議政の李止淵が垂簾聴政をする純元王后にキリスト教の弾圧を建議して許可された。こうして、純元王后は警察機関である捕盗庁に命じ、キリスト教徒の疑いがある臣下を片端から逮捕させる。もちろん、そのすべてがキリスト教徒であったとは限らない。豊壌趙氏に批判的というだけで、キリスト教徒として逮捕された臣下も多かったという。しかし、いったんキリスト教徒とみなされた以上は、処刑を逃れることは難しかった。

信徒の逮捕と処刑が続くなか、5月25日、純元王后は逮捕に拍車をかける。
　キリスト教徒は、処刑されようとするときですら死を恐れないのだから、逮捕される前に自ら棄教するとは考えられない。このままでは、朝廷内にキリスト教が広がってしまう。今こそ、捕盗庁はキリスト教徒の逮捕に全力を傾けよ

こうして、迫害が厳しくなると、そのころ漢城に潜伏していたフランス人のアンベール主教は、逃げきれないと悟り、モーバン神父・シャスタン神父とともに自首する。フランス人宣教師らは、自首すれば信徒らも助けられると信じていたのだろう。しかし、純元王后は8月14日、宣教師らを斬首してしまったのである。

このあと、趙萬永の弟趙寅永は、キリスト教を排撃する「斥邪倫音」を起草し、10月18日、純元王后の名で布告した。

　嗚呼、『中庸』には「天の命ずるをこれ性と謂う」とある。人間の本性は、天命であるから、我々はその天命に従わなくてはならない。しかし、天が我々にその方法を教えてくれるわけではない。だからこそ我々は、仁・義・礼・智という4つの徳を用いて、道からはずれることのないようにしなければならない。道に沿えば、天に従うことになるが、道からはずれれば、天に逆らうことになる。我が国は古来、儒学を修め、一般の臣民に至るまで、男は忠孝を根本とし、女は貞烈を大切にしてきたからこそ国が安定したのである。第22代国王正祖大王の時代には文化的にも発展を遂げることができたが、ただ、不幸にもヨーロッパの学問とともにキリスト教が流入し、臣民が欺かれることになってしまった。純祖大王と貞純王后がキリスト教を弾圧していなければ、国家と臣民が正しい道理を守ることができたかわからない。キリスト教徒らは「天を敬っているだけだ」という。確かに天は、本来敬うだけのことはあって、崇敬するに値する。しかし、キリスト教の信徒らは天に贖罪まで求めているではないか。それは天を騙していることと同じではないか。このような邪教を信じてはならない

この「斥邪倫音」が公布された直後の10月21日、これを起草した趙寅永が自ら李止淵の後任として右議政になる。こうして、迫害はさらに激化していった。そして、年末までの1年間で、およそ70余名のキリスト教徒が死刑になったという。このキリスト教迫害を、発生した年の干支にちなんで「己亥教獄」とよぶ。

第六章　外戚の専横

フランス艦隊の来航

　純元王后が「己亥教獄」でフランス人宣教師を斬首したのは、世界の情勢を知らなさすぎたといわねばならない。このころ、ヨーロッパの列強は、強大な軍事力を誇示して清（1636年〜1912年）を中心とするアジアに進出してきていたからである。

　1846年6月、フランス海軍提督セシルが軍艦3隻を率いて忠清道洪州の外煙島に停泊し、憲宗に国書を送ってきた。

　　フランス海軍提督セシルが、フランス人が殺害された件について質問します。1839年8月、フランス人宣教師アンベール・モーバン・シャスタンの3名が貴国で処刑されました。この3名は、いずれも徳望のある立派な人物であり、貴国に害をなしたとは考えられません。いったい、何の罪によって3名は残酷に殺されなければならなかったというのでしょう。貴国は、外国人が国内に立ち入るのを法律で禁じており、3名が遵守しなかったから処刑したのだと主張しました。ですが聞くところによると、清人や日本人であれば、強制的に送還するのが普通で、処刑することはほとんどないというではないですか。なぜ、フランス人を清人や日本人と同様に扱ってくれなかったのでしょう。もしかしたら貴国では、我がフランス国王の仁徳をご存じでないのかもしれません。フランス人であれば誰しも、たとえフランスから遠く離れた異郷にいても、フランス国王の恩恵をうける権利があるのです。フランス人がほかの国に害を与えたり、殺人や放火などの罪を犯したりすれば、罰を与えてしかるべきでしょう。しかし、無実のフランス人を残酷に処刑したとしたら、それはフランス国王に対する侮辱以外の何ものでもありません。この件に関して、ただちに回答するのは難しいでしょうから、来年、再びここを訪れるので、貴国はそのときに回答してください。以後、もしフランス人に害を与えれば、貴国は必ずや危難に陥ることになるでしょう

　7月3日、セシルからの国書を受け取った憲宗は、7月15日、領議政の権敦仁と対応を協議する。

「そなたは、フランスからの国書を読んだか」

「はい。拝読したところ、実際には我が国を脅迫しているものです。武力で威嚇(いかく)しながら交渉するのは、イギリスをはじめとするヨーロッパの国々の常套(じょうとう)手段なのです」

「すでに捕らえている朝鮮人神父の金大建(きんたいけん)はどのように処するべきか」

「金大建(きんたいけん)は処刑しなければなりません。朝鮮人でありながら、我が国を裏切って臣民を騙しているのですから」

「確かに許すことはできない。しかし処刑したら、来年フランス艦隊が来たときに騒乱になろう」

「来年どころか、フランス艦隊が我が国に来てからすでに騒乱は起きています。臣民は、何が起きているのかわかっておりません。フランスからの国書を広く公開したほうがよろしいかと存じます」

「臣民に公開するよりも、まず、清(しん)に奏聞すべきではないのか」

「このような無礼な国書を清(しん)に奏聞することはできません。そもそも、我が国はフランス人宣教師を処刑するときに奏聞していないのです。今さら奏聞したら、あらぬ疑いをかけられるのが関の山でしょう」

「それにしても、なぜこんなことになったのだ。朝鮮人のなかに、フランス人に通じていた者がいたのだろうか」

「朝鮮人のキリスト教徒が訴えなければ、フランスの軍艦が我が国に来航することはなかったでしょう。すべて我が国が招いたことなのです」

結局、憲宗(けんそう)はセシル来航の原因を、朝鮮人信徒にあると結論づけ、朝鮮人神父の金大建(きんたいけん)を処刑するなど、さらなる弾圧で対処しようとした。

1847年6月、フランスは朝鮮からの回答を求めて軍艦2隻を派遣したが、7月3日、全羅道万頃(チョルラドマンギョン)の古群山群島(コグンサン)付近で暴風に遭い、坐礁してしまう。このため、フランスから救助が要請された。

> 昨年、セシル提督が貴国に国書を奉呈し、今年、回答を受け取ることになっておりました。すでに我が国は清(しん)とも和親を結び、再び貴国を訪れたのですが、たまたま暴風に遭って坐礁してしまいました。今は人が多く、食糧が少ない状況ですので、至急、支援をしていただければ幸いです。フランスとしては、清(しん)の上海(シャンハイ)で船2隻を借りて本国に帰還するつもりでおります。速やかに支援をいただけたら1日でも早く帰国できますから、貴国にご迷惑をおかけすることもないでしょう。もちろん、フランス国王は必ず、いただいた支援に対する恩には報いますし、支援いた

第六章 外戚の専横

だいた食糧の対価も支払います。これを機に、両国の友好的な関係が結ばれることを願ってやみません

要請をうけた憲宗は、フランス人の乗組員700余名を保護することに決めた。こうして、乗組員らは1か月ほどとどまったのち、8月9日、上海で手配したイギリス船でフランスに帰国したのである。

このあと8月11日、国防を担う備辺司は憲宗に対し、次のように建議した。

フランス人は去りましたが、後日のことを考えないわけにはいきません。フランスが救助を要請してきた書にも、すでにフランスが清と和親を結んだと書かれております。フランス船の来航のこと、フランス人宣教師を処刑した理由について、あらかじめ清の礼部に上奏したほうがよいでしょう

朝鮮が黙っていても、フランスが朝鮮の宗主国である清にフランス人宣教師処刑の一件を訴える可能性もあった。こうして、憲宗は、朝鮮側の事情を書面にしたため、清で外交を管掌する礼部に送ることにしたのである。

もっとも、清からフランスに朝鮮側の回答が伝えられた形跡はない。清は、1840年から1842年にかけて行われたイギリスとのアヘン戦争で敗北し、イギリスのほか、アメリカやフランスなどとも不平等条約を締結することになり、朝鮮とフランスとの関係に関与している余裕などなかった。

憲宗の薨去

キリスト教の弾圧と、それによって引き起こされたフランスの介入という内憂外患に苦しめられた憲宗は、精神的にも追い詰められていたのだろうか。フランス艦隊が撤退したあとから体調を崩し、1849年になると、容態は悪化していった。そして、治療の甲斐なく、1849年6月6日、昌徳宮の重熙堂において薨去してしまう。まだ23歳の若さだった。

憲宗は、王妃であった孝顕王后との間にも、継妃となっていた明憲王后との間にも王子が生まれていなかった。このため、純元王后は、領議政の権敦仁・左議政の金道喜・領府事の趙寅永・判府事の鄭元容・判府事の朴晦寿といった大臣を招集し、今後の対応を協議する。

まず口を開いた鄭元容は、

「王室と国家のため、何よりも後継者を決めることが先決です。伏してお願いするに、後継者をご指名ください。これは大変に重大なことなので、お言葉だけで承るわけにはまいりません。恐れ入りますが、紙面に書いてお

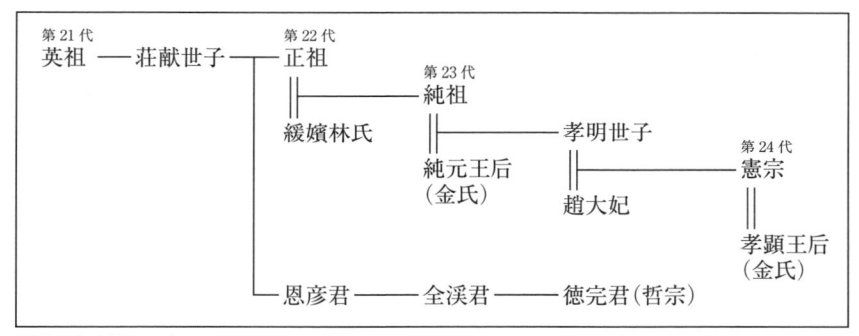

```
       第21代        第22代
        英祖 ―――― 荘献世子 ―┬― 正祖
                          │    第23代
                          │  ―― 純祖
                          │     ‖ ――― 孝明世子
                          │     ‖      ‖          第24代
                         綏嬪林氏 ‖      ‖    ――― 憲宗
                                純元王后  ‖         ‖
                                （金氏） 趙大妃      ‖
                                                 孝顕王后
                                                 （金氏）

                          └― 恩彦君 ――― 全渓君 ――― 徳完君（哲宗）
```

示しください」
と、純元王后に次の王位継承者を決めるように促す。国王が後継者を指名しないで薨去した際には、大王大妃や王大妃といった宮中の長老格に指名する権利があったからである。

鄭元容の要請をうけた純元王后は、

「ならば文字で書くとしよう」

といい、1枚の紙を大臣らに渡した。そこには、「李元範」と書かれていた。李元範は、純祖時代の1801年、キリスト教の信徒による反乱を起こそうとしていたとして賜死されていた恩彦君李裀の孫にあたる。1844年、兄の懐平君を王位に推戴しようとする事件に連座し、このときは江華島に配流されていた。

純元王后の実家は安東金氏であったし、鄭元容は安東金氏の一派であったから、李元範を後継者にするというのは、既定されていたものなのだろう。没落している李元範を王位につければ、外戚による専断を咎められることもない。そうした考えは、豊壌趙氏を代表する趙寅永も同じだったはずである。異論が出なかったため、純元王后の名で次のように布告された。

憲宗大王が薨去され、王室と国家にとって、王位継承者の決定が急務となった。第21代国王英祖大王の血統を受け継いでいるのは、故憲宗大王と全渓君李壙の三男李元範だけである。よって李元範に王位を継がせる

英祖の血統を受け継いでいるのが憲宗と李元範だけというのは事実ではない。しかし、純元王后は強引に、李元範を後継者に決めてしまった。こうして、李元範を迎えるため、漢城から江華島にある李元範の父全渓君の屋敷に向け、文武官僚が派遣されたのである。

漢城の王宮に迎えられた李元範は、奉迎の儀式を行った後、6月8日、まず徳完君に封じられた。

第六章　外戚の専横

第25代　哲宗
てつそう

1849年〜1863年

傀儡の国王

◎哲宗の即位

　1849年6月6日、第24代国王憲宗が後嗣なく薨去した。そのため、6月9日、純祖の王妃であった純元王后の指名により、江華島に配流されていた徳完君李元範が昌徳宮の仁政殿において第25代国王として即位し、哲宗となった。これにより、哲宗の実父である全渓君李壙は、全渓大院君とよばれることになる。

　このとき哲宗は19歳であった。本来ならば、親政を始めてもおかしくない年齢であったが、罪人として配流されていたことから、政治の経験などはまったくない。そのため、大王大妃の純元王后が哲宗を補佐するという名目で垂簾聴政をすることになる。即位した哲宗に対し、純元王后はハングルで次のように訓示した。

　　突然、大きな不幸が起こってしまいましたが、そのなかでも、500年近く続く王室と国家を任せられる王を奉じることができたのは幸いです。殿下は、第21代国王英祖大王の後裔ではありましたが、辛酸をなめて江華島で暮らしてこられました。ただ、歴史をみれば、地方での生活を余儀なくされたことから臣民の苦しみを知り、名君とよばれるようになった帝王もおります。殿下も、きっと臣民の暮らしぶりを十分知っていることでしょう。米粒1つであっても、臣民が育てたものですから、万が一粗末にするようなことがあれば、害はすべて臣民に戻ります。臣民が生活できなくなれば、この国を維持することはできません。ですから、常に「愛民」の2字を忘れず、質素倹約に努めてください。いくら国王が尊いといっても、国法を無視することはできないのです。大臣らが申し上げることにも耳を傾け、この国をお守りください

　純元王后が哲宗に訓示した内容は、大変に立派なものである。ただ、純元王后自身は、臣民の苦しみを本当に考えていたのであろうか。純元王后の実家である安東金氏の一族が政治を専断したことにより、国土と臣民が疲弊していたのもまた厳然たる事実であった。

3 憲宗と哲宗の関係をめぐる論争

第22代国王正祖の弟恩彦君の孫である哲宗は、正祖の系統、すなわち正祖の子純祖、孫孝明世子、曾孫憲宗とは直接の血縁関係にない。このため、純元王后の子という形で即位したのだが、即位直後に歴代国王の廟で捧げる祝文において、哲宗が正祖の系統の国王や世子を何とよぶのかが問題となった。

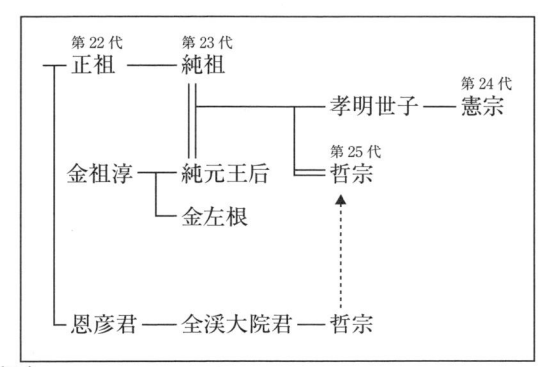

```
         第22代   第23代
        ┌正祖 ─── 純祖                    第24代
        │         ‖          孝明世子 ── 憲宗
        │         ‖                    第25代
  金祖淳─┼────── 純元王后 ┐ 哲宗
        │                │               ↑
        └金左根          │               │
                          │               │
        ┌恩彦君 ─── 全渓大院君 ─── 哲宗
```

儀礼や祭事を司る礼曹は、1849年6月17日、純元王后に次のように進言している。

　　哲宗殿下が読まれる祝文においては、純祖大王に対しては立派な父という意味の「皇考」とよび、殿下ご自身のことは「孝子」と称すれば問題ありません。また、孝明世子に対しては、かつて英祖大王が兄の景宗大王に対し、立派な兄という意味の「皇兄」とよび、大王ご自身のことは「孝嗣」と称しておりましたから、この先例に従えばよろしいでしょう。ただ、憲宗大王をどうよび、どう自称すべきかについては、我が国に先例はありません。ここは、大臣と相談してください

こうして、純元王后は大臣らの意見を聞くことにした。まず領議政の趙寅永は、「純祖大王と孝明世子に対する称号は礼曹の意見どおりでかまいません。ですが、憲宗大王と哲宗殿下との間を兄弟などとするわけにはいかないでしょう。我が国では、こうした先例はありませんが、唐（618年～907年）では武宗（在位840年～846年）の跡を継いだ叔父の宣宗（在位846年～859年）が嗣皇帝臣と自称しております。おそらく、武宗のことも、廟号でよんだのではないでしょうか。哲宗殿下も、憲宗大王を廟号でよび、ご自身のことは嗣王臣とするのがよろしいかと存じます」

という。これに対し、安東金氏一派の儒学者である洪直弼は、

「叔父が姪（甥）を継いだ先例は、史書で見る限り、周（B.C.1046年～B.C.256年）の孝王（在位B.C.892年～B.C.886年）が懿王（在位B.C.900年～B.C.892年）に、唐の宣宗が武宗に、というのがあるだけです。王家は王統

第六章　外戚の専横

を継ぐことを重視しなければならないので、叔父が甥を継ぎ、兄が弟に続いたとしてもかまいません。ただ、親族を示す称号においては兄弟叔姪の続柄を使わなければならないわけですから、哲宗殿下は、憲宗大王に対しては立派な甥という意味の皇姪を称するのが妥当です」

と反論したのである。

簡単にいえば、哲宗が先代の国王をよぶとき、廟号にするのか、続柄にするのかという論争である。ただ、政治的には単なる呼称の問題ではすまないという部分があった。

哲宗が憲宗を「皇姪」とよぶことになれば、純元王后の子として即位した哲宗を憲宗の名目的な叔父と認めたことになり、安東金氏一族に外戚として政治を主導する名分が与えられることになる。このため、豊壌趙氏を代表する趙寅永は、廟号でよぶことにこだわったのだった。

結局、純元王后は実家の安東金氏が有利になるよう、憲宗の呼び方を洪直弼の主張通りに「皇姪」とする一方、哲宗の自称については趙寅永の主張を認めて「嗣王臣」を用いるように命じた。この論争を、発生した年の干支にちなんで「己酉礼論」とよぶ。

安東金氏の覇権

哲宗が純元王后の子として即位し、純元王后による垂簾聴政が始まると、純元王后の兄である金左根が政治を専断するようになる。

さらに、憲宗の喪が明けた1851年9月、哲宗は安東金氏の一族である金汶根の娘を王妃に迎えて明純王后とする。こうして、安東金氏は、純祖、憲宗、哲宗の3代にわたり王妃を輩出することになったのである。

哲宗が安東金氏から王妃を迎えたのも、金左根に強要されたであろうことは想像に難くない。哲宗は何をするにも金左根の顔色をうかがい、

「金左根は承知しているのか」

と周囲の臣下に尋ねるほどであったという。

こうして朝廷の要職は、ことごとく安東金氏の一族が占めるようになった。官吏の登用にも不正が行われるようになり、不正によって登用された官吏が汚職をする。そうして私腹を肥やした汚職官吏が、賄賂でさらに出世をするという悪循環が起こった。朝鮮全土は疲弊し、特に農民は困窮に追い込まれていく。こうして、不満を持ち続けた農民が、各地で蜂起するようになっていった。

❸南部で相次ぐ農民の反乱

　1862年2月4日、漢城(ハンソン)から遠く離れた慶尚道(キョンサンド)の丹城県(タンソンけん)で、国王に諫言(かんげん)する司諫院(しかんいん)の正言(せいげん)であった金麟燮(きんりんしょう)とその父金櫨(きんれい)が、県監(けんかん)の林昺黙(りんへいもく)に収奪の是正を求めて直訴したところ、逆に袋だたきにされて追い出されてしまう。これに憤慨した丹城県(タンソンけん)の農民が、役所を包囲すると、県監(けんかん)の林昺黙(りんへいもく)は逃げ出した。

　これにより、金櫨・金麟燮(きんりんしょう)父子はいったん逮捕されるが、父子に責任はないということで釈放されている。こうして丹城県(タンソンけん)における騒動は終息したが、それは反乱の前兆にすぎなかった。

　2月18日には、丹城(タンソン)にほど近い晋州(キョンサンド)において、慶尚道右兵使(キョンサンドうへいし)の白楽胥(はくらくこう)らによる不正な収奪にたまりかねた農民が反乱を起こす。そして、反乱軍は各地の農民に参加をよびかけながら晋州城(チンジュ)に向かって行軍を開始した。その数は、数万にのぼったという。

　翌19日、蜂起軍(ほうきぐん)は白楽胥(はくらくこう)から収奪を是正するとの確約を得た。しかし、これまでの収奪に憤りが収まらない民衆が不正官吏を殺害したり、収奪に関係した者の家を破壊したりしたため、金左根も副護軍(ふくごぐん)の朴珪寿(ぼくけいじゅ)を晋州按覈使(チンジュあんかくし)に任じて、反乱の鎮定にあたらせた。こうして、反乱軍は10名が死罪、20名が流罪に処せられるなどして、晋州(チンジュ)の反乱は終わったのである。

　その後、反乱は慶尚道から忠清道(チュンチョンド)と全羅道(チョルラド)にも広がっていく。3月27日、全羅道観察使(チョルラドかんさつし)の金始淵(きんしえん)による不正の是正を訴えて、全羅道益山郡(チョルラドイクサンぐん)の農民3000余名が郡の役所を襲撃した。反乱軍は、郡守朴喜順(ぼくきじゅん)を拉致して、全州府(チョンジュふ)にいる金始淵(きんしえん)を処刑しようとするが、張本人である金始淵(きんしえん)は逃走してしまう。そのため、反乱の目的は達成されなかったが、結局、金始淵と朴喜順は流罪に処せられている。

　この一連の反乱を、発生した年の干支にちなんで「壬戌民乱(じんじゅつみんらん)」とよぶ。反乱は鎮圧されたものの、根本的な解決はなされず、民衆の不満は、くすぶり続けていくことになった。

安東金氏に排斥される王族

　朝鮮各地で反乱が起こったあとも、安東金氏は、外戚としての権力をいかに維持するかということばかり考えていた。そのため、対抗する勢力になりそうな王族の排除に乗り出していく。まず狙われたのが、完昌君李時仁の子李夏銓である。
　1862年7月25日、金左根は李夏銓を奉じた謀反の計画を捏造し、五衛将の李載斗に密告させた。まったくの冤罪であったが、朝廷が安東金氏一派に専断されているなかで、無実を証明することができようはずもない。結局、李夏銓は義禁府に逮捕されてしまった。そして、形式的な調査の報告をうけた哲宗は、金左根の意向に従い、次のように命じた。

　　謀反の事件に李夏銓の名が出てくるなど、考えたこともなかった。李夏銓の家は代々続く名門であり、歴代の国王に対する貢献もある。にもかかわらず、その子孫は、きちんとした心掛けで自らを律することができず、不満を抱いた逆臣に利用されることになった。もちろん、自らを奉じた謀反を知らなかったというのであれば、反逆したことにはならない。事件が発覚したときから、予はこのことが気がかりだった。反逆の意思があったのかどうなのか、調査の書類をみた限りでは断定できない。よって、特に容赦して済州島で監禁する

　こうして、ただちに李夏銓は済州島に配流された。これに対し、8月1日、官吏の監察を行う司憲府の長官である大司憲の洪遠燮、王に諫言を行う司諫院の長官である大司諫の李教寅らが、

　　済州島で監禁されている罪人の李夏銓を再度厳重に尋問し、事実関係をはっきりさせ、法に基づく適正な処罰を与えてください

と訴えた。要するに、李夏銓の処分が甘いというのである。哲宗は、洪遠燮・李教寅らの訴えを認めなかったが、以後も安東金氏一派からの弾劾が続く。そのため、8月11日、哲宗はこう命じなければならなかった。

　　予が李夏銓を配流にしたのは、何も意図的に刑を軽くしたわけではない。ただ推戴されただけと考えられたからである。しかし、その後の捜査により、李夏銓自身が謀反を企んでいたことが判明した。今、国論を安定させ、民意を統一することが急務であるから、李夏銓を賜死させる

　こうして、李夏銓は、哲宗から与えられた毒薬を服用し、自害を強要されてしまったのである。

哲宗の薨去

　安東金氏は、有力な王位継承者と目されていた李夏銓を殺害することに成功した。しかし、安東金氏の傀儡であった肝心の哲宗が、跡継ぎを得ないまま病気となり、1863年12月8日、昌徳宮の大造殿で薨去してしまう。

　哲宗が薨去するとすぐに、純祖の子孝明世子の妃であった趙大妃は、領議政の金左根や領府事の鄭元容といった大臣らを招集してこう伝えた。

　「哲宗殿下が薨去され、この国は危険な状況にある。大臣たちの意見を踏まえ、王位の後継者を決めなければならない」

　すると、鄭元容が、

　「大妃殿下がご指名くださいますようお願いします」

　と申し上げた。朝鮮王朝では、先王が後継を定めずに薨去した場合、王室の長老格に指名権が与えられていたからである。このとき、純祖の王妃であった安東金氏出身の純元王后はすでに薨じていたため、長老格になっていたのが、趙大妃だった。趙大妃は、豊壌趙氏の出身であったから、安東金氏一族が朝廷に君臨している間、冷遇され続けていた。だから、後継者の指名を委ねられる日を心待ちにしていたことだろう。趙大妃は、

　「興宣君李昰応の次男李命福に孝明世子の跡を継がせて翼成君とし、新たな国王とする」

　と命じたのである。安東金氏を代表する金左根はもちろん、鄭元容も安東金氏一派であったが、趙大妃の命に背くことはできない。鄭元容も、

　「国家が危機に陥ってしまいましたが、今、新たな国王が決まったのは慶事であり、喜びに堪えません」

　などと賛意を示すしかなかった。一方、金左根は新たな国王となる翼成君にどう対処するか考え、趙大妃に聞く。

　「翼成君は、今年何歳になられるのでしょうか」

　「10歳くらいと聞いている」

　「国王が幼い年齢で王位を受け継ぐ場合、かつて垂簾聴政が行われておりました。今回も先例に従って垂簾聴政を行われてはいかがでしょう」

　「では、哲宗大王の時代の垂簾聴政に倣って行うようにせよ」

　金左根としては、新たな国王が10歳と聞き、安東金氏が実権を握り続けることができると考えたことだろう。しかし、そうした安東金氏の野望は、翼成君の父興宣君によって打ち砕かれることになる。

国王の軍装

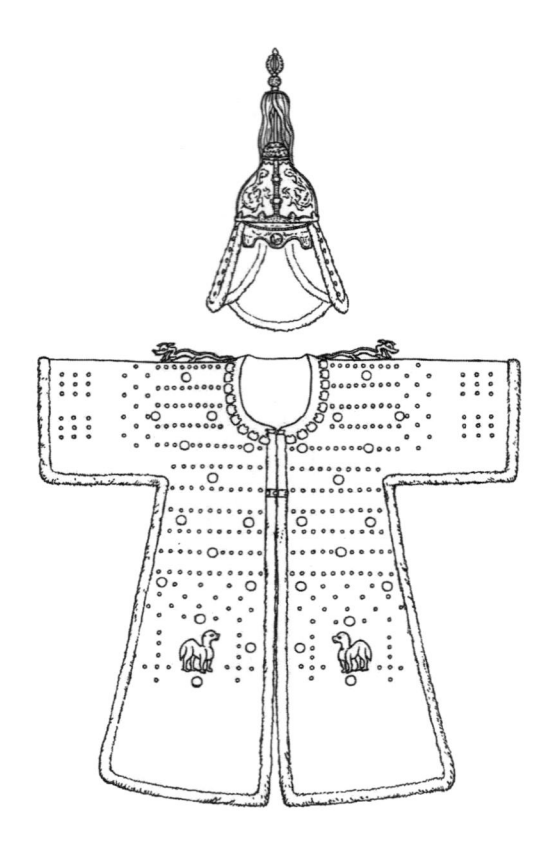

　朝鮮の甲冑(かっちゅう)は、中国でも採用されていた綿甲冑(めんかっちゅう)である。兜(かぶと)は、蒙古形(もうこなり)とよばれる先が尖った形で、鎧(よろい)は布地の間に綿をつめている。これにより、防寒にも役だった。

第七章
王朝の崩壊

○興宣大院君の改革

　第25代国王の哲宗が薨去したとき、すでに哲宗の王子は早世していたうえ、外戚の安東金氏によって有力な王族はすべて排除されてしまっていた。そのため、興宣大院君の子李命福が迎えられ、第26代国王の高宗となる。

　本来ならば、趙大妃が高宗を補佐することになるのだが、興宣大院君が政治に介入する。実権を掌握した興宣大院君は、安東金氏の専横により疲弊した国政を立て直していく。ただ、興宣大院君の改革は、鎖国に固執したことで、挫折してしまう。このころ、ヨーロッパの列強がアジアに進出してきており、日本と同じように朝鮮も開国を迫られることになった。

○興宣大院君と明成王后の確執

　高宗が成人して親政を始めると、高宗の王妃に迎えられた明成王后の実家である驪興閔氏が外戚として実権を握ろうとする。このため、外戚による専横を忌避する興宣大院君と、驪興閔氏の権益を守ろうとする明成王后との確執は徐々に深まっていく。

　明成王后を中心とする驪興閔氏は、鎖国を続けた興宣大院君とは異なり、日本との条約に踏み切る。そのため、朝鮮は、日本が清の影響力を朝鮮から排除したあと、日本によって近代化が図られることになった。しかし、その過程によって創設された内閣制度により、高宗と明成王后は、王権が弱まったという不満を抱き、ロシアに接近する。これを機に、日本の三浦梧楼公使の支援を受けた興宣大院君が明成王后を暗殺すると、驪興閔氏の一族は一掃された。

○朝鮮の滅亡

　明成王后と興宣大院君との抗争は、興宣大院君の勝利で幕を閉じた。しかし、長く続いた抗争は、日本の介入を許してしまうことになる。高宗は、国号を大韓と改め、大韓帝国、すなわち韓国の皇帝として即位することで日本に対抗しようとしたが、内実が変わったわけではない。結局、高宗は日本に外交権を奪われてしまう。

　高宗は、オランダのハーグで開かれた万国平和会議に密使を派遣して訴えたものの、すでに外交権を失っている朝鮮の主張は無視され、日本から子の純宗への譲位を強要された。純宗は韓国の第2代皇帝として即位するが、実権は日本に握られたままだった。ついには日本と合併する条約への調印を強要され、1910年、500年以上続いた朝鮮王朝は滅亡した。

高宗(こうそう)	1863年	12月13日	興宣大院君(こうせんたいいんくん)の次男が昌徳宮の仁政殿で第26代国王として即位し、高宗(こうそう)となる
	1866年	1月20日	興宣大院君、キリスト教を弾圧する（丙寅教獄）
		7月27日	平安監司の朴珪寿、ゼネラル・シャーマン号を焼き払う
		10月 4日	フランス軍、江華島から撤退する（丙寅洋擾）
	1868年	4月18日	オッペルト、興宣大院君の父南延君(こうせんたいいんくん)の墓をあばこうとする
	1871年	5月16日	興宣大院君に交渉を拒絶されたアメリカ軍が撤退する（辛未洋擾）
	1873年	11月 3日	興宣大院君が批判をうけて下野し、高宗(こうそう)の親政が始まる
	1876年	2月 3日	江華島において、日本との間に日朝修好条規が締結される
	1882年	4月 6日	仁川において、アメリカとの間に朝米修好通商条約を締結する
		6月 9日	旧式軍隊の兵士が興宣大院君(こうせんたいいんくん)の内意を得て蜂起する（壬午軍乱）
		7月13日	清軍、興宣大院君を拉致して清に幽閉。これにより、閔氏が政権に復帰し、朝鮮は清の影響下におかれる
		7月17日	壬午軍乱の処理のため、日本との間に済物浦条約を締結する
	1884年	10月17日	朴泳孝・金玉均ら、日本公使館の支援をうけて閔氏政権を倒す（甲申政変）
		11月24日	甲申政変の処理のため、日本との間に漢城条約が締結される
	1885年	3月 1日	イギリス軍、朝鮮の巨文島を無断で占拠する
		3月 4日	甲申政変の処理のため、日清両国の間に天津条約が締結される
	1894年	4月 2日	高宗(こうそう)、全羅道の反乱に対し、鎮圧を命ずる（甲午農民戦争）
		6月21日	日本軍、興宣大院君(こうせんたいいんくん)を復帰させ、朝鮮の近代化に乗り出す（甲午更張）
		6月23日	日清戦争が勃発する
	1895年	3月23日	日清戦争が終結。このあと、興宣大院君、日本によって引退させられる
		8月20日	興宣大院君(こうせんたいいんくん)、景福宮に突入して明成王后を暗殺する（乙未事変）
		10月11日	元農商工部大臣の李範晋ら、アメリカ公使館の支援をうけて景福宮に突入しようとして失敗する（春生門事件）
	1896年	2月11日	高宗(こうそう)、景福宮を脱出してロシア公使館に避難する（俄館播遷）
	1897年	2月20日	高宗、アメリカ・ロシア公使館に近い慶運宮に移る
		10月12日	高宗(こうそう)、初代韓国皇帝として即位する
	1899年	9月11日	韓清両国の間に韓清通商条約が締結される
	1904年	2月 8日	日露戦争が勃発する
		2月23日	日韓議定書が締結される
		8月22日	第一次日韓協約が締結される
	1905年	9月 5日	日露戦争が終結し、日露両国の間にポーツマス条約が締結される
		11月17日	第二次日韓協約が締結される
	1907年	4月20日	高宗、第二次日韓協約の無効を訴えるため、オランダのハーグで開かれていた万国平和会議に密使を派遣する
純宗(じゅんそう)		7月20日	高宗が譲位を強要され、その世子が第2代皇帝として即位し、純宗(じゅんそう)となる
		7月24日	第三次日韓協約が締結される
	1909年	10月26日	義兵軍の安重根、ハルピン駅で韓国統監府初代統監伊藤博文を射殺する
	1910年	8月22日	日韓併合条約により、韓国は日本に併合される（日韓併合）

第七章　王朝の崩壊

253

第26代　高宗

在位1863年〜1907年

大韓帝国の皇帝となる

高宗の即位

　第25代国王哲宗は、1863年12月8日、後嗣がないまま薨去した。このため、第24代国王憲宗の実母である趙大妃の命により、興宣君李昰応の次男李命福が12月13日、昌徳宮の仁政殿において第26代国王として即位し、高宗となった。

```
          第22代   第23代
        ┌ 正祖 ─ 純祖 ─── 孝明世子
        │                    │       第24代
        │                    └── 憲宗
        │              趙大妃
        │
        ├ 恩彦君 ─ 全渓大院君 ─ 哲宗
        │                       第25代
        │
        └ 恩信君 = 南延君 ─── 興宣大院君 ─ 高宗
                                            第26代
```

　高宗の父興宣君は、第21代国王英祖の子である荘献世子の三男恩信君に養子として迎えられた南延君の四男である。その子である李命福は、本来であれば王位を継ぐ可能性はほとんどなかったといってよい。しかし、安東金氏によって王位継承の可能性のある王族が排除されていたため、李命福に白羽の矢が立てられたものである。

　即位した高宗は、次のように布告した。

> 天が災禍をお与えになったため、大きな不幸が起きてしまった。謹んで考えれば、哲宗大王は14年間にわたり政務を執られており、臣民は誰しもその治世が続くことを願っていた。それが突然に病気となり、再び起き上がることができなくなるなど誰が考えただろうか。哲宗大王はまだ40歳にもなられていなかった。地が窪み、天が崩れるような悲しみが、消えることはない。しかし、いつまでも王の座を空位にしておくわけにはいかない。予は、英祖大王の傍系であるが、第16代国王仁祖大王の直系子孫である。このため、趙大妃の命に従って王位を継ぐことを了承し、12月13日、昌徳宮の仁政殿で即位した。王統が絶える心配はなくなったが、これからは予が数万の臣民の期待に応えていかなくてはならな

い。そこで、代替わりに恩赦として、本日12月13日の明け方以前に行われた重罪を除く犯罪については、全部これを赦（ゆる）すことにする

　高宗（こうそう）が即位したことにより、高宗（こうそう）の実父興宣君（こうせんくん）には、直系でない国王の実父に与えられる大院君（たいいんくん）の称号が与えられ、以後、興宣大院君（こうせんたいいんくん）とよばれるようになる。朝鮮王朝には、ほかにも大院君（たいいんくん）の称号を与えられた国王の父がいたものの、一般に大院君（たいいんくん）といえば、この興宣大院君を指す。

改革を進める興宣大院君（こうせんたいいんくん）

　即位した高宗（こうそう）はわずか12歳にすぎず、このため、趙大妃（ちょうたいひ）が垂簾聴政（すいれんちょうせい）をすることになった。しかし、実権を握ったのは趙大妃（ちょうたいひ）ではなく、高宗（こうそう）の実父興宣大院君（こうせんたいいんくん）である。

　興宣大院君（こうせんたいいんくん）は、60年近く続いた安東金氏（アンドンきん）の専制により王権が失墜し、また汚職によって国全体が弱体化していることを憂慮していた。そのため、実権を握った興宣大院君（こうせんたいいんくん）は、何よりも先に、汚職官吏（かんり）の摘発に乗り出す。そして、実際、全土に汚職を摘発する暗行御史（あんこうぎょし）を送り、臣民に不正を行った官吏を見つけ次第、財産を没収していったのである。それは、特権階級である両班（ヤンバン）も例外ではなかった。

　さらに興宣大院君（こうせんたいいんくん）は、景福宮（けいふくきゅう）の再建を計画する。景福宮（けいふくきゅう）は、朝鮮王朝初期に創建されたが、文禄（ぶんろく）・慶長（けいちょう）の役（えき）の兵火で焼失していた。以来、270余年にわたって放置されてきたが、王室の権威を高めるために、再建しようとしたのである。工事は1865年4月から始まり、工事中の火災などで中断を余儀なくされながらも、1868年7月に竣工している。

キリスト教の弾圧

　高宗（こうそう）が即位したころ、アジアでは、1856年から1860年にかけて行われたアロー戦争で朝鮮の宗主国である清（しん）（1636年〜1912年）が敗北し、イギリスとフランスが清の都である北京（ペイチン）を占領するという事態になっていた。この直後、仲裁に入ったロシアが清（しん）と天津条約（テンチンじょうやく）を結んで沿海州（えんかいしゅう）を清（しん）から割譲されたため、朝鮮は豆満江（トゥマンガン）を挟んでロシアと国境を接するようになる。そのロシアに南進の動きがみられるなか、朝鮮はロシアに対応しなければならなくなった。

　そうした状況のなか、キリスト教徒である南鍾三（なんしょうさん）と洪鳳周（こうほうしゅう）が、興宣大院君（こうせんたいいんくん）にフランスと結んでロシアの南下を阻止しようと建議する。

第七章　王朝の崩壊

255

「西洋の列強がアジアに進出してきておりますので、我が国だけが片隅で枕を高くしていることはできません。もしフランスに使節を遣わして条約を結び、互いに貿易をすることができれば、我が国の国益にもかなうはずです」

興宣大院君も、その計画を実行に移そうとしたが、フランスと同盟することに、大臣らが猛反対する。フランスは、アロー戦争で清を危機に陥れ、清の文宗咸豊帝（在位1850年〜1861年）が逃亡を余儀なくされていたからである。こうした大臣の反対意見を聞いた興宣大院君は、

「速やかにキリスト教を禁止しなければ、清と同じ災難がいずれ我が国にふりかかるであろう」

といい、キリスト教に対する弾圧を許可することにした。こうして、1866年1月20日、ベルヌー主教・ダブリュイ主教らフランス人宣教師4人のほか、南鍾三・洪鳳周らが処刑されたのである。

キリスト教に対する一連の迫害を、発生した年の干支にちなんで「丙寅教獄」とよぶ。この迫害で、全国で数千のキリスト教徒が逮捕されたという。

焼き討ちされたアメリカ商船

1866年7月19日、アメリカの商船ゼネラル・シャーマン号が突如として朝鮮の近海に出没した。船の名は、南北戦争で活躍したウィリアム・シャーマン将軍に由来する。大砲2門を備えた武装商船で、朝鮮に通商を求めてきたのである。

ゼネラル・シャーマン号が大同江を遡航して平壌に向かったので、中軍の李玄益が監視のため朝鮮軍の船で追尾したところ、李玄益はゼネラル・シャーマン号に抑留されてしまう。平壌庶尹の申泰鼎が夜通し、李玄益の返還を求めたが、ゼネラル・シャーマン号はこれを無視して出航した。そして、平壌に着くと、大同江の中州に位置する羊角島に停泊したのである。

そこで、退役していた朴春権がゼネラル・シャーマン号に突入して李玄益を奪還し、ゼネラル・シャーマン号と朝鮮軍との間で戦闘が繰り広げられた。しかし、ゼネラル・シャーマン号からの砲撃により、朝鮮軍は7名が戦死し、

5名が負傷してしまう。そのため、平安監司の朴珪寿は、興宣大院君の許可を得たうえ、7月27日、ゼネラル・シャーマン号を焼き討ちした。

　このとき、布教のために乗船していたイギリス人のプロテスタント宣教師トーマスらは船から逃げ出して命乞いをしたものの、朝鮮軍は認めなかった。こうして、ゼネラル・シャーマン号の乗組員は、すべて焼死あるいは殺害されてしまったのである。

フランスとの戦争

　朝鮮におけるキリスト教の弾圧は、脱出に成功したフランス人のリデル神父により、清の天津にいたフランス極東艦隊のロゼ提督に伝えられた。ロゼ提督は、北京駐在のベロネ代理公使と相談のうえ、軍事介入を約束する。フランスは、キリスト教への弾圧を抑えることを口実に、朝鮮を武力で開港させようとしたのだった。

　1866年8月10日、ロゼ提督はプリモーゲ号を旗艦とする3隻の軍艦を率いて山東省の芝罘を出港すると、8月15日には、京畿道近海に到達する。そして、座礁した1隻を除く2隻が、江華島から塩河を遡上して漢江に侵入したのである。これは、朝鮮の承認を得たものではなかったから、領海侵犯以外の何ものでもない。しかし、フランス軍は、朝鮮に攻撃を仕掛けることもなく、撤退していった。これが偵察だったからである。

　このあと、朝鮮の朝廷には、フランスを武力で排斥する旨を訴えた上訴が相次ぐ。8月16日、副護軍の奇正鎮は次のような訴状を奉じた。

> 外国人が許可なく侵入するのは、侵略の道先案内となるためであり、その外国人を処罰するのは、世界の法からみても間違ってはいません。フランスは、フランス人宣教師を処刑したことを口実に我が国を侵犯しました。しかし、フランス人を処刑してもしなくても、フランスは我が国を侵犯していたでしょう。幸い、今回は上陸せずに撤退しましたが、いつ再び侵犯するとも限りません。フランスの侵攻に対処するには、我が国の国論を1つにまとめる必要があります。国論が分裂していては、侵入の隙を与えてしまうでしょう。「結人心」、すなわち人心を1つにまと

第七章　王朝の崩壊

めることが肝要です

　この上訴をうけ、興宣大院君がフランスに対する防備を整えようとしていた矢先、9月5日、再びフランス軍艦7隻が勿溜島近海に集まった。兵力は600名ほどであったという。フランス軍は、1か月前に偵察した際、漢江に侵入するのは不利になると判断したらしい。今回は、漢江下流を封鎖する作戦に出た。

　翌9月6日、フランス軍は江華島への上陸を強行した。このとき、江華島を守備する江華留守の李寅夔らがフランス軍艦まで赴くと、フランス人は李寅夔を詰問する。

「今年の春、どのような理由でフランス人を殺害したのですか」

「フランス人は、我が国の都に潜伏して反逆を企てました。我が国の法に照らし合わせると死罪に該当しますので、やむなく処刑した次第です。万が一、朝鮮人がフランスで同じようなことをすれば、やはり処刑されるのではないでしょうか」

「それは詭弁にすぎません。我々は、今ここであなた方を殺すこともできるのです」

「死ぬのは恐ろしくありません。しかし、使者を殺すなど聞いたことがありません。速やかに朝鮮から退去してください」

　結局、フランス軍は李寅夔らを下船させると、翌9月7日早朝、江華府を攻撃する。こうして、その日のうちに江華島はフランス軍に占拠されてしまった。驚いた興宣大院君は、李容熙を巡撫中軍に任じて、2000余名の軍勢とともに江華島に向かわせた。フランス軍と朝鮮軍により小競り合いが繰り返されるなか、李容熙は梁憲洙に命じて鼎足山城の確保を命じる。

　10月1日、フランス軍60余名が鼎足山城に入ったとき、朝鮮軍も夜陰に乗じて鼎足山城に潜入した。そして10月3日、城内のフランス軍を奇襲したのである。驚いたフランス軍は6名が戦死したうえ、敗走する。結局、翌10月4日、フランス軍は江華府に保管されていた書籍や武器などを奪い、そのまま江華島から撤退したのである。

　こうして、漢城はフランス軍による封鎖から解放された。この一連の戦いを、発生した年の干支にちなんで「丙寅洋擾」という。

興宣大院君を徴発するユダヤ系ドイツ商人

「丙寅洋擾」から2年後の1868年4月18日、オッペルトという北ドイツ出身のユダヤ系実業家が、120余名の人員とともにチャイナ号という武装商船に乗って忠清道礼山郡に着岸し、上陸を強行した。キリスト教への弾圧を行う興宣大院君に報復するという名分を立ててはいたが、実際には、興宣大院君を徴発し、交易に応じさせようとしたらしい。

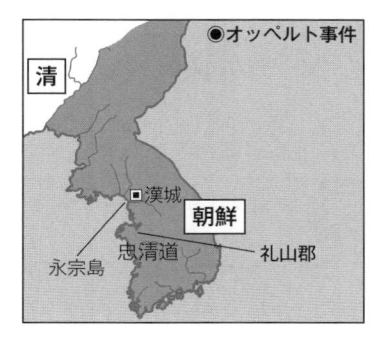

上陸したオッペルト一行は、礼山郡の役所を襲撃して武器を奪うと、こともあろうに興宣大院君の父である南延君李球の墓をあばこうとしたのである。しかし、墓をあばこうとしている間に、干潮の時間が近づいてしまう。船が出航できなければ、追っ手に殺されることは目に見えていた。そのため、オッペルト一行はチャイナ号に急ぎ乗り込んで、逃亡した。

オッペルトは4月23日、永宗僉使の申孝哲を介して、興宣大院君に書状を送ってきた。

> 他人の墓地をあらすのは礼儀に欠けるが、武力を用いて朝鮮の民を脅すよりはましなので、やむを得ずそのようにしました。もし、貴下が国のことを大事に思うのであれば、高官1人を我が商船まで送り、交渉にあたらせてはいかがでしょうか。貴国が国難に陥り、後悔することがないようにしていただければ幸いです

父の墓があらされそうになっただけでも容認できなかった興宣大院君は、このオッペルトからの書状をみて激怒した。書状の受け取りを拒否するとともに、申孝哲の名義で次のように回答させたのである。

> 興宣大院君閣下は、尊厳な立場にある。このような無礼な書状を伝えるわけにはいかない。よって、そのまま送り返す。貴国とは何ら交流もなかったのに、いきなり墓地をあらすなど、人の道理として許されるものであろうか。また、防備の態勢がないことをいいことに、他国に侵入して武器を奪うなど、許されるものであろうか。とてもではないが同じ天のもとに生きることはできない。そもそも、我が国は、檀君と箕子から何千年もの間受け継いできた礼儀の国である。礼儀をわきまえない国と

交際するつもりはない。たとえ、数か月の後に軍艦を派遣すると脅しても無駄である。我が国も、すでに防備の対策をとった

　このあと、オッペルトは、済物浦の永宗島に上陸し、城門に踏み込もうとしたが、撃退されている。こうした、傍若無人な商人の愚行により、朝鮮ではますます、ヨーロッパ諸国に対する不信感が高まっていく。そして、興宣大院君は、キリスト教への弾圧を強化したのである。

アメリカとの戦争

　フランスが武力を用いて朝鮮を開港させようとするなか、1866年に民間商船のゼネラル・シャーマン号を焼き討ちされたアメリカも、武力によって朝鮮を開港させようとする。

　アメリカの第18代大統領ユリシーズ・グラントの特命をうけたアジア艦隊司令官ジョン・ロジャースは、1871年3月27日、コロラド号を旗艦とする5隻の軍艦で朝鮮に向かう。清に駐在していたアメリカ公使フレドリック・ローも、アメリカ軍に同行していた。

　アメリカ軍は4月3日、富平の近海に停泊すると、富平都護府使の李基祖を通じて、

> 我々は、アメリカ大統領の命をうけてまいりました。ただ貴国との交渉を願っておりますので、高官を派遣していただければ幸いです。貴国を攻撃する意図はありませんので、驚かないでください

と通告してきた。これに対し、興宣大院君は、交渉の内容を確認するため三品の官吏を使者として派遣したところ、高官ではないとしてロジャースに面会を拒絶されてしまう。そして、アメリカ軍がそのまま江華海峡に入ったため、江華島の朝鮮軍はやむなくアメリカ軍を攻撃する。すると、アメリカ軍は、朝鮮軍から先制攻撃を仕掛けられたと称して、江華島への攻撃を開始したのである。

　アメリカ軍は4月23日、江華島の草芝鎮に上陸すると瞬く間に制圧し、翌4月24日には、鎮撫中軍の魚在淵が守備していた江華島防衛の拠点である広城堡を攻撃する。アメリカの軍勢は1200余名で、最新の武器を携行していたば

かりか、兵の多くは南北戦争（1861年〜1865年）を経験していた。一方の朝鮮軍は600余名ほどしかおらず、武器も旧式であったため、まともに戦ってアメリカ軍に勝つことは難しい。結局、魚在淵以下ほとんどの朝鮮人が戦死して、広城堡は陥落してしまう。こうして、江華島はアメリカ軍に制圧されてしまった。

江華島を占領したことでロジャースは交渉を有利に進めようとしたのだろう。しかし、興宣大院君は、攻撃をしないと通告しながら、江華島を占領したアメリカ軍と交渉するつもりはなかった。そのため、興宣大院君は、李基祖を通じてアメリカ軍の攻撃を非難させるとともに、交渉を拒絶するように命じたのである。

交渉が決裂すると、ロジャースは引き下がるしかなかった。朝鮮との全面戦争は命令に反することであり、また1200余名の軍勢では実質的に不可能だったからである。結局、5月16日、アメリカ軍は朝鮮から撤退していった。このアメリカ軍による攻撃を、発生した干支にちなんで「辛未洋擾」という。

アメリカ軍が撤退したあと、興宣大院君は、次のような「斥和碑」、すなわち和平を拒む碑を建てた。

洋夷侵犯　　　ヨーロッパの蛮夷が侵犯したのに、
非戦則和　　　戦わないのは和するに等しく、
主和売国　　　和を主張するのは売国だ。
戒我万年子孫　このように万代の子孫に戒める。
丙寅作辛未立　丙寅年（1866年）に作り辛未年（1871年）に建てる。

フランスやアメリカなどのヨーロッパ列強が、朝鮮に対して武力で開国を迫るなか、興宣大院君は、ヨーロッパ列強と講和するのは、売国行為であると非難し、戦意を高めようとしたのだった。とはいえ、フランスやアメリカが撤退したのは、それぞれの国内事情に従っただけで、朝鮮に阻まれたというわけではない。そのため、興宣大院君の鎖国政策は、当面の危機を脱したにすぎなかった。

興宣大院君の下野

内政の改革と強硬な外交で辣腕を振るった興宣大院君であったが、その強硬的な手法に批判的な臣下も少なくなかった。1873年11月3日、戸曹参判の崔益鉉が興宣大院君を批判した上書を呈する。

今、国内の政治をみれば、弊害が少なくありません。その最たるものは、景福宮の再建であり、国家と臣民に苦しみを与えました。もちろん、殿下は政務を執られておられないのですから、責任はございません。殿下の名のもとに政務を担った権臣こそが問題なのです。謹んで申し上げれば、これからは、殿下が親政されてはいかがでしょうか。そうすれば、権臣に騙されることもありません

　高宗を騙した権臣というのが、興宣大院君を指しているのはいうまでもない。崔益鉉は、すでに高宗が20歳を超えているのだから、興宣大院君は摂政から身を引き、高宗自ら親政するように訴えたのである。
　こうした批判をうけた興宣大院君は、その日のうちに、ついに政権を離れることにした。そして、しばらくは私邸である漢城の雲峴宮にいたが、やがて京畿道揚州で隠居する。ここで、政権復帰の機会をうかがったのである。

外戚である閔氏一族の台頭

　興宣大院君が下野したあと、朝廷の実権を握ったのが高宗の外戚である閔氏一族だった。崔益鉉の上訴も、閔氏一族と図ったものであったことは想像に難くない。
　高宗が驪興閔氏の一族である閔致禄の娘を王后に迎えたのは、1866年3月21日のことだった。これが王后閔氏で、1897年、朝鮮が帝政に移行したあと、明成皇后の諡号をうけている。ただし、この時点では帝政ではなく王政なので、あえて明成王后とよぶことにしたい。
　明成王后を王妃としたのは、高宗の父興宣大院君が、外戚の専横を防ぐため、父がすでに故人になっていた名家から王妃を選ぼうとしたという。驪興閔氏は、朝鮮王朝において、第3代国王太宗の妃である元敬王后と、第19代国王粛宗の妃である仁顕王后を輩出した名家であった。しかも、明成王后の父閔致禄はすでに没しており、高宗が外戚に悩まされることはないと踏んだのである。
　しかし、興宣大院君の意に反し、明成王后は一族を重用していく。そして、興宣大院君が下野した翌1874年、明成王后が高宗の嫡男李坧を産み、1875年に李坧が世子に冊封されると、閔氏一族の権力は盤石になった。

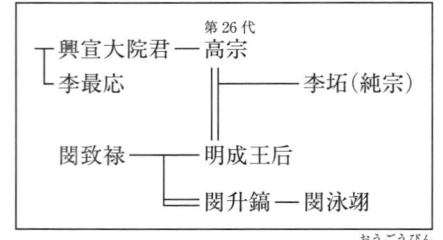

```
                              第26代
┌ 興宣大院君 ─ 高宗
│                    ├ 李坧(純宗)
└ 李最応
          閔致禄 ┬ 明成王后
                  └ 閔升鎬 ─ 閔泳翊
```

江華島で日本軍と衝突

　対外的に強硬な姿勢をとっていた興宣大院君が下野したのを機に、日本は朝鮮との関係を修復しようとする。というのも、当時、朝鮮と日本との関係は冷え切っていたからである。

　事の発端は、まだ江戸時代の1866年、イギリス領であった香港在住の日本人が、『中外新聞』に江戸幕府が朝鮮への出兵を計画していると寄稿したことに始まる。このことを清から知らされていた朝鮮は、日本に対し、警戒心を抱くようになっていた。もちろん、崩壊しつつある江戸幕府が朝鮮に出兵するなど、ありえるはずもない。しかし、朝鮮ではそれが事実か否か、確認する方法がなかった。

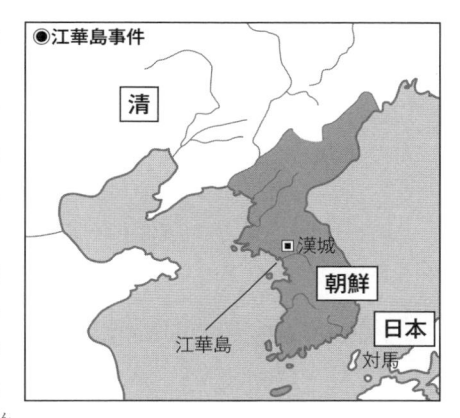

　そうしたなか、日本では江戸幕府が滅亡し、新政府が樹立される。1868年12月、明治新政府は朝鮮に対し、対馬藩主宗義達を通じて次のような国書を送り、政権の交代を告げていたのである。

> 我が国では、皇統が2000余年にわたって受け継がれてきました。中世には軍事権を将軍に委ね、外国との交渉を担当させたこともあります。徳川家康が江戸に幕府を開いてから将軍は15代続きましたが、政権を担うだけの力がなくなり、政権を皇統に戻しました。ここに、我が皇上が政権を担うことになった次第です。これまで久しく、貴国と我が国とは、交誼を結んできました。これからも、万世にわたって友好的にいられることが、我が皇上の願いです

　日本は、「天皇」という称号を使えば、清の「皇帝」と競合して問題になると考え、あえて明治天皇のことを「皇上」としていた。この「皇上」が明治天皇を指すのはいうまでもない。しかし朝鮮では、「皇上」も中国の皇帝だけが用いる文字だと認識していたため、不審を抱く。すでに日本を警戒していた朝鮮は、新政府からの国書を受理せず、日本との通好は断絶してしまっていたのである。

　そうしたなか、清に向かった日本の軍艦雲揚が1875年8月21日、朝鮮の江

●江華島事件

清
漢城
朝鮮
江華島
対馬
日本

第七章　王朝の崩壊

華島に接近したところ、草芝鎮砲台から攻撃されてしまう。朝鮮側では、雲揚を日本の軍艦であるとは認識していなかった。どこの国のものかわからない軍艦が接近したから、攻撃したというのが実際のところであろう。

しかし日本軍は、朝鮮軍による先制攻撃に反撃するという名分により、翌8月22日、砲台を攻撃し、翌8月23日には要塞が築かれていた永宗島に上陸して占拠する。この戦闘で、朝鮮軍は35名が戦死し、16名が負傷もしくは捕虜となった。一方、日本軍は2名が負傷し、そのうちの1名が死亡している。

この事件を、「江華島事件」とよぶ。「江華島事件」に敗れた朝鮮は、日本から条約の締結を求められることになった。

条約の締結を求める日本

翌1876年1月、日本から特命全権大使黒田清隆・副使井上馨ら4名の全権使節団が朝鮮に派遣されてきた。これに対し、高宗は、判中枢府事の申櫶を接見大官、都総府副総管の尹滋承を副官に任じて、日本の使節団に応対させる。

1月17日、江華島の練武堂で開かれた最初の会談において、日本側の黒田清隆は、朝鮮側の申櫶に詰め寄った。

「我が国の軍艦雲揚が清に向かう途中、貴国の領海を過ぎ去ろうとしたところ、貴国が砲撃してきたのは、どういうわけですか」

「他国の国境内に入るときにその国の禁止事項をあらかじめ尋ねておかなければならないのは『礼記』に記されている通りです。貴国の軍艦が、どこに向かうのかも我が国に通知せず、防御水域に侵入してきたため、やむなく砲撃したものです」

「雲揚には国旗を掲揚していました。どうして日本の軍艦だとわからなかったのですか」

「黄色の旗が掲げられていたため、ほかの国の国旗だと思ったからです。ただ、日章旗が掲げられていたとしても、我が軍民にはわからなかったかもしれません」

「日本の国旗について、沿海部の軍営に通知していなかったのですか」

「国内に問題があり、各地への通知はしていませんでした。ただ、貴国が永宗島の要塞を破壊しているように、我が軍にも攻撃されるという懸念があったのは確かです。今回は、最初から使節が来ると伝えられていたため、客人として応接することができました。我が国では、漂流してきた船すら助け

ているのに、どうして貴国の軍艦をむやみに砲撃することなどありますか」
「それでは、この6、7年の間、貴国が日本の使節にも会わず、国書も受け取りを拒否しているのはなぜですか。その理由をうかがいたい」
「1866年に香港の日本人が『中外新聞』に、江戸幕府が朝鮮への出兵を計画していると寄稿したことがありました。以来、我が国では誰しも、貴国が我が国をないがしろにしていると感じているためです」
「貴国でそのような噂が飛び交っているとは思いませんでした。噂のために、日本との友好を断ち切るおつもりですか。新聞というものは、自国のことであってもときに真実ではないことを書き立てるものなのです。新聞をすべて信じるなら、戦争が起きない日はありません」
「朝鮮では誰しも、長いこと貴国に不審を抱いてきました。しかし、以前のようによい関係に戻すことができれば、両国とも幸せになるでしょう」
「両国の間に条約を締結すれば、良好な関係を永久にもつことができるはずです」
「仰ることはよくわかりました。しかし、それがしは全権を与えられておりませんので、朝議に諮りたいと存じます」

このような会議の流れから、日本側が朝鮮による先制攻撃を非難しつつ、最終的には条約の締結を目的としていたことがわかる。このあと、申櫶は王宮に戻り、日本側との交渉について朝廷に報告した。

日本と条約を締結するかどうか

1876年1月20日、高宗は現職の大臣だけでなく、前職の大臣らも集めて、日本への対応を協議する。
「日本とは300年近くも良好な関係を築いてきたが、今、改めて条約の締結を求められてきている。重大なことであるから、十分に協議したほうがよいと思う」
と高宗が切り出すと、領中枢府事の李裕元、領敦寧府事の金炳学、判中枢府事の洪淳穆といった大臣らは反対する。しかし、判府事の朴珪寿が、
「日本は、通好を求めながら、軍艦を派遣してきましたので、本当のところ、何を目論んでいるのかわかりません。しかし、我が国が防衛に力を尽くしながら、日本軍を防ぐことができなかったのも事実です。悔しいことですが、条約の締結を受け入れざるをえないのではないでしょうか」
こうした意見を踏まえ、高宗は、日本との交渉に応ずることに決めた。と

第七章　王朝の崩壊

はいえ、すべての臣下が条約の締結を認めたわけではない。

3日後の1月23日、儒者の崔益鉉が、斧を携え、王宮の門前で訴状を奉じた。訴えを認めなければ、斧で斬首しろという示威行動である。

　日本と条約を締結するという噂を聞きましたが、それがしは日本と条約を締結すべきではないと考えます。第一に、条約というものは、相手から求められて締結するものであって、強要されて締結するものではありません。強要されて締結すれば、今は凌ぐことができても、後日、受け入れがたい要求をのまされる恐れがあります。第二に、日本と通商すれば、日本の製品が我が国に入ってくることになります。それでは、我が国の産業は太刀打ちできません。第三に、日本と条約を締結すれば、ヨーロッパの国とも条約を締結しなければならなくなるでしょう。そうすれば、キリスト教が我が国に蔓延することになります。第四に、日本人が我が国に居住するようになれば、財産は奪われ、婦女がかどわかされてしまいます。第五に、1636年に第16代国王仁祖大王が清と講和したときと同じだという者がおりますが、日本人に道理は通じません。これらのことからして、日本と条約を締結するのは、国を滅ぼすことになると存じます。日本と条約を締結しようとする者を死刑に処してください

崔益鉉は、5つの理由を列挙して、朝鮮が日本と条約を締結することに反対した。しかし、日本との交渉を拒否した場合、朝鮮はどうするべきなのかを提示していたわけではない。結局、高宗は日本と条約を締結するという方針を堅持し、崔益鉉を全羅道の黒山島に配流してしまった。

　このあとも儒者を中心とした反対が相次ぐが、高宗はヨーロッパ諸国と条約を締結するのではなく、日本と条約を締結することを強調し、条約の締結に踏み切る。儒教を正学として疑わない儒者らにとって、キリスト教を信ずるヨーロッパ諸国と条約を締結することは考えも及ばないことだったからである。

❸日朝修好条規の締結

　こうして、1876年2月3日、江華島の練武堂で朝鮮の代表申櫶・尹滋承と日本の代表黒田清隆・井上馨の間に条約が締結されることになった。これが日朝修好条規で、江華島条約ともよばれる。その主な内容は、

　・朝鮮国は自主の国で、日本国と平等の権利を有しているのであるから、今後も両国が有効的な関係でいるためには、互いに同等の礼儀を

もって接すること
- 日本国政府は、必要とあればいつでも公使を派遣して朝鮮国の礼曹判書に接見することができ、朝鮮国政府は、必要とあればいつでも公使を派遣して日本国の外務卿に接見することができること
- 朝鮮国は、20か月以内に、これまで公館がおかれていた釜山のほか、通商に便利な2港を開港すること
- 朝鮮国は、日本国の船舶が朝鮮近海で難破したり、食糧などが不足して寄港したりしたときには、救助あるいは保護をし、費用を船主に請求すること
- 朝鮮国の沿海にある島嶼や岩礁は調査されておらず危険であるため、日本国の船舶が海岸を自由に測量して地図を作成し、両国の船客が安全に航海できるようにすること
- 両国はすでに通好したのだから、貿易は自由に行われるべきであり、両国の官吏が制限あるいは禁止などの形で貿易に関与してはならないこと
- もし、朝鮮国の開港場で日本人が朝鮮人を害すれば、すべて日本の領事が裁判にあたり、もし、朝鮮人が日本人を害すれば朝鮮国が裁判にあたること

朝鮮を「自主の国」とわざわざ明記しているのは、朝鮮に宗主国である清が存在していることを踏まえ、条約を結ぶに値する対等の独立国家であることを認めたためである。清は、これまで朝鮮を属国としつつも、内政と外交の「自主」を認めていたから、日本はその体制を追認したにすぎない。それでも朝鮮が、外国から対等な権利を有する国家として認められたのは画期的なことであった。

とはいえ、条約そのものは、まったくの平等であったとはいえない。日本人が朝鮮の開港場で犯罪にかかわっても、日本の領事が裁判にあたるという領事裁判権が認められている。また、日朝修好条規に付随する文書では、日本と朝鮮との間の関税は無税とされていたが、すでに近代化した日本からの製品が朝鮮国内に流通すれば、朝鮮の産業が打撃をうける恐れがあった。

それでも、明成王后を中心とする閔氏一族は、日朝修好条規の締結を契機として、朝鮮を積極的に開化させていこうとする。そして、2か月後の4月、修信使として礼曹参議金綺秀らを日本に派遣して、友好関係の継続を求めるとともに、情報の収集にあたらせたのである。

第七章 王朝の崩壊

アメリカとの条約に反対する儒者

　1880年3月23日には、金弘集らが第二次修信使に任じられ、6月になって朝鮮から日本に派遣された。主な目的は、日朝修好条規の改正であったが、そう簡単に応じてはもらえない。

　そうしたなか、金弘集が日本にある清の駐日公使館を訪れた際、清公使の何如璋から日本やヨーロッパ諸国の動向を聞くことができた。その際、金弘集が何如璋から贈られた『朝鮮策略』は、すぐさま朝鮮の対外戦略に大きな影響を与えるようになる。

　『朝鮮策略』は、清の駐日公使館の参賛官である黄遵憲が著した本で、正式には『私疑朝鮮策略』という。その大略は、朝鮮にとって喫緊の問題はロシアの南下であり、ロシアによる侵略を防ぐためには、清・日本だけでなく、アメリカとも同盟を結ぶ必要があるというものだった。

　帰国した金弘集によって、『朝鮮策略』が朝鮮にもたらされると、領議政の李最応をはじめとする大臣らは、アメリカとの同盟に前向きとなる。高宗は、『朝鮮策略』を流布させて理解を求めたが、ヨーロッパ諸国を「禽獣」とみていた儒者がだまって認めるはずもない。

　1881年2月26日、慶尚道の儒者李晩孫らが、アメリカとの条約締結に反対して訴状を奉じた。

> 　先ほど、修信使の金弘集が持ち帰った黄遵憲の『朝鮮策略』を拝見しましたが、気がつかないうちに髪の毛は逆立って胸は震え、最後には号泣せざるをえませんでした。思うに朝鮮王朝は、歴代の国王が儒教を崇敬されたからこそ、国が興隆してきたのです。しかし近年、邪悪なキリスト教がヨーロッパから入ってきたため、儒教の倫理が荒廃したことを忘れてはなりません。『朝鮮策略』には「朝鮮の急務はロシアの侵略から国土を守ることであり、そのためには清・日本だけでなく、アメリカとも同盟を結ぶ必要がある」と書かれていました。しかし、アメリカなどよくわからない国と同盟して、あとあと、難癖をつけられたらどうするおつもりですか。だいたい、ロシアが我が国に侵攻する兆候などありません。露骨にロシアと対決する姿勢をみせたら、それこそ、兵乱を招くことになるものと存じます

　慶尚道が当時嶺南とよばれており、1万人が連署していたことから、この上訴を「嶺南万人疏」という。

その後も、儒者による上訴が相次いだが、最も過激だったのは、江原道(カンウォンド)の儒者洪在鶴が閏7月6日に呈したものであろう。

> 殿下は今日、我が国が危機的な状況にあるのがどうしてなのかご存じでしょうか。殿下が政務を執られてから、キリスト教が国内に蔓延し、儒教がおろそかにされたからです。ですから、今こそ、儒教を盛んにしなければなりません。儒教による教化を行えば、東は日本、西はヨーロッパ諸国、北はロシアも、我が国の義理を思慕し、我が国の威厳を恐れ、あえて無礼な行動をとることはないでしょう。こうした対処ができないのは、殿下が学問を好まれておられないからです。殿下が儒教を学べば、よこしまな大臣らを排除することもできるでしょう。殿下に悪知恵を授けた大臣の罪は大きいものがあります

まったく国際情勢を無視した空論であったが、問題はこの上訴に高宗(コウソウ)に対する批判が含まれていたことにある。放置しておけば、国王の権威が失墜すると判断した高宗らは、強硬な上訴を続けた儒者を死罪・流罪にするなど厳正に対処した。こうして、反対意見を封じ込めたうえで、アメリカとの条約締結交渉を進めていくことにしたのである。

アメリカとの条約締結

朝鮮とアメリカとの条約締結をめぐる交渉が始まった1881年末のことだった。このとき、留学生を引率する領選使(リョウセンシ)に任ぜられた吏曹参議(リソウサンギ)の金允植(キンインショク)が、清の天津(テンチン)において北洋大臣(ホクヨウ)李鴻章(リコウショウ)のもとを訪れ、条約交渉の相談をする。その結果、朝鮮とアメリカとの実質的な交渉は、清の李鴻章(シンリコウショウ)によって主導されることになったのである。

朝鮮とアメリカとの条約交渉で問題とされたのは、朝鮮の国際的な立場だった。李鴻章は、条約に「朝鮮は清(シン)の属国であり、内政・外交は朝鮮の自主である」という一文を入れることにこだわったが、これがアメリカ全権シューフェルト提督には理解ができない。「属国」であるのにどうして「自主」といえるのか、というのだった。東アジアにおける中国を中心とした伝統的な冊封体制は、ヨーロッパによる近代的な価値観では理解できなかったのであろう。

条約は1882年4月6日、朝鮮の仁川(インチョン)において、朝鮮側は全権大官の申櫶(シンケン)、全権副官の金弘集(キンコウシュウ)と、アメリカ側の全権シューフェルト提督の間で調印され、李鴻章(リコウショウ)の腹心である馬建忠(バケンチュウ)が立ち会った。こうして、朝米修好通商条約が締

結されたのである。その内容は、概ね次のようなものである。
- ・朝鮮国王とアメリカ大統領、そして、それぞれの国民はみな、永遠に和平と友好を誓い、他国による不法な行為に対しては、互いに助け合うこと
- ・朝鮮国は、アメリカの船舶が朝鮮近海で難破したり、食糧・石炭・水が不足して寄港したりしたときには、救助あるいは保護をし、費用を船主に請求すること
- ・朝鮮人がアメリカ人に不法行為を働いた場合は、朝鮮の法律に基づいて処罰するものとし、アメリカ人が朝鮮人に不法行為を働いた場合は、アメリカ領事館により、アメリカの法律に基づいて処罰すること

アメリカの目的は、アメリカ商船の保護であった。そのため、条約そのものは、朝鮮がほかのヨーロッパ諸国と結んだものより、不平等性は低い。

結果的に、シューフェルト提督が「朝鮮は清の属国であり、内政・外交は朝鮮の自主である」という一文の挿入を認めることはなかった。そのため、清は、朝鮮が清の属国である旨を記した親書を第21代アメリカ大統領チェスター・アーサーに送っている。

軍の不満による反乱

アメリカとの条約を締結したことで、ひとまず外患を克服した朝鮮において、今度は、内憂が再び起こってしまう。高宗は、軍制改革の一環と称し、日本人の堀本礼造を招聘して新式軍隊を創設し、閔氏政権の私兵ともいうべき新式軍隊を優遇したため、旧式軍隊の不満は高まっていく。そして、給与米の配給が13か月も滞るなか、1882年6月9日、旧式軍隊の兵士が下野していた興宣大院君の内意を得て、蜂起したのである。

反乱軍は、兵士への給与米を司る宣恵庁の長官にして明成王后の一族である提調の閔謙鎬の屋敷を襲撃すると、新式軍の兵営で堀本礼造を殺害し、さらには日本公使館をも襲撃した。このため、弁理公使の花房義質らは、仁川からイギリス船に乗って日本に帰国せざるを得なくなったのである。

反乱を起こした以上、捕まれば兵士は死罪を逃れられない。そのため、翌6月10日、反乱軍は昌徳宮に突入して閔謙鎬や京畿監司の金輔鉉を殺害すると、昌徳宮の近くにあった大臣らの邸宅も襲撃し、領敦寧府事の李最応ら閔氏政権の重鎮を殺害した。ちなみに、李最応は興宣大院君の兄であったが、閔氏政権に与していたため殺害されたらしい。

こうした混乱のなかで、明成王后が行方不明となってしまう。明成王后が殺害されたと考えた高宗は、遺骸がみつかっていないにもかかわらず、

　明成王后は、本日亡くなった。遺骸を安置する殯殿は歓慶殿とする。葬儀のことは、領議政の洪淳穆が主導し、規定に従って行うようにせよ

などと、国葬を行うことを命じていた。閔氏一族の中心にいた明成王后がいなくなったことで、閔氏の政権は崩壊する。そのため高宗は、6月11日、実父の興宣大院君に再び政権を委ねることにしたのである。この騒乱を、発生した年の干支にちなんで「壬午軍乱」という。

6月12日、高宗が大臣らを引見する場において、領議政の洪淳穆は、

「我が国で軍乱が起きたことを清と日本に伝えておいたほうがよろしいかと存じます。至急、国書をしたため、義州府尹と東萊府使を介して、両国に送らせてはいかがでしょうか」

と献策すると、興宣大院君も了承した。そのため、「壬午軍乱」の顛末を清と日本に報告させることにしたのである。

清に拉致された興宣大院君

朝鮮で動乱が起きたことを聞いた宗主国の清は、ただちに軍を朝鮮に派遣する。朝鮮に介入する機会をうかがっていた清は、早くも丁汝昌・馬建忠らを朝鮮に向かわせ、1882年6月29日、清軍は仁川に到着した。

興宣大院君は清の権威を背景に、政権を安定させるつもりだったのかもしれない。しかし興宣大院君は、想定もしていなかった困難に直面してしまう。それというのも、死んだと思われていた明成王后が生存していたからである。

行方不明になっていた明成王后は、実は武臣の洪在義に守られて王宮を脱出しており、すでに尚州にある尹泰駿の屋敷に逃れていた。明成王后が生きていることを知った閔氏一派は、馬建忠に興宣大院君が事件の首謀者だと訴える。

事態を把握した清の丁汝昌と馬建忠は、7月13日、興宣大院君を清軍の陣営に呼び寄せて詰問すると、有無をいわさずに拉致して、そのまま清の天津に連行してしまった。そして、丁汝昌と馬建忠は、高宗に対し次のような国書を残している。

　朝鮮は中国の属国として古くから礼儀を守ってきた。しかし、近ごろ権臣が実権を握り、国政が専断されるに至って、6月の軍乱が起きること

第七章　王朝の崩壊

になった。興宣大院君は、軍乱の参考人として、皇帝陛下のもとに連れていく。だが、皇帝陛下には恩情があるので、ひどい扱いはされないだろう。そなたらが我が国の意を知らずに、興宣大院君の奪還を試みようとすれば、皇帝陛下の命に背くことになってしまう。はやまって死に急いではならない

清は、拉致した興宣大院君を徳宗光緒帝（在位1875年〜1908年）のもとに送り、幽閉した。その一方、清からは朝鮮に袁世凱らが派遣され、興宣大院君の一派を追放したため、明成王后と閔氏一族が政権の座に返り咲く。こうした経緯により、朝鮮は、清の影響下におかれることになってしまった。

日本による「壬午軍乱」の事後処理

清軍が朝鮮に駐屯するようになるなか、日本も代理公使花房義質を軍隊とともに朝鮮に送る。日本は、公使館を襲撃されただけでなく、軍事教官であった堀本礼造らを殺害されていた。そのため、「壬午軍乱」の事後処理を朝鮮に求めてきたのである。

高宗は李裕元を全権大臣、金弘集を全権副官に任じ、仁川の済物浦で日本側に対応させた。この交渉により、1882年7月17日、済物浦条約が締結されている。その内容は、概ね次のようなものだった。

- ・朝鮮国は、20日以内に加害者の逮捕と処罰を行い、できない場合は日本国が行うこと
- ・朝鮮国は、日本人犠牲者の遺族と負傷者にそれぞれ5万円を支払うこと
- ・朝鮮国は、日本国がうけた被害に対し、毎年10万円ずつ、5年で計50万円を補塡すること
- ・日本国は、在朝鮮公使館に日本兵若干名をおいて警護すること
- ・朝鮮国は、高官を日本国に派遣し、国書をもって謝罪すること

高宗は、済物浦条約の条項に従い、帰国する花房義質らに同行する形で修信使を日本に派遣した。使節になったのは、大使の朴泳孝・副使の金晩植のほか、金玉均・徐光範・閔泳翊である。

閔氏政権の転覆

修信使として日本に渡った朴泳孝らは、近代日本の発展を目の当たりにして、朝鮮の近代化を急ぐ。しかし、朝鮮では、明成王后を中心とする閔氏一

族が開化を進めてはいたが、「壬午軍乱」以降、清の影響下におかれてしまっていた。そのため、朴泳孝らは日本と結んで閔氏政権を倒そうとしたのである。

1884年10月17日夜、郵政局落成の祝宴に朝鮮の大臣のほか、各国の公使が集まるなかで、政変は実行に移された。このとき、祝宴に参加したのは、主催者である郵政総弁の洪英植のほか、朴泳孝・金玉均・閔泳翊・徐光範・徐載弼・韓圭稷・李祖淵らで、このほか、アメリカ公使フート、イギリス総領事アシュトンらも同席していた。なお、日本公使竹添進一郎は急病と称して出席せず、代わりに書記官の島村久を参加させていた。

朴泳孝・金玉均らはこのとき、王宮に火をかけて、郵政局から王宮に駆けつける閔氏一派の大臣らを暗殺する手はずだった。しかし、王宮への放火には失敗してしまう。そのため、郵政局付近の民家に放火した。

このとき、真っ先に飛び出した閔泳翊は襲撃をうけるが負傷しながらも局内に戻ったため、出てくる大臣らを一網打尽にするという計画は失敗した。そのため、朴泳孝・金玉均らはすぐさま昌徳宮に向かうと、

「事変が起こりましたので景祐宮にお移りください」

といって、高宗を景祐宮に移す。そして、高宗の名で日本公使の竹添進一郎に救援を要請すると、竹添進一郎はただちに日本軍を率いて景祐宮に向かい、厳重に警護した。

このあと、重臣らが景祐宮に駆けつけてくると、朴泳孝・金玉均らは、尹泰駿・韓圭稷・李祖淵・閔泳穆・閔台鎬・趙寧夏といった閔氏一派の大臣をことごとく殺害してしまったのである。こうして、閔氏政権を倒した朴泳孝・金玉均らは、すぐさま親日的な政権を樹立する。そして、李載元を左議政、洪英植を右議政とする政権が成立し、朴泳孝は前後営使、金玉均は戸曹参判となった。

この政変を、発生した年の干支にちなんで「甲申政変」という。

親日政権の崩壊

「甲申政変」のあと、朝鮮では親日政権が樹立されることになった。しかし、その政権は三日天下で崩壊してしまう。再び昌徳宮に戻った高宗を救出することを名目に、1884年10月19日、朝鮮に駐屯していた清の軍勢1500余名が攻撃してきたからである。

日本は、公使館を守備する程度の軍勢しか派遣していなかったため、3時

間ほどの戦闘で、清の軍勢に敗北してしまう。そうすると、いきおい親日政権の大臣らも、王宮から逃れるしかなかった。

最後まで高宗に従っていた洪英植・朴泳教らは、清軍に殺されてしまった。その一方、朴泳孝・金玉均・徐載弼・徐光範らは、竹添進一郎に従って日本公使館に入ったあと、10月20日、日本人とともに仁川に向かい、日本に亡命している。

この直後、日本は外務卿の井上馨を特使として朝鮮に派遣し、「甲申政変」の事後処理にあたらせた。これに対し、朝鮮では右議政の金弘集が全権となり、井上馨と交渉する。その結果11月24日、漢城条約が締結された。条約の内容は次のようなものである。

- 朝鮮国は、国書をもって日本国に謝罪すること
- 朝鮮国は、日本国公使館改築費2万円を支給すること
- 朝鮮国は、日本国官民の損害11万円を金銭で賠償すること
- 朝鮮国は、日本人殺害の犯人を逮捕して処罰すること

天津条約を結ぶ清と日本

「甲申政変」では、清軍の攻撃によって、日本人にも死傷者が出ていた。そのため日本は清に対し、両軍の撤兵と、日本人の殺傷に関与した清軍指揮官の処罰を求めた。こうして、日本全権特使の伊藤博文が清に赴き、清の全権李鴻章と天津で交渉を始める。

このころ、清は安南（ヴェトナム）を植民地にしようとするフランスと、宗主権を主張して清仏戦争を起こしており、日本との対立を望んでいなかった。そのため、1885年3月4日、清が大幅に譲歩する形で天津条約が調印される。その内容は、概ね、次のようなものだった。

- 日清両国は、調印後4か月以内に朝鮮からの撤兵を完了すること
- 日清両国は、軍事教官を朝鮮に派遣しないこと
- 日清両国は、今後、朝鮮国へ派兵するときは相互間で前もって通告すること

日本が求めた清軍指揮官の処罰は、結局、条約に明記されることはなかった。しかし李鴻章は、日本にこう伝えてきた。

昨年、漢城で清軍と日本軍が衝突したのは、両国の本意ではなく、遺憾に思っている。清と日本は、幸いにもこれまで長い間、友好的な関係を築いてきた。清の兵には、日本と講和したことを自ら伝えることにしよ

う。貴国は、我が清軍が無実の日本人を殺傷したというが、これには明確な証拠がない。しかし、調査の結果、事実と判明すれば、清の軍法に照らして処罰する

③巨文島を占領したイギリス

1882年にアメリカと条約を結んだ朝鮮は、このあと、数年の間にイギリス・ドイツ・ロシア・フランスなど立て続けに条約を締結することになった。こうして朝鮮が開国するなか、ヨーロッパ列強同士による対立にも巻き込まれることになる。

1885年3月1日、イギリスの東洋艦隊司令官ウィリアム・ダウェルが率いるアガメムノン号など3隻の軍艦が、朝鮮半島南方の巨文島を占領した。巨文島は、済州海峡にある小群島で、西島・東島・古島という主要な3つの島から構成されている。古島が西島・東島に包まれたような形になっており、イギリス軍はこの古島に海軍の基地を建設した。島の外からは全体がわからない地形は、海軍の基地に最適だったのである。

●イギリス軍による巨文島占拠

このころ、イギリスはアフガニスタンにおいて、ロシアとの紛争を引き起こしていた。そのため、ロシア軍を分散させるべく、極東におけるロシアの根拠地であったウラジオストク軍港を攻撃しようと巨文島に基地を建設したのである。

もちろん、イギリス軍の占領は、朝鮮の許可を得たものではない。実際には、不法占拠だった。事態を重くみた清の北洋大臣の李鴻章は、3月20日、早くも朝鮮に忠告してきた。

貴国の巨文島は、ヨーロッパでは、ハミルトン島として知られております。近年、イギリスとロシアは、アフガニスタンの境界をめぐって紛争を起こしており、イギリスはウラジオストクのロシア海軍が、イギリス領となっている香港を攻めるのではないかと恐れています。イギリス海軍は今巨文島に駐留しており、期日を決めて出港するなら問題はないのですが、長期間租借しようとしていたら許してはなりません。ヨーロッパの国々は、東南アジアを植民地にしたときも、最初は高値で借りておきながら、既成事実としてその土地を奪いました。聞くところによる

第七章 王朝の崩壊

と、巨文島は荒涼とした島で、貴国としては貸してもかまわないと考えているかもしれません。しかし、我が国の領土であった香港も、イギリス軍が占拠するまではひなびた漁村にすぎませんでした。それが、今やイギリス軍の根拠地になっているのです。巨文島は、貴国の釜山や日本の対馬にも近いです。かつて、日本の伊藤博文は、それがしに「イギリスが巨文島を押さえることになれば日本に不利になる」といいました。巨文島をイギリスに貸すなどしたら、日本からの追及をうけることにもなりかねません。とても重要なことなので、軽率な行動は慎むようにしてください。我が清も、配下の丁汝昌に命じて、まずは偵察をさせるようにしましょう

　さすがに老練な李鴻章は、イギリスの目論見を看破していた。巨文島が第二の香港になることを、危惧していたのである。

　こうした清からの忠告をうけ、高宗は李鴻章の推薦で朝鮮の外交顧問となっていたドイツ人外交官メレンドルフをイギリス軍のダウェルのもとに遣わして、談判させようとした。しかし、ダウェルが長崎にいることが判明したため、メレンドルフは高宗の許可を得たうえ、4月5日、長崎でダウェルに会う。

　「すでに条約を締結して友好国となったのに、その友好国の土地を占領しているのは誰の命令によるものですか。また、何のためですか」

　これに対し、ダウェルは、

　「本国政府の命令をうけて巨文島を守っています。そのため、何のためかは申し上げられませんが、おそらく、しばらく借用したいということかと思います」

　と答え、イギリス政府に打電して、正式な回答がきたら伝えることを約束した。しかし、すでに李鴻章から忠告されていた朝鮮が、イギリスに巨文島を貸すわけにはいかない。そこで、高宗は4月7日、外務督判の金允植に命じて、駐清イギリス公使館に次のように通告させた。

　貴国のように友愛と親睦を重視し、また万国公法に通じた国が、我が国の巨文島を占拠するとは思ってもみませんでした。貴国が、友誼を忘れず、考えを改めて撤退すれば、我が国だけでなく、世界の国々の幸せとなるでしょう。もし、貴国が撤退しないというのであれば、道義上、弊国も黙ってみているわけにはまいりません。同盟する各国とも協議して、対処するようにいたします

　それとともに、同日、清や各国の公使館に対しても、次のように通告し

て、イギリスの不法を訴えた。

　昨日、駐清イギリス公使館から連絡がきました。そこには「すでに本国の海軍が巨文島を押さえた」などと書かれていたのです。これは万国公法に照らしても容認できることではありません。貴国は、このイギリスの行為をどのようにみますか。巨文島は、小さな島ではありますが、我が国の要衝にあり、他国に貸すわけにはまいりません。何とぞ、公正な義理に基づき、我が国の国権が保全できるようにお力をお貸しください。すでにイギリス公使館に対しては、国書を送るとともに、打電もしました

　ドイツやアメリカの公使は、介入に積極的ではなかった。結局はイギリスとロシアの対立が引き起こしたものであり、両国が解決しなければならない問題だったのである。そのため清の李鴻章が、仲介に乗り出す。そして、今後ロシアも巨文島を占拠しないことを条件に、イギリスは撤退することを了承したのである。イギリス海軍が巨文島を撤収したのは1887年2月27日、占拠してから2年が経っていた。

日清戦争の勃発

　イギリスによる巨文島占拠の危機を脱したあと、朝鮮は再び、内憂に悩まされることになった。1894年2月、困窮する農民を見かねた全羅道古阜郡の全琫準が、農民とともに蜂起したのである。全琫準が東学の教徒であったことから、「東学党の乱」とよばれることもある。東学とは、西学、すなわちキリスト教に対抗するため、1860年に没落した両班の崔済愚が儒教・仏教・道教を総合して創始した宗教のことをいう。ただ、反乱の圧倒的多数は、東学とは関係のない農民であったため、発生した年の干支にちなんで今では「甲午農民戦争」とよぶのが一般的である。

　全羅道で始まった反乱が忠清道に広がるなか、高宗は4月2日、全羅兵使の洪啓薫に平定を命じた。しかし反乱軍は、全州城を占拠して抵抗を続ける。そうしたなか、朝鮮軍だけでの平定は難しいと考えた高宗は、朝鮮に駐屯する袁世凱に対し、清軍の出兵を要請したのである。袁世凱の報告をうけた北洋大臣の李鴻章は、済遠・揚威2隻の軍艦を派遣して済物浦と漢城の清人を保護させるとともに、提督の葉志超と総兵の聶士成に1500名の軍勢をつけて牙山から上陸させたのである。

　朝鮮に援軍を送った清は、1885年に締結された天津条約に基づき、派兵を

第七章　王朝の崩壊

日本にも伝えた。これをうけ、日本でも対応が協議され、その結果、1882年の済物浦条約に従って、公使館を保護するという名目で出兵することにしたのである。日本は清に対し、共同で反乱を平定するとともに、朝鮮の近代化を進めることを提案するが、清に拒絶されてしまう。

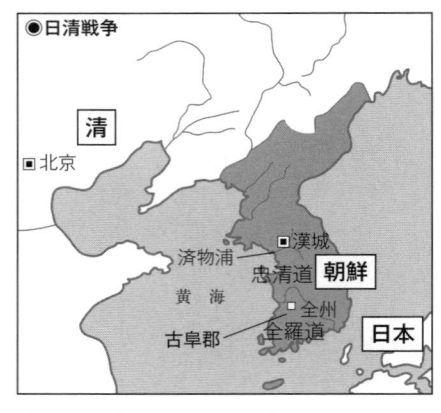

このため5月23日、高宗に謁見した日本の大鳥圭介公使は、世界の大勢を論じながら、内政改革の必要を訴え、5か条の意見書を奉呈した。これにより、高宗は内務督弁の申正熙、内務協弁の金宗漢と曹寅承に命じ、大鳥圭介と内政改革についての議論をさせたのである。

それから約1か月後の6月21日の早朝、日本軍は突如として、景福宮を急襲する。日本は、内政改革を阻む抵抗勢力を実力で排除しようとしたのである。王宮の警護部隊は、日本軍に反撃したが、高宗の命により、反撃を中止した。日本軍の攻撃は、高宗の了承を得ていたものであろう。日本軍によって、景福宮が征圧されたあと、高宗は清から帰国していた実父の興宣大院君を引見し、日本とともに改革を主導するように命じた。

清が宗主権を主張する朝鮮の内政改革に日本が乗り出したことで、日本と清との衝突は不可避となってしまう。景福宮を征圧した2日後の6月23日、ついに日本は清との開戦に踏み切った。こうして、日清戦争が勃発することになったのである。

朝鮮の内政改革

日本と清との間で日清戦争が戦われているなか、朝鮮では日本の主導のもとに改革が行われていく。1894年6月25日には、改革の中心機関として軍国機務処が設置され、さらには、改革の一環として近代的な内閣制度も創設されることになった。

これにより、今まで実務を担当してきた六曹、すなわち吏曹・戸曹・礼曹・兵曹・刑曹・工曹は、八衙門、すなわち内務・外務・度支（財務）・法務・工務・学務・軍務・農商に再編された。そして7月15日には、金弘集を首班とする内閣が組閣された。

金弘集内閣のもと、朝鮮では近代的な改革が進められていった。最も大きな改革は、なんといっても中国年号の使用を中止したことであろう。朝鮮では、建国以来、明（1368年〜1644年）・清の冊封をうけて、中国の年号を使用してきた。暦の作成が、中国皇帝の専権であると考えられていたからである。中国年号の使用を中止するのは、中国との宗属関係を解消することにほかならない。また、特権階級であった両班の存在を否定し、奴隷であった奴婢を解放するなどし、身分制社会を解体させた。

総理大臣	金弘集
内務大臣	閔泳達
外務大臣	金允植
度支大臣	魚允中
法務大臣	尹用求
工務大臣	徐正淳
学務大臣	朴定陽
軍務大臣	李奎遠
農商大臣	嚴世永

　日本が主導した一連の改革を、行われた年の干支にちなんで「甲午更張」という。基本的にこの改革は、両班の既得権益を否定することが前提となっていたため、既得権益をもつ両班から激しく非難されることになる。

引退させられた興宣大院君

　日本の後押しをうけて朝鮮の内政改革を進めたのは、興宣大院君であった。しかし、日清戦争において清が勝利すると予測した興宣大院君は、清と結んで日本を排除しようとする。そして、全琫準ら東学教徒に密使を派遣して、蜂起をよびかけたのである。

　こうして1894年9月中旬、全州で全琫準が蜂起すると、一時は下火になっていた反乱が再燃したのだった。しかし、このころには日清戦争の大勢も決しており、清の敗北が濃厚になっていた。勢いを得た日本軍は、反乱の鎮圧を強化し、12月2日、全琫準を捕らえる。これにより、「甲午農民戦争」は終結することになった。

　一方、日清戦争は日本が清に勝利する形で終結し、翌1895年3月23日、日本の下関において、次のような内容の下関条約が締結された。

・清国は、朝鮮国が完全無欠なる独立自主の国であることを確認し、独立自主を損害するような朝鮮国から清国に対する貢納は廃止すること
・清国は、遼東半島・台湾・澎湖諸島を永遠に日本に割与すること
・日本国は、3か月以内に清国領土内の日本軍を引き揚げること

　この間、興宣大院君が清に通じて日本を排斥し、嫡孫の李埈鎔を王位につけようとしていたことを知った日本の全権公使である井上馨は、興宣大院君

に引退を勧告する。こうして、高宗の実父として実権を握っていた興宣大院君は失脚し、李埈鎔は流罪に処せられたのである。

1895年6月、明成王后は、帰国する井上馨にこう伝えた。

「昨年6月21日、貴国は意外にも日本を敵視してきた興宣大院君を復帰させました。貴国と結ぼうとした閔氏が排斥され、かつて貴国を排斥した興宣大院君が復帰したのは、皮肉といわざるをえません。ですが、あなたの尽力で興宣大院君が引退し、旧態に復すことができたのは幸いです。ただ、にわかに内閣制度を創設した結果、内閣が政治を専断し、高宗殿下が奏聞に従って裁可を与えているだけになっているのは問題でしょう」

このことから、明成王后は、日本が主導して創設された内閣制度によって、王権が弱まったことに不満をもちながらも、興宣大院君を追放した日本の姿勢を評価していたことがわかる。

殺された明成王后

井上馨に代わる新たな全権公使として日本から派遣されてきたのが三浦梧楼である。着任した三浦梧楼は、1895年7月27日、高宗に謁見した。

その三浦梧楼が着任してから1か月後の8月19日、軍部大臣の安駉寿が日本公使三浦梧楼のもとに密旨をもって訓錬隊を解散させる意向を伝えるとともに、訓錬隊二大隊長の禹範善は、実際に三浦梧楼に会って訓錬隊の解散を告げた。訓錬隊とは、前日本公使井上馨の提案によって創設された親衛隊である。

その訓錬隊の一部が、翌8月20日、興宣大院君を奉じて景福宮に突入し、明成王后を暗殺してしまったのである。この事変を、発生した年の干支にちなんで「乙未事変」とよぶ。

事変の真相はいまだに明らかではなく、日本が明成王后を排除したともいわれている。しかし明成王后は、日本の主導で創設された内閣制度に不満をもっていたにせよ、興宣大院君を追放した日本の姿勢を高く評価していた。そうしたことからして、日本が明成王后を暗殺しなければならない理由はみつからない。一部の日本人が加わっていたのは確かだとしても、政府の指示ではなかったものと思われる。

かねてより明成王后の廃妃を求めていたのは、興宣大院君のほうである。実際、興宣大院君は、明成王后を中心とした閔氏一族との権力闘争に明けくれており、明成王后を亡き者にしようとしていたとしても不思議ではない。

とはいえ、明成王后は国母であり、義理の娘でもある。直接手を下すわけにはいかないから、日本人を利用したのではないだろうか。

事件から2日後の8月22日、明成王后の生死も伝わらないなか、高宗は次のように布告した。

> 予が王位について32年、善政を広めることができないでいるが、明成王后は、自らの一族を政権に引き込み、権力を濫用した。そのため、汚職がはびこり、各地で反乱が起こるようになるなど、王室と国家は危険にさらされてしまったのである。予が明成王后の罪悪の大きさを知りながらも処罰できなかったのは、予の能力が不足していたこともあるが、それ以上に、閔氏一族を避けてきたからであった。そのため、昨年12月、予は歴代国王の廟において「王后と外戚が国政に干渉することは許さない」と誓い、明成王后が悔い改めることを願ったのである。しかし、明成王后は悔い改めるどころか、予が大臣に会うのも邪魔するだけでなく、訓錬隊を解散するという予の命令書を偽造して事変を引き起こすまでに至った。1882年の「壬午軍乱」のときのように、姿を消してしまったが、これでは王后は務まらない。やむを得ず、明成王后を廃妃して庶人とする

明成王后が死んで当然といわんばかりの論調で、明成王后への愛情はまったく感じられない。おそらく、圧力をうけた高宗が、やむなく布告しなければならなくなったものであろう。この布告が、閔氏一族に対する批判に終始しているところからして、圧力をかけたのは実父の興宣大院君であったと思われる。

このあと、捜査が進められて、「乙未事変」の首謀者は、前軍部協弁の李周會、日本公使館通訳の朴銑、親衛隊副尉の尹錫禹とされた。そして、11月14日、次のような宣告文が公布されている。

> 被告朴銑は、洋服を着て日本人だと偽り、8月20日の事変に際し、日本人とともに光化門から突入した。そして、守備する洪啓薫を殺害した直後、明成王后の寝殿に向かうと、明成王后を殺害のうえ、遺骸に石油をかけて焼いた。被告は否認したが、証人がいるので間違いない。被告李周會は、8月20日の事変に際し、王宮に駆けつけたところ、10人余りが変乱を起こしていたため、怒鳴りながら手を振って賊徒を追い払ったと供述した。しかし、実際には、被告自身が指揮していたものと判明した。被告尹錫禹は、8月20日の事変に際し、命令により光化門と建春門

を見回っていたところ、明成王后の遺骸を見つけ、訓錬隊の大隊長である禹範善と李斗璜に要請し、埋めてしまった。尊厳のある遺骸を勝手に埋めたのは罪である。よって反逆罪を適用し、朴銑・李周會・尹錫禹の3名を絞首刑に処す

軍部の次官であった李周會は別として、朴銑や尹錫禹は重職についてはおらず、「乙未事変」の首謀者であったとは思えない。おそらく興宣大院君の意向をうけ、本当の首謀者を処罰できなかったのであろう。

のちに高宗は、訓錬隊第一大隊長の李斗璜や訓錬隊第二大隊長の禹範善らに処刑命令を下し、禹範善は亡命先の日本で暗殺されている。実際のところ、閔氏一族に対する不満をつのらせた李斗璜や禹範善らが「乙未事変」を計画し、決行したものではなかろうか。日本政府は、三浦梧楼ら日本人を召還して裁判にかけたものの、証拠不十分で無罪とした。

暗殺されそうになった総理大臣

明成王后が暗殺されたあと、再び興宣大院君が政権に復帰し、興宣大院君の主導により内閣の改造が行われた。

金弘集を首班とする内閣は、さらなる近代化を進めるが、既得権益層からの反対が相次ぐ。そうしたなか、元農商工部大臣の李範晋が、アメリカ公使館の支援をうけ、金弘集を暗殺しようとする。

李範晋・李完用らは、1895年10月11日夜、景

総理大臣	金弘集
内部大臣	俞吉濬
外部大臣	金允植
度支部大臣	魚允中
法部大臣	張博
学部大臣	徐光範
軍部大臣	趙羲淵
農商工部大臣	鄭秉夏

福宮の春生門に軍勢を集め、王宮に突入しようとした。しかし、守備兵に応戦され、春生門を破ることはできなかった。これにより、金弘集の暗殺は失敗したのである。これを「春生門事件」という。

ロシア公使館に脱出した高宗

「春生門事件」のあとも、金弘集が進める改革には批判が続いた。そして、その批判は1895年11月15日、高宗の名で断髪令が発布されたことにより、強まっていく。

予は、臣民に率先して髪を短くする。よって、すべての臣民は、予の意を汲み、朝鮮が世界の国々と対等になるよう努力せよ

この断髪令には、伝統を守ろうとする保守派が猛反対する。翌1896年1月7日（以後、陽暦）には、特進官の金炳始が訴状を奉じた。

総理大臣	金炳始
宮内大臣	李載純
内部大臣	朴定陽
外部大臣	李完用
度支部大臣	尹用求
法部大臣	李範晋
軍部大臣	李允用
農商工部大臣	趙秉稷

> それがしが聞くところによると、礼法を尊重すれば中華となり、礼法を尊重しなければ蕃夷になるといいます。我が国は、箕子が中国から移り住んできたときから文化が発展し、小中華だとよばれました。そして、歴代の国王がその規範や制度を守ってきたからこそ、今の我が国が存在していることを忘れてはなりません。そもそも、法令というものは、臣下に広く尋ねてから公布するのが筋でしょう。それなのに突然、断髪令を公布されたので、驚きました。孔子は、「両親から与えられた体と毛と皮膚を損傷させてはいけない」といっております。謹んで願わくは、断髪令を撤回してください

これに対し、高宗は

> 近頃の時勢を推し量って断髪令を発布したのだ。いつまでも旧態依然のままでよいはずがない。そなたは、どうしてそれを理解しないのか

と回答した。

こうしたなか、「春生門事件」で金弘集の暗殺に失敗していた李範晋は、ロシア公使館の支援をうけて政権を握ろうとする。そのため、各地で断髪令に抵抗する義兵の蜂起を煽動する一方、高宗にはロシア公使館への避難を勧めたのである。これをうけて、高宗は世子とともに、2月11日早朝、女官の輿に乗って王宮を脱出し、ロシア公使館に移った。これを「俄館播遷」という。「俄」というのが、俄羅斯すなわちロシアである。

高宗がロシア公使館に移ったあと、高宗の名で新たな人事が発表され、金炳始を首班とする内閣が成立した。それが、李範晋・李完用らの意向をうけたものであることはいうまでもない。

金炳始内閣の成立により、金弘集内閣は崩壊してしまう。内部大臣兪吉濬、法部大臣張博らは日本に亡命したが、亡命を潔しとしなかった総理大臣金弘集と農商工部大臣鄭秉夏は、殺害されてしまった。

2月22日には、法部大臣趙秉稷が農商工部大臣となり、李範晋が法部大臣となるなど、完全な親ロシア内閣だった。そして、高宗を庇護するという名分を得たロシアは、朝鮮への圧力を強めていく。

第七章　王朝の崩壊

一国の国王が他国の公使館に避難するなど、常識では考えられないことだった。そのため、高宗は1年後の1897年2月20日、もとの景福宮ではなく、アメリカやロシアの公使館に近い慶運宮に移ることにした。

韓国の誕生

　高宗がロシア公使館から戻ったあと、臣下らは、清の藩属から脱すべく、高宗が皇帝として即位することを求めるようになる。1897年5月1日、前承旨の李寂榮らが訴状を奉じた。

> 殿下は、立派な徳により、自主独立を守られ、すでに詔書と勅書を下すなどされております。しかし立場的には、国王を越えるものではございません。国王と皇帝は異なるもので、我が臣民はみな、殿下が皇帝として即位されることを願っております。というのも、概して「皇」という字と「帝」という字は、どちらも大きいことを意味しているからです。
> 殿下は、数十万の兵士たちを育て、十分に自力で国を守ることができるようにされたのですから、まさに皇帝にふさわしいといえるでしょう。
> 謹んで願わくは、皇帝として即位するようにしてください

　高宗は、皇帝として即位することを否定したが、これはあくまで形式的なものであったろう。何度か固辞したあと、ついに高宗は皇帝に即位することに決めた。

　10月11日、高宗は議政の沈舜澤や特進官の趙秉世をはじめとする現職と前職の大臣らを招集し、新しい国号について審議させた。

>「そなたらと相談して決めたいことがある。国体を刷新し、皇帝として即位するのだから、当然、国号を定めなければならない。我が国はもともと三韓の土地であり、古くは韓ともよばれていた。そこで、新たな国号を大韓とするのがよいと思うが、どうであろう」

　これに対し、沈舜澤が賛意を示す。

>「古来、国号は、歴史上に存在した国号を使うことはありません。ですから、朝鮮という国号を帝国の国号として採用すべきではないと思います。この点、大韓という国号は帝国の国号としてもふさわしいといえるでしょう。殿下のご意見が正しいので、何もいうことはございません」

　こうして国号が「朝鮮」から「大韓」に改められることが決まると、翌10月12日、高宗は帝政となった大韓の皇帝として即位したのである。以後、大韓帝国は、略して「韓国」とよばれるようになった。

清からの独立

皇帝として即位した高宗にとって、まず成し遂げなければならなかったのが、清からの独立だった。清からの独立は、下関条約において、清が朝鮮を「完全無欠なる独立自主の国」と認めたときからの悲願であった。ただ、下関条約は日本と清との間に結ばれていたにすぎない。そこで、高宗はロシア公使館に移った直後から、条約の締結を清側に打診していた。しかし、清側からは、ロシアの公使館に居候する高宗を君主として認めることはできないとして、拒絶されていたのである。

そうした経緯を踏まえ、皇帝となった高宗は、清との交渉を再開する。清の朝廷では韓国との条約締結に反対する動きもあったが、日本・ロシア・イギリスから勧告をうけた清の第11代皇帝である徳宗光緒帝は、1898年8月5日、韓国側の希望をすべて受け入れるように命じた。こうして翌1899年2月1日、清から勅使の徐寿朋が韓国に来て、高宗に国書を渡す。そこには、

> 近ごろ、世界の国々では、自主・自保を重視するようになりつつある。こうした状況を鑑みて、清は1895年の下関条約に基づき、韓国の独立自主を認めることにする

こうして、建国以来、明・清といった中国王朝の冊封をうけて藩属国となっていた朝鮮・韓国は、ついに独立を承認されることになったのである。

そして、その年の9月11日には、韓国側の外部大臣朴斉純と、清側の全権大臣徐寿朋との間で、韓清通商条約が締結された。条約の内容は、概ね、次のようなものである。

- 今後、韓国と清国は、永遠に友好を確かめて、両国人を互いに保護し、第三国による不法に対しても助け合うこと
- 韓国の商人とその商船が清の通商港に行って貿易するときに納付する関税は、清国の規定と最恵国待遇に従い、清国の商人とその商船が韓国の通商港に行って貿易するときに納付する関税は、清国の規定と最恵国待遇に従うこと
- 在韓の清人が法律に違反すれば、清の領事館が清の法律により審判処理し、在清の韓国人が法律に違反すれば、韓国領事館が韓国の法律により審判処理すること

条文をみても明らかな通り、韓清通商条約は、平等な条約だった。こうして、韓国は清から名実ともに独立を認められたのだった。

第七章 王朝の崩壊

第一次日韓協約

　韓国は、名目的には帝国となったものの、実質的に清やロシアとわたりあえるだけの勢力になったわけではない。このため、1900年から1901年にかけて、排外主義を唱えて清で蜂起した義和団を鎮圧するため、清に出兵したロシアが撤退を遅らせると、ロシアの南下を恐れる日本は、ついにロシアとの開戦を決断した。明治天皇の名で出された開戦詔書は、概ね、次のようなものである。

　　朕は、諸外国との友好関係を促進することによってアジアの安定を永遠に維持することにより、我が国の将来の安全が保障されることを願ってきた。ロシアと戦闘を交えるのは、もとより朕の本意ではない。しかし、韓国の安全がロシアによって脅かされるなか、やむなく開戦を決めたものである。それは、ただ我が国と韓国が歴史的に深い関係を保ってきたというだけではない。韓国の存亡は、そのまま我が国の安全保障に直接関係するからでもある。ロシアは、清と締結した条約に反して満洲を占拠しており、いずれ領有するかのような動きをみせている。もし満洲がロシアの領土となってしまえば、韓国が存亡の危機に立たされるだけでなく、東アジア全域の平和は崩れ去ってしまう。そのため、朕はこの半年の間、ロシアとの外交交渉を繰り返させてきたが、ロシアは和平に応じようとしなかった。もはや、軍事によって、安全保障を確保するしかない。速やかに永久的な平和を回復し、我が国の栄光を保全することを期待する

　こうして1904年2月8日、日本軍が旅順港のロシア艦隊を攻撃したことにより、日露戦争が勃発したのである。日本がロシアとの開戦を決定させたのは、韓国の帰趨にあったといってよい。万が一、韓国がロシアに占領されるようなことがあっては、日本の安全保障が危機にさらされてしまうからである。

　そのため、開戦直後の1904年2月23日、日本は韓国の領土を保全するため、日本側の代表である特命全権

●日露戦争

公使の林権助と、韓国側の代表である外部大臣臨時署理の李址鎔との間で日韓議定書が締結された。日韓議定書の大まかな内容は、次のようなものである。

- 韓日両国の間の恒久的で変わりない親交を維持し、東洋の平和を確実に成し遂げるため、韓国政府は日本政府を確かに信じて施政改善に関する忠告を受け入れること
- 日本政府は、韓国皇室を確実な親善と友情で安全にすること
- 日本政府は、韓国の独立と領土保全を確かに保証すること
- 第三国の侵害やあるいは内乱によって韓国皇室の安寧と領土の保全に危険がある場合には、日本政府は速やかに必要な措置を取ること。日本政府は、そのために軍略上必要な地点を情況により利用することができる

条文からも明らかなように、日本の主眼は、韓国の領土をロシアから保全することにあった。日露開戦から半年後の8月22日、日本は韓国の財政と外交を立て直すべく、日本側の代表である特命全権公使の林権助と、韓国側の代表である外部大臣署理の尹致昊との間で第一次日韓協約を締結する。その内容は、次のようなものであった。

- 韓国政府は、日本政府が推薦する日本人1名を財務顧問として韓国政府に招き、財務に関する事項はすべてその意見を聞いて施行すること
- 韓国政府は、日本政府が推薦する外国人1名を外交顧問として外交を司る外部に招き、外交に関する事項はすべてその意見を聞いて施行すること
- 韓国政府は、外国との条約締結など重要な外交案件、すなわち外国人に対する特権、譲与もしくは契約等の処理に関しては、あらかじめ日本政府と協議すること

この第一次日韓協約に基づき、10月15日には大蔵省の主計局長を務めた目賀田種太郎が財務顧問として、さらに、12月27日には駐米日本公使館の顧問だったアメリカ人スティーヴンスが外交顧問として、それぞれ韓国で雇用されている。

韓国に派遣された伊藤博文

日露戦争は、日本がロシアに勝利する形で終結し、1905年9月5日、アメリカの26代大統領セオドア・ルーズベルトの斡旋により、アメリカ東部のポー

第七章　王朝の崩壊

ツマスにおいてポーツマス条約が締結された。その内容は、概ね、次のようなものである。

・ロシアは、日本国の朝鮮半島における優越権を認めること
・日露両国の軍隊は、鉄道警備隊を除いて満洲から撤退すること
・ロシアは、樺太の北緯50度以南の領土を永久に日本へ譲渡すること
・ロシアは、遼東半島南端部の租借権を日本へ譲渡すること

ただ、日本は辛くも勝利をしたというのが実情で、ロシアの脅威が消え去ったわけではない。そのため、日本では総理大臣の桂太郎・外務大臣の小村寿太郎・駐韓日本公使の林権助らによって韓国を保護国化することを決定し、1905年11月、枢密院長の伊藤博文を特派大使として、韓国に派遣することにしたのである。

第二次日韓協約の調印を求める

1905年11月10日に高宗に謁見した大使の伊藤博文は、11月15日、韓国の外交を日本が監督・管理あるいは指揮することを記した第二次日韓協約の草稿を、高宗に提示した。しかし、高宗としては、韓国の外交権が喪失する可能性もある重要な協約に、おいそれと調印するわけにはいかない。この草案をみた高宗は、即答を避け、政府の大臣らに協議させるとしてその場を収めた。

そのため、林権助公使は、11月17日、韓国の首脳である8人の大臣、すなわち参政大臣の韓圭卨・度支部大臣の閔泳綺・法部大臣の李夏榮・学部大臣の李完用・軍部大臣の李根澤・外部大臣の朴斉純・内部大臣の李址鎔・農商部大臣の権重顕を日本公使館に招いて、第二次日韓協約への調印を求めたのである。

このとき、権重顕が、

「この問題は、議政府でもまだまとまっておりません。世論を広く取りまとめてから結論を出さなければならないものです」

というと、林権助は声を荒らげて、

「貴国は専制体制の帝国ではありませんか。大衆の意見を取りまとめる必要などないでしょう。すでにそれがしが高宗陛下への謁見を求めているから、みなさんも一緒に来てください」

こうして、大臣らは、林権助に促される形で王宮に向かい、高宗の御前で会議をすることになった。

御前会議

8人の大臣が高宗に謁見すると、高宗は、

「日本の怨みを買うわけにもいかないから、言い訳をいって、先延ばしにするようにせよ」

と命じた。しかし李完用は、

「外交権の喪失は、国の威厳にかかわることですから、調印に賛成する臣下などおりません。しかし、我々の調印を求めて伊藤博文はわざわざ日本から来たわけですし、現に林権助も会議の結論を待ち構えているのです。我々8人だけで拒絶することが可能でしょうか。絶対に屈しないという気持ちが陛下にあればよいのですが、そうでなければ対策を講じる必要があります」

この李完用の発言に、高宗はもちろん、ほかの大臣らも押し黙ってしまう。

そうしたなか、再び、李完用が口を開く。

「あらかじめ対策を講じるというのは、具体的には、条文の修正を求めるときのことです。重要な事項での修正を求めたときに、どう対処するのか検討しておかないと、押し切られてしまう恐れがあります」

これに対し、高宗は、

「伊藤博文は、条文の文面を修正する程度であれば交渉の余地があるものの、調印そのものを拒めば、良好な関係を保つこができなくなるといっていた。我が国の意見も反映できるようだから、李完用の意見が妥当だろう。では、条文のどこを修正させたらよいか」

この高宗の発言により、大臣らが草案を検討し始めると、権重顕が、

「それがしが以前に拝見した明治天皇からの親書には、韓国皇室の安寧と尊厳に少しも損傷を与えないという一文がありました。今回の協約は、国の尊厳にかかわることでありながら、そこに言及されていないのは問題です。やむなく修正を求めることになれば、その一文をいれるべきかと思います」

この意見に高宗も賛成した。しかし、締結そのものに反対していた韓圭髙が異議を申し立てたたため、会議は紛糾してしまう。だが、林権助が待っていることもあり、長時間の議論はできない。そのため、8人は、いったん退出することにした。

8人が一斉に退室したとき、高宗は韓圭髙と朴斉純だけを呼び戻し、密かに命令を下した。それは、全会一致で調印を拒絶する旨を伝えることであっ

第七章　王朝の崩壊

たらしい。

大臣らが退室してきたのをみた林権助が、韓圭卨に問いかける。

「御前会議でどのように決まりましたか」

「高宗陛下は、交渉に応じるように命じられましたが、我々8人の大臣は調印に応じない旨、奏上いたしました」

「貴国は、まがりなりにも帝国なのですから、皇帝陛下の命令に従ってこの協約に調印するというのならわかります。しかし、大臣が一様に皇帝陛下の命令に逆らうというのは、いったいどういうことですか。そのような大臣が朝廷にいるべきではありません。特に、中心的な立場にいる韓圭卨参政大臣と朴斉純外部大臣は、罷免されてしかるべきでしょう」

「では、もうこの話し合いには参加できません」

こうして韓圭卨が席を立って退出しようとしたところ、そのほかの大臣が引きとめたため、韓圭卨ももとの席に着いた。

大臣を追い詰める伊藤博文

この少しあと、伊藤博文が到着した。林権助から経過を知らされた伊藤博文は、宮内部大臣の李載克に依頼して、高宗に取り次いでもらう。しかし、高宗は李載克に対し、

　朕は、すでに各大臣に交渉を命じている。それに、今は具合が悪いので、各大臣に交渉は一任したい

と命じる。高宗は、調印の責任を放棄してしまったのだった。

これにより、各大臣は1人ずつ、御前会議での発言を伊藤博文に問いただされる。まず、最初に参政大臣の韓圭卨が聞かれた。

「それがしは、ただ、調印に反対するとだけ上奏いたしました」

「なぜ反対したのか説明しなければなりません」

「説明するまでもなく、反対です」

次に、外部大臣の朴斉純が聞かれた。

「調印は命令ではありません。ですから、いうまでもなく交渉は不可です。だいたい、それがしは外交を司る外部大臣なのです。外交権を失うような協約に、どうして賛成などできますか」

「すでに高宗陛下からは、交渉に応じるようにとの命令がございました。どうして命令がないといえましょう。外部大臣は賛成ということですね」

伊藤博文は、条件つきで反対している意見は、すべて賛成とみなすこと

で、採決を有利に進めようとしたのである。次に、度支部大臣の閔泳綺が聞かれた。
「それがしは反対しました」
「絶対に反対なのですか」
「そうです」
「それなら、度支部大臣は反対ということですね」
次に法部大臣の李夏榮が聞かれた。
「世界の趨勢をみれば、貴国が協約の調印を求めようとするのもわからないわけではありません。我が国が外交下手であったのですから、貴国の要求を受け入れざるをえない部分もあります。しかし、日韓議定書と第一次日韓協約を締結しているのに、なぜ外交権を委ねなければならないのですか。これは我が国の権威にかかわる問題であり、認めるわけにはまいりません」
「すでに状況をご理解いただいているということですから、賛成ということですね」
次に、学部大臣の李完用が聞かれた。
「条文に問題がある旨を陛下にお伝えし、最終的に賛成することはありませんでした」
「条文は修正すべきところは修正すればよいのですから、賛成ということですね」
次に農商部大臣の権重顕が聞かれた。
「それがしは、李完用学部大臣と同じ意見でした。ただ、条文に皇室の尊厳と安寧を保証する一文がなければならないと訴えましたが、韓圭卨大臣に却下されました」
「そうした文面は加えたほうがよいですから、賛成ということですね」
次に軍部大臣の李根澤が聞かれた。
「それがしは李完用学部大臣と同じ意見でした。ですが、最終的に、権重顕農商部大臣の見解に同意しました」
「それなら賛成ということになりますね」
最後に内部大臣の李址鎔が聞かれた。
「それがしも李完用学部大臣と同じ意見でした。昨年春、林権助公使と日韓議定書を締結しましたが、そのときのように、皇室を安寧にしながら領土を保全するというなどの明白な文面がなければなりません」
「これもまた賛成ということですね」

第七章 王朝の崩壊

第二次日韓協約の締結

こうして、8人の大臣を追い詰めた伊藤博文は、李載克を通じて高宗にこう伝えさせた。

> 交渉を進めるようにとの陛下の命令を賜りましたので、貴国の大臣に意見をうかがいました。意見はそれぞれでしたが、概ね、賛成したものとみてよいと思われます。はっきりと反対したのは、韓圭卨参政大臣と閔泳綺度支部大臣だけでございます。すみやかに外部大臣に調印するよう命じてください

しばらくして、李載克が戻ってきて、高宗の命令を伝えた。

> すでに大臣に一任しているのでこのまま進めればよい。ただ、李夏榮が中心となり、修正すべき点は伊藤博文大使と林権助公使と交渉しなければならない

こうして、第二次日韓協約の草案に修正が行われ、「日本国政府は、韓国皇室の安寧と尊厳を維持することを保証すること」の一文も追加された。そして、高宗の裁許を得たうえで、外部大臣の朴斉純が署名・捺印をしたのである。こうして、第二次日韓協約が締結された。最終的な条文は次のようなものであった。

- 日本国政府は、韓国の外交をすべて監理指揮し、外国在留の韓国人の利益を保護すること
- 日本国政府は、韓国がこれまでに諸外国と締結した条約を実行するので、今後、韓国政府は、日本国の仲介を経ずに条約の締結をしないこと
- 日本国政府は、韓国皇帝陛下のもとに代表者として統監を派遣し、外交を管掌させること
- 日本国と韓国との間ですでに締結されている条約などは、本協約に抵触しない限り、効力を継続させること
- 日本国政府は、韓国皇室の安寧と尊厳を維持することを保証すること

第二次日韓協約に反対の上訴

第二次日韓協約は、韓国の外交権を否定するものであったから、当然、韓国人の反発を招く。そして、調印に賛成したとみなされた学部大臣の李完用、外部大臣の朴斉純、軍部大臣の李根澤、内部大臣の李址鎔、農商部大

臣の権重顕は、「五賊大臣」とよばれて弾劾されてしまう。

しかし、「五賊大臣」にも言い分はある。李完用をはじめとする5人の大臣は、1905年12月16日、高宗に対し、連名で次のように訴状を奉じた。

「五賊大臣」と陰口をたたかれながらも我々5人の大臣が朝廷にいるのは、恥を知らないからではありません。世の中には、時局をみて、やむを得ない判断をしなければならないこともあるのです。我々を弾劾する訴状をみたところ、我が国がすでに滅んで、国民が奴隷となり、領土を失ったかのように書かれていますが、それは事実ではございません。我々を弾劾している輩は、協約の内容など理解しないで騒いでいるだけです。第二次日韓協約では、帝国や皇帝の称号も認められており、韓国の独立は否定されていません。ただ、外交だけを日本に委任する形になっているだけです。我が国が富国強兵を図れば、再び、外交権を取り戻すことはできるでしょう。そもそも、第二次日韓協約は、突然に成立したものではありません。日韓議定書や第一次日韓協約を前提としているのです。もし、我々を弾劾している輩が忠臣だというのなら、当然そのときに諫めなければならなかったし、諫めることができなければそのときに立ち上がっていなければならなかったし、立ち上がることができなければ死んでいなければならなかったでしょう。しかし、そのときに死んだ忠臣がいたとは聞いておりません。調印したのが罪だとしたら、その場にいた8人全員が同罪のはずです。なぜ我々5人だけ、訴えられなければならないのでしょう。我々は、陛下の命令に従ったのでございます。伏して願わくは、我々に罪がないことを明らかにしてください

実際、交渉を命じたのは高宗である。さすがに責任を感じたためか、5人の大臣に、こう回答した。

臣下であれば、誰しも国のために最善を尽くそうとするものである。だから、やむを得ない状況におかれれば、国のためにしたことでも、批判されることはあろう。朕は、世論がそなたらを弾劾するのを容認しない。今、我が国は危機に陥っているのだから、みなで助け合う必要がある。そうすれば、今後、打開していくこともできるだろう

退位を強要される高宗

1906年2月には、第二次日韓協約に基づいて、漢城に統監府が設置され、初代統監に伊藤博文が就任した。こうして、韓国の外交権が実質的に喪失す

第七章　王朝の崩壊

るなか、高宗は、翌1907年4月20日、3人の密使をオランダに派遣する。7月9日からオランダのハーグで開かれる予定の第2回万国平和会議において、第二次日韓協約の無効を国際世論に訴えようとしたのである。

しかし、万国平和会議において、すでに外交権を失っている韓国の参加が認められることはなく、逆に、密使の派遣が露見したことで高宗は追い込まれてしまう。

進退窮まった高宗は7月18日、次のように布告して、皇太子李坧に高宗の裁可をうけて政務を執らせる代理聴政を命じた。

> 朕が歴代国王の偉業を継承してもう44年になる。この間、幾たびも争乱を体験しながら、思うような政治を行うことができなかった。国民の困窮と国家の危機が、これより激しくなるのは大変に恐ろしい。幸い、皇太子は慈悲深いうえ、立派な名声もある。そこで朕は、帝国の政務を皇太子に委ねることにした。よって、宮内府は、代理聴政を行う用意をしなさい

これに対し、当の皇太子は翌7月19日、代理聴政の撤回を求めて父の高宗に自ら上書を奉じた。

> 謹んで申し上げます。それがしは、皇太子の位に30年余りもおりますが、いまだ立派だという評価をうけておりません。陛下のご教示をうけられることをただ願っているばかりでございます。にもかかわらず、陛下はそれがしに代理聴政を命じられました。平和なときでさえ耐えられないことなのに、このように我が国が危機に陥っているなかで、それがしに政治を委ねられたというのは、どのような理由があるのでしょう。500年にわたる歴史と、2000万の国民のことを考え、命令を撤回してください

しかし、高宗の意志は固い。皇太子にはこう答えた。

> 朕がそなたに代理聴政を命じたのは、歴代の故事に従ったからである。今のような危機に皇室と国家を維持していくのが、そなたがすべき親孝行であろう。社交辞令で辞退するほどの余裕はないのだから、これ以上、朕を煩わしてはならない

皇太子は、もう1度上書を奉じたが、やはり高宗は聞き入れなかった。高宗は、皇太子に代理聴政をさせることで皇太子が皇帝として即位したあとの地位を盤石にさせようとしたのだろう。早くも、その日のうちに代理聴政式を挙行させ、次のように布告したのである。

帝堯が帝舜に摂政をさせたのは『書経』に記された美談である。我が国でも、第19代国王粛宗・第21代国王英祖・第23代国王純祖は世子に摂政を命じたことで、国を堅固にしたのだから、見習わなければならない。すでに話した通り、朕が即位して40年余りの間、多くの争乱を体験して恐ろしい気持ちを抱いてきた。しかも、最近では体力も衰え、病気がちになってしまった。しかし幸いにも、皇太子は天賦の才があり、国民もまた30年余り、皇太子が政務を執る日を待ち望んできた。そうしたなかで、朕が皇太子に代理聴政を命じない理由はない。皇太子が代理聴政をすれば、一方では政治を安定させることにつながるし、もう一方では朕の労苦を減らすことができる。まさに一石二鳥といえよう。これは皇室と国家の幸福である。国家の重大な案件については、本日7月19日以後、すべて皇太子が裁可せよ

　高宗が皇太子に代理聴政を命じたのは、皇帝として影響力を保持し続けようとしたからにほかならない。しかし、それは韓国統監の伊藤博文が認めるものではなかった。そのため、高宗は、伊藤博文の意をうけた内閣総理大臣の李完用らに迫られて、譲位を余儀なくされてしまったのである。

第七章　王朝の崩壊

第27代　純宗(じゅんそう)

在位1907年～1910年

大韓帝国最後の皇帝

第三次日韓協約の締結

　1907年7月20日、総理大臣の李完用らに迫られた高宗が譲位したことにより、皇太子の李坧が第2代韓国皇帝として即位し、純宗となった。すでに外交権を日本に掌握されているなかで即位した純宗は、まったくの傀儡であったといってよい。

　純宗が即位して間もない7月24日、朝鮮側の内閣総理大臣李完用と、日本側の韓国統監伊藤博文との間で、第三次日韓協約が締結された。その内容は、次のようなものである。

- ・韓国政府は、施政改善に関して統監の指導をうけること
- ・韓国政府の法令の制定および重要な行政上の処分は、あらかじめ統監の承認を得ること
- ・韓国の司法事務は、一般行政事務と区別すること
- ・韓国における高等官吏の任免は、統監の同意によって執行すること
- ・韓国政府は、統監が推薦した日本人を、韓国の官吏に任命すること
- ・韓国政府は、統監の同意をえずに外国人を招聘して雇用しないこと

　これまで韓国統監は、第二次日韓協約に基づき、外交を管掌するだけであったが、この第三次日韓協約によって、内政に干渉することもできるようになったのである。こうして、韓国の内政は、徐々に日本によって掌握されていく。

日韓併合

　第三次日韓協約の締結に反対する義勇軍が、その後、各地で蜂起する。そうしたなか、1909年10月26日、ロシアの蔵相ココツェフと非公式の会談に臨んだ伊藤博文が、ハルピン駅で、義勇軍の安重根によって暗殺されてしまう。韓国併合に慎重であった伊藤博文の死により、日本政府は1910年5月、陸軍大臣の寺内正毅を新たな統監に任命する。こうして、韓国に着任した寺内正毅によって、韓国は日本に併合されることになった。

296

8月22日、日本側の統監寺内正毅と、朝鮮側の内閣総理大臣李完用によって、日韓併合条約が調印された。その内容は次のようなものである。

- 韓国皇帝陛下は、韓国全部に関する一切の統治権を完全かつ永久に日本国皇帝陛下に譲与すること
- 日本国皇帝陛下は、韓国皇帝陛下をはじめとする皇族に対し、相当の称号を与えるとともに、十分な歳費を保証すること
- 日本国政府は、併合の結果として、韓国の政治を担うとともに、法律を遵守する韓国人の生命や財産に十分な保護を与えること
- 日本国政府は、新たな制度を尊重する韓国人のうち、相当の資格のある者をできる限り登用すること

これまで、ロシアの南下を恐れる日本は、韓国の近代化を図ろうとしてきたが、ついに近代化を諦め、日本に併合する道を選んだのである。この日韓併合により、皇帝の純宗は一切の統治権を失ってしまう。そして、併合が公布される8月29日、純宗は日韓併合に至った経緯を国民に告げた。

　朕が不徳にもかかわらず皇統を継いで3年になった。この間、何度も我が国を立て直そうとしたが、非力であるとともに、生まれついての病弱ということもあって、うまくできなかった。残念ながら、これからも国威を回復させる見込みはない。そうしたことを毎夜、憂慮するようになってしまった。ならばいっそのこと、大権を他人に与えて、政治を改革させたほうがよいのかもしれない。そのようなことを考え、朕は韓国の統治権を、以前から頼っていた大日本帝国の天皇陛下に譲与することにした。これにより、外には東洋の平和を強固にし、内には全土における国民の安全を保証できるようになるはずだ。すべての国民はみな、国勢と時宜をよく考え、騒乱を起こすようなことをしてはならない。大日本帝国の文明的で新しい政治に従えば、きっと幸福になれるであろう。朕は、国民のことを忘れたわけではない。国民を助けるために決断したことであるから、朕の意を察するようにせよ

これが、純宗の最後の命令となった。統治権を進んで放棄するというのが、純宗の本意であったとは思えない。しかし、そのように布告せざるを得ない状況に追い詰められていたのである。

韓国が日本に併合されたことにより、大韓帝国は消滅した。ここに、太祖が建国してからおよそ500年にわたって続いた朝鮮王朝は、滅亡することになったのである。

第七章　王朝の崩壊

朝鮮王朝系図

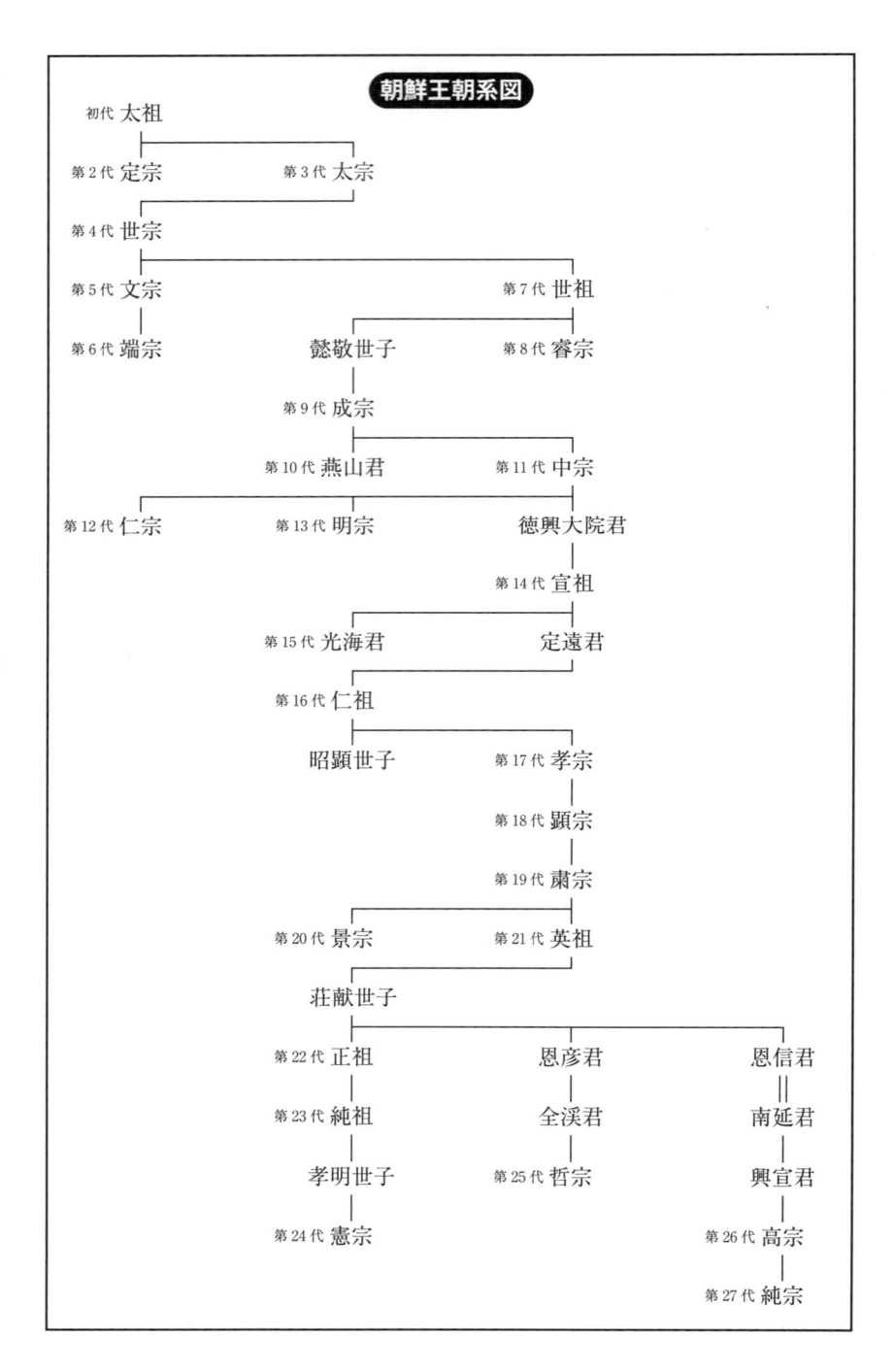

- 初代 太祖
  - 第2代 定宗
  - 第3代 太宗
    - 第4代 世宗
      - 第5代 文宗
        - 第6代 端宗
      - 第7代 世祖
        - 懿敬世子
          - 第9代 成宗
            - 第10代 燕山君
            - 第11代 中宗
              - 第12代 仁宗
              - 第13代 明宗
              - 徳興大院君
                - 第14代 宣祖
                  - 第15代 光海君
                  - 定遠君
                    - 第16代 仁祖
                      - 昭顕世子
                      - 第17代 孝宗
                        - 第18代 顕宗
                          - 第19代 粛宗
                            - 第20代 景宗
                            - 第21代 英祖
                              - 荘献世子
                                - 第22代 正祖
                                  - 第23代 純祖
                                    - 孝明世子
                                      - 第24代 憲宗
                                - 恩彦君
                                  - 全渓君
                                    - 第25代 哲宗
                                - 恩信君
                                  ＝ 南延君
                                    - 興宣君
                                      - 第26代 高宗
                                        - 第27代 純宗
        - 第8代 睿宗

付録

朝鮮王朝史 列伝
朝鮮王朝史 年表

朝鮮を建国した初代国王

生没	1335年〜1408年
在位	1392年〜1398年
実名	李成桂(りせいけい)

太祖
◉たいそ　テジョ

李氏の出自

　朝鮮王朝が編纂した官撰の『朝鮮王朝実録』によると、朝鮮を建国することになる李成桂は、全州李氏の一族ということになっている。高麗の時代、政争に巻き込まれて失脚した先祖が一族を引き連れて全羅道の全州を去り、当時、元が支配していた咸鏡道の永興に亡命したというが、史実かどうかはわからない。実際には、もともと咸鏡道に勢力を誇っていた女真族の出身ともいう。
　出自に不明な点はあるものの、高麗時代の末期には、咸鏡道において強力な軍事力を保持していたのは確かである。中国において明が建国され、元が追い詰められると、高麗の恭愍王は、元に奪われていた領土を取り戻そうとする。このとき、それまで元に従っていた李成桂の父李子春は、恭愍王に協力した。こうして、李氏一族は、再び高麗に従ったのである。

朝鮮を建国する

　李成桂は、1335年10月10日、咸鏡道の永興で、李子春の次男として生まれた。早くから父に従って戦場を駆け巡り、父の死後も、中国で反乱を起こして鴨緑江を越えてきた紅巾賊や、高麗の南方に侵入した倭寇を撃退するなど華々しい活躍をみせている。
　やがて、中国を制覇した明が、高麗に対し、元から奪い返した領土の返還を求めると、高麗の禑王は李成桂に対し、明の遼東郡への出兵を命じる。このとき、李成桂は、明と戦うことの不利を訴えたが、禑王は聞き容れない。このため、明との国境まで出兵した李成桂は、王命を無視して高麗の都開京に撤退すると、その軍事力によって禑王を廃位させてしまった。
　こうして、高麗の政治を専断することになった李成桂は、1392年、高麗の恭譲王から譲位される形で、王位につき、太祖となる。そして即位してから7年間、国王として君臨したのち、1398年、王位を次男の永安君に譲り、定宗として即位させた。譲位した太祖は、その後10年間、上王として影響力を保った末、1408年、74歳で薨去した。

朝鮮王朝最初の王妃
神徳王后
◉しんとくおうごう　シンドンワンフ

生没　1356年～1396年
実名　不詳

前妻の子が即位したことによる悲劇

　神徳王后は、高麗の名門であった康氏の出身で、中央に進出した李成桂の夫人として迎えられた。李成桂は、咸鏡道にいたときに韓氏の娘、すなわちのちの神懿王后と結婚していたから、第2夫人ということになる。しかし、1392年に李成桂が太祖として即位したとき、すでに神懿王后が亡くなっていたため、朝鮮王朝で最初の王妃となった。

　1392年、太祖は、神徳王后の子である宜安君を世子に冊封したが、1398年の第一次王子の乱において、神懿王后の子である靖安君により宜安君が殺されてしまう。そして、靖安君がのちに太宗として即位すると、神徳王后は王妃から庶母に降格されてしまった。

弟の傀儡となった第2代国王
定宗
◉ていそう　チョンジョン

生没　1357年～1419年
在位　1398年～1400年
実名　李芳果

弟に譲位

　定宗は、太祖と第1夫人であった神懿王后との間に生まれた次男で、1398年の第一次王子の乱により朝廷の実権を握った靖安君に奉じられ、第2代国王として即位することになった。しかし、傀儡であることに嫌気がさし、即位して2年後の1400年には弟に譲位する。こうして、靖安君が第3代国王として即位し、太宗となった。

　上王として20年近く隠棲していた定宗が1419年に薨じたとき、正統性に固執する太宗は、定宗を国王として見送らなかった。兄である定宗ではなく、父である太祖の跡を継いだという形にしたかったのである。定宗という廟号が定まったのは、死後260年以上も経った、第19代粛宗のときであった。

朝鮮王朝史 列伝

実質的に朝鮮を建国した第3代国王

太宗
◉たいそう　テジョン

生没	1367年〜1422年
在位	1400年〜1418年
実名	李芳遠

文武に秀でた逸材

　太宗は、実名を李芳遠といい、朝鮮の初代国王となった太祖李成桂の五男として1367年、咸鏡道咸興に生まれた。父や兄弟とともに、中国で反乱を起こして鴨緑江を越えてきた紅巾賊や、高麗の南方に侵入した倭寇の撃退に軍功を立てるなどした。しかし、単に武芸のみに秀でていたわけではない。15歳の若さで、官吏を登用する科挙に合格していた。

　そのまま高麗の時代が続いたなら、優秀な官吏として一生を終えていたに違いない。だが、1392年、父が朝鮮を建国して初代の国王になったことで、一躍、政治の表舞台に躍り出ることになった。

実力で王位を奪う

　朝鮮が建国されたとき、李芳遠は26歳で、靖安君の君号を与えられた。太祖の王子は8人いたが、実力としては靖安君が第一である。そのため、靖安君も、次の国王は自分だと信じて疑わなかったであろう。

　しかし、太祖が異母弟の八男宜安君を世子に冊封しようとしたことで、父と対立することになってしまう。そして、1398年、ついに宜安君を殺害すると、兄の永安君を定宗として第2代国王に即位させる。そして、1400年、定宗を譲位に追い込むと、靖安君が自ら即位して太宗となった。

中国に認められた最初の朝鮮国王

　朝鮮では、この太宗のとき、初めて明から国王に冊封される。それまでの太祖と定宗は、朝鮮権知国事として、王権を代行している存在としかみられていなかった。明から正式な国王として認められたことで、太宗の権威は高まっていく。

　太宗は、王族や権臣のもつ私兵を解体するなど、中央集権化を進めて国家を安定させた。死の4年前に譲位してからも、上王として第4代世宗の治世を支え、1422年、56歳で薨去した。

ハングルを創製した第4代国王
世宗
◉せいそう　セジョン

生没	1397年〜1450年
在位	1418年〜1450年
実名	李裪（りとう）

2人の兄を差し置いて即位

　世宗は、第3代国王太宗の三男で、君号を忠寧大君という。忠寧大君には譲寧大君と孝寧大君という2人の兄がおり、太宗は長兄の譲寧大君を世子に冊封していた。しかし、譲寧大君は粗暴なところがあり、臣下からの崇敬を集められなかったらしい。そのため、太宗は忠寧大君を世子とする。

　1418年8月10日、太宗が譲位を表明したことにより、忠寧大君が第4代国王として即位し、世宗となった。

対馬への遠征

　世宗は即位した翌年の1419年、突如として日本の対馬に侵攻する。当時、対馬が倭寇の根拠地と考えられていたからである。倭寇とは、日本人を中心に朝鮮人や明人で構成されていた海賊で、朝鮮の沿岸を荒らしていた。このときの日本の年号が応永であったことから、日本では世宗による対馬侵攻を「応永の外寇」とよぶ。

　「応永の外寇」は世宗の命令で始められた。しかし、計画したのは父の太宗であった。世宗が即位したあとも、太宗が軍事権を掌握していたからである。太宗は、自らの生きている間に、王権を揺るがしかねない倭寇を鎮定しておこうと考え、対馬侵攻を計画したのだった。

ハングルの創製

　1422年に上王の太宗が薨じたあと、世宗の親政が始まった。世宗は、宮中に学問研究所として集賢殿を整備し、有能な儒者を登用する。そして、1443年12月、訓民正音、いわゆるハングルが創製された。

　それまで、王命は漢文で伝えられたが、庶民は漢文を読むことができない。そのため、誰にでも読める文字としてハングルが創製されたのである。その後も、正式な命令は漢文で書かれた文書で発給されたが、ハングルでも同じ内容が全国に伝えられることになった。

朝鮮王朝史　列伝

303

わずか2年で薨去した第5代国王
文宗
◉ぶんそう　ムンジョン

生没	1414年～1452年
在位	1450年～1452年
実名	李珦

政務に没頭

　文宗は、第4代国王世宗の長男で、1450年、父の薨去により37歳で即位した。文宗は、すでに8歳で世子に冊封され、32歳のときからは実際に政務を執るなどしており、すぐさま安定した国政に努める。

　しかし、文宗は、まじめな性格であったうえに、生まれつき病弱であったらしい。父世宗の3年喪を終えた直後、激務がたたって倒れてしまう。それでも、療養を勧める臣下の諫言を無視して政務を続けた。

　その結果、即位してわずか2年で薨去することになってしまった。このとき、世子がわずか12歳だったことから、弟の首陽大君に朝廷の実権を掌握させてしまうことになる。

叔父に王位を奪われた第6代国王
端宗
◉たんそう　タンジョン

生没	1441年～1457年
在位	1452年～1455年
実名	李弘暐

父母のいない悲劇

　端宗はまだ世子であったころの文宗の長男として生まれ、1452年、文宗が薨去したことで順当に即位している。しかし、即位したとき、端宗は、わずか12歳だった。国王が幼いときには祖母や母が垂簾聴政をするのが一般的だが、すでに祖母も母もこの世にいなかったことから悲劇が始まる。

　叔父の首陽大君に実権を握られた端宗は、即位して3年後の1455年、王位を首陽大君に譲った。こうして、首陽大君が即位して世祖となるが、悲劇は終わらない。魯山君に降格された端宗は、結局、自害に追い込まれてしまったのである。そのため、国王として葬られることはなく、端宗が国王として復位したのは、第19代粛宗の時代であった。

甥から王位を奪った第7代国王
世祖
◉せいそ　セジョ

生没	1417年～1468年
在位	1455年～1468年
実名	李瑈

実力による即位

　世祖は第4代国王世宗の次男で、第5代国王文宗の弟にあたる。王位は、嫡男によって相承されることになっていたから、次男である世祖が国王になる可能性はなかったといってよい。しかし、兄の文宗が早世し、甥にあたる端宗が12歳で即位したことで朝廷の実権を握っていく。そして、1453年、端宗を支える議政府の大臣らを「癸酉靖難」で殺害すると、2年後の1455年にはついに端宗に譲位を強要し、自ら即位したのである。

　もっとも、すべての臣下が世祖の王位簒奪を認めていたわけではない。そのため、端宗の復位運動が起こるが、世祖はこれを弾圧する。このとき処刑された6人の重臣は、後世、「死六臣」とよばれることになった。

わずか1年で薨去した第8代国王
睿宗
◉えいそう　イェジョン

生没	1450年～1469年
在位	1468年～1469年
実名	李晄

王族や勲臣の排除に乗り出した矢先の急死

　睿宗は、第7代国王世祖の次男で、兄の懿敬世子が1457年に早世していたため、世子に冊封される。そして、1468年に世祖が薨去する直前、19歳の睿宗が第8代国王として即位した。

　王位を簒奪した父の世祖は、政権を安定させるため、王族や勲臣を重用していた。そのため、朝廷内では王族や勲臣が勢力をもつことになったが、即位した睿宗は、王権を取り戻すべく王族や勲臣の排除に乗り出す。

　しかし、即位して1年を過ぎたばかりの1469年、睿宗は20歳で急死してしまった。危機を感じた勲臣によって毒殺されたともいうが、はっきりしたことはわからない。

朝鮮王朝史　列伝

生没	1457年〜1494年
在位	1469年〜1494年
実名	李娎(リケツ)

王妃を廃した第9代国王

成宗
◉せいそう　ソンジョン

後宮を継妃に迎える

　第8代国王睿宗が薨去したあと、睿宗の嫡男である斉安大君はわずか4歳であったため、王位につくことができない。そのため、睿宗の実母貞熹王后の推挙により、すでに亡くなっていた睿宗の兄である懿敬世子の次男者山大君が即位して成宗となった。このとき、成宗は13歳で親政することができない。そのため、祖母にあたる貞熹王后が政務を補佐することになる。

　成宗は、王妃の恭恵王后の死後、後宮の淑儀尹氏を継妃に迎え、斉献王后とした。しかし、このことにより、斉献王后は、後宮たちの嫉妬をうけた。そして、誹謗中傷を真にうけた成宗は、斉献王后を廃妃としたうえ、自害に追い込んでしまったのである。

生没	?〜1482年
実名	不詳

廃妃されて自害した成宗の継妃

斉献王后
◉せいけんおうごう　チェホンワンフ

燕山君の実母

　尹起畝の娘で、もともとは淑儀という地位にある成宗の後宮だった。しかし、1474年に成宗の王妃である恭恵王后が薨じたため、成宗に寵愛されていた淑儀尹氏が王妃に昇格し、斉献王后となったものである。

　しかし、王妃となった斉献王后は幸せになったとはいえない。次第に、成宗から避けられていったからである。在野の史書では、成宗がほかの後宮を寵愛したことに嫉妬した斉献王后が、成宗の顔を傷つけたとされるが、『朝鮮王朝実録』では、そうした事実を確認することはできない。

　成宗は、斉献王后が、朝廷の実権を握ることを恐れていた。そのため、斉献王后は廃妃のうえ、1482年には、自害を強要されてしまうのである。

王位を剝奪された第10代国王
燕山君
◉えんざんくん　ヨンサングン

生没	1476年～1506年
在位	1494年～1506年
実名	李㦕

本当に暴君だったのか

　燕山君は、第9代国王成宗の長男として生まれた。母は、のちに廃妃され、自害に追い込まれた斉献王后である。母が自害に追い込まれたとはいえ、燕山君が成宗の長男であることにかわりはなく、成宗の薨去後には順当に即位した。そして、母を自害に追い込んだ臣下を粛清し、復讐を果たしたのである。

　朝鮮王朝において、王権を強化するために粛清を行った国王は少なくない。ただ、燕山君は、異母弟晋城大君を擁する勢力によって廃位されたため、暴君とよばれることになる。王位を失った燕山君は江華島に流され、ほどなく病死したと伝えられる。このとき、まだ31歳だった。

異母兄の燕山君を追放して即位した第11代国王
中宗
◉ちゅうそう　チュンジョン

生没	1488年～1544年
在位	1506年～1544年
実名	李懌

権臣の傀儡

　中宗は、第9代国王成宗の次男として生まれ、もともとは晋城大君といった。母は、斉献王后が廃妃されたあとに王妃となった貞顕王后で、第10代国王燕山君の異母弟にあたる。燕山君が成宗の跡をうけて即位したため、晋城大君が即位する可能性はほとんどなかったといってよい。しかし、燕山君に批判的な朴元宗・成希顔・柳順汀を中心とする権臣が起こした政変により、第11代国王中宗として即位することになった。

　権臣によって国王に擁立されたため、国王としての権力はなく、権臣の傀儡だったといっても過言ではない。事実、中宗は、燕山君の姻戚であった王妃の端敬王后を、権臣らに強要されて廃妃としている。

朝鮮王朝史　列伝

王朝史上最も在位の短かった第12代国王
仁宗
◉じんそう　インジョン

生没	1488年～1545年
在位	1544年～1545年
実名	李峼

即位後1年も経たずに薨去

　仁宗は、第11代国王中宗の子で、母は、中宗が端敬王后を廃妃したあとに正妃とした章敬王后である。章敬王后は、仁宗を産んだ直後に亡くなっており、やがて、父の中宗は、文定王后を正妃として迎えた。
　1520年には、世子として冊封されたものの、文定王后が慶源大君を産むと、朝廷では、世子を推す大尹と、慶源大君を推す小尹が争うようになる。1544年に中宗が薨去すると、その遺命により世子が即位して仁宗となったが、小尹の抵抗は続く。翌1545年、即位して8か月後に仁宗が急死を遂げるが、その直前、仁宗は文定王后にもらった餅を食べていたことから、小尹によって毒殺されたともいわれている。

親政に失敗した第13代国王
明宗
◉めいそう　ミョンジョン

生没	1534年～1567年
在位	1545年～1567年
実名	李峘

実母による垂簾聴政

　明宗は、第11代国王中宗の次男で、第12代国王仁宗の異母弟である。仁宗が即位後8か月で薨じたため、急遽、即位して第13代国王となった。このとき明宗は13歳であったため、成人するまで実母の文定王后が垂簾聴政という形で明宗を補佐することになる。こうした垂簾聴政が行われるのは、朝鮮王朝においては、貞熹王后に次いで2度目のことだった。
　文定王后による垂簾聴政は、慣例に従い、明宗が20歳になったときに終了した。その後は、明宗による親政が行われることになったが、文定王后の支持を得た権臣の尹元衡に阻まれてうまくいかない。文定王后の死により尹元衡が失脚して、親政を本格化させようとしたところ、明宗自身が薨去した。

傍系から初めて即位した第14代国王
宣祖
●せんそ　ソンジョ

生没	1552年～1608年
在位	1567年～1608年
実名	李昖(リヨン)

文禄・慶長の役を乗り切る

　第13代国王明宗が薨去したとき、明宗の唯一の男子であった順懐世子は1563年、すでに13歳で早世していた。このため、中宗の九男徳興大院君の三男河城君が16歳で王位を継ぎ、宣祖となる。

　宣祖は、聡明であったらしく、即位の翌年には親政を始めている。そして、士林派を重用して勲旧派を抑えようとしたが、士林派が東人と西人に、さらに東人が南人と北人に分かれて党争を繰り広げる。こうして朝廷内が混乱しているさなか、明の制圧を図る日本の豊臣秀吉が朝鮮に侵入してきた。この文禄・慶長の役で、朝鮮は明の支援をうけて国の崩壊は免れたが、戦乱と党争により、国内は疲弊してしまった。

国王の座から引きずり下ろされた第15代国王
光海君
●こうかいくん　クァンヘグン

生没	1575年～1641年
在位	1608年～1623年
実名	李琿(リコン)

済州島(チェジュド)で死去

　光海君は、第14代国王宣祖の次男で、長男の臨海君が国王としての資質を備えていなかったため、世子に内定された。しかし、母が宣祖の正妃ではなく、後宮であったことから、明からの正式な冊封をうけられない。そうこうするうち、宣祖の正妃である仁穆王后が嫡男となる永昌大君を産んだことで、永昌大君が世子に冊封されそうな情勢になっていった。

　1608年に宣祖が薨じたとき、永昌大君がわずか3歳であったことから、光海君が即位して第15代国王となる。しかし、王権を強化するべく敵対勢力を排除したところ、反発する臣下によって廃位され、江華島(カンファド)に追放された。その後、済州島に移された光海君は、1641年、67歳で没している。

朝鮮王朝史　列伝

309

生没	1595年～1649年
在位	1623年～1649年
実名	李倧(り そう)

清に降伏した第16代国王

仁祖
◉じんそ　インジョ

王権が弱まって党争が激化

　仁祖は、君号を綾陽君といい、第14代国王宣祖の子である定遠君の長男として生まれた。宣祖の孫であったが、第15代国王光海君の治世下では、弟綾昌君を殺されるなど、辛酸をなめている。そのため、1623年、光海君に反発する臣下に擁立され、「仁祖反正」により、実力で第16代国王となった。

　このころ、中国では明が崩壊し、清が勃興していた。光海君の時代、朝鮮は明と清との両面外交を続けていたが、仁祖は反正を主導した西人の見解に従い、明との宗属関係を続ける道を選ぶ。これによって、朝鮮は清の侵攻をうけ、1636年、仁祖は清の太宗ホンタイジに降伏する。以来、朝鮮国王の権威は失墜し、臣下による党争が激化していく。

| 生没 | 1612年～1645年 |
| 実名 | 李溰(り たん) |

急死した仁祖の後継者

昭顕世子
◉しょうけんせいし　ソヒョンセジャ

清に送られた人質

　昭顕世子は第16代国王仁祖の長男として生まれており、のちに第17代国王孝宗となる鳳林大君の兄にあたる。1637年に仁祖が清に敗北して降伏すると、昭顕世子と鳳林大君は、人質として、その当時の清の都であった瀋陽に送られた。その後、清が明を滅ぼして中国を制圧すると、昭顕世子と鳳林大君は8年間の人質生活を経て、1645年に帰国を許されている。

　しかし、昭顕世子は朝鮮に帰国して2か月後には病床に臥し、それからわずか3日後には亡くなってしまう。あまりにも突然のことであり、このころ昭顕世子と対立していた仁祖の後宮である貴人趙氏によって毒殺されたという噂もあった。

清に従ってロシア征討に参加した第17代国王
孝宗
◉こうそう　ヒョジョン

生没　1619年〜1659年
在位　1649年〜1659年
実名　李淏

反清的な臣下を処罰

　孝宗は、仁祖の次男で、鳳林大君といった。仁祖が1636年に清に降伏すると、兄の昭顕世子ととも人質として清に送られていた。そして、1645年に帰国を許された直後に昭顕世子が急死すると、世子に冊封されている。清に好意的であった昭顕世子を仁祖が暗殺したともいわれるが、およそ事実とは考えられない。清が中国を制圧した段階において、朝鮮が生き残るには清に従うしか方法はなかった。即位した孝宗も、反清を唱える臣下を罰しながら、清の命令に従ってロシア征討へ援軍を送っている。
　孝宗自身、仁祖の後宮であった貴人趙氏が昭顕世子を暗殺したものと考えていたらしく、即位後、貴人趙氏に自害を命じた。

西人と南人の争いに巻き込まれた第18代国王
顕宗
◉けんそう　ヒョンジョン

生没　1641年〜1674年
在位　1659年〜1674年
実名　李棩

服喪期間をめぐる論争

　顕宗は、第17代国王孝宗の長男で、孝宗がまだ即位する前、清の人質になっていたときに瀋陽で生まれている。父が世子に冊封されたことにより世孫となり、父が即位した後の1651年、11歳で世子に冊封された。そして、1659年、孝宗の薨去により19歳で即位している。
　孝宗が薨去したとき、16代国王仁祖の継妃である荘烈王后がまだ生きており、荘烈王后の服喪期間をめぐる議論が起きた。孝宗を仁祖の次男とみなすか、すでに仁祖の長男昭顕世子が早世しているため長男として扱うかで、服喪期間が異なったからである。この服喪期間をめぐる論争は、西人と南人の権力闘争に利用され、政治が混乱する原因となった。

朝鮮王朝史　列伝

政権交代を主導して王権を強化させた第19代国王
粛宗
◉しゅくそう　スクチョン

生没	1661年～1720年
在位	1674年～1720年
実名	李焞

政治を混乱させた政権交代

　粛宗は、第18代国王顕宗の長男で、1674年、顕宗の薨去にともない、14歳で即位した。本来ならば、成人するまでの間、実母である明聖王后が垂簾聴政を行うはずであったが、即位後、すぐに親政を開始している。
　粛宗は、このころ朝廷の実権を握っていた南人と西人を、「換局」とよばれる政権交代により弱体化させていく。「庚申換局」では西人と結んで南人を下野させながらも「己巳換局」で今度は西人を下野させた粛宗は、最終的に「甲戌換局」で西人を政権に復帰させた。これにより、王権は一時的に強化されたが、下野した南人への対応をめぐり、西人が強硬派の老論と穏健派の少論に分裂するなど、政局はさらに混迷を深めていくことになった。

老論と少論に翻弄された第20代国王
景宗
◉けいそう　キョンジョン

生没	1688年～1724年
在位	1720年～1724年
実名	李昀

老論と対立

　景宗は、第19代国王粛宗の長男で、粛宗の薨去にともない即位した。景宗の実母である粛宗の後宮禧嬪張氏が、南人に加担したことによりすでに、自害に追い込まれていたため、即位した景宗は老論に圧迫されていく。
　即位した景宗は、老論から異母弟の延礽君を世弟に冊封することと、その延礽君に代理聴政をさせることを求められた。これに対し、景宗は、延礽君を世弟に冊封したものの、代理聴政だけは認めない。そして、その要求が不遜であるとして少論が老論を弾劾すると、老論を下野させたのである。こうして、少論による政権が誕生したものの、その直後、景宗は急病となりそのまま薨去してしまう。そのため、老論が景宗を毒殺したと噂された。

党争を終わらせようとした第21代国王
英祖
◉えいそ　ヨンジョ

生没	1694年～1776年
在位	1724年～1776年
実名	李昑（りきん）

各党派に均等な人事

　英祖は、第19代国王粛宗の三男で、君号を延礽君といった。1724年に異母兄の第20代国王景宗が急死したため、老論に支持されていた延礽君が即位することになる。老論に支持されていたとはいえ、父と兄が党争に苦しめられる姿をみていた英祖が、特定の党派に肩入れすることはなかった。

　英祖は、各党派に対して均等な人事を行う「蕩平」を採用し、党争を収めるようとする。しかし、これは政権を握っていた老論の反発をよび、結果的に後継者と考えていた子の荘献世子を死に追い込んでしまう。そのため、荘献世子の子李祘を世孫としなければならなかった。こうした不幸に遭いながらも、在位は朝鮮王朝史上で最長の51年間に及び、83歳で薨去した。

党争に巻き込まれて殺された英祖の世子
荘献世子
◉そうけんせいし　チャンホンセジャ

生没	1735年～1762年
実名	李愃（りかん）

米櫃のなかで餓死

　荘献世子は、第21代国王英祖の次男で、英祖の長男孝章世子が早世したため、世子に冊封された。1749年、王の裁可をうけながら政治を行う代理聴政を命じられたが、このころ、朝廷内では老論と少論による党争が激化しており、荘献世子は老論による攻撃の矢面に立たされてしまう。老論による誹謗中傷により追い詰められた荘献世子は、火症（怒りを過度に抑制することで発症する精神疾）にかかってしまった。

　この病気のために殺人を犯すまでになってしまった荘献世子を、誰も止めることができなくなってしまった。そのため、1762年、素行不良を咎める英祖により荘献世子は米櫃に閉じ込められ、8日後に餓死することになる。

朝鮮王朝史　列伝

改革を目前に亡くなった第22代国王
正祖
◉せいそ　チョンジョ

生没	1752年～1800年
在位	1776年～1800年
実名	李祘

老論に毒殺されたか

　正祖は、荘献世子の子であり、第21代国王英祖の孫にあたる。荘献世子の死後、世孫に冊封され、英祖の薨去にともない即位した。父を党争で殺されていた正祖は、政治の舞台から追放されていた南人を登用するなど、英祖の「蕩平」をさらに進めていく。
　しかし、西学という名の学問として流入していたキリスト教を南人が信仰していたことにより、南人は老論によって攻撃されてしまう。それでも正祖は、南人の登用を続けようとしたものの、そのことを公言した「伍晦筵教」から1か月も経たないうちに急死する。記録上は、腫れ物が悪化したためとされるが、老論によって毒殺された可能性も否定はできない。

外戚に実権を奪われた第23代国王
純祖
◉じゅんそ　スンジョ

生没	1790年～1834年
在位	1800年～1834年
実名	李玜

実権を握った安東金氏

　純祖は、第22代国王正祖の次男で、兄の文孝世子が早世したあとをうけて世子に冊封され、1800年、正祖が急死したことにより11歳で即位した。政務を執るには幼いことから、21代国王英祖の継妃であった貞純王后が垂簾聴政という形で補佐することになる。
　貞純王后の垂簾聴政は、1803年に終わったが、純祖による親政は順調にいかない。王妃として迎えた純元王后の実家である安東金氏が、外戚として勢力をもつようになったからである。安東金氏の影響力を排除するため、純祖は子の孝明世子に代理聴政を命じた。しかし、その後、ほどなくして孝明世子が病没すると、後を追うように純祖も薨去した。

キリスト教を弾圧した第24代国王

憲宗
◉けんそう　ホンジョン

生没	1827年～1849年
在位	1834年～1849年
実名	李奐（りかん）

宣教師の殺害が外交問題に発展

　憲宗は、第23代国王純祖の子である孝明世子の長男で、純祖の孫にあたる。孝明世子が早世したことにより世孫に冊封され、1834年、純祖が薨去したため、即位した。
　即位したとき、憲宗はまだ8歳であった。そのため、純祖の王妃であった純元王后が垂簾聴政を行うことになったのだが、このことにより、純元王后の実家である安東金氏が再び朝廷の実権を握ることになる。
　純元王后は、キリスト教の弾圧に乗り出し、その過程でフランス人宣教師も殺害してしまう。そのことが外交問題に発展し、フランス艦隊の来航を招くことになってしまった。

安東金氏の傀儡と化した第25代国王

哲宗
◉てつそう　チョルジョン

生没	1831年～1863年
在位	1849年～1863年
実名	李元範（りげんはん）

罪人から国王となる

　第24代国王憲宗が男子を残さずに薨じたため、第22代国王正祖の弟恩彦君の孫にあたる李元範が即位することになった。ただ、即位する前の哲宗は、兄の謀反事件に連座して江華島に配流されており、政治的な経験はまったくない。そのため、第23代国王純祖の王妃であった純元王后による垂簾聴政をうけることになる。こうして、朝廷の実権は、引き続き、純元王后の実家である安東金氏に掌握されることになった。
　さらに哲宗は、安東金氏の一族から明純王后を王妃として迎えることを余儀なくされてしまう。これにより、完全に安東金氏の傀儡となった哲宗は、独自の政策を採ることもできないまま、1863年に33歳で薨去した。

朝鮮王朝史　列伝

生没	1852年〜1919年
在位	1863年〜1907年
実名	李命福

朝鮮の第26代国王にして韓国の初代皇帝

高宗
◉こうそう　コジョン

最後の朝鮮国王

　第25代国王哲宗が薨去したとき、すでに哲宗の男子は早世していたため、遠縁にあたる興宣大院君の子李命福が国王として迎えられ、高宗となる。このあと、外戚の専断を警戒する興宣大院君が、高宗の正妃として迎えた明成王后とその実家である驪興閔氏一族を忌避したことから、興宣大院君と明成王后が対立するようになった。この対立のなかで、高宗は明成王后に味方し、高宗・明成王后と興宣大院君がそれぞれ、日本・清・ロシアといった外国の力を借りながら実権を握ろうとしたため、国内が混乱してしまう。
　高宗は、国号を大韓と改め、皇帝として即位することで混乱を鎮めようとした。しかし、日本の圧力によって、1907年、譲位を余儀なくされた。

生没	1820年〜1898年
実名	李昰応

朝廷の実権を握った高宗の実父

興宣大院君
◉こうせんたいいんくん　フンソンデウォングン

朝鮮を崩壊させた権力闘争

　興宣大院君は、第21代国王英祖の曾孫である南延君李球の四男で、もともとの君号は、興宣君という。子の李命福が第26代国王の高宗として即位したため、直系ではない国王の実父に与えられる大院君の称号を得た。
　高宗が即位するまで外戚の安東金氏に苦しめられてきた興宣大院君は、高宗の正妃として迎えた明成王后の実家である驪興閔氏と抗争を繰り広げていく。そして、1895年には明成王后を亡き者にして、驪興閔氏を朝廷から排除することに成功した。こうして、興宣大院君が朝廷の実権を握ったものの、長く続いた抗争は国内を疲弊させると同時に外国の介入を許すことになり、最終的に朝鮮は、日本の保護国になってしまうのである。

暗殺された高宗の正妃

明成王后
◉めいせいおうごう　ミョンソンワンフ

生没　1851年〜1895年
実名　不詳

興宣大院君と権力闘争を繰り広げる

　明成王后は、驪興閔氏の一族である閔致禄の娘で、1866年、16歳のときに第26代国王高宗の正妃として迎えられた。一般には、明成皇后として知られているが、この諡号は、帝政に移行したあとの1897年に贈られたものであるため、本書では明成王后とよぶことにする。また、閔妃とよばれることもあるが、それは閔氏の出身の王妃という意味でしかない。

　1873年に高宗が親政を開始したあと、明成王后は、高宗の実父である興宣大院君と覇権を競う。鎖国政策を採っていた興宣大院君とは異なり、明成王后は日本とも友好的な関係を保ち続けていた。しかし、1895年、日本の在朝鮮国特命全権公使三浦梧楼の支援をうけた興宣大院君に暗殺されてしまう。

日本に統治権を渡した韓国第2代皇帝

純宗
◉じゅんそう　スンジョン

生没　1874年〜1926年
在位　1907年〜1910年
実名　李坧

朝鮮の滅亡

　純宗は、1874年、第26代国王高宗と明成王后との間に次男として生まれ、兄が早世していたことから、翌年には世子に冊封されている。1907年、朝鮮の外交権を日本がもつことを定めた第二次日韓協約に反対する高宗が日本によって追放されたため、純宗が即位して韓国の第2代皇帝となった。

　このとき、朝鮮はすでに日本の影響下にあり、1910年には朝鮮の統治権をも日本がもつことを定めた第三次日韓協約の調印を余儀なくされる。これによって韓国は日本に併合されて朝鮮総督府の支配下にはいり、朝鮮王朝は滅亡することになった。日韓併合後、純宗は李王と称されて昌徳宮に居住し、1926年、53歳で波乱の生涯に幕を閉じた。

朝鮮王朝史　列伝

朝鮮王朝史 年表

1895年までは太陰太陽暦、1896年からは太陽暦
出典はすべて『高麗史節要』と『朝鮮王朝実録』

王	西暦	月日	出来事
太祖	1388年	2月	高麗の恭愍王、明の太祖洪武帝より、元から取り戻した領土を渡すように圧力をかけられる
		4月18日	李成桂、高麗の禑王の命に従い、明の遼東郡を攻めるため西京を出陣する
		5月7日	李成桂、明・高麗国境を流れる鴨緑江の下流に流れる威化島に着陣する
		5月22日	李成桂、威化島から撤退して禑王を追放し、昌王を王位につける
	1389年	12月	李成桂、昌王を廃位させ、恭譲王を即位させる
	1392年	7月12日	李成桂、高麗の恭譲王を廃位する
		7月13日	李成桂、恭愍王の王妃であった定妃から監録国事に任ぜられる
		7月17日	李成桂、国王として即位し、太祖となる
		7月18日	太祖、明に使節を送り、王朝の交替を報告する
		8月7日	太祖、元国王であった恭譲王を恭譲君に降格する
		11月29日	太祖、明に使節を送り、「朝鮮」と「和寧」から国号を裁許するよう奏請する
	1393年	1月2日	権仲和、新たな王都建設の候補地として鶏龍を提案する
		1月18日	太祖、権仲和の提案をうけ、鶏龍を視察し、王都建設を命ずる
		2月15日	明から使節が帰国し、国号が朝鮮に決まったことを太祖に報告する
		12月11日	臣下の反対をうけ、鶏龍における王都建設の中止を命ずる
	1394年	1月	高麗王家であった王氏一族の未来を、慶尚道東莱県の県令金可行らが占っていたことが発覚する
		2月	太祖、新たな王都建設の候補地として漢陽（現ソウル）を視察する
		4月	太祖、高麗王家の王氏一族を虐殺する
	1395年	6月6日	太祖、漢陽を漢城に改めて王都とし、開京から遷都する
	1398年	7月	この月以降、太祖が病床に臥す
		8月26日	太祖の五男靖安君、鄭道伝・南誾ら太祖の側近の排除を求めて兵を挙げ、異母弟の撫安君・宜安君を殺害する（第一次王子の乱）。このあと、靖安君の次兄永安君が世子となる
定宗		9月5日	太祖の次男永安君、景福宮の勤政殿で第2代国王として即位し、定宗となる
	1400年	1月28日	太祖の四男懐安君、弟靖安君を排除するために挙兵するが、敗れて流罪に処せられる（第二次王子の乱）
		6月20日	鄭以吾、定宗に王族や権臣のもつ私兵を解体するように献言する
		11月11日	定宗、弟の靖安君に譲位する旨を伝え、仁徳宮に退く
太宗		11月13日	定宗の弟靖安君、寿昌宮で第3代国王として即位し、太宗となる
	1401年	6月12日	太宗、明の恵宗建文帝から朝鮮国王に冊封される

王	西暦	月日	出来事
太宗	1402年	11月5日	安辺府使の趙思義らが反乱を起こす
		11月27日	太宗自らが出陣し、趙思義による反乱を平定する
	1406年	8月18日	太宗、長男の譲寧大君に王位を譲ると公言する
	1407年	7月10日	李和、太宗王妃元敬王后の兄弟閔無咎・閔無疾の処罰を太宗に求める
	1408年	5月24日	上王の太祖が薨去する。74歳
	1410年	3月17日	太宗、閔無咎・閔無疾に自害を命じる
	1415年	6月6日	太宗の長男譲寧大君、閔無咎・閔無疾の弟閔無悔・閔無恤が兄の自害に不満をもっている旨、太宗に訴える
	1416年	1月13日	太宗、閔無悔・閔無恤に自害を命じる
	1418年	6月3日	太宗の三男忠寧大君、世子に冊封される
	1418年	8月8日	太宗、世子忠寧大君への譲位を公言する
世宗		8月10日	世子忠寧大君、景福宮の勤政殿で第4代国王として即位し、世宗となる
	1419年	6月19日	上王の太宗、倭寇の根拠地とみなす日本の対馬を襲撃するため、李従茂に命じ、巨済島から出陣させる（応永の外寇）
		6月20日	李従茂率いる朝鮮軍、対馬に上陸して船舶を焼き払う
		6月26日	太宗、緒戦の勝利を聞いて祝賀会を催す
		7月3日	朝鮮軍、対馬から撤退する
		7月17日	世宗、対馬の宗貞盛に対し、降伏を勧める書を送る
	1422年	5月10日	上王の太宗が薨去する。56歳
	1432年	12月21日	女真族の首長李満住が平安道に侵入する
	1433年	1月14日	世宗、崔閏徳に命じて平安道の女真族を撃退させる
	1435年	3月27日	世宗、金宗瑞に命じて咸鏡道の女真族を平定させ、6鎮を設置する
	1436年	6月24日	世宗、李蕆に命じて平安道の女真族を平定させ、4郡を設置する
	1450年	2月17日	世宗、八男永膺大君の邸宅で薨去する。54歳
文宗		2月22日	世宗の世子が永膺大君の邸宅で第5代国王として即位し、文宗となる
	1452年	5月14日	文宗、景福宮の勤政殿で薨去する。39歳
端宗		5月18日	文宗の世子が景福宮の勤政殿で第6代国王として即位し、端宗となる
	1453年	10月10日	文宗の弟首陽大君、朝廷の大臣らを暗殺して政権を掌握する（癸酉靖難）
		10月13日	端宗、李澄玉が謀反を起こしたとの報告をうける
		10月18日	端宗、首陽大君の圧力により、首陽大君の弟安平大君を賜死する
		10月20日	李澄玉、配下の裏切りにあって殺される
	1454年	1月25日	端宗、宋玹寿の娘定順王后を王妃に迎える
世祖	1455年	閏6月11日	端宗の叔父首陽大君、端宗に譲位を強要。自ら景福宮の勤政殿で第7代国王として即位し、世祖となる
	1456年	6月1日	成三問ら、世祖の暗殺を企てるが失敗する
	1457年	6月21日	世祖、端宗妃定順王后の父宋玹寿らが謀反を起こそうとしている旨、報告をうける
		6月22日	端宗、世祖により魯山君に降格され、配流される
		6月27日	世祖、弟の錦城大君が謀反を起こそうとしている旨、報告をうける
		10月21日	世祖の伯父譲寧大君、魯山君と錦城大君の賜死を世祖に求める。これを聞いた魯山君、首を吊って自害したという
	1467年	5月10日	李施愛が咸鏡道で反乱を起こす
		8月12日	李施愛、配下の裏切りで捕縛され、殺害される

朝鮮王朝史 年表

王	西暦	月日	出来事
世祖	1467年	9月 4日	世祖、李施愛の乱の原因が節度使康孝文の圧政にあったと結論づけ、咸鏡道を南北に二分し、節度使を2人おくことにする
睿宗	1468年	9月 7日	世祖の世子海陽大君、世祖から譲位され、寿康宮の明政殿で第8代国王として即位し、睿宗となる
		10月27日	王族の南怡・康純ら、謀反の咎で尋問をうけ、処刑される
成宗	1469年	11月28日	睿宗、景福宮の紫薇堂で薨去し、世祖の孫者山大君が景福宮の勤政殿で第9代国王として即位し、成宗となる
	1474年	4月15日	成宗の王妃恭恵王后、薨去する
	1476年	7月11日	世祖の王妃貞熹王后、成宗の後宮の淑儀尹氏を継妃とするように提言する
		8月 9日	成宗、後宮の淑儀尹氏を継妃に迎え、斉献王后とする
		10月 7日	斉献王后、成宗の嫡男（のちの燕山君）を産む
	1477年	3月20日	斉献王后、成宗の後宮を毒殺しようとしていると讒訴される
		3月29日	成宗、斉献王后の処分について大臣らと相談する
	1479年	6月 2日	成宗、斉献王后を廃妃とする
		6月13日	斉献王后、王宮から追放される
		8月16日	成宗、臣下から廃妃の撤回を求められるが拒否する
	1480年	11月 8日	成宗、後宮の淑儀尹氏を継妃に迎え、貞顕王后とする
	1482年	8月16日	成宗、廃妃した斉献王后を賜死することを決める
	1483年	2月 6日	成宗、賜死した斉献王后の子燕山君を世子とする
	1494年	12月24日	成宗、昌徳宮の大造殿で薨去する。38歳
燕山君		12月29日	成宗の世子燕山君、第10代国王として即位する
	1498年	7月13日	燕山君、士林派を弾圧する（戊午士禍）
	1504年	3月24日	燕山君、実母斉献王后の諡号を決める
	1504年	5月 6日	燕山君、実母斉献王后の廃妃・賜死に関与した臣下を処刑する（甲子士禍）
中宗	1506年	9月 2日	朴元宗らが政変を起こして燕山君を追放し、燕山君の異母弟晋城大君が第11代国王として即位し、中宗となる（中宗反正）
		9月 9日	中宗、朴元宗らにより燕山君の親戚にあたる王妃端敬王后の廃妃を強要される
		9月27日	中宗、明に使節を送り、反正の経緯を伝えるとともに、冊封を求める
		11月 6日	燕山君、配流先の江華島で死去する
	1510年	4月 4日	慶尚道の三浦で、日本人居留民が暴動を起こす（三浦倭乱）
	1515年	3月 2日	中宗の継妃となった章敬王后、産後の経過が悪く薨去する
		8月 8日	中宗、臣下から端敬王后の廃妃撤回を求められる
		8月11日	中宗、端敬王后の処遇について大臣と議論した結果、復位を認めないことを決める
	1519年	10月25日	士林派の趙光祖、中宗に対し、朝廷の実権を握る勲旧派の称号を剥奪するように献言する
		11月15日	中宗、勲旧派から趙光祖の処罰を求められ、賜死する（己卯士禍）
	1544年	11月15日	中宗、昌慶宮の歓慶殿で薨去する。56歳
仁宗		11月20日	中宗の世子、昌慶宮の明政殿で第12代国王として即位し、仁宗となる
	1545年	7月 1日	仁宗、景福宮の清讌楼で薨去する。31歳
明宗		7月 6日	仁宗の弟慶源大君、景福宮の勤政殿で第13代国王として即位し、明宗となる
		8月29日	明宗、即位に反対していた尹任ら大尹を賜死する（乙巳士禍）
	1547年	9月18日	明宗を補佐する実母の文定王后を批判する落書が見つかる

王	西暦	月日	出来事
明宗	1565年	4月 6日	文定王后が薨去し、明宗が親政を本格的に始める
	1567年	6月28日	明宗、景福宮の養心堂で薨去する。34歳
宣祖		7月 3日	中宗の孫河城君が景福宮の勤政殿で第14代国王として即位し、宣祖となる
	1572年	閏2月 1日	吏曹正郎の呉健が辞職したあと、後任に予定されていた士林派の金孝元の就任を沈義謙が反対する
	1574年	7月 8日	金孝元が吏曹正郎となる。このあと、士林派は沈義謙の西人と金孝元の東人に分裂する
	1575年	10月24日	西人の李珥、沈義謙と金孝元を別な地方に赴任させることで、西人と東人を融和させようとする
	1584年	1月16日	西人と東人の橋渡しをしていた李珥が死去。以後、西人と東人の対立が激化する
		8月18日	大司憲が西人の沈義謙を弾劾する
		8月25日	大司諫が西人の沈義謙を罷免するよう宣祖に諫言する
		9月 2日	宣祖、沈義謙を罷免する
	1589年	10月 1日	宣祖、東人の鄭汝立が反乱を起こそうとしている旨、報告をうける
		10月17日	鄭汝立、追討を受けて自害する
		10月20日	鄭汝立の子鄭玉男、捕らえられて処刑される
		10月28日	西人の鄭澈、東人の処罰を宣祖に訴える
		11月 1日	宣祖、西人の鄭澈を右議政に抜擢し、東人を処罰する
		11月18日	宣祖、日本からの要請を受け、通信使を派遣することを決める
	1590年	3月 1日	通信使、漢城を出立する
		11月 7日	通信使、京都の聚楽第で豊臣秀吉に謁見する
	1591年	2月 1日	宣祖、東人の李山海らの直訴をうけ、西人の鄭澈を左遷させる
		3月 1日	通信使が帰国し、日本の情勢を報告する
		閏3月14日	失脚した西人の鄭澈、辞職を願い出る。西人に対する処分をめぐり、東人は北人と南人に分裂する
	1592年	4月14日	豊臣秀吉、朝鮮出兵を命じ、文禄の役が始まる
		4月15日	日本軍が釜山に上陸する
		4月17日	宣祖、申砬を将軍に任じて日本軍を迎え撃たせる
		4月27日	申砬、忠州郊外の弾琴台で日本軍に敗れる
		4月29日	宣祖、都の漢城から逃れる
		5月 2日	日本軍により漢城を落とされる
		6月15日	日本軍により平壌を落とされる
	1593年	1月 8日	到着した明の援軍とともに平壌を奪回する
		1月26日	明・朝鮮連合軍、碧蹄館の戦いで日本軍に大敗する
	1596年	9月 1日	明の冊封使、大坂城で豊臣秀吉に引見するが、講和交渉は決裂する
	1597年	2月20日	豊臣秀吉が再び朝鮮への出兵を命じ、慶長の役が始まる
	1598年	8月18日	豊臣秀吉、伏見城で薨去する
		9月 1日	南人の柳成龍、文禄・慶長の役の失策を問われ、領議政を罷免される。以後、北人が政権を握る
	1604年	2月27日	捕虜となった日本から帰国した金光、宣祖に日本との講和を勧める
	1605年	3月 4日	宣祖が使者として日本に派遣した僧侶の惟政ら、伏見城で徳川家康に謁見する
		5月15日	宣祖、帰国した惟政らの報告をうけ、大臣らと対日講和交渉の是非を議論し、先送りすることを決める

朝鮮王朝史 年表

王	西暦	月日	出来事
宣祖	1606年	3月6日	宣祖の正妃仁穆王后、嫡男となる永昌大君を産む。これにより、北人は、光海君を支持する大北と永昌大君を支持する小北に分裂する
		12月24日	国防を担う備辺司、通信使の派遣は日本の政情を知るうえでも有用だと献策する
	1607年	10月13日	宣祖、世子の光海君に代理聴政を命ずるが、小北の領議政柳永慶の反対をうけて撤回する
	1608年	1月18日	大北の鄭仁弘ら、宣祖に対し、小北の柳永慶を処罰するように求めるが、宣祖は拒否する
		1月26日	宣祖、小北の柳永慶を弾劾した大北の鄭仁弘らを流罪に処す
		2月1日	宣祖、貞陵洞行宮の正殿で薨去する。57歳
光海君		2月2日	宣祖の世子光海君、貞陵洞行宮の西庁で第15代国王として即位する
		2月7日	小北の柳永慶、処罰を避けるため、光海君に辞表を出す。光海君、辞表を受け付けず
		2月14日	大北が連名で光海君の兄臨海君の叛意を訴える。光海君、臨海君を珍島に配流する
		2月21日	光海君、宣祖の王妃仁穆王后の名義で明に使節を送り、冊封を求める
		3月2日	光海君、珍島に配流されていた兄臨海君を江華島に移す
		6月15日	明から光海君が即位した経緯を調べるための使者が派遣される
		6月20日	明の使者が江華島に赴き、臨海君から事情を聞く
		9月16日	光海君、小北の柳永慶を賜死する
	1609年	5月2日	江華島に配流されていた臨海君が死去する
		6月2日	光海君、明からの冊封使を迎え、朝鮮国王として認められる
	1612年	2月13日	宣祖の六男順和君の養子晋陵君、大北により讒訴される
		11月1日	光海君、大臣らと晋陵君の処分について議論し、賜死することを決める
	1613年	4月25日	宣祖の嫡子永昌大君、大北に讒訴される
		5月4日	光海君、永昌大君の祖父金悌男を処分するようにという大北の献言に従い、金悌男を罷免する
		6月1日	光海君、大北の訴えにより、金悌男を賜死する
		7月27日	光海君、永昌大君を江華島に配流する
	1614年	1月13日	鄭沆、江華府使となる
		2月10日	江華島に配流されていた永昌大君が死去。鄭沆によって殺されたという
		2月21日	副司直の鄭蘊、鄭沆を永昌大君殺害の容疑で訴えるが、光海君によって、逆に処罰される
	1615年	閏8月14日	光海君の異母弟定遠君の子綾昌君、罪人に讒訴される
		11月10日	光海君、綾昌君を江華島に配流する
		11月17日	江華島に配流された綾昌君、首を吊って自害する
	1617年	11月24日	大北の李爾瞻、仁穆王后の廃母を訴える
	1618年	1月28日	光海君、仁穆王后の廃母は認めず、代わりに「大妃」ではなく「西宮」と呼ぶように布告する
		6月19日	光海君、後金との戦いに援軍を送るよう明から催促される
		7月4日	光海君、明に対して援軍1万を送る
	1619年	3月1日	明・朝鮮連合軍、3月1日から5日にかけて、撫順東方のサルフで後金軍と激突し、大敗する
		4月9日	光海君、後金の太祖ヌルハチから国書を送られる

王	西暦	月日	出来事
仁祖	1623年	3月13日	光海君を擁する大北の政権に不満をもつ西人が、光海君の甥綾陽君を奉じて光海君を追放。綾陽君が慶雲宮で第16代国王として即位し、仁祖となる（仁祖反正）
		3月22日	仁祖、昌慶宮の明成殿で明の応時泰を引見し、即位を告げる
		4月27日	仁祖、冊封を求める使節を明に派遣する
	1624年	1月17日	仁祖、腹心の李适が謀反を起こそうとしている旨、報告をうける
		1月24日	李适、挙兵して漢城に向けて進軍を開始。仁祖は漢城から避難する
		2月10日	宣祖の王妃仁穆王后、李适に抵抗するように檄を飛ばす
		2月15日	李适、配下に殺されて反乱が平定される
	1627年	1月13日	後金軍、鴨緑江を越えて朝鮮に侵入する（丁卯胡乱）
		2月 2日	仁祖、後金の太宗から和議を求められる
		4月 1日	仁祖、後金に和睦を受諾する旨、伝える
	1636年	2月16日	仁祖、後金から国号を清と改め、太宗が皇帝として即位する旨、伝えられる
		2月21日	仁祖、司憲府の洪翼漢らの献言を容れ、太宗の皇帝即位を認めない旨、伝える
		12月 8日	清軍、鴨緑江を越えて朝鮮に侵入する（丙子胡乱）
		12月14日	仁祖、昭顕世子らとともに南漢山城に籠城する
	1637年	1月22日	清軍によって江華島が陥落する
		1月30日	仁祖、南漢山城を開城して清に降伏し、世子を人質として清へ送る
		11月 3日	仁祖、清の意向により、皇帝太宗を称える「大清皇帝功徳碑」を建設する
	1645年	2月18日	清に人質になっていた仁祖の子である昭顕世子と鳳林大君が朝鮮に帰国する
		4月26日	昭顕世子が病死。仁祖の後宮である貴人趙氏が毒殺したと噂される
		閏6月 2日	仁祖、新たな世子を決めるべく大臣を招集し、鳳林大君を世子とする
		8月26日	仁祖、昭顕世子嬪の実家である姜氏一族を配流する
	1646年	1月 3日	仁祖、昭顕世子嬪を幽閉する
		3月15日	仁祖、昭顕世子嬪を賜死する
	1647年	5月13日	仁祖、昭顕世子の子である慶善君・慶完君・慶安君を済州島に配流する
	1648年	9月18日	昭顕世子の子慶善君が病死する
		12月23日	昭顕世子の子慶完君が病死する
	1649年	5月 8日	仁祖、昌徳宮の大造殿で薨去する。47歳
孝宗		5月13日	仁祖の子鳳林大君が昌徳宮の仁政殿で第17代国王として即位し、孝宗となる
		6月22日	孝宗、領議政の金自點を罷免するように求められる
		8月 4日	孝宗、金自點を罷免する
	1651年	11月23日	仁祖の後宮であった貴人趙氏、孝宗妃仁宣王后を呪詛したとして弾劾される
		12月13日	孝宗、金自點が貴人趙氏に通じて反乱を計画していたとの報告をうけ、貴人趙氏を賜死、金自點を処刑する
	1654年	2月 2日	孝宗、清からロシア征討に援軍を送るように求められる
		4月16日	清・朝鮮軍、ロシア軍を撃破する
	1658年	3月 3日	孝宗、清からロシア征討に援軍を送るように求められる
		6月10日	清・朝鮮軍、ロシア軍を撃破する
	1659年	5月 4日	孝宗、昌徳宮の大造殿で薨去する。41歳
		5月 5日	孝宗の世子、仁祖の継妃荘烈王后の服喪期間を決めるよう、礼曹から求められる。世子、西人の宋時烈らに諮問し、服喪期間を1年に決める
顕宗		5月 9日	孝宗の世子が景福宮の仁政殿で第18代国王として即位し、顕宗となる

朝鮮王朝史 年表

王	西暦	月日	出来事
顕宗	1660年	3月16日	南人の許穆、西人の宋時烈が定めた荘烈王后の服喪期間に異議を唱えて訴える
		4月18日	南人の尹善道、西人の宋時烈を弾劾する
		4月30日	顕宗、西人の見解を支持し、南人の尹善道を配流する（己亥礼訟）
	1666年	3月20日	顕宗、金寿興をよんで己亥礼訟について問う
	1674年	2月23日	孝宗の王妃仁宣王后が薨去する
		7月 6日	南人の都慎徴、西人の金寿興が定めた荘烈王后の服喪期間に異議を唱えて訴える
		7月13日	顕宗、金寿興を詰問する
		7月16日	顕宗、南人の見解を支持し、西人の金寿興を配流する（甲寅礼訟）
		8月18日	顕宗、昌徳宮の斎廬で薨去する。34歳
粛宗		8月23日	顕宗の世子が景福宮の仁政殿で第19代国王として即位し、粛宗となる
		12月18日	粛宗、南人の訴えを聞きいれ、宋時烈を罷免する
	1675年	3月12日	外戚にあたる西人の金錫冑らによる讒訴をうけ、粛宗、仁祖の三男麟坪大君の子福昌君・福平君を配流する
	1680年	3月28日	粛宗、金錫冑の意向により、南人から西人に政権を交代させる（庚申換局）。このあと、西人は南人に対する対応の相違により、強硬派の老論と穏健派の少論に分裂する
		4月 5日	仁祖の三男麟坪大君の子福善君と南人の許堅、讒訴をうけて処刑される
	1688年	10月28日	粛宗の後宮昭儀張氏、粛宗の第一子を産む
	1689年	1月15日	粛宗、後宮昭儀張氏が産んだ第一子に元子の称号を与え、昭儀氏を嬪に昇格させて禧嬪張氏とする
	1689年	2月 1日	老論の宋時烈、粛宗が元子の称号を与えたのは早急であると批判。粛宗、宋時烈を済州島に配流するとともに、政権を西人から南人に交代させる（己巳換局）
		5月 2日	粛宗、西人（老論・少論）に支持されていた仁顕王后を廃妃とし、代わりに禧嬪張氏を正妃に迎える
		6月 3日	粛宗、老論の宋時烈を賜死。これにより、南人が政権を握る
	1692年	3月 6日	王后張氏の兄張希載、摠戎使となる
	1693年	2月18日	王后張氏の兄張希載、漢城府右尹となる
	1694年	3月23日	南人の閔黯、西人（老論・少論）を讒訴告する
		4月 1日	粛宗、南人の閔黯らを処罰し、政権を南人から西人（老論・少論）に交代させる（甲戌換局）
		4月12日	粛宗、南人に支持されていた王后張氏を廃位して禧嬪に降格し、代わって仁顕王后を復位させる
	1701年	8月14日	仁顕王后が薨去する
		9月23日	粛宗、張氏一族が仁顕王后を呪詛していたとして、禧嬪張氏の兄張希載の処刑を命じ、禧嬪張氏の処罰を議論する
		9月27日	少論の崔錫鼎、粛宗に禧嬪張氏の助命を嘆願する
		10月 8日	粛宗、禧嬪張氏を賜死する
		10月24日	粛宗、張氏一族に対する少論の処分が甘いとする老論の弾劾をうけ、少論の大臣を罷免する
	1717年	7月19日	粛宗、老論の李頤命と単独で会見し、禧嬪張氏が産んだ世子に代理聴政をさせる内諾を得る
		7月28日	粛宗、少論の尹趾完による異見を無視し、世子に代理聴政を命ずる
	1720年	6月 8日	粛宗、慶徳宮の隆福殿で薨去する。60歳
景宗		6月13日	粛宗の世子、慶徳宮で第20代国王として即位し、景宗となる

王	西暦	月日	出来事
景宗	1720年	7月21日	景宗、少論の趙重遇による提言をうけて生母禧嬪張氏に爵号を与えようとするが、老論に遠慮して断念する
	1721年	8月20日	景宗、老論の圧力により、異母弟延礽君を世弟にすることを決める
		8月23日	少論の柳鳳輝、景宗に圧力をかけた老論を批判し、老論により流罪に処せられる
		10月10日	景宗、老論の提起により世弟に代理聴政を命ずるが、少論の諫言により命令を撤回する
		10月16日	景宗、再び世弟に代理聴政を命ずるが、老論・少論の大臣の諫言により命令を撤回する
		12月6日	景宗、少論の金一鏡による弾劾をうけ、老論の4大臣を配流(辛丑獄事)。これにより、政権が老論から少論に交代する(辛丑換局)
	1722年	3月27日	少論に与した南人の睦虎龍、老論4大臣の子弟による謀反を告発する(壬寅獄事)
		4月17日	景宗、少論の李師尚らの訴えにより、老論4大臣の処刑を決める(辛壬士禍)
		5月27日	景宗の異母弟延礽君、清から世弟に冊封される
	1724年	8月21日	景宗、急病になる
		8月25日	景宗、昌慶宮の環翠亭で薨去する。37歳
英祖		8月30日	景宗の世弟が昌徳宮の仁政殿で第21代国王として即位し、英祖となる
		10月3日	英祖、辛壬士禍で捕らわれていた老論強硬派の閔鎮遠を釈放する
		11月6日	老論の李義淵、英祖に対して辛壬士禍の総括を求める
		11月7日	英祖、少論の権益寛による弾劾をうけ、老論の李義淵を流罪に処す
	1725年	3月1日	英祖、老論の鄭澔による上訴をうけ、辛壬士禍で賜死した老論4大臣の名誉を回復する
		4月23日	英祖、老論の鄭澔を領議政とし、少論の金一鏡と南人の睦虎龍を処刑する(乙巳処分)
	1726年	1月4日	英祖、少論の李光佐らを処刑しようとする老論強硬派の閔鎮遠を罷免する
		5月13日	英祖、洪致中・趙道彬を中心とする老論穏健派の政権を誕生させる
	1727年	4月20日	少論の重鎮である柳鳳輝が配流先で死去し、老論強硬派の勢威が高まる
		7月1日	英祖、老論強硬派を抑えるため、少論の李光佐を領議政に任じ、少論穏健派の政権を再び誕生させる(丁未換局)
	1728年	3月15日	政権から排除された少論の李麟佐、南人の一部と結んで反乱を起こす(戊申の乱)
		3月24日	少論の呉命恒、自ら反乱軍の追討を志願し、安城の戦いで李麟佐を破る
	1729年	8月18日	英祖、辛丑獄事を忠義、壬寅獄事を反逆と裁定する(己酉処分)
	1738年	8月1日	英祖、老論の最強硬派であった兪拓基を戸曹判書として政権にいれる
	1739年	11月23日	老論の兪拓基、壬寅獄事を反逆と裁定した己酉処分の取り消しを求める
	1740年	6月13日	英祖、壬寅獄事が冤罪であったと裁定する(庚申処分)
	1741年	9月24日	英祖、辛丑獄事と壬寅獄事の最終的な総括を国内に布告する(辛酉大訓)
	1749年	1月23日	英祖、荘献世子への譲位を公言するが、老論の反対により撤回し、代理聴政を命ずる
	1762年	5月22日	老論の羅景彦、荘献世子の非行を英祖に告発する
		閏5月13日	英祖、荘献世子を米櫃に閉じ込めて殺害する(壬午禍変)
		6月5日	英祖、荘献世子を追い詰めていた金尚魯を罷免し、のちに賜死する
		7月23日	英祖、荘献世子の葬儀を執り行う
	1775年	11月20日	英祖、世孫による代理聴政を大臣に諮るが、洪麟漢に反対される

朝鮮王朝史 年表

325

王	西暦	月日	出来事
英祖	1775年	12月 3日	世孫の側近洪国栄、一族の洪麟漢を訴える
		12月21日	洪麟漢、洪国栄に反駁。英祖、洪麟漢の反駁を認めず、世孫による代理聴政を強行する
	1776年	3月 3日	英祖の病状が悪化する
		3月 5日	英祖、慶熙宮の集慶堂で薨去する。83歳
正祖		3月10日	英祖の世孫が慶熙宮の崇政殿で第22代国王として即位し、正祖となる
		3月19日	正祖、義父の孝章世子を真宗に、義父の賢嬪趙氏を孝純王后に追崇する
		3月25日	老論の李淮、正祖の叔母和緩翁主の養子鄭厚謙を弾劾する
		3月27日	正祖、老論の李淮による弾劾を認めず、逆に李淮を処罰する
		6月23日	正祖、鄭厚謙母子の死罪を求めて訴えた尹若淵を自ら尋問し、洪麟漢の意向があったことを明らかにする
		7月 5日	正祖、実母恵嬪洪氏の叔父にあたる洪麟漢を賜死する
		11月19日	正祖、側近の都承旨洪国栄に守禦使を兼任させる
	1777年	5月27日	正祖、側近の都承旨洪国栄に禁衛大将を兼任させる
		7月28日	姜龍輝ら、正祖の暗殺に失敗する
		8月 9日	姜龍輝ら、再び正祖の暗殺に失敗する
		8月11日	領議政の金尚喆ら、姜龍輝らに加担していたとして、正祖の異母弟恩全君の処刑を求める
		9月24日	正祖、金尚喆らの圧力に屈し、恩全君を賜死する
		11月15日	正祖、国王の警護部隊として宿衛所を創設し、側近の洪国栄を宿衛大将に任ず
	1779年	5月 7日	正祖の後宮で洪国栄の妹である元嬪洪氏、14歳で病没する
		9月26日	弾劾された洪国栄、正祖に辞任を申し出て許可される
	1781年	4月 5日	洪国栄、配流先で病没する
	1788年	2月11日	正祖、南人の蔡済恭を右議政に抜擢。これ以後、南人が朝廷に再び進出する
		11月 8日	慶尚道の儒者李鎮東ら、戊申の乱後に南人が冷遇された経緯を正祖に訴える
		11月11日	正祖、慶尚道の儒者李鎮東らを特別に引見する
	1789年	7月11日	荘献世子の姉和平翁主の夫朴明源、荘献世子の改葬を建議する
		10月 7日	正祖、父荘献世子の墓を水原に改葬する
	1792年	4月18日	老論の柳星漢、正祖が学問をないがしろにしていると諫言する
		4月30日	南人の蔡済恭、柳星漢を弾劾する
		閏4月17日	南人の蔡済恭、景宗に不敬をはたらいた老論の尹九宗を弾劾する
		閏4月27日	慶尚道の南人1万57人、荘献世子の名誉回復と、柳星漢・尹九宗の処罰を正祖に求めて訴える（嶺南万人疏）
		5月 7日	慶尚道の南人1万368人、再び正祖に荘献世子の名誉回復を訴える
	1795年	6月27日	正祖、密入国した清人神父周文謨の逮捕を命ずる
		7月26日	正祖、キリスト教を邪学として排斥するべきではない旨、布告する
	1800年	5月30日	正祖、経筵の場で南人の李家煥を領議政に登用することを示唆する（伍晦筵教）
		6月21日	正祖、急に体調を崩す
		6月28日	正祖、昌慶宮の迎春軒で薨去する。49歳
		6月29日	英祖の継妃貞純王后、三政丞に老論を登用する
純祖		7月 4日	正祖の世子が昌徳宮の仁政殿で第23代国王として即位し、純祖となる。貞純王后が垂簾聴政を行う

王	西暦	月日	出来事
純祖	1800年	7月20日	貞純王后、正祖の決めた正義の道理に従うことを示す
		12月18日	貞純王后、正祖の決めた正義の道理に従うことを改めて解釈し示す
	1801年	1月10日	貞純王后、キリスト教の禁止を理由に、キリスト教を信仰していた南人を弾圧する（辛酉教獄）
		9月26日	キリスト教の迫害を国外に伝えようとした黄嗣永が捕まる
	1801年	10月27日	貞純王后、純祖の名義で「討邪奏文」を作成し、キリスト教弾圧の経緯を清に報告する
	1802年	10月13日	金祖淳の娘が純祖の王妃に迎えられ、純元王后となる
	1803年	12月28日	貞純王后、垂簾聴政の中止を布告する
	1811年	12月18日	没落した両班の洪景来が農民とともに平安道で反乱を起こす。平安道農民戦争ともいう
	1812年	4月19日	洪景来の乱が鎮定される
	1827年	2月 9日	純祖、孝明世子に代理聴政を命じ、外戚安東金氏を牽制させる
	1830年	閏4月22日	孝明世子が血を吐いて倒れる
		5月 6日	孝明世子が病没する
	1834年	11月13日	純祖、慶熙宮の会祥殿で薨去する。45歳
憲宗		11月18日	純祖の世孫が慶熙宮の崇政殿で第24代国王として即位し、憲宗となる。純祖の王妃純元王后が垂簾聴政を行う
	1839年	3月 5日	純元王后、右議政李止淵の建議をうけてキリスト教を弾圧する（己亥教獄）
		8月14日	純元王后、フランス人宣教師を処刑する
		10月18日	純元王后、自らの名義でキリスト教を排撃する「斥邪倫音」を布告する
	1846年	7月 3日	憲宗、フランス海軍提督から宣教師殺害を詰問した国書を受け取る
		7月15日	憲宗、大臣らとフランスへの対応を協議する
	1847年	7月 3日	回答を受け取りにきたフランス軍艦、全羅道の沿岸で座礁する
		8月 9日	座礁したフランス軍艦の乗組員ら、イギリス船でフランスに帰国する
		8月11日	憲宗、備辺司の建言をうけて、フランス人宣教師を処刑した経緯について清に報告する
	1849年	6月 6日	憲宗、昌徳宮の重熙堂で薨去する。23歳
哲宗		6月 9日	罪人として江華島に流されていた徳完君が昌徳宮の仁政殿で第25代国王として即位し、哲宗となる
		6月17日	純元王后、哲宗が読む祝文において、憲宗に対する他称と哲宗自身の自称を決めるように礼曹から求められる。このあと、臣下による論争に発展する（己酉礼論）
	1862年	2月18日	慶尚道晋州を中心に、大規模な反乱が起こる（壬戌民乱）
		7月25日	哲宗、安東金氏の讒訴により、王族の李夏銓を配流する
		8月11日	哲宗、安東金氏の圧力により、配流されていた李夏銓を賜死する
	1863年	12月 8日	哲宗、昌徳宮の大造殿で薨去する。33歳
高宗		12月13日	興宣君の次男が昌徳宮の仁政殿で第26代国王として即位し、高宗となる。高宗の実父興宣君は大院君の称号が与えられ、実権を握る
	1866年	1月20日	興宣大院君、フランス人宣教師らを処刑し、数千人の信徒を逮捕する（丙寅教獄）
		3月21日	興宣大院君、高宗に閔致禄の娘を迎え、明成王后とする
		7月19日	アメリカの武装商船ゼネラル・シャーマン号が来航し、許可なく平壌に停泊する
		7月27日	平安監司の朴珪寿、ゼネラル・シャーマン号を焼き払う

朝鮮王朝史 年表

327

王	西暦	月日	出来事
高宗	1866年	8月15日	フランス艦隊が来航し、偵察のうえ撤収する
		8月16日	副護軍の奇正鎮、武力でフランスを排斥するように訴える
		9月 6日	フランス軍、江華島に上陸する
		10月 3日	朝鮮軍、鼎足山城のフランス軍を奇襲して破る
		10月 4日	フランス軍、江華島から撤退する（丙寅洋擾）
	1868年	4月18日	ユダヤ系実業家オッペルト、武装商船チャイナ号で忠清道に上陸し、興宣大院君の父南延君の墓をあばこうとする
		4月23日	オッペルト、永宗僉使の申孝哲を介し、興宣大院君に書状を送る
	1871年	4月23日	アメリカ軍、江華島に上陸し、翌日には制圧する
		5月16日	興宣大院君に交渉を拒絶されたアメリカ軍が撤退する（辛未洋擾）
	1873年	11月 3日	興宣大院君が批判をうけて下野し、高宗の親政が始まる
	1875年	8月21日	江華島の朝鮮軍、接近した日本の軍艦雲揚を攻撃する
		8月23日	日本軍に永宗島を占拠される（江華島事件）
	1876年	1月17日	高宗、日本の黒田清隆・井上馨と交渉を開始させる
		1月20日	高宗、現職・前職の大臣を集め、日本への対応を協議し、条約の締結に応じる姿勢をみせる
		1月23日	儒者の崔益鉉、日本との条約締結に反対し、斧を携えて示威行動をする
		2月 3日	江華島において、日本との間に日朝修好条規が締結される
	1880年	3月23日	高宗、金弘集を修信使に任じて、6月、日本に派遣する。金弘集、清の駐日公使何如璋から贈られた朝鮮が清・日本・アメリカと結ぶべきことを説く『朝鮮策略』を持ち帰る
	1881年	2月26日	慶尚道の儒者李晩孫ら、アメリカとの条約締結の反対を訴え、1万人の署名を奉じる（嶺南万人疏）
		閏7月 6日	江原道の儒者洪在鶴、儒教によりヨーロッパ諸国を教化するように訴える
	1882年	4月 6日	仁川において、アメリカとの間に朝米修好通商条約を締結する
		6月 9日	給与米の配給が滞った旧式軍隊の兵士が下野していた興宣大院君の内意を得て蜂起し、新式軍隊の指導にあたっていた日本の堀本礼造を殺害する（壬午軍乱）
		6月10日	反乱を起こした旧式軍隊、昌徳宮に突入して閔氏政権の大臣を殺害する
		6月11日	高宗、興宣大院君に政権を委ねる
		6月12日	高宗、日清両国に対し壬午軍乱の顚末を報告する
		6月29日	清軍が朝鮮に派遣される
		7月13日	清軍、興宣大院君を拉致して清に幽閉。これにより、閔氏が政権に復帰し、朝鮮は清の影響下におかれる
		7月17日	壬午軍乱の処理のため、日本との間に済物浦条約を締結する
	1884年	10月17日	朴泳孝・金玉均ら急進開化派、日本公使館の支援をうけて閔氏政権を倒す（甲申政変）
		10月19日	朝鮮に駐屯していた清軍の介入により政変は失敗し、朴泳孝・金玉均ら、日本に亡命する
		11月24日	甲申政変の処理のため、日本との間に漢城条約が締結される
	1885年	3月 1日	イギリス軍、朝鮮の巨文島を無断で占拠する
		3月 4日	甲申政変の処理のため、日清両国の間に天津条約が締結される
		3月20日	清の李鴻章、朝鮮に対し、イギリスが巨文島を租借することがないように忠告する

王	西暦	月日	出来事
高宗	1885年	4月 5日	朝鮮の外交顧問メレンドルフ、長崎でイギリス軍の司令官ダウェルと会見して非難する
		4月 7日	高宗、イギリスのほか各国公使館に対し、イギリスの非を訴える
	1887年	2月27日	イギリス軍、朝鮮の巨文島から撤収する
	1894年	4月 2日	高宗、全羅道の全琫準の主導により始まった農民の反乱に対し、鎮圧を命ずる（甲午農民戦争）
		5月23日	日本の大鳥圭介公使、高宗に内政改革の必要性を訴える
		6月21日	景福宮を制圧した日本軍、興宣大院君を復帰させ、朝鮮の近代化に乗り出す（甲午更張）
		6月23日	日清戦争が勃発する
		12月 2日	甲午農民戦争の鎮圧を担った日本軍、全琫準を捕らえる
	1895年	3月23日	日清戦争が終結し、日清両国の間に下関条約が締結される。このあと、清に通じていた興宣大院君、日本によって引退させられる
		8月20日	興宣大院君、景福宮に突入して明成王后を暗殺する（乙未事変）
		8月22日	高宗、明成王后の廃妃を布告する
		10月11日	元農商工部大臣の李範晋、アメリカ公使館の支援をうけて景福宮に突入しようとして失敗する（春生門事件）
		11月14日	高宗、乙未事変の首謀者とみなした李周會・朴銑・尹錫禹を絞首刑に処す
		11月15日	高宗、断髪令を布告し、批判が相次ぐ
	1896年	1月 7日	金炳始、断髪令の撤回を求めて訴える。以後、断髪令に反対する動きが広がり、争乱となる
		2月11日	高宗、景福宮を脱出してロシア公使館に避難する（俄館播遷）
		2月22日	高宗、親ロシア内閣を組閣する
	1897年	2月20日	高宗、アメリカ・ロシア公使館に近い慶運宮に移る
		5月 1日	高宗、臣下から皇帝として即位することを求められる
		10月11日	高宗、現職・前職の大臣を集め、国号を大韓に改める
		10月12日	高宗、初代韓国皇帝として即位する
	1899年	2月 1日	韓国が清から独立を認められる
		9月11日	韓清両国の間に韓清通商条約が締結される
	1904年	2月 8日	日露戦争が勃発する
		2月23日	日韓議定書が締結される
		8月22日	第一次日韓協約が締結される
	1905年	9月 5日	日露戦争が終結し、日露両国の間にポーツマス条約が締結される
	1905年	11月17日	第二次日韓協約が締結される
	1907年	4月20日	高宗、第二次日韓協約の無効を訴えるため、オランダのハーグで開かれていた万国平和会議に密使を派遣する
		7月19日	高宗、世子に代理聴政を命ずる
純宗		7月20日	高宗が譲位を強要され、高宗の世子が第2代皇帝として即位し、純宗となる
		7月24日	第三次日韓協約が締結される
	1909年	10月26日	義兵軍の安重根、ハルビン駅で韓国統監府初代統監伊藤博文を射殺する
	1910年	8月22日	日韓併合条約により、韓国は日本に併合される（日韓併合）
		8月29日	純宗、日韓併合に至った経緯について国民に布告する

朝鮮王朝史 年表

索引

■あ

足利義稙　あしかがよしたね………… 78
アシュトン………………………………… 273
安駉寿　あんけいじゅ……………………… 280
安重根　あんじゅうこん……………… 253,296
安順王后　あんじゅんおうごう………… 58,68
安瑢　あんとう……………………………… 80
安徳仁　あんとくじん……………………… 101
安平大君　あんぺいたいくん…… 9,37,39-42
アンベール…………………………… 239,240

■い

懿王　いおう……………………………… 245
懿敬世子　いけいせいし…… 46,49,56,57,
59,145,305,306
懿仁王后　いじんおうごう………… 101,112
惟政　いせい………………………… 93,110
伊藤博文　いとうひろぶみ… 253,274,276,
288-290,293,295,296
井上馨　いのうえかおる…………… 264,266,
274,279,280
尹起畝　いんきぼう………………… 60,306
尹九宗　いんきゅうそう…………… 189,218-220
尹元衡　いんげんこう………… 82,84,87,89,
96,308
尹絳　いんこう…………………………… 155
尹壕　いんごう…………………………… 63
尹士昀　いんしいん……………………… 50
尹子雲　いんしうん……………………… 56
尹趾完　いんしかん………………… 172,174
尹滋承　いんじしょう……………… 264,266
尹之任　いんしじん……………………… 81
尹蓍東　いんしとう……………………… 224
尹若淵　いんじゃくえん…………… 208,209
尹集　いんしゅう…………………… 141,142
尹汝弼　いんじょひつ…………………… 77,81
尹任　いんじん………………… 47,82,87-89

尹仁鏡　いんじんきょう………… 82,83,85,89
尹聖時　いんせいじ……………………… 183
尹錫禹　いんせきう………………… 281,282
尹錫永　いんせきえい…………………… 237
尹善道　いんぜんどう……………… 133,157
尹泰駿　いんたいしゅん…………… 271,273
尹致昊　いんちこう……………………… 287
尹弼商　いんひつしょう…………… 65,69,71

■う

ウィリアム・シャーマン………………… 256
ウィリアム・ダウェル…………………… 275
禑王　うおう………………… 9,11-14,17,300
禹範善　うはんぜん………………… 280,282

■え

永安君　えいあんくん……………… 8,9,18,23,
24,300,302
永寿君　えいじゅくん…………………… 177
永昌大君　えいしょうたいくん……… 92,93,
112,113,115,116,121-125,134,309
英祖　えいそ………… 80,174,175,177,179,
182-185,188-208,216,
217,219-220,223,224,230-232,
243-245,254,295,312,**313**,314,316
睿宗　えいそう……………… 46,47,53-59,68,
71,96,145,**305**,306
永膺大君　えいようたいくん…………… 9,36
永楽帝　えいらくてい…………………… 26,108
益安君　えきあんくん…………… 18,22,24,25
燕山君　えんざんくん………… 46,47,60,61,
64-77,92,129,132,136,306,**307**
延礽君　えんじょうくん→英祖
袁世凱　えんせいがい……………… 272,277
延齢君　えんれいくん…………………… 174

■お

応時泰　おうじたい ……………… 135
王奭　おうせき ………………… 14,17
大鳥圭介　おおとりけいすけ …… 278
オッペルト ……………… 253,259,260
恩彦君　おんげんくん …… 213,233,243,
　　　　　　　　　　　　　　245,315
恩全君　おんぜんくん ………… 211-213

■か

懐安君　かいあんくん …… 9,18,22,24,25
河緯地　かいち …………………… 49,50
懐平君　かいへいくん …………… 243
海陽大君　かいようたいくん→睿宗
霍皇后　かくこうごう …………… 167
郭世楗　かくせいけん ………… 160,161
河城君　かじょうくん→宣祖
何如璋　かじょしょう …………… 268
桂太郎　かつらたろう …………… 288
河崙　かろん ……………………… 21
咸以完　かんいかん ………… 170,171
韓応寅　かんおういん …………… 114
韓確　かんかく ………… 39,41,42,48
韓巨源　かんきょげん …………… 153
韓継純　かんけいじゅん ………… 57
韓圭稷　かんけいしょく ………… 273
韓圭卨　かんけいせつ ………… 288-292
韓構　かんこう …………………… 170
韓重爀　かんじゅうかく …… 170,171
韓洵　かんしゅん ………………… 73
韓準　かんじゅん ………………… 98
韓潤　かんじゅん ………………… 138
完昌君　かんしょうくん ………… 248
韓尚質　かんしょうしち …………… 19
韓泰東　かんたいとう ………… 163,164
咸豊帝　かんぽうてい …………… 256
韓明澮　かんめいかい …… 39,48,52,53,
　　　　　　　　　　　55-59,64,65,71
韓明璉　かんめいれん ………… 136-138

■き

宜安君　ぎあんくん …… 8,9,18,19,22,
　　　　　　　　　　　　　23,301,302
奇益献　きえきけん …………… 138
箕子　きし ………………… 259,283
奇自献　きじけん ……… 120,136,137
徽淑翁主　きしゅくおうしゅ …… 71
亀城君　きじょうくん ………… 52,54
貴人趙氏　きじんちょうし … 133,144,145,
　　　　　　　　　　148,151-153,310,311
奇正鎮　きせいちん …………… 257
義帝　ぎてい …………………… 69
禧嬪張氏　きひんちょうし … 132,133,164,
　　　　　　　　　　　165,167,169-174,
　　　　　　　　　　　176,216,219,312
恭恵王后　きょうけいおうごう …… 46,59,
　　　　　　　　　　　　　　60,306
姜渾　きょうこん ……………… 72,73
恭譲王　きょうじょうおう …… 9,14,15,17,
　　　　　　　　　　　　　19,20,300
姜碩期　きょうせきき ………… 147
恭愍王　きょうびんおう … 11,13-15,17,300
姜文星　きょうぶんせい ……… 147
姜文斗　きょうぶんと ………… 147
姜文璧　きょうぶんへき ……… 147
姜文明　きょうぶんめい ……… 147
姜龍輝　きょうりゅうき … 189,210,211
許頊　きょぎょく ……………… 114
許堅　きょけん ………………… 163
許皇后　きょこうごう …………… 61
姜弘立　きょこうりつ ……… 127,138
魚在淵　ぎょざいえん ……… 260,261
許周　きょしゅう ……………… 155
許積　きょせき ………… 159,161,163
許琛　きょそう ………………… 61
許穆　きょぼく ………… 133,156,157
金堉　きんいく ………………… 148
金一鏡　きんいつきょう …… 133,183,
　　　　　　　　　　　　189,191-195

金寅	きんいん	170	
金允植	きんいんしょく	269,276, 279,282	
金益勳	きんえきくん	163,164	
金應箕	きんおうき	74,75	
金海成	きんかいせい	170	
金可行	きんかこう	20	
金観柱	きんかんちゅう	231	
金綺秀	きんきしゅう	267	
金玉均	きんぎょくきん	253,272-274	
錦溪君	きんけいくん	125	
金光	きんこう	109,110	
金孝元	きんこうげん	93,96,97	
金弘集	きんこうしゅう	268,269,272, 274,278,279,282,283	
金国光	きんこくこう	55,56	
金在清	きんざいせい	238	
金在魯	きんざいろ	196-199	
金左根	きんさこん	246-249	
錦山君	きんざんくん	125	
金始淵	きんしえん	247	
金碩	きんしつ	49,50,53	
金馹孫	きんじつそん	69,70	
金自點	きんじてん	128,140,148-153	
金寿興	きんじゅこう	133,158-160, 165,166	
金寿恒	きんじゅこう	159,163,166	
金春澤	きんしゅんたく	170,184	
金浄	きんじょう	79,81	
金承珪	きんしょうけい	40	
金省行	きんしょうこう	184,195	
金昌集	きんしょうしゅう	174,175,177, 179,181-184,191,194-196	
金鍾秀	きんしょうしゅう	215,224	
金正水	きんしょうすい	50	
錦城大君	きんじょうたいくん	37,47, 49,51	
金尚喆	きんしょうてつ	205,211, 212,214,215	
金尚魯	きんしょうろ	203,220	
金湜	きんしょく	81	
金鉽	きんしょく	152	
金汝岉	きんじょぶつ	104,105	
金誠一	きんせいいつ	99,102	
金聖応	きんせいおう	201	
金世均	きんせいきん	78	
金世龍	きんせいりゅう	151	
金錫冑	きんせきちゅう	156,159,161-164	
金詮	きんせん	80	
金漸	きんぜん	31	
金宗漢	きんそうかん	278	
金宗瑞	きんそうずい	9,35,37-42, 48,49,52,69	
金宗直	きんそうちょく	67,69,70	
金祖根	きんそこん	238	
金祖淳	きんそじゅん	225,229, 234-236,238	
金大建	きんたいけん	241	
金緻	きんち	124	
金致仁	きんちじん	216	
金直哉	きんちょくさい	120	
金悌男	きんていなん	93,112,121-123, 125,134	
金道喜	きんどうき	242	
金徳遠	きんとくえん	166,168	
金日柱	きんにちちゅう	231	
金萬基	きんばんき	162,163,170	
金晩植	きんばんしょく	272	
金文起	きんびんき	42	
金輔鉉	きんふけん	270	
金汶根	きんぶんこん	246	
金炳学	きんへいがく	265	
金炳始	きんへいし	283	
金命元	きんめいげん	106	
金佑明	きんゆうめい	156,162	
金陽澤	きんようたく	209	
金瑬	きんりゅう	128,145-148	
金龍澤	きんりゅうたく	184,197	

金龍柱　きんりゅうちゅう……………231
金麟燮　きんりんしょう……………247
金櫃　きんれい………………………247
金鍊　きんれん………………………152
金鏴　きんろ…………………………237
金魯忠　きんろちゅう………………231

■く
グヴェア………………………………233
具峕伯　ぐしはく……………………125
具致寛　ぐちかん……………………56
クビライ………………………………10
黒田清隆　くろだきよたか……264,266

■け
慶安君　けいあんくん………………148
慶完君　けいかんくん……………148,149
慶源大君　けいげんたいくん→明宗
慶順公主　けいじゅんこうしゅ……22
慶善君　けいぜんくん……………145-149
景宗　けいそう……132,133,164-168,172,
　　　　　174-185,188-194,197,
　　　　　199,218,219,245,312,313
桀王　けつおう………………………129
月山大君　げつざんたいくん………56,57
厳一魁　げんいっかい………………119
元敬王后　げんけいおうごう……28,30,
　　　　　　32,262
顕淑公主　けんしゅくこうしゅ……71
憲宗　けんそう………228,229,237,238,
　　　　　240-246,254,315
顕宗　けんそう………132,133,154-162,
　　　　　167,311,312
顕徳王后　けんとくおうごう………38
元閔生　げんびんせい………………31
建文帝　けんぶんてい………………9,26

■こ
興安君　こうあんくん………………138

孝懿王后　こういおうごう………214,230
黄允吉　こういんきつ…………99,101,102
洪允成　こういんせい………………56
項羽　こうう…………………………69
洪英植　こうえいしょく…………273,274
洪遠燮　こうえんしょう……………248
孝王　こうおう………………………245
洪應　こうおう………………………63
光海君　こうかいくん……92,93,101,106,
　　　　　112-129,132-136,309,310
洪楽信　こうがくしん………………203
洪楽任　こうがくじん……203,211,213,233
洪起燮　こうきしょう………………237
洪貴達　こうきたつ…………………63
康熙帝　こうきてい…………………179
洪啓禧　こうけいき……………200,210
洪啓薫　こうけいくん………………277,281
洪景舟　こうけいしゅう……………80
洪啓迪　こうけいてき………………179
洪景来　こうけいらい……229,235,236
孝顕王后　こうけんおうごう……238,242
洪彦弼　こうげんひつ………………82,84
康孝文　こうこうぶん…………47,52,53
洪国栄　こうこくえい………………189,204,
　　　　　210,213-216
洪在鶴　こうざいかく………………269
洪在義　こうざいぎ…………………271
洪在龍　こうざいりゅう……………238
黄嗣永　こうしえい……………229,233,234
洪述海　こうじゅつかい……………210
康純　こうじゅん………47,52,53,55,56
洪駿漢　こうしゅんかん……………203
黄遵憲　こうじゅんけん……………268
洪淳穆　こうじゅんぼく………265,271
孝章世子　こうしょうせいし……201,206,
　　　　　　207,313
黄慎　こうしん………………………107
洪瑞鳳　こうずいほう……………145,146
興宣君　こうせんくん→興宣大院君

333

興宣大院君
　　こうせんたいいんくん……249,252-263,
　　　　270-272,278-282,**316**,317
高祖　　こうそ………………………………167
孝宗　　こうそう………………132,133,142,
　　　　144-159,161,310,**311**
高宗　　こうそう……249,252-255,262-266,
　　　　269,271-274,276-278,
　　　　280-285,288-296,**316**,317
洪相範　こうそうはん…………………210,211
洪致中　こうちちゅう………………189,193,194
洪直弼　こうちょくひつ……………245,246
孝定王后　こうていおうごう…………………238
孝寧大君　こうねいたいくん………30,31,303
洪武帝　こうぶてい………………11,17,19,26
洪鳳漢　こうほうかん………………199-204,207,
　　　　209,210,215
洪鳳周　こうほうしゅう……………255,256
皇甫仁　こうほじん……………………37-41,69
孝明翁主　こうめいおうしゅ…………151,152
孝明世子　こうめいせいし……………228,229,
　　　　236-238,245,249,314,315
洪翼漢　こうよくかん…………………140-142
鉤弋皇后　こうよくこうごう……………65,67
洪麟漢　こうりんかん………………189,204,205,
　　　　207-210,215
呉健　　ごけん……………………………93,96
呉光運　ごこううん………………………196
ココツェフ…………………………………296
胡舜臣　こしゅんしん……………………21
呉達済　ごたつさい…………………141,142
呉斗寅　ごといん…………………………168
小西行長　こにしゆきなが……106,107,110
小村寿太郎　こむらじゅたろう………288
呉命恒　ごめいこう………………………195
権益寛　ごんえきかん……………………191
権完　　ごんかん……………………………50
権重顕　ごんじゅうけん…288,289,291,292
権縉　　ごんしん……………………122,123

権大運　ごんたいうん……166,167,168,171
権仲和　ごんちゅうわ………………………21
権敦仁　ごんとんじん…………………240,242
権敏手　ごんびんしゅ………………………79
権撃　　ごんらん……………………………39,48
権慄　　ごんりつ……………………………108

さ
崔瑩　　さいえい…………………………12,13
崔益鉉　さいえきけん……………261,262,266
崔演　　さいえん……………………………85
崔恒　　さいこう……………………………56
崔閏徳　さいじゅんとく………………………35
蔡済恭　さいせいきょう……………189,216,218,
　　　　219,222,224,232,233
崔済愚　さいせいぐ…………………………277
崔錫恒　さいせきこう……………180,182,183
崔錫鼎　さいせきてい……………………173,180

し
司馬懿　しばい………………………………208
島村久　しまむらひさし…………………273
者山大君　しゃざんたいくん…………46,47,
　　　　56-58,306
シャスタン………………………………………239
シューフェルト……………………………269,270
周文謨　しゅうぶんぽ……………………189,222,
　　　　233,234
淑儀尹氏　しゅくぎいんし→斉献王后
粛宗　　しゅくそう……132,133,160-181,183,
　　　　190,192,196,197,199,216,
　　　　223,262,295,301,304,**312**,313
朱元璋　しゅげんしょう…………………………11
朱棣　　しゅてい……………………………26
首陽大君　しゅようたいくん→世祖
順懐世子　じゅんかいせいし……90,94,309
純元王后　じゅんげんおうごう…228,229,
　　　　235,238-240,242-246,249,314,315
純祖　　じゅんそ……………228-231,233-239,

	243-246,249,295,314,315	仁元王后　じんげんおうごう …… 175-178,	
純宗　じゅんそう ………………… 252,253,262,		190,197	
	294,296,297,317	任元濬　じんげんしゅん ………………… 53	
順治帝　じゅんちてい …………… 144,154		任光載　じんこうさい ……………………… 71	
順和君　じゅんわくん ……………… 93,120		申孝哲　しんこうてつ ………………… 259	
昌王　しょうおう ………………… 9,13,14,17		沈梓　しんし …………………………… 167	
尚敬　しょうけい ……………………………… 29		沈之源　しんしげん …………………… 154,155	
章敬王后　しょうけいおうごう …… 77-79,		任士洪　じんしこう …………………… 61,71,72	
	81,82,308	慎守勤　しんしゅきん ………………… 72,76,77	
常渓君　じょうけいくん ………… 213,214		申叔舟　しんしゅくしゅう …… 39,48,52,	
昭顕世子　しょうけんせいし …… 132,133,		53,56-59,155	
	141,142,144-148,151,	仁順王后　じんじゅんおうごう …… 89,90,	
	157,158,194,310,311	94-96	
聶士成　じょうしせい ………………… 277		沈舜澤　しんしゅんたく ……………… 284,284	
譲寧大君　じょうねいたいくん …… 9,28-31,		沈翔雲　しんしょううん …………… 205,209	
	47,303	沈象奎　しんしょうけい ………………… 237	
昌邑王　しょうゆうおう ………………… 73		晋城大君　しんじょうたいくん → 中宗	
諸葛亮　しょかつりょう ……………… 205		申汝哲　しんじょてつ ………………… 163	
徐光範　じょこうはん ………… 272-274,282		仁粋大妃　じんすいたいひ ………… 59,65,68	
徐載弼　じょさいひつ ……………… 273,274		任崇載　じんすうさい ……………………… 71	
徐寿朋　じょじゅほう ………………… 285		仁聖王后　じんせいおうごう ………… 86,90	
徐宗厦　じょそうか …………………… 183		申正熙　しんせいき …………………… 278	
徐文重　じょぶんじゅう ……………… 171		仁宣王后　じんせんおうごう ………… 133,	
徐明善　じょめいぜん ……………… 204,205		151-153,156,158,159	
徐有隣　じょゆうりん ………………… 205		仁祖　じんそ …… 92,93,128,129,132-152,	
徐龍輔　じょりゅうふ ………………… 231		155,156,158,159,162,	
ジョン・ロジャース ……………… 260,261		254,266,310,311	
神懿王后　しんいおうごう …… 8,18,22,301		神宗　しんそう …………………… 106,118,166	
沈惟敬　しんいけい ……………… 106,107		仁宗　じんそう ………………… 47,78,81,82,	
申益彬　しんえきひん ………………… 203		84-88,90,190,308	
沈悦　しんえつ ………………………… 145		仁宗（宋）　じんそう ………………… 95,177	
申可貴　しんかき ……………………… 154		申泰鼎　しんたいてい ………………… 256	
沈煥之　しんかんし ……………… 224,225,231		神徳王后　しんとくおうごう ………… 8,18,	
沈器遠　しんきえん …………………… 128		22,301	
沈義謙　しんぎけん ……………… 89,93,96-98		辛旽　しんどん ………………… 11,14,15,17	
申景禧　しんけいき …………………… 125		申晩　しんばん …………………… 199,201,202	
申橈　しんけん ……………… 264-266,269			
仁顕王后　じんけんおうごう ………… 133,			
	164-169,171-173,175,262		

335

仁穆王后　じんぼくおうごう ………… 92,93,
　　　　112-114,118,121,122,125,
　　　　126,128,129,134,135,138,309
任由謙　じんゆうけん …………………… 74
申瀏　しんりゅう ……………………… 154
申砬　しんりゅう ……………… 98,104,105
晋陵君　しんりょうくん ………… 93,120,121

■す

崇善君　すうぜんくん ……………… 152,153
スティーヴンス ……………………… 287

■せ

靖安君　せいあんくん ………… 8,9,18,22-27,
　　　　　　　　　　　　　　　　301,302
斉安大君　せいあんたいくん→成宗
成希顔　せいきがん ………… 72,76,78-80,307
斉献王后　せいけんおうごう ………… 46,47,
　　　　　　　　60-67,70,71,77,306,307
成三問　せいさんもん …………… 47-49,50
成俊　せいしゅん ………………………… 65,71
成勝　せいしょう ………………………… 49
世祖　せいそ ………… 9,37,39-43,46-59,67,
　　　　　　　　　69,70,95,145,304,305
正祖　せいそ ………… 188,189,201,204-226,
　　　　　228-236,239,245,313,314,315
世宗　せいそう ………… 8,9,30-39,41-43,48,51,
　　　　　　　52,54,55,155,302,303,304,305
成宗　せいそう ………… 46,56-65,67-72,85,86,
　　　　　　　92,111,155,186,306,307
成帝　せいてい …………………………… 61
セオドア・ルーズベルト ……………… 287
セシル …………………………… 240,241
宣懿王后　せんいおうごう …………… 184,190
全渓君　ぜんけいくん …………… 243,244
宣祖　せんそ ………… 90,92-106,108-118,
　　　　　　　120-122,125,128,134,
　　　　　　　136,138,186,309,310
宣宗　せんそう ………………………… 245

宣帝　せんてい ………………………… 167
全琫準　ぜんほうじゅん …… 253,277,279

■そ

曹寅承　そういんしょう ……………… 278
宋基泰　そうきたい …………………… 169
宋玹寿　そうげんじゅ ………… 43,47,50
荘献世子　そうけんせいし ……… 188,189,
　　　　　　197-204,206,207,210,217,
　　　　219-223,225,230-233,254,313,314
曹皇后　そうこうごう …………………… 95
宗貞茂　そうさだしげ ………………… 33,34
宗貞盛　そうさだもり …………………… 9,34
曹錫文　そうしゃくぶん ………………… 56
宋浚吉　そうしゅんきつ ……………… 152,154
宋時烈　そうじれつ …… 133,152,154-158,
　　　　　　160,161,163,164,166,169,170
曹操　そうそう ………………………… 208
宋徳相　そうとくそう ………………… 213
曹敏修　そうびんしゅう ……………… 12,13
宗盛弘　そうもりひろ …………………… 78
宗義達　そうよしあきら ……………… 263
宗義智　そうよしとし ………… 99,109-111
宗義盛　そうよしもり …………………… 78
荘烈王后　そうれつおうごう …… 133,149,
　　　　　　　　150,155-159,161,311
則天武后　そくてんぶこう …… 65,66,125
蘇鳴国　そめいこく …………………… 125

■た

太甲　たいこう ………………………… 29
太祖　たいそ ………… 8-27,32,34-36,38,
　　　　　　　　48,53,57,297,300-302
太祖（清）　たいそ …………… 126-128
太宗　たいそう ………… 8,9,18,26-34,36,38,
　　　　　　　74,262,301,302,303,310
太宗（清）　たいそう ………… 133,138,
　　　　　　　140,141,143144,310

竹添進一郎
　たけぞえしんいちろう……………273,274
端懿王后　たんいおうごう………218,219
檀君　だんくん……………………………259
端敬王后　たんけいおうごう……47,76-80,
　　　　　　　　　　　　　　　307,308
端宗　たんそう…………………9,37-43,46-52,
　　　　　　　　　　69,70,304,305

ち

チェスター・アーサー……………………270
紂王　ちゅうおう…………………………129
中宗　ちゅうそう…46,47,72-84,86-88,90,
　　　93-95,111,129,132,136,307-309
中宗（唐）　ちゅうそう………………125
忠寧大君　ちゅうねいたいくん→世宗
張維　ちょうい…………………………128,143
趙寅永　ちょういんえい……237,239,242,
　　　　　　　　　　　　243,245,246
張柬之　ちょうかんし……………………125
趙希逸　ちょうきいつ……………………143
張希載　ちょうきさい……………………170-172
趙絅　ちょうけい…………………………149,150
張炫　ちょうげん…………………………164
趙顕命　ちょうけんめい…………………197-199
張亨　ちょうこう…………………………172
趙光祖　ちょうこうそ……47,80,81,95,96
趙克寬　ちょうこくかん…………………41
趙思義　ちょうしぎ………………………9,27
趙重遇　ちょうじゅうぐう………………176
趙浚　ちょうしゅん………………14,15,18,21,22
趙心泰　ちょうしんたい…………………222
趙仁弼　ちょうじんひつ…………………152,153
趙聖復　ちょうせいふく…………………179
趙泰億　ちょうたいおく…………………191,193
趙泰耇　ちょうたいこう…………………182
趙泰采　ちょうたいさい……177,181,183,
　　　　　　　　　　　184,191,194,195
趙大妃　ちょうたいひ…249,252,254,255

趙道彬　ちょうどうひん………189,193,194
趙寧夏　ちょうねいか……………………273
張博　ちょうはく…………………………282,283
張晩　ちょうばん…………………………136,138
趙萬永　ちょうばんえい…………………236-239
趙秉稷　ちょうへいしょく………………283
趙秉世　ちょうへいせい…………………284
趙末生　ちょうまつせい…………………34
趙琳　ちょうりん…………………………17
鎮安君　ちんあんくん……………………18,23
沈澮　ちんかい……………………………65,71
陳皇后　ちんこうごう……………………61

て

定安王后　ていあんおうごう……………24,25
鄭以吾　ていいご…………………………25
鄭蘊　ていうん……………………………124
定遠君　ていえんくん……………93,125,
　　　　　　　　　　　　128,134,310
鄭楷　ていかい……………………………183
貞熹王后　ていきおうごう…54,56-60,65,
　　　　　　　　　85,86,95,306,308
鄭逑　ていきゅう…………………………123
帝堯　ていぎょう………162,191,206,295
鄭玉男　ていぎょくなん…………………98
鄭希亮　ていきりょう……………………194,195
鄭翬良　ていきりょう……………………201
貞顕王后　ていけんおうごう……47,63,68,
　　　　　　　　　　　72-75,111,307
丁彦璜　ていげんこう……………………148,149
鄭顕祖　ていけんそ………………………77
鄭元容　ていげんよう………242,243,249
鄭元老　ていげんろう……………………163
鄭沆　ていこう……………………93,123,124
鄭澔　ていこう……………………189,192-194
鄭厚謙　ていこうけん………204,207,209
鄭光弼　ていこうひつ……………………80
丁若鏞　ていじゃくよう…………………222,233
鄭種　ていしゅ……………………………43

337

帝舜　ていしゅん	126,162,191,206,295
貞純王后　ていじゅんおうごう	189,199,200,206,224-226,229-235,239,314
定順王后　ていじゅんおうごう	43,47
鄭昌孫　ていしょうそん	49,50,61,64,65,67
丁汝昌　ていじょしょう	271,276
鄭汝立　ていじょりつ	93,98-100,104
鄭仁弘　ていじんこう	113-115,117,120,135
貞善公主　ていぜんこうしゅ	54
定宗　ていそう	8,9,18,24-26,300,301,302
鄭太和　ていたいわ	154,155
鄭知和　ていちわ	159,163
鄭澈　ていてつ	93,98-103
鄭道伝　ていどうでん	9,14,15,18,21-23
鄭南晋　ていなんしん	20,21
定妃　ていひ	14,15,17
鄭秉夏　ていへいか	282,283
鄭夢周　ていむしゅう	14,17
定陽君　ていようくん	20
鄭麟趾　ていりんし	39,41,48,50,51,53,60
哲宗　てつそう	228,229,243-246,248,249,252,254,315,316
哲宗（宋）　てつそう	166
寺内正毅　てらうちまさたけ	296,297

と

湯王　とうおう	129
トーマス	257
徳安君　とくあんくん	18
徳川家康　とくがわいえやす	93,109-111,263
徳興君　とくこうくん	90,94
徳宗　とくそう	272,285
都慎徴　としんちょう	133,159

豊臣秀吉　とよとみひでよし	92,93,99-103,106-110,309
豊臣秀頼　とよとみひでより	111

な

内藤如安　ないとうじょあん	107
南怡　なんい	47,52,54-56
南延君　なんえんくん	253,254,259,316
南暉　なんき	54
南九萬　なんきゅうばん	163,164,171,172,173
南誾　なんぎん	9,14,22,23
南公轍　なんこうてつ	236,237
南袞　なんこん	80,95,96
南在　なんざい	21
南鍾三　なんしょうさん	255,256
南天漢　なんてんかん	161

に

二程子　にていし	63
任晟　にんせい	202

ぬ

ヌルハチ→太祖（清）

は

裴克廉　はいこくれん	14,15,18
白惟譲　はくいじょう	99
白仁傑　はくじんけつ	88
白楽胛　はくらくこう	247
馬建忠　ばけんちゅう	269,271
花房義質　はなふさよしもと	270,272
林権助　はやしごんすけ	287-292
般若　はんにゃ	14
万暦帝　ばんれきてい	106-108,118,120

ひ

閔黯　びんあん	133,167,170,171
閔維重　びんいじゅう	164,167

338

閔泳綺	びんえいき	288,291,292
閔泳穆	びんえいぼく	273
閔泳翊	びんえいよく	272,273
閔謙鎬	びんけんこう	270
閔伸	びんしん	41
閔台鎬	びんだいこう	273
閔致禄	びんちろく	262,317
閔鎮遠	びんちんえん	191,193
閔鎮厚	びんちんこう	172
閔富	びんふ	22
閔無悔	びんむかい	28,29
閔無咎	びんむきゅう	28,29
閔無疾	びんむしつ	28,29
閔無恤	びんむじゅつ	28,29

■ふ

撫安君	ぶあんくん	9,18,22,23
フート		273
武王	ぶおう	129
福昌君	ふくしょうくん	162,164
福善君	ふくぜんくん	162-164
福寧君	ふくねいくん	162
福平君	ふくへいくん	162
武宗	ぶそう	245
武帝	ぶてい	42,61,65,66
フレドリック・ロー		260
文晦	ぶんかい	136
文宗	ぶんそう	8,9,36-38,41,43, 46,48,**304**,305
文定王后	ぶんていおうごう	47,81,82, 84-89,95,308

■へ

ベロネ		257
辺岌	へんきゅう	153

■ほ

鳳林大君	ほうりんたいくん	→孝宗
朴泳教	ぼくえいきょう	274

朴泳孝	ぼくえいこう	253,272-274
朴応犀	ぼくおうさい	121
朴晦寿	ぼくかいじゅ	242
朴義吉	ぼくぎきつ	170
朴貴根	ぼくきこん	170
朴喜順	ぼくきじゅん	247
朴訔	ぼくぎん	29,31
朴珪寿	ぼくけいじゅ	247,253,257,265
朴楗	ぼくけん	124
朴元亨	ぼくげんこう	53
朴元宗	ぼくげんそう	47,72-74, 76,79,80,307
朴弘長	ぼくこうちょう	107
朴好問	ぼくこうもん	42
睦虎龍	ぼくこりゅう	133,184,189, 192,193,195
朴淳	ぼくじゅん	121
朴春権	ぼくしゅんけん	256
朴叔蓁	ぼくしゅんしん	62,63
朴祥	ぼくしょう	79
睦昌明	ぼくしょうめい	161
朴斉純	ぼくせいじゅん	285, 288-290,292
朴銑	ぼくせん	281,282
朴長遠	ぼくちょうえん	149
朴長卨	ぼくちょうせつ	222
睦萬中	ぼくばんちゅう	232,233
朴弼顕	ぼくひつけん	194
朴弼夢	ぼくひつむ	183
朴彭年	ぼくほうねん	49,50
朴明源	ぼくめいげん	189,217,
睦来善	ぼくらいぜん	166,167,171
堀本礼造	ほりもとれいぞう	270,272
ホンタイジ→太宗(清)		

■ま

麻貴	まき	108

み

三浦梧楼　みうらごろう …………252,280,
　　　　　　　　　　　　　　　282,317
密豊君　みつほうくん ……………………194

め

明憲王后　めいけんおうごう …………242
明治天皇　めいじてんのう ……263,286,289
明純王后　めいじゅんおうごう …246,315
明成王后　めいせいおうごう …252,253,
　　262,263,267-273,280-282,316,317
明聖王后　めいせいおうごう …160-162,
　　　　　　　　　　　　　　　167,312
明宗　めいそう ……………47,81,82,84-90,
　　　　　　　　94,96,190,308,309
目賀田種太郎　めがたたねたろう ……287
メレンドルフ ……………………………276

も

毛文龍　もうぶんりゅう …………135,136,139
モーバン ……………………………239,240

ゆ

幽王　ゆうおう …………………………62
兪応孚　ゆおうふ ………………………49,50
兪吉濬　ゆきつしゅん ………………282,283
兪崇　ゆすう ……………………………179
兪拓基　ゆたくき ………………………196
ユリシーズ・グラント …………………260

よ

楊鎬　ようこう ………………………108,127
葉志超　ようしちょう …………………277
楊方亨　ようほうこう …………………107
翼成君　よくせいくん …………………249

ら

羅景彦　らけいげん …………………200,201

り

李彝章　りいしょう …………………201,202
李鎰　りいつ …………………………103,104
李一先　りいつせん ……………………154
李頤命　りいめい ………174,175,181-184,
　　　　　　　　　　191,194-196,223
李昀　りいん→景宗
李寅夔　りいんき ………………………258
李寅溥　りいんふ ………………………237
李堣　りう ……………………………219-221
李宇鼎　りうてい ………………………161
李暎　りえい ……………………………152
李懌　りえき→中宗
李益寿　りえきじゅ ……………………173
李昖　りえん→宣祖
李㭓　りえん→顕宗
李琰　りえん→永膺大君
李応星　りおうせい ……………………125
李塏　りがい ……………………………49,50
李夏榮　りかえい ……………288,291,292
李昰応　りかおう→興宣大院君
李家煥　りかかん ………189,222-224,233
李夏銓　りかせん ……………229,248,249
李适　りかつ …………………133,136-138
李奂　りかん→憲宗
李峘　りかん→明宗
李観命　りかんめい ……………………193
李完用　りかんよう …282,283,288,289,
　　　　　　　291-293,295-297
李貴　りき ………………………………137
李芑　りき ……………………………87,89
李義淵　りぎえん ………………………191
李宜顯　りぎけん ………………………194
李喜之　りきし …………………………184
李器之　りきし ……………………184,195
李基祖　りきそ …………………260,261
李琿　りきょう→文宗
李教寅　りきょういん …………………248
李箕翊　りきよく ………………………180

李昑	りきん→英祖(えいそ)	
李渓	りけい	207,208
李馨益	りけいえき	144,145,147
李景奭	りけいせき	143,148, 149,151,155
李慶全	りけいぜん	114,115,117,143
李敬輿	りけいよ	145,148
李玪	りけん→成宗(せいそう)	
李玄益	りげんえき	256
李元範	りげんはん→哲宗(てつそう)	
李健命	りけんめい	177,179,181-184, 191,194,195
李渼	りこう→睿宗(えいそう)	
李岵	りこう→仁宗(じんそう)	
李溰	りこう→孝宗(こうそう)	
李玜	りこう→純祖(じゅんそ)	
李荇	りこう	79
李弘暐	りこうい→端宗(たんそう)	
李公胤	りこういん	185
李光佐	りこうさ	182,189,190,193,194
李鴻章	りこうしょう	269,270,274-277
李好信	りこうしん	109
李好閔	りこうびん	118,119
李恒福	りこうふく	120,126
李興茂	りこうも	20
李克基	りこくき	61
李克墩	りこくとん	69
李琿	りこん→光海君(こうかいくん)	
李根澤	りこんたく	288,291,292
李済	りさい	22
李㝢榮	りさいえい	284
李最応	りさいおう	268,270
李載元	りさいげん	273
李載克	りさいこく	290,292
李載斗	りさいと	248
李祘	りさん→正祖(せいそ)	
李山海	りさんかい	93,100-103,105,106
李珥	りじ	97,98
李施愛	りしあい	47,52-54
李止淵	りしえん	229,238,239
李時秀	りじしゅう	224,225,231
李子春	りししゅん	300
李師尚	りししょう	133,184
李爾瞻	りじせん	93,114,115,117, 121,125,126,135
李時白	りじはく	148
李蓍晩	りしばん	167
李濡	りじゅ	174
李瑈	りじゅう→世祖(せいそ)	
李周會	りしゅうかい	281,282
李從茂	りじゅうも	9,33
李守白	りしゅはく	138
李浚慶	りしゅんけい	89,90,94,95
李舜臣	りしゅんしん	108
李埈鎔	りしゅんよう	279,280
李曙	りしょ	128
李穧	りじょう	41
李址鎔	りしよう	287,288,291,292
李拭	りしょく	97
李如松	りじょしょう	106
李真儒	りしんじゅ	183
李仁任	りじんにん	11,17
李成桂	りせいけい→太祖(たいそ)	
李性源	りせいげん	216
李世佐	りせいさ	65,71
李成童	りせいどう	80
李坧	りせき→純宗(じゅんそう)	
李㤋	りせん	136,137
李倧	りそう→仁祖(じんそ)	
李相璜	りそうこう	237
李宗城	りそうじょう	107
李祖淵	りそえん	273
李台佐	りだいさ	194
李澄玉	りちょうぎょく	9,35,42,43
李鎮東	りちんとう	189,216,217
李廷爊	りていしょう	177
李廷彪	りていひょう	120
リデル		257

李蕆	りてん	9,35
李祹	りとう→世宗（せいそう）	
李同	りどう	51
李德馨	りとくけい	120,123
李德洞	りとくけい	129
李斗璜	りとこう	282
李焞	りとん→肅宗（しゅくそう）	
李坡	りは	65,71
李潑	りはつ	97,99
李範晋	りはんしん	253,282,283
李晩孫	りばんそん	268
李芳遠	りほうえん→太宗（たいそう）	
李芳果	りほうか→定宗（ていそう）	
李甫欽	りほきん	51
李満住	りまんじゅう	9,35
李明誼	りめいぎ	183
李明德	りめいとく	32
李命福	りめいふく→高宗（こうそう）	
劉安	りゅうあん	42
柳永慶	りゅうえいけい	110,111,113-115,117
柳赫然	りゅうかくぜん	162,163
柳灌	りゅうかん	84,85,87,88
李裕元	りゆうげん	265,272
柳後聖	りゅうこうせい	154
柳子光	りゅうしこう	55,69,80
柳洵	りゅうしゅん	72,73,76
柳順汀	りゅうじゅんてい	72,73,78,79,307
柳尚運	りゅうしょううん	165,171,173
柳仁淑	りゅうじんしゅく	87,88
柳星漢	りゅうせいかん	189,218-220
柳誠源	りゅうせいげん	49,50
柳世哲	りゅうせいてつ	157
柳成龍	りゅうせいりゅう	93,100-104,106,109
李友曾	りゅうそ	78
柳廷顯	りゅうていけん	29,31
柳鳳輝	りゅうほうき	178,179,182,190,193,194
李容熙	りようき	258
李陽元	りようげん	106
梁憲洙	りょうけんしゅ	258
綾昌君	りょうしょうくん	93,125,128,134,310
梁千会	りょうせんかい	98
綾陽君	りょうようくん→仁祖（じんそ）	
李沃	りよく	161
呂皇后	りょこうごう	66,167
李㦕	りりゅう→燕山君（えんざんくん）	
李樑	りりょう	89
李麟佐	りりんさ	189,194,195,216,219
李頣	りろう	73,75
李和	りわ	28
臨海君	りんかいくん	93,101,115,117-120,134,309
林德蹟	りんとくさい	202
麟坪大君	りんへいたいくん	146,162,164
林㷡黙	りんへいもく	247

ろ

魯山君	ろさんくん	47,50-52,304
盧思慎	ろししん	55
ロゼ		257

わ

| 和緩翁主 | わかんおうしゅ | 204,207,208 |
| 和平翁主 | わへいおうしゅ | 189,217 |

主要参考文献

『朝鮮王朝実録』
http://sillok.history.go.kr/

『近代日鮮関係の研究』上・下 田保橋潔著 朝鮮総督府中枢院 1940
『李王朝六百年史』李太平著 洋々社 1968
『日清戦争と朝鮮』朴宗根著 青木書店 1982
『朝鮮王朝韓国服飾図録』金英淑・孫敬子共著 臨川書店 1984
『日韓併合』森山茂徳著 吉川弘文館 1992
『朝鮮王朝遺物圖錄』韓國文化財保護財團 1993
『西洋と朝鮮 ーその異文化格闘の歴史ー』姜在彦著 文芸春秋 1994
『図説 朝鮮と日本の歴史 ー光と影 近代編ー』久保井規夫著 明石書店 1994
『図説 朝鮮と日本の歴史 ー光と影 前近代編ー』久保井規夫著 明石書店 1994
『豊臣秀吉の朝鮮侵略』北島万次著 吉川弘文館 1995
『幕末維新日朝外交史の研究』沈箕載著 臨川書店 1997
『日清戦争への道程』崔碩莞著 吉川弘文館 1997
『韓国併合外交史料』上・下 海野福寿編 不二出版 2003
『属国と自主のあいだ ー近代清韓関係と東アジアの命運ー』
岡本隆司著 名古屋大学出版会 2004
『朝鮮王朝史』上・下 李成茂著 李大淳監修 金容権訳 日本評論社 2006
『秀吉の軍令と大陸侵攻』中野等著 吉川弘文館 2006
『朝鮮王朝の衣装と装身具』張淑煥監修・著 原田美佳他訳著 淡交社 2007
『中国東アジア外交交流史の研究』夫馬進著 京都大学学術出版会 2007
『壬辰戦争 ー16世紀日・朝・中の国際戦争ー』
鄭杜煕・李璟珣編著 金文子監訳 小幡倫裕訳 明石書店 2008
『韓国をめぐる列強の角逐 ー19世紀末の国際関係ー』
崔文衡著 齊藤勇夫訳 彩流社 2008
『中国近代外交の胎動』岡本隆司著 東京大学出版会 2009
『王妃たちの朝鮮王朝』尹貞蘭著 金容権訳 日本評論社 2010
『近代朝鮮と日本』趙景達著 岩波書店 2012
『秀吉の朝鮮侵略と民衆』北島万次著 岩波書店 2012

著者略歴
小和田泰経（おわだ　やすつね）
歴史研究家。昭和47年（1972）東京生まれ。
國學院大學大学院文学研究科博士課程後
期退学。専攻は、日本中世史・対外関係史。
著書に『戦国合戦史事典』『兵法』『朝鮮
三国志』（いずれも新紀元社）など。

Truth In History 30
朝鮮王朝史

2013年7月25日 初版発行

著　　　者	小和田泰経
編　　　集	碧水社／新紀元社編集部
発　行　者	藤原健二
発　行　所	株式会社新紀元社 〒160-0022 東京都新宿区新宿1-9-2-3F TEL：03-5312-4481　FAX：03-5312-4482 http://www.shinkigensha.co.jp/ 郵便振替　00110-4-27618
カバーイラスト	横井淳
本文イラスト	横井淳
デザイン・DTP	株式会社明昌堂
印 刷・製 本	株式会社リーブルテック

ISBN978-4-7753-1150-9
本書記事およびイラストの無断複写・転載を禁じます。
乱丁・落丁はお取り替えいたします。
定価はカバーに表示してあります。
Printed in Japan